Kaum eine Grundregel des Lebens ist einfacher: Wer zudreht und verliert, lässt den Gegner zwei Punkte schreiben. Zumindest zwei. Denn, und das ist nicht minder einfach: Hat der Gegner vor dem Zudrehen keinen Stich, so *gehen drei bei ihm,* wie landläufig gesagt wird. Er schreibt drei Punkte. Einfach, oder?

Soweit beherrscht auch Herr Ludwig, der keinesfalls Herr Ludwig gerufen werden will, die Grundregeln des Lebens. Des Schnapserlebens, um präzise zu sein. Herr Ludwig, der, wie wir nun bereits wissen, keinesfalls Herr Ludwig gerufen werden will, hatte sich auch an diesem verhängnisvollen Frühlingsdonnerstagabend des Jahres achtundneunzig beim Meinhart droben in Wenisbuch eingefunden. (Menschen, die sich donnerstags den Grundregeln des Lebens verschreiben, kennen im Norden von Graz keine bessere Gaststätte als den Meinhart droben in Wenisbuch, aber das nur nebenbei.) Alles schien wie immer und auf Gegenseitigkeit bedacht – das wolfsäugige Funkeln in den Augen der Kontrahenten, kleine Blitze, die das rauchgeschwängerte Dickicht durchdrangen wie ein Nebellicht die trübe See; dazu das übliche Dozieren; dazu die üblichen Belehrungen; dazu der übliche Unflat. Und doch hing ein unheilvoller Schatten über Herrn Ludwig, der keinesfalls Herr Ludwig gerufen werden will. An diesem Donnerstagabend widerfuhr ihm, was ihm in keiner der zahllosen Amtsstuben, die er in all den Jahren seit Eintreten in den Polizeidienst durchwandert hatte, je widerfahren war: Herr Ludwig konnte ein Bummerl nicht zu Ende spielen.

Keine große Sache, ließe sich jetzt und hier sagen. Unbedeutend. Mag sein. Nicht jedoch für einen wie Herrn Ludwig, der keinesfalls ..., aber das hatten wir ja schon, und auch nicht unter diesen Umständen. Sie müssen wissen: Gezählt wird von Sieben abwärts der Null entgegen. Das ist Standard, von Scheibbs bis Palermo. Herr Ludwig für seinen Teil zählt durchwegs von Null aufwärts der Sieben zu. Auch daran haben sich schon immer die Geister geschieden. Von der korrekten, weil einzig wahrhaften Zählwarte aus besehen, stand Herr Ludwig also auf drei und war (einer mehr als nur glücklichen Blattfügung zufolge) einen Punkt voran, als das Schicksalhafte im Klingelton meines Handys, wenn Sie so wollen, *akustische Gestalt* annahm. Später, womöglich tags darauf, womöglich auch erst nach Wochen oder Jahren, sollte er glauben zu verstehen, was sich zugetragen hatte an diesem Donnerstagabend, nach dem nichts mehr war, wie es war.

Herr Ludwig hatte soeben das kompakte Päckchen in zwei gleich starke geteilt, die Karten im Zangengriff schräg zueinander gehalten, nach unten zum Bogen gespannt, die oberen Schmalseiten blitzschnell über die Daumenkuppen rasseln und ineinander gleiten lassen. Pfrrrrt. Beim richtigen Mischen fange es an, Leimböck, hatte er noch gesagt, da werde einer wie ich bereits das erste Mal aufgemischt, dazu das gleichfalls übliche Geplänkel des Abhebens vom Kartenpäckchen mit Weisheiten allerlei. (Hebst seicht, g'winnst leicht, hebst schwaa, g'winnst aa, et cetera) Er hatte gerade noch ausgegeben, drei Karten für mich, drei für ihn, eine aufgedeckt auf den Tisch, Schell-Bube, Verliererkarte, hatte Herr Ludwig gerufen, typisch für einen wie dich, Leimböck, dann wieder zwei für mich und zwei für ihn, automatisierte Routine, und so nebenher ein wahres Scheißblatt.

So gesehen kam er also mehr als gelegen, dieser Anruf. Wo ich denn schon wieder sei, doch nicht etwa beim Meinhart, oder doch?, doch nicht etwa mit dem *Kollegen* beim Meinhart, oder doch? Ich nickte, als hätte ich geahnt, dass es zur Bildtelefonie nicht mehr weit war. Hallo, Leimböck, WO SIND SIE!? Doch, doch. Also beim Meinhart? Ja, ja. Mit ihm? Wem? Dem Kollegen? Ja, ja. Der Hut brenne, eine Sache von allerhöchster Brisanz, ich solle alles liegen und stehen lassen. Wir sitzen. Dann eben sitzen, Leimböck, Bier, Schnaps, Karten, alles liegen lassen. Die Karten liegen, Bier und Schnaps stehen, der Kollege sitzt. Also gut, Leimböck, Karten liegen, Getränke stehen und *ihn* sitzen lassen, und sofort abbrechen, das Spiel, den Kontakt und überhaupt, alles Weitere folge nach meiner Ankunft in der Polizeidirektion, ja, im Paulustor, die binnen zwanzig Minuten zu erfolgen habe, folgen und erfolgen, haha, sei das nicht doppelbödig?

Doppelbödig ist auch die Moral, wenn die Stimme verleugnet, was das Auge verrät. Was denn sei, fragte Herr Ludwig. Nichts weiter, Herr Ludwig, ich müsse nur noch mal rein ins Paulustor. Jetzt? Ja, jetzt, ein Notfall. Betreffe das auch ihn, ein Mord, solle er gleich mitkommen? Nein, nein, kein Mord, also nicht direkt, mehr intern. Ob er warten solle, das Bummerl, das Bier, der Schnaps und alles? Nein, nein, das auch nicht, er könne auf mich aufschreiben lassen, ein andermal wieder, Herr Ludwig.

Zurück blieb ein reichlich verwirrter Herr Ludwig, der, wie wir ja bereits wissen, aber man weiß ja nie, dachte ich, keinesfalls Herr Ludwig gerufen werden will. Dann war ich draußen bei der Tür, immer noch gehüllt in den Schwall dichter Meinhartatmosphäre, immer noch irritiert vom Inhalt des Telefonats, immer noch unschlüssig, ob ich, einer spontanen Eingebung folgend, richtig gehandelt oder besser gesagt: richtig geschwiegen hatte. Ich hätte es ihm schon sagen können, murmelte ich vor mich hin, andererseits erführe er es eben erst morgen, was machten denn schon ein paar Stunden mehr oder weniger. Unschlüssigkeiten also, bis die Wenisbucher Abendluft den letzten Hauch des Stickigen und mit ihm den letzten Rest von Zweifel aufgesogen hatte und ich mit einem Mal alles sternenklar sah. Auch ohne in die Nacht über mir zu blicken. Ich lächelte, schlang die Jacke eng um mich, ließ den Ring des Schlüsselbundes um den emporgereckten Zeigefinger kreisen, schürzte die Lippen zum gepfiffenen Ambrosliedchen und schlenderte gemächlich dem Wagen zu.

Im Keller, ein Freitagabend im Oktober 2005

Es gibt Pflanzen und Tiere. Unter den Tieren gibt es solche, die andere töten, um sich zu ernähren. Das sind die Jäger. Der Rest besteht aus Sammlern. Der Mensch ist das einzige Tier, das Jäger und Sammler zugleich ist. Ich war bis jetzt ein Sammler. Aber alles, was ich gesammelt habe, dient nur einem Zweck. Dem der Jagd. Ich habe auch mich selbst gesammelt. Gedanken, Erfahrungen, Informationen, Wissen, alles was mir nützen würde, wenn der Tag gekommen war. Jetzt ist er da, jetzt bin ich bereit.

Jetzt bin ich ein Jäger!

Was ist von deiner Überlegenheit geblieben? Der Präpotenz, mit der du auf Menschen einschreibst, sie niederschreibst, sie von deinem feinpinkeligen Schreibtisch in deinem klimatisierten Büro aus kalt grinsend vernichtest, nur um deine eigene miese Existenz zu sichern? Wie viele leben in ständiger Angst vor dir? Jetzt hast aber du selbst Angst. Ordinäre, entwürdigende Angst.

Du zitterst ja.

„Lassen Sie mich los, Sie sind ja wahnsinnig, was soll das Ganze, was wollen Sie von mir. Geld? Wie viel. Ich geb's Ihnen!"

Na, na, na. Wer wird denn gleich so ungeduldig sein? Ich sag dir schon, wenn die Zeit gekommen ist. Ich mache dich berühmt, noch berühmter, als du es schon bist. Sie werden sich vor dir fürchten, noch mehr, als sie es jetzt schon tun.

Alles, was ich dafür brauche, habe ich gesammelt. Auch dieses Messer. Ich habe es irgendwo liegen gesehen und mitgenommen. Keiner hat es gemerkt. Es liegt ja so viel irgendwo herum. Die Menschen sind unachtsam und dann beklagen sie sich, wenn sie bestohlen werden. Auch du warst unachtsam. Da habe ich dich genommen. Gesammelt. Wie das Messer. Jetzt gehörst du mir.

„Irrsinn, Sie haben mich gekidnappt, entführt. Man wird Sie finden. Aber noch ist es nicht zu spät. Lassen Sie mich frei und ich werde niemandem davon erzählen. Es ist ein Scherz? Habe ich Recht? Nur ein schlechter Scherz, Ha, ha, ha. Ich versteh's ja. Ist auch lustig. Gelungen. Aber jetzt ist Schluss. Ich muss ins Büro. Die warten auf mich."

Rüttle nur an deinen Fesseln, es wird dir nichts nützen. Siehst du die Knoten? Das ist Expertenarbeit. Habe ich gelernt. Zuerst aus Büchern, dann mit Geduld. Immer wieder. Derselbe Knoten. Bis zur Perfektion. Zwei, drei Handgriffe, so rasch, dass du sie kaum mitverfolgen kannst. Der perfekte Knoten! Ich habe sogar ein Video, in dem gelehrt wird, wie man Seemannsknoten knüpft. Gehört zum Sammeln. Wissen, weißt du. Und Können. Rüttle nur. Der Stuhl ist am Boden festgeschraubt. Den kannst du nicht umwerfen. Ich habe geplant, weißt du? Jahrelang gesammelt und geplant. Du bist Teil meines perfekten Plans. Und dieses Messer ist es auch. Oder doch nicht? Habe ich etwas vergessen? Nein! Ich werde nun einen Knoten lösen und deine rechte Hand wird frei sein. Dann werde ich dir das Messer reichen und dir fünf Sekunden lang Zeit geben, dich selbst loszuschneiden. Du schaffst es nicht. Weil die Angst deine Gedanken lähmt. Und deine Finger. Weil du nicht perfekt bist!

„Und wenn ich es doch schaffe? Ist der Spuk dann zu Ende? Darf ich dann gehen?"

Natürlich darfst du dann gehen, Dummkopf. Frei wie ein Vogel! Siehst du, jetzt löse ich den Knoten, noch etwas Geduld. So, jetzt ist deine Hand frei. Taub, habe ich Recht. Die Durchblutung. Du musst die Finger bewegen, dann kommt das Gefühl zurück. Nimm jetzt das Messer!

„Wozu, wenn ich ohnehin nicht frei komme?"

Du sollst das verdammte Messer nehmen, hörst Du? Du sollst es nehmen, weil ich es sage! Weil du mir gehörst und weil ich es so will. So ist es gut. Nun versuche, die Fesseln zu durchtrennen. Schneiden, fest. Geht nicht? Klar, weil das Seil stahlverstärkt ist. Keine Klinge kann da durch. Doch an alles gedacht, nicht wahr? Lege jetzt das Messer vor dir auf den Tisch. Du sollst es nicht anglotzen, sondern weglegen. Sofort!

„Ja, du bist der Kerkermeister, verdammt noch mal. Der große Zampano. Was soll das alles? Sag mir doch endlich, was dieser Irrsinn soll? Was habe ich dir getan, warum quälst du mich?"

Alles hat einen Sinn, auch wenn es auf den ersten Blick sinnlos zu sein scheint. Warum glaubst du, trage ich diese Handschuhe. Aus feinstem weißem Gewebe. Nur weil sie angenehm zu tragen sind? Nein. Weil man damit keine Fingerabdrücke hinterlässt. Und auch keine DNS-Spuren, wie du. Was du in deiner Ahnungslosigkeit Irrsinn nennst, war die Präparierung des Messers mit deinen Fingerabdrücken, mit deinen Körpersäften. Jetzt befinden sich Hautpartikeln auf dem Griff und dein Schweiß. Kriminalistisch betrachtet ist es damit dein Messer. Die Tatwaffe.

„Tatwaffe? Wovon redest du? Welche Tat? Was planst du? Sag es mir. Ich habe ein Recht es zu wissen!"

Du hast keine Rechte mehr. Und auch keine Pflichten. Du bist ein Ding, ein Spielzeug, mit dem ich tun kann, was ich will, verstehst du? Die Zeiten haben sich geändert, Herr Redakteur. Herr Kolumnenstar. Herr Menschenvernichter. Sie sind nicht einmal mehr ein Wurm. Sie sind ein Paket, das atmen darf und noch leben muss, weil ich es so will und weil ich es so brauche.

„Noch leben? Heißt das, dass du mich töten willst? Dann tu's doch, tu's jetzt gleich. Ich habe keine Angst vor dem Sterben. Ha, ha, siehst du, ich lache über dich. Du bist eine lächerliche Figur mit deinem großsprecherischen Blödsinn. Aus deinem Mund kommt nur Scheiße, Herr Sammler. Ich weiß zwar nicht, wer und was du bist, aber im Vergleich zu mir bist du der Wurm. Ich habe Erfolg gehabt im Leben, man kennt mich im Lande. Ich bin ein Star, verstehst du? Man wird mich vermissen und nach mir zu suchen beginnen. Und man wird mich finden. Und dich auch. Wenn sie dich nicht gleich erschießen, dann wird dich der Richter zerfleischen. Lebenslang. Du wirst hinter den Gittern der Karlau verrotten!"

Belle nur, Hundchen. Wau, wau. Dabei solltest du froh sein, mir aus der Hand fressen zu dürfen. Wenn du nicht bald netter zu mir bist, wird dich Herrchen bestrafen. Keine Angst, ich war nie einer, dem das Prügeln Spaß gemacht hat. Zu banal. In meinem früheren Leben hab ich so manches Geständnis aus verstocktem Abschaum herausgeprügelt. Aber Spaß? Nein. Spaß hat mir das nie gemacht. Mittel zum Zweck, ja. Für dich habe ich mir eine ganz andere Strafe ausgesucht. Du bist eine ganz andere Art von Abschaum. Die Creme des Abschaums gewissermaßen. Der König der Kotzbrocken. Die Schaumkrone auf dem Meer des Bösen. Poetisch, nicht wahr? Ich habe viel gelernt in den letzten Jahren. Eigentlich habe ich alles dir zu verdanken. Seit du mich in die Gosse gestoßen hast, ist es mit mir bergauf gegangen. Ich habe mich entwickelt, aus der Raupe ist ein Schmetterling geworden, aus dem Sammler ein Jäger. Aus dem Analphabeten ein Literat. Ich habe jede Zeile studiert, die du geschrieben hast. Kein berauschender Stil, kann ich heute sagen, aber ein sehr effektvoller. Der Pöbel glaubt dir, hält dich für allwissend, für den bist du ein Prophet. Aber was du kannst, das kann ich auch. Ich schlage vor, wir machen eine Dichterlesung. Zum Vergleich. Ich lese und du hörst zu. Dann darfst du die Jury sein. Beurteilen, wer von uns beiden besser ist.

„Ich soll dich in die Gosse gestoßen haben? Was soll dieser Blödsinn. Ich kenne dich ja überhaupt nicht. Nie gesehen. Wer bist du überhaupt?"

Geduld, du wirst es erfahren. Nicht jetzt, jetzt wird gelesen und gelauscht. Ganz stumm, sonst werde ich böse. Siehst du das? Bedrucktes Zeitungspapier. ‚Abgeschminkt' von Martin Hanser. Das bist du, das ist deine Kolumne von gestern. ‚Abgeschminkt', nicht schlecht. Du hast sie abgeschminkt. Viele. Manche sogar zu Recht. Wie die Ratte Klausberger. Martin Hanser, der liebe Gott unter den Journalisten, die Stimme der Gerechtigkeit, der Killer, der es mit Worten tut.

„Jetzt weiß ich es, der Klausberger hat dich geschickt. Kein Problem. Ich bringe alles wieder in Ordnung. Du musst mich nur wieder schreiben lassen. Ich kann die Sache umdrehen, das musst du mir glauben. Dem Klausberger wird nichts geschehen. Im Gegenteil. Ich mach ihn sogar zum Bürgermeister. Versprochen!"

Großer Irrtum, Herr Kolumnist. Der Klausberger ist eine Ratte, da bin ich deiner Meinung. Du hast ihn ja ehrlich und aufrichtig wie immer dem Volk zum Fraß vorgeworfen. Jetzt psssst. Zugehört. Die Lesung.

Frank Klausberger ist für die Finanzen in dieser Stadt verantwortlich. Ich habe mir sein Maturazeugnis besorgt und mit Schrecken festgestellt, dass er damals die Hürde Mathematik gerade noch mit vier geschafft hat. Sein ehemaliger Mathematikprofessor, der honorige Dr. Hans Pausch, bestätigt, dass er in diesem Gegenstand seit der vierten Klasse in jedem Jahr eine Nachprüfung zu absolvieren hatte. Er hat sie stets geschafft und damit zumindest späten Lerneifer bewiesen. Mathematisches Talent spricht ihm nicht nur der alte Herr Professor, sondern auch die ganze Stadt ab. Ich sage es drastischer und ehrlicher: Man hat einen gefährlichen Dummkopf mit den Finanzen dieser Stadt betraut! Muss allerdings zugeben, dass es eine Rechnung im Leben des Frank Klausberger gegeben hat, die tatsächlich aufgegangen ist: Geh in die Politik, diene deiner Partei und sie wird dich belohnen. Ein treuer Hundeblick und eifriges Schwanzwedeln sind dort mehr wert als ein schlechtes Maturazeugnis! Aber was hat es uns gebracht? Massive Steuererhöhungen, die Stadtwerke stehen trotz des jüngsten Kunden-Belastungspakets nach wie vor dem Ruin, das kultu-

relle Leben ist beinahe erlahmt, weil die Subventionen eingefroren werden mussten ... aber das weiß man ja. Es steht schlimm um unsere Stadt. Herr Klausberger, die scheinbare Mathematik-Null, ist zwar ein Totalversager, wenn es um das Management unseres Geldes geht, privat ist er jedoch ein hervorragender Rechner: Er nimmt von uns – den braven Steuerzahlern – monatlich 13.437 Euro Gehalt dankend an. Damit leistet er sich nicht nur eine beachtliche Sammlung automobiler Oldtimer, sondern auch eine schmucke Villa in der teuren Hilmteichgegend. Die Gattin kurvt im pinkfarbenen Cabrio zum Einkaufen in die City, die beiden Söhne besuchen exklusive Privatuniversitäten. Und der mathematische Versager selbst lässt sich – von uns bezahlt – per Chauffeur im schwarzen Mercedes von Termin zu Termin kutschieren. Im Dienste des Volkes. Ekel, ja – Sie haben genau gelesen – Ekel ist es, den ich empfinde, wenn ich über solche „Volksvertreter" schreiben muss. Stimmt: Wir haben sie gewählt, aber es muss auch in unserer Macht stehen, sie wieder zu entfernen. Schreiben Sie mir, was Sie darüber denken. Ich bin überzeugt, dass wir gemeinsam einen Weg finden, der unsere schöne Stadt in eine bessere Zukunft führt.

Päng – hervorragend, würde ich sagen. Ein echter Vernichtungsknüller. Echt Hanser!

„Ja, das habe ich geschrieben. Und durchrecherchiert. Die Zahlen stimmen, das mit dem Maturazeugnis auch und seine Frau fährt ein pinkfarbenes Cabrio. Was soll's? Der Klausberger ..."

Ist eine Ratte. Völlig korrekt. Und er wird seinen Denkzettel bekommen. Von dir! Er wird sterben. Durch dieses Messer. Dein Messer. Du hast ja saftige Spuren darauf hinterlassen.

„Neeeeiiin. Das ist ein Scherz, habe ich Recht? Ein Albtraum. Ich wache auf, jetzt. Das kann nicht wahr sein. Keiner wird sterben, stimmt's? Ich nicht und der Klausberger auch nicht. Ende, Schluss mit der Komödie. Nimm die blöde Maske vom Kopf und binde mich los, jetzt, sofort. Ich halte es nicht mehr aus."

Oh doch, mein Freund, du wirst es noch lange aushalten müssen. Dein Albtraum ist endlos, das Leiden hat noch nicht begonnen. Du hast den zweiten Teil der Dichterlesung noch nicht vernommen. Meinen Teil. Das wahre Kunstwerk. ‚Abgeschminkt' von Martin Hanser. Landet morgen früh auf dem Schreibtisch deines Chefredakteurs. Wird garantiert übermorgen im Blatt erscheinen. Ich werd's dir vorlesen. Der Lesung zweiter Teil, wie wir Poeten so sagen.

Ich hoffe, dass unser geschätzter Finanzstadtrat Frank Klausberger nach meiner letzten Kolumne nicht mehr ganz so ruhig schläft wie bisher. Den Schlaf des Gerechten konnte er ja nie schlafen, weil er nie einer war. Es waren die gesicherten Finanzen, auf die ihn der Bürger bisher sanft gebettet hat, ein dickes Bankkonto ist bekanntlich auch ein gutes Ruhekissen. Seit die Grazer von mir wissen, wie dick es tatsächlich ist, und wie wenig der gute Herr Klausberger tut, um auch nur einen Bruchteil davon mit ehrlicher, kompetenter Arbeit für das Volk, das ihn gewählt hat, zu verdienen, wird er vom wachgerüttelten Bürger in der Herrengasse vielleicht nicht mehr ganz so freundlich gegrüßt wie bisher. Wahrscheinlich muss er auf dem Weg zu seinem feudal eingerichteten Büro sogar das eine oder andere harte Wort hören. Sie werden von einem wie ihm allerdings wirkungslos abprallen. Politiker gehören zu jener Spezies Mensch, die mit der dicksten Haut ausgerüstet sind. Und Klausbergers Haut ist so dick, dass sogar Elefanten vor Neid erblassen. Die Nadelstiche der Kritik kratzen ihn nicht einmal an der Oberfläche. Ich hoffe – und es ist eine sehr dünne Hoffnung –, dass ihn nachts bisweilen doch ein kleiner Albtraum plagt. Einmal kurz hochschrecken und dann wieder weiterschlafen. Das aber immer öfter. Und ich hoffe auch, dass jene, die ihn so leichtfertig und doch mit so teuflisch kalkulierten Hintergedanken auf diesen Posten gehievt haben, von solch kleinen Albträumen geplagt werden. Große Änderungen, die letztendlich zur Erkenntnis und damit zu positiven Erkenntnissen führen, finden nicht statt. Das weiß ich, das wissen wir alle. Die

Politik ist die Katze und der Bürger ist die Maus. Die Maus kann betteln und flehen, sie kann drohen und die Beißerchen fletschen, am Ende wird sie doch von der Mieze verspeist. Genüsslich. Frank Klausberger hat sich längst die Serviette umgebunden – und auf dem Teller, der vor ihm steht, liegen wir alle. Bettelnd, jammernd, drohend zähnefletschend. Auch ich bin darunter. Vielleicht der oberste Droher und Zähnefletscher. Aber genauso hilflos wie alle anderen. Die Klausbergers dieser Welt nähren sich von uns und werden dabei immer fetter. Wir sollten es satt haben, von Parasiten, die wir selbst geschaffen haben, gefressen zu werden. Wir sollten uns wehren. Die einzige Waffe, die man uns gibt, ist der Stimmzettel, aber der schafft nur neue, verschieden gefärbte Parasiten. Es gibt nur eine Lösung – Krieg! Die Mäuse müssen zurückschlagen. Und diese Maus hat soeben damit begonnen ...

Was sagst du? Auch ein echter Hanser! Ich habe dich studiert, mein Freund, habe alle deine Kolumnen gelesen, deine Wortwahl, deine Ausdrucksweise, die Effekthascherei, die dahinter steckt. Dann habe ich selbst Hanser-Kolumnen geschrieben. Dutzende. Die ersten waren jämmerlich, dann sind sie immer besser geworden. Bis zu dieser, unserem Meisterwerk.

„Du wirst es tatsächlich tun. Den Klausberger umbringen und mir die Sache in die Schuhe schieben. Du siehst, ich schreie nicht, ich tobe nicht. Mir ist jetzt klar, dass du ein gefährlicher Irrer bist. Bring den Klausberger doch um, ich weine ihm keine Träne nach. Aber dein Plan wird nicht aufgehen. Ich habe Tausende Kolumnen geschrieben. Und jede Einzelne ist an meinem Arbeitsplatz in der Redaktion entstanden. Jede Einzelne. Verstehst du? Die Leute dort draußen sind doch keine Idioten. Die werden mich suchen, die Polizei einschalten, man wird bald wissen, dass ich entführt wurde, und den Irren finden, der es getan hat. Was du da geschrieben hast, ist gut. Erschreckend gut. Könnte tatsächlich von mir stammen. Aber keiner hat gesehen, wie ich es geschrieben habe. Das ist der springende Punkt. Hanser schreibt immer live. In der Redaktion. Klar? Das hast du nicht bedacht, du Schlaumeier. Bring den Klausberger doch um, wenn du es unbedingt tun musst, aber lass mich gehen. Ich habe keine Ahnung, wer du bist und wo ich bin. Verbinde mir die Augen und setze mich irgendwo aus."

Bravo, bravo. Applaus für den Volkspoeten. Und ein Dank für die Lorbeeren. Deine Rede hat nur bestätigt, was ich selbst schon gewusst habe. Meine Kolumne könnte auch deine sein. Ist deine. Wird als deine gedruckt werden. Und niemand wird Verdacht schöpfen. Denn Martin Hanser, das unermüdliche Arbeitstier, hat nach Tausend oder mehr Kolumnen der Stress übermannt. Scheidung nach 20 Jahren, der erwachsene Sohn lebt in Amerika, dazu kommt ein kleines Alkoholproblem. Ich weiß alles, ich kenne dich besser, als du selbst. Du hast unzählige Menschen mit Worten vernichtet, aber das genügt dir jetzt nicht mehr. Die besten Psychiater der Nation werden sich bald um dich kümmern. Sie werden zu ergründen versuchen, was in dir den Knackpunkt ausgelöst hat. Vom Wort zur Tat. Sie werden viele Gründe finden! Und einige davon werden sie in dem handgeschriebenen Brief finden, den du, gemeinsam mit dieser Kolumne, an deinen Chefredakteur schickst.

„Schick ihm doch deine verdammte Kolumne, aber das mit dem Brief wird nie stattfinden. Du hast keine Chance, du wirst im Gefängnis ..."

Hier ist ein Blatt Papier und ein Kugelschreiber. Ich lege beides vor dir auf den Tisch und du wirst das schreiben, was ich dir diktiere. Ich fordere dich nur einmal dazu auf.

„Lächerlich. Du weißt genau, dass ich so etwas Idiotisches nie tun werde. Alles, was sich hier in diesem scheußlichen Kellerloch abspielt, ist idiotisch. Ich bin zwar in deiner Gewalt, du kannst mich schlagen, verhungern und verdursten lassen, aber damit triffst du nur meinen Körper. Mein Geist gehört immer noch mir. Und der ist klar, im Gegensatz zu deinem."

Mit Worten warst du immer schon mutig. Ich biete dir jetzt die Chance, eine andere Art des Mutes zu beweisen. Wenn du deinen Kopf nach links drehst, kannst du deine linke Hand sehen. Du kannst sie aber kaum bewegen, weil sie am Stuhl festgebunden ist. Ich werde jetzt dieses Messer nehmen – nein, nicht das Messer mit deinen DNS-Spuren, dieses hat eine wesentlich schärfere Klinge, ich habe sie selbst geschärft, stundenlang, und ich werde deinen Daumen abtrennen. Angesichts der Schärfe der Klinge wird es mich kaum Mühe kosten. Dann werde ich den Daumen vor dich auf den Tisch legen, neben das Blatt Papier und den Kugelschreiber, und du kannst dir überlegen, ob du den Brief schreiben willst oder nicht. Betrachte es als physische Variante einer Mutprobe. Die ultimative Begegnung mit dem Schmerz. Versuche nicht zu schreien oder zu heulen. Das würde mich enttäuschen. Wenn dir dein Geist dann immer noch sagt, nein, ich schreibe diesen Brief nicht, gebe ich dir die Chance einer zweiten Schmerzbegegnung. Dann ist der Zeigefinger dran. Und so weiter. Keine Angst, die Finger der Rechten darfst du behalten, die brauchst du ja zum Schreiben. Und du wirst noch viel schreiben müssen. Aber du hast ja auch noch zehn Zehen, zwei Ohren und andere Extremitäten.

„Nein, du tust es nicht. Lass mich los, bitte lass mich los. Ich bitte dich, nein, ich schreib ja den verdammten Brief. Neeeiiiin."

Siehst du, jetzt hast du doch geschrien, du schreist ja noch immer. Wo bleibt der Mut, Herr Hanser? Wenn du nicht sofort mit dem Schreien aufhörst, muss ich dir den Mund verbinden. Dann wird das Atmen schwieriger. Und du kannst nicht mehr reden. Dabei lausche ich deinen Worten doch so gerne. Hier ist dein Daumen, kaum Blut. Ein Stück Körper, das sich nie mehr bewegen wird. Auch die Hand blutet nicht so stark wie ich vermutet hatte. Ich muss gestehen, dass es auch für mich das erste Mal war. Ich habe noch nie einen menschlichen Körperteil abgetrennt. Natürlich habe ich den Schnitt geübt. An einem Rinderbein. Da ist der Knochen viel dicker. Es war mühsam, deshalb habe ich für dich die Klinge geschärft. Es ist ein glatter Schnitt geworden, fast chirurgisch.

Gut so, du schreist nicht mehr. Wenn man sich entschließt, einem lebenden Menschen einen Körperteil abzuschneiden, muss man vor allem das Mitleid ausschalten. Das ist mir bei dir leicht gefallen. Ich habe nur an das denken müssen, was du mir und den anderen angetan hast. Dann war's nur ein Schnitt, nicht mehr.

„Ich verblute, ahhhhh."

Du verblutest nicht, aber ich werde die Wunde trotzdem verbinden. Die Mullbinde habe ich schon vorbereitet. Man will ja kein Unmensch sein. Ich habe eine ganze Schachtel voller Mullbinden gekauft. Du weißt ja, die anderen Finger, Zehen, Ohren, Extremitäten.

„Es tut weh, wahnsinnig weh."

Jammere nicht, fang an zu schreiben.

„Wer zum Teufel bist du? Ich kann nicht schreiben, der Schmerz bringt mich um, um Gottes Willen, hilf mir!"

Ich habe dir schon geholfen, die Wunde ist verbunden, du wirst nicht verbluten. Jetzt schreib, verdammt nochmal und denke an deinen Zeigefinger!

„Mein Gott, warum hilft mir keiner!"

So ist's gut, nimm den Kugelschreiber, hier ist das Papier. Du bist doch mit dem Chefredakteur per du, richtig? Also schreib.

Lieber Alois, es wird dich überraschen, auf diesem Weg von mir zu hören. Mir ist nach meiner Scheidung ganz einfach die Decke auf den Kopf gefallen. Burn-Out-Syndrom könnte man es vielleicht nennen. Ich brauche einfach Zeit für mich selbst; um nachdenken und vieles in meinem Leben ordnen zu können. Dazu kommt der Frust. Ich fühle mich wie Don Quichotte, der gegen Windmühlen kämpft. Man zeigt immer wieder Missstände auf, aber letztendlich schreibt man gegen den Wind.

Siehst du, es geht ja doch. Langsam, keine Eile. Wir haben viel Zeit. Was sagst du zu meinen Formulierungen? Könnten von dir sein. Richtig?

„Ich schreibe ja, verschone mich mit deinen Selbstbeweihräucherungen. Die Schmerzen sind höllisch, ich weiß nicht, ob ich es noch lange schaffe."

Denk an den Zeigefinger, dann wird alles gleich viel erträglicher. Also weiter: *Es stimmt, ich schaffe es mit immer neuen Enthüllungen, gelesen zu werden, aber wirklich verändert habe ich damit kaum etwas. Ich pinkle unfähige Politiker zwar ständig an, aber letztendlich scheißen sie mir auf den Kopf. Jetzt reicht es mir. Ich habe mich entschlossen, einen völlig neuen Weg einzuschlagen. Bitte sucht nicht nach mir, ich befinde mich an einem Ort, an dem ihr mich nicht finden werdet. Von hier aus starte ich meine Aktionen und von hier aus werde ich dich auch ständig mit Kolumnen beliefern. Sie sind – wie du bald merken wirst – brandheiß. Und sie werden, das garantiere ich, die Verkaufszahlen unserer Zeitung gewaltig in die Höhe schnellen lassen. Wir werden uns nie mehr wiedersehen, aber du wirst von mir regelmäßig hören. In alter Freundschaft, dein Martin.* Punkt, Ende.

„Okay, ich hab's getan und es ist mir völlig egal, was damit geschieht, bindest du mich jetzt los? Ich spüre meine Beine nicht mehr und die Hand ... Nimm den verdammten Daumen vom Tisch weg, ich kann ihn nicht mehr sehen."

Geduld. Bewundere doch die Perfektion meines Planes. Bisher ist alles so verlaufen, wie es verlaufen sollte. Gewissenhafte Arbeit führt eben zum Erfolg. Und dieser steht in seiner ersten Phase unmittelbar bevor. Was du erlebt hast, war erst das Vorgeplänkel.

„Du hast jetzt alles, was du wolltest. Lass mich aufstehen, ein paar Schritte gehen und dann lass mich schlafen. Ich will nur schlafen. Bitte. Ich flehe dich an, ich knie sogar vor dir!"

Plötzlicher Gehorsam? Untertänigkeit? Nur weil Herr Hanser um einen Daumen weniger hat? Soll ich das tatsächlich glauben? Mein ursprünglicher Plan sieht vor, dich auf dem Sessel sitzen zu lassen, bis ich von meiner Mission zurückkomme. Mitleid ist darin nicht vorgesehen. Mitleid ist Schwäche, und Schwächen darf ich mir keine leisten.

„Aber dort drüben, da steht ja ein Bett."

Später, das ist für später. Du wirst noch sehr lange mein Gast sein.

„Wie spät ist es, wie lange bin ich schon hier?"

Zeit hat für dich keine Bedeutung mehr. Lass sie einfach über dich ergehen. Deine Zeit gehört jetzt mir, und ich werde sie in deinem Sinne nutzen. Alles ist genau geplant, die Summe intensiver Recherchen, Studien und Beobachtungen. Das Beobachten war schon immer meine Stärke, bevor du mir das Leben versaut hast.

„Ich habe dein Leben nicht versaut, wie sollte ich, ich kenne dich ja überhaupt nicht. Das ist doch Wahnsinn. Wer bist du, was hab ich dir getan?"

Du wirst alles erfahren. Und wir werden uns auch ausführlich über den Unterschied zwischen Recht und Gerechtigkeit unterhalten. Gerechtigkeit ist das, was in wenigen Stunden passieren wird. Und es wird gleich eine doppelte Gerechtigkeit sein. Ich werde versuchen, sie dir so detailgetreu wie möglich zu schildern. Das schulde ich dir. Du wirst zwar nicht dabei sein, trotzdem aber die Hauptrolle spielen. Unser gemeinsamer Freund Klausberger befindet sich zurzeit auf einer kleinen Party und trinkt wahrscheinlich gerade seine dritte Weißweinmischung. Mehr konsumiert er selbst bei den berauschendsten Feierlichkeiten nicht. Als zwar schlechter Mathematiker, aber doch kühler Rechner weiß er um die Bedeutung eines klaren Kopfes bei öffentlichen Auftritten. Die Fete gilt einem Schulkollegen, der in einem Innenstadtlokal seinen 50er feiert. Frank Klausberger wird, wie immer in solchen Fällen, gegen 23 Uhr seinen Chauffeur anrufen und sich im Dienstwagen nach Hause fahren lassen. Er wird bis 6.30 Uhr schlummern. Dann wird er seinen Trainingsanzug überstreifen und sich auf seine tägliche Jogging-Runde begeben. Fünfeinhalb Kilometer die Mur entlang. Um 7.10 Uhr legt er beim Bootshaus des Paddlerklubs eine kurze Rastpause ein und entspannt sich, wie immer, mit lockeren Stretching-Übungen. Dabei wendet er dem Gebäude den Rücken zu. Sein Mörder wartet im Schatten des alten Bootshauses, bis die Luft rein ist und keine anderen Jogger in der Nähe sind, dann tötet er ihn mit einem gezielten Stich ins Herz. Das Messer steckt in der Leiche, und man findet am Griff eindeutige DNS-Spuren. Noch kann man sie nicht zuordnen. Die Kripo sucht verzweifelt nach Tatzeugen, aber es gibt keine. Am nächsten Morgen liest Graz allerdings die Hanser-Kolumne. Und selbst die größten Trottel in der Mordgruppe erkennen plötzlich den Zusammenhang. Hanser ist verschwunden, hat sich mit einem seltsamen Brief von seinem Chef für immer verabschiedet, in seiner Wohnung und in der Redaktion gibt es Unmengen von DNS-Material. Dieses wird mit dem vom Tatort verglichen, und siehe da – man hat den Täter! Dich!

„Jeder, der mich kennt, jeder weiß, dass ich so etwas niemals tun würde. Ich bin ein Journalist, kein Mörder."

Und du säufst. Wodka, habe ich Recht? Jeder in deiner Redaktion weiß, dass du die Flasche brauchst, um deine Kolumne schreiben zu können. Es ist schlimmer geworden in letzter Zeit, stimmt's? Mehr Flasche. Alkoholiker. Nicht ganz, aber schon fast. Bisher knapp an der Grenze, plötzlich darüber. Sie trauen es dir zu, ich hab mit deinen Kollegen geredet. Der dreht eines Tages durch, haben sie gesagt. Der Stress, jeden Tag ein Thema zu finden, ist für jeden Kolumnisten mörderisch. Der Hanser hat durchgedreht, keinen wundert's. Recht und Gerechtigkeit – da ist sie, die Gerechtigkeit! Dein Leben ist im Arsch. So wie es meines war. Durch dich.

„Durch mich? Was hab ich getan? Ich flehe dich nochmals an, bitte, sag es mir. Es kann sich nur um ein Missverständnis handeln, wir können alles aufklären, hier, den ganzen Wahnsinn, ich will weg, bitte lass mich weg."

Ein winselnder Wurm. Wie oft hab ich mir den großen Killerschreiber in dieser Rolle vorgestellt. Alles beobachtet, alles notiert, alles geplant. Jetzt winselst du und ich empfinde gar nichts. Ich weiß nur, dass ich besser bin als du. Es wahrscheinlich immer schon war. Ich war immer schon besser als die anderen. Ich hätte es ihnen damals schon beweisen können, wenn du mich nicht vernichtet hättest. Jetzt muss ich es eben auf andere Art beweisen, und du bist mein Instrument dazu. Dafür wirst du auch der Einzige sein, der am Ende die Wahrheit kennt.

*

„Dipi … di dípi dipi dípi dipi … düüü, düdl düü dü düüü dü … dü düdl düdl düüü … düdl düüü dü düüü dü … dü düdl düdl düüü … düdl düüü dü düüü dü … dü düdl düdl … Schau, do liegt a Leich im Rinsäu, 's Bluad rinnt in Khanäu. Heast, des is makháwa, do liegt jo a Khadáwa. Wea is'n des, sog kennst du den, bei den zaschnídnen Gsicht khån i des ned segn … düdl dü düd, düdl dü düd, düdl dü düüüü."

Selbst wenn ich es zu verhindern versuchte, ginge es nicht. Ich muss es tun. Unweigerlich und jedes Mal. Es ist, wie soll ich sagen … *„Da Hofa woa's, vom Zwánzgahaus, dea schaud ma so fadéchdig aus, da Hofa hod an Ånfoi griagd und hod de Leich dån"* … es ist fester Brauch des Lebens und fester Brauch des Sterbens … *„massagríad, düdl dü düd, düdl dü düd, düdl dü düüü"*. Man muss feste Bräuche haben. Als würde nicht bloß das eine das andere bedingen, sondern auch das andere das eine, Sie verstehen? Das Lied und der Tod, der Tod und das Lied, sie sind eins. Fahre ich in Richtung Tod, singe ich das Lied. Ich singe mich dem Tod entgegen. Glaube ich mich ungesehen, lauthals. Spotten mir forschende Blicke, aus offenen Wagenfenstern oder von nahen Gehsteigen und Zebrastreifen hergeworfen, leishals. Worte und Melodie presse ich dann als Bauchsänger durch gefletschte Zahnreihen. Singe ich, so gleiche ich darin diesen beiden merkwürdigen Vögeln. Ah, die Patrouille.

Ich ließ meinen Wagen auf dem Gehsteig des Marburger Kais fallen, gerade dort, wo blaues Licht die fliehenden Reste der schwarzen Luft durchschlug, als könnte es, das blaue Licht, dachte ich, wie der flackernde Laternenschein an den hoch aufgeschossenen Altstadthäusern auch, antreten zum sinnlosen Wetttanz gegen die Übermacht der Dämmerung.

Der eine Vogel ist Fotograf, dachte ich weiter, und schälte meine steifen Glieder aus dem Türrahmen, der andere Kameramann. Immer im Dienst unserer Leser, sagt der eine. Immer im Dienst unserer Seher, sagt der andere. Immer im Dienst der

Spechtler und Schauer, sage ich. Der Hunger nach jeder Leiche plagt die Vögel, und nach jeder Leiche plagt die Vögel der Hunger, bis sie dann einfallen, spätnachts, beim Bertl in der Theaterstubn, wo die beste Küche herrscht zu dieser Stunde in dieser Stadt. Der Kameramann und der Fotograf spätnachts im Doppelpack, weiß der Bertl, verheißen nix Gutes, wenn er sie auch fragt, der Bertl, wo 's denn wieder a Leich gibt, mehr aus Höflichkeit, wie der Bertl betont, und sie es ihm erzählen. So brühwarm, wie die meisten Toten auch noch sind, wenn sie, die Totenvögel, an ihrer Seite auftauchen, durch irgendeine gottverdammte Indiskretion von einem Telefonanruf aus rauchigen Beisln geholt, und nur selten aus ihren Betten. Sie erzählen dem Bertl davon, in allen Einzelheiten und um alle erdenklichen Gerüchte bereichert, die frische Leichen und ungeklärte Umstände eben nach sich ziehen, weil das Fleisch, wie sie zum Bertl sagen, umso weicher auf den Teller muss, je härter die Leich gewesen ist, sagt der Bertl freimütig, das Gespräch erst einmal auf die Vögel gelenkt. Ist es besonders blutig hergegangen: Steak, rare. Wir servieren dir das jüngste Gerücht, Bertl, und du uns das jüngste Gericht, sagen die Vögel. Und dann beuteln sie sich vor Lachen, jedes Mal aufs Neue, und sie aalen sich in seinem Zucken und weiden sich am stillen Schaudern, das diesen zweischichtigen Glanz aus Sich-nicht-vorstellen-Wollen und Nichtweghören-Können über seine Augen legt. Seine von Rauch und später Stunde ermüdeten Augen. Die einen essen, die anderen singen. Es ist ein fester Brauch der Vögel.

„Harte Nacht gehabt?" Die Worte des Streifenpolizisten schlugen mir in kleinen Wölkchen entgegen, von musternden, mein zerzaustes Haar durchwühlenden Blicken begleitet. Er war ein gedrungener Kerl, dessen breiter Uniformgürtel, um drei Löcher zu eng geschnallt, den Oberkörper in streng nach oben klaffende Birnenform zwang und die stechenden Schweinsaugen noch stärker als sonst aus dem konturlosen, pausbäckigen, leuchtturmroten Gesicht seines winzigen Insektenkopfes abspringen ließ. Ein Insektenköpfchen auf massigem Oberkörper, Drehverschluss einer aufgeblähten Thermosflasche, die jeden Moment zu platzen drohte.

Ein leises Knurren kam über meine Lippen. „Kurz."

„Ja. Der Kurz ist auch schon da. Und mit ihm die gesamte Spurenvernichtungskommission."

Da sind wir wohl ein bisschen lustig zu früher Stunde, werter Kollege, mit einer Vorwitzigkeit, dachte ich, die deinem debilen Grinsen an Unerträglichkeit um nichts nachsteht, auch wenn die von der Spurensicherung in der Tat der einen oder anderen Formschwankung unterworfen sind, weil ja nicht immer im Dienst ist, wer auch der Beste ist. Aber einem jungen Hupfer wie dir, Herr Kollege steht es dennoch nicht an, darüber zu befinden, und über Unaufgeräumtheit und natürliche Widerborstigkeit meines Haupthaares schon gar nicht.

Ich hatte die vergangene Nacht herbeigesehnt im festen Glauben an einen dienstfreien Samstag und in der Hoffnung, zu Hause mehr Schlaf und weniger Alkohol zu finden als in den Tagen zuvor. Rosas knappe Notiz auf dem Anrufbeantworter hatte sie zunichte gemacht: Ferri, ich bleib mit den Kindern bei Mutter. Ruf bitte nicht an, ich brauche Zeit. Und schau auf dich. Das hatte ich bis vier Uhr früh getan. Mit Wolferl und Jack, Ambros und Daniels. Dazu ein Blaufränkischer, Mittelburgenland, Barrique, Siebenundneunziger, aus Rosas Beständen und ein Jahrhundertjahrgang, wie ihre Brüder nicht müde werden zu betonen. Eine Perle, sagen sie immer, und lassen in der Betonung des Wortes Perle mitschwingen, was auch in ihren Augen vibriert: Eine Perle, die man nicht vor einen Kriminalbeamten werfen dürfe, auch wenn oder gerade weil er der Schwager sei. Über dem Versuch, ein paar Zeilen an Rosa zu richten, war ich letztlich eingeschlafen. Bis mich das metallene Schnurren des Telefons zurückholte. Rosa.

„Schön, dass du anrufst."

„Glaubst du? Wir haben ein Riesenproblem."

„Ich weiß, aber lass uns zu Mittag darüber reden."

„Zu Mittag?" Rosas Stimme verlor, je mehr ich zu mir kam, ihren vertrauten, hellen Klang. Schnarrend, nasal und dumpf war sie mit einem Mal. „Unser Riesenproblem liegt an der Murpromenade und heißt Frank Klausberger!"

„Klausberger? Ich dachte, der wohnt am Hilmteich. Außerdem ... willst du in aller Herrgottsfrüh mit mir über Politik sprechen, Rosa?"

„Bist du nicht ganz bei Trost, Leimböck? Klausberger hat ein Messer im Rücken und ist tot!"

Das Schnarren in der Leitung formte sich vor meinem geistigen Auge zum Gesicht. Was ich sah, durch den allmählich sich lichtenden Nebel der vergangenen Stunden, war nicht erfreulich. Nicht an meinem freien Tag, nicht um halb acht in der Früh und schon gar nicht nach solcher Nacht. Unter der Nasenspitze prangte ein sichelmondförmiger Schnurrbart. Die Visage von Kripo-Chef Feichtlbauer. „Ich komme, Franz."

Seitdem waren keine vierzig Minuten vergangen. Ich war in die Kleider des Vorabends geschlüpft, hatte noch zwei Teppiche auf Parkettbodenverlaufslinie zu bringen und die Falten des Couchüberwurfes zu glätten gehabt, Wolferl und das, was von Jack übrig war, zu verstauen und in meinem Vorgärtchen die Überbleibsel der Jahresernte meiner russischen Reiseparadeiser zu gießen. Drei von ihnen hatte ich in die rechte Außentasche meines Sakkos gleiten lassen. Für unterwegs, weil es für unterwegs keine Besseren gibt, sage ich auch den Kollegen, und weil jede einzelne Frucht ein Kunstwerk für sich ist, Komposition eines Büschels kleiner, verwachsener, ovaler Cocktailparadeiser, leicht zu brechen, ohne die verbleibenden zu beschädigen, patzfrei und ideal für unterwegs. Und säuerlich saftig obendrein, ideal für diesen Morgen also, im Freiland spät reifend und von guatemaltekischen Indios erstmals kultiviert. Mein Indio ist der Stipsits Franz, Paradeisbauer in Rosas Heimatort. Er hat mir die Samen geschenkt, von mir dann fein säuberlich geordnet, nach Größe, farblicher Schattierung, und bis zur Aussaat in einem Eck der Küchenkredenz aufbewahrt. Weil jede Ordnung ihr System und ihre Zeit braucht, Rosa, verstehst du das denn nicht?

Ich wandte mich an den Insektenkopf. „Wo liegt er?"

„Unten am Treppelweg, auf einer der Betonbänke vor dem Bootshaus. Am besten gleich da die Stufen hinunter."

„Wer hat die Stiege bisher benutzt?"

„Niemand, außer dem Rainer Fritz und mir. Wir waren ganz in der Nähe, als wir den Funkspruch aus der Leitstelle aufgefangen haben, und die ersten am Tatort, noch vor dem Notarzt und den Sanitätern. Ach ja, die sind auch da runter. Und der Kurz."

„Ich werde Ihre allfällige Bewerbung unterstützen."

„Meine allfällige Bewerbung?" Das anmaßende Grinsen des Streifenpolizisten war fragender Überraschung gewichen.

„Ihre allfällige Bewerbung zur – wie haben Sie so treffend gesagt? – Spurenvernichtungskommission. Wer bei einem Kapitalverbrechen, und darum scheint es sich dort unten nun doch zu handeln, einen möglichen Fluchtweg des Täters durchlatscht und in einen Trampelpfad von Trugspuren verwandelt, ist ein Naturtalent. Alles nachzulesen in ‚Der idiotenfreie Tatort – Vision oder Wunschdenken?'. Ein Standardwerk, Herr Kollege."

Das hüfthohe Gitter am oberen Treppenabsatz war verschlossen. Wer auf direktem Wege ans Murufer wollte, musste drüberklettern und sich mit zumindest einer Hand abstützen. Vielleicht der Ansatz einer Spur. Eine schmale Steintreppe führte am alten Bootshaus des Grazer Paddlerclubs vorbei, mündete in ein zweites, bauartgleiches Gitter und endete in dem geschotterten Treppelweg am Flussufer. Dort unten musste es sein. Ich wollte noch kurz an der Straße verharren und die schattenhaften Konturen beobachten, die sich am Treppenvorplatz gegen das Murwasser abzeichneten, keine zwanzig Meter von meinem Beobachtungsposten entfernt. Sie bewegten sich auf engem Raum geschäftig hin und her.

„Sorgen Sie dafür, dass nicht noch einer das Gitter antapst", wies ich den jungen Beamten an. Dann kehrte ich ihm den Rücken und schlenderte los. Ich wählte den Umweg über den altstadtseitigen Kopf der Radetzkybrücke, um dort ans Ufer der Mur zu gelangen. Dem da unten würde es egal sein, er hatte jetzt alle Zeit einer anderen Welt. Mir jedoch war die Gelegenheit eines kleinen Spazierganges willkommen. Bei jedem Atemzug sog ich meine Lungen voll mit frischer, klarer Oktobermorgenluft. Das Umfeld eines Tatortes und dessen Atmosphäre aufnehmen. Irgendwo hatte ich diesen Satz einmal gelesen, ihn nie wirklich befolgt und doch bei jeder Gelegenheit an jüngere Kollegen weitergegeben. An diesem Morgen nach dieser Nacht machte er Sinn.

Das alte Paddlerhaus. Unweigerlich war ich wieder bei Rosa. Unsere allerersten Abende hatten wir hier verbracht, Hände haltend, leise Zärtlichkeiten austauschend. Gemeinsam durchlebte Stille und Sprachlosigkeit ohne den schmerzhaften Beigeschmack von heute. Die Bänke unter dem Paddlerhaus waren ein Geheimtreff, damals zur Mitte der Achtziger. Es waren jene Wochen und Monate, da Filteranlagen in den Zellstofffabriken Pöls und Gratkorn erstmals der Mur ihren widerwärtigen Mundgeruch genommen hatten, jenen bestialisch stinkenden Schleier, der bis dahin mit der Strömung durch die Stadt geschlichen war und nur die Verwegensten oder Sinnesärmsten am Flussufer hatte verweilen lassen. Zu jener Zeit war das alte Paddlerhaus noch ein Geheimtreff für Liebende, heute ein Tummelplatz mit Schichtbetrieb.

Was um alles in der Welt also soll einer wie der Frank Klausberger zu dieser Stunde da unten verloren haben, außer seinem Leben? Ein Mord an einem alternden Stadtpolitiker an einem Treff für Jugendliche an einem Samstagmorgen, na na na, was nicht heißen soll, dass hier nicht gemordet wird, dachte ich, Graz ist bei dieser Art von Kultur Hauptstadt wie andere auch, aber wer, sage ich, soll Interesse daran haben, dem Finanzstadtrat ein Messer in den Rücken zu rammen? So bedeutend erscheint er mir nun auch wieder nicht. Eine Verwechslung, das muss es sein. Einer unserer Streifenbeamten hat voreilig den Namen Klausberger an die Zentrale weitergegeben, jawohl, weil sich doch so vieles und so viele ähneln. Warum, dachte ich, soll es nicht auch einen geben, der wie der Klausberger ist, rein äußerlich und bei allem Bedauern, damit gelebt haben zu müssen und damit nun auch gestorben zu sein. Jack, der Jahrhundertjahrgang und der Versuch, die Wirrnis meiner Gedanken zu bündeln, hämmerten im Dreivierteltakt. Warum, fragte ich mich, tun wir Dinge, die wir nicht vertragen, um andere Dinge besser zu ertragen?

Gemäuer und Böschungsbewuchs des gegenüberliegenden Murufers tauchten in frühes, weiches Licht. Die Straßen waren ruhig und die Stadt schien von allen Geistern verlassen. Also auch den guten. Einzig in der Mitte der Radetzkybrücke hob sich die Silhouette eines kauernden Körpers durch die Gitterstäbe des Geländers ab. Einer der Murbettler, wie wir sie nennen. Jede Brücke der Stadt ist von ihnen besetzt, vom ersten Ergrauen bis in die Abenddämmerung. Auf jeder Brücke einer, nach ungeschriebenen, uns verborgenen Gesetzen straff organisiert und verteilt. Vielleicht hat er oder ein anderer etwas gesehen? Zeit und Gelegenheit, sie zu befragen, blieben allemal. Sie würden den ganzen Tag da sein.

Der Morgen hatte begonnen, den Körpern ihre Schatten wiederzugeben. Ich war zur Uferpromenade hinabgestiegen und im Gleichklang mit dem sich kräuselnden Wasser bis zum Bootshaus dahingeplätschert. Unrhythmisches Aufzucken von Blitzlichtern holte mich zurück. Die Kollegen waren schon an der Arbeit, und neben ihnen die Totenvögel.

„Wer hat ...?" Den Rest der Frage verbiss ich mir. Gelassenheit und Untätigkeit, in der sie umherstanden, verrieten mir: Sie hatten, was sie brauchten. Die Bilder, die in wenigen Stunden durchs Land gehen würden. Sie liefern, was alle sehen wollen. Auch jene, die sich demonstrativ abwenden und die Hände vors Gesicht schlagen, um hernach mit verrenkten Hälsen durch gespreizte Handflächen hinzublinzeln. Die Totenvögel sind ersetzbar wie vieles andere auch. Scheuchte ich sie weg, stünden morgen zwei neue da, die das System und dessen schaurige Bedürfnisse befriedigten. Sie leben vom Tod und ich lebe mit ihm. Letztlich sind sie zwei von uns. Oder ich einer von ihnen.

„Servus, Kollegen. Ist es wirklich der Klausberger?"

Stummes Nicken mit geschürzt bejahenden Lippen. Der erste Blick verriet mir auch, was er hier zu suchen gehabt hatte: Kondition. Er war joggen und dabei seinem Mörder ins Messer gelaufen. Oder besser gesagt war das Messer des Mörders in ihn gelaufen. Sein Oberkörper lag vornübergebeugt, flussaufwärts besehen auf der ersten in einer Reihe von vier Betonbänken unter dem Bootshaus. Er schien zu knien, in gespreizter, leicht seitwärts geneigter Stellung, die Fingerspitzen der linken Hand tippten an den Schotterboden, jene der rechten baumelten ins Leere. Zwischen den Schulterblättern steckte ein schmaler Holzgriff mit Metallschaft. Ein wuchtiger Stich auf Anschlag.

„Wie schaut's aus, Michelin?", wandte ich mich an Fauler.

„Wie ein lupenreiner Herzstich schaut's aus. Die Arbeit eines Profis." Willi Fauler stand dicht über die Leiche gebückt und atmete schwer. Die Zahnreihen des Reißverschlusses seines weißen Overalls drohten jeden Moment zu bersten. Der Wechsel aus dem Streifendienst zur Spurensicherung hatte seinen unterforderten Körper über die Jahre hinweg explodieren und der Kühlerfigur auf Lastwagen, dem Michelin-Männchen eben, immer ähnlicher werden lassen. Die Patschen über den Schuhen, das Häubchen auf dem Kopf, beide aus Plastik, transparent, die Handschuhe und der Mundschutz aus hellem Leinen rundeten ihn weiter und das Bild gänzlich ab.

„Du kannst doch fließend Japanisch und Chinesisch, Eipeldauer, oder?"

„Ja, fließend hören." Ein Klassiker. „Warum?"

„Im Schaft ist eine Gravur. Fernöstlich, würde ich sagen. Ich hab noch nie etwas Derartiges gesehen. Den Messergriff, meine ich. Mit Sicherheit keine Null-acht-fünfzehn-Ware."

Eipeldauer. Ein schmeichelnder Vergleich. Ferri Leimböck und der große Gartenguru, auch wenn ihn Willi nicht aus bedingungsloser Liebe zu mir ersonnen hat. Anfangs. Bei Michelin war die Sache nicht minder unklar. Dennoch verband uns weit mehr als bloße Hänseleien, Spitznamen und der Job. Schon aus der Ferne hatte ich ihn an den Umrissen seines Körpers erkannt, und meine verkaterte Stimmung hatte schlagartig aufgeklart. Du bist ein akribischer Arbeiter, Michelin, dachte ich, ein Tüftler, einer, der sich gerne zu vorlauten Äußerungen, niemals aber zu voreiligen Schlüssen hinreißen lässt. Einen Besseren als dich kann ich gar nicht hier haben.

„Irgendwelche Auffälligkeiten?"

„Es war ein einziger Stich, er hatte keine Chance. Vermutlich wollte er hier eine kleine Pause einlegen."

„Wie kommst du darauf?" Mein Kopf schwang immer noch im Dreivierteltakt und war nicht klar genug, um Michelins gewohnt analytischen Gedankengängen ohne Anleitung folgen zu können.

„Schau, Ferri. Es gibt mehrere Möglichkeiten. Aber nicht alle kommen in Betracht. Die erste: Der Mörder war selbst ein Jogger."

„Ein Jogger, der ein Messer bei sich trägt? Wo sollte er denn die Waffe vor der Tat verstecken?", wandte ich ein.

„Eben", entgegnete Michelin. „Aber wir dürfen es nicht zur Gänze ausschließen. Er könnte das Messer im Ärmel einer Trainingsjacke oder eines Leibchens gehabt haben. Aber dann hätte er unentwegt darauf achten müssen, es nicht zu verlieren. Eine Stresssituation. Ich glaube nicht, dass einer, der einen so gezielten Stich ausführt, sich das antut, verstehst du?"

Ich war nicht in der Lage, es mit schlüssigen Argumenten zu begründen, aber mein Gefühl sagte mir, dass er Recht hatte.

„Die zweite Möglichkeit?"

Michelin setzte blitzartig fort. „Die zweite ist, dass er hier gewartet hat. Vermutlich da oben im Gebüsch." Er machte eine ausladende Geste in Richtung Bootshaus.

„Du meinst, er wusste, dass Klausberger hier stehen bleiben würde?"

„Gewiss. Wäre er vor oder auch direkt hinter Klausberger aus seinem Versteck gesprungen, um ihn anzugreifen, wäre das Opfer hochgeschreckt und hätte sich gewehrt, denkst du nicht auch?"

Ich nickte bedächtig. „Und du glaubst ..."

„Dafür", fuhr Michelin unbeirrt fort, „gibt es, soweit ich es hier erkennen kann, nicht den geringsten Hinweis. Keine Abwehrverletzungen an den Händen des Toten, keine Abriebspuren im Schotter, die auf kurze, kräftige Fußbewegungen schließen lassen. Und außerdem steckt das Messer in seinem Rücken. Aber wer weiß, was sie auf der Gerichtsmedizin noch an Feinheiten entdecken."

„Und wenn es doch ein Jogger war, der ihn im Laufen von hinten attackiert hat?"

Michelin schüttelte entschieden den Kopf. „Dass einer aus vollem Lauf in genau dieser Position liegen bleibt, ist unwahrscheinlich genug. Aber dass er den Sturz auf die Betonbank ohne Verletzungen im Gesicht übersteht – niemals." Er schnaufte zusehends. „Daher meine Annahme: Er ist hier stehen geblieben, weil er es sonst auch immer tat. Vielleicht um Luft zu holen, vielleicht, um ein paar Dehnungsübungen zu machen, was weiß ich. Ich bin doch kein Jogger."

Er hätte es nicht gesondert erwähnen müssen. Je länger ich den toten Klausberger betrachtete, desto mehr glaubte ich, eine lange geplante Tat zu erkennen. Eine Inszenierung. Die Lage des Toten, das Messer mit fernöstlichen Schriftzeichen. Dennoch hatte mich der Gedanke mit dem zweiten Jogger fest im Griff. „Sie könnten sich gekannt haben. Was ist, wenn sie gemeinsam Frühsport gemacht haben?"

„Na, das werdet ihr wohl rauskriegen, Ferri."

Natürlich würden wir, das schien doch eine der leichteren Übungen zu sein. Womöglich eine zu leichte, dachte ich nun. Ermordet man einen Politiker, um sogleich als sein Joggingpartner entlarvt zu werden? Langsam fand ich mich wieder. „Es könnte auch jemand gewesen sein, der sich als Spaziergänger getarnt hat. Einer, der gewusst hat, wo Klausberger seine Rast einlegt und sich die Zeit gut eingeteilt hat."

„Klar. Aber dann hätte er riskiert, gesehen zu werden. Von anderen Joggern, oder auch von der alten Dame da hinten auf der letzten Steinbank, die mit dem Pudel."

„Wohl kaum." Es war die Stimme meines Stellvertreters Kurz, die mit einem Mal zwischen Michelin und mir stand. Kurt Kurz. Er hatte sich bis dahin lauschend im Hintergrund gehalten. „Sie hat die Leiche entdeckt, steht unter Schock und bringt kaum ein Wort heraus. Nur soviel, dass sie niemanden gesehen hat. Aber das heißt nix."

Kurz sah das erwachende Erstaunen in meinem Gesicht. „Wie meinst du das?"

„Schau dir ihre Brille an. Panzerglas. Sie hat nicht einmal das Messer in seinem Rücken bemerkt."

„Bitte sie trotzdem am Vormittag ins Paulustor zu kommen. Vielleicht fällt ihr bei der Niederschrift doch noch etwas ein."

Das leise Plätschern der Mur fing mich wieder ein. Und mit ihm ein aufgeregtes Schnattern. Ich tat ein paar Schritte an die Uferböschung, kauerte mich nieder, legte den Kopf zur Seite, das Kinn auf die rechte Schulter gepresst, als wäre sie mein Gefieder. Vielleicht seid ihr meine einzigen Zeugen, dachte ich. „Quaak, quaak quak quaaak?" Entenmutter und Entenjunge antworteten nicht. Ihr Schnabelspiel war mit einem Mal versiegt, ihre plötzliche Teilnahmslosigkeit schien geradezu aufgesetzt. Als wollten sie mich verhöhnen. Leimböck ist kein übler Name. Doch warum heiße ich nicht Dr. Doolittle? Nur jetzt und nur hier? Als ich wieder hochkam, lag Kurz' spöttischer

Blick auf mir. Er rang sichtlich nach einem Kommentar, und ich nahm ihm die Last der Anstrengung ab. „Ja, ich spreche mit Paradeisern. Und mit Enten. Man darf nichts unversucht lassen, hat dir das noch keiner gesagt?"

Ich kramte in der Sakkotasche nach einem der drei Reiseparadeiser, als es mir plötzlich in den Sinn kam. War es nicht auch denkbar, dass die Messerattacke gar nicht gezielt gegen Klausberger gerichtet war? Frank Klausberger als Zufallsopfer, gestorben durch die Hand eines irren Messerstechers? Das hieß allerdings auch, dass wir jederzeit mit weiteren Opfern zu rechnen hatten. Ein Wink des Schicksals, der ausnahmsweise einmal nicht den Falschen abberufen hat, dachte ich. Spinnst du, Ferri, schoss es mir im nächsten Augenblick ein. Lass deine Abneigungen aus dem Spiel. Du ermittelst im Mordfall am Menschen Klausberger, egal, wie sehr oder wenig das Verbrechen politisch oder persönlich oder wie auch immer motiviert war. Ein Spaziergänger, der einen Jogger niedersticht einfach aus Jux und Tollerei und vielleicht, weil gerade Samstagfrüh ist? Das ist doch absurd, Ferri, und daher wirst du es auch nicht zur Sprache bringen, nicht, solange nicht alle anderen Möglichkeiten ausgeschöpft sind, um keinen Deut früher und auch dann nur vielleicht.

Noch einmal beugte ich mich an Michelins Seite. „Was glaubst du, Willi, seit wann ist er tot?"

Michelin winkte mich ganz dicht heran. „Siehst du seine Augen? Die Hornhaut. Sie hat gerade erst begonnen sich einzutrüben. Das passiert cirka eine Dreiviertelstunde post mortem. Wären die Augen zu, könnte es einen ganzen Tag dauern. Dazu kommt, dass er kaum Leichenflecke hat. Zum Beispiel am Hals. Und auch noch keine Anzeichen von Starre. Dass die Haut abgekühlt wirkt, täuscht. Das ist der frische Morgen. Ich würde sagen: eine gute Stunde."

Es war halb neun. An den Absperrungen, zu beiden Seiten der Promenade errichtet, hatten sich kleine Menschentrauben gebildet. *Dọ geht a Raunen durch die Leid, und a jeda họd sei Freid.* Ja, Wolferl, dachte ich. Die Spechtler und Schauer. Die üblichen Verdächtigen. Die ersten, die heute Abend vor den Fernsehern kleben und morgen die Zeitungen aus den Sonntagsständern stehlen. Aber wäre ich anders, käme ich durch Zufall vorbei? Ich schrieb, erst zur einen, dann zur anderen Seite gerichtet, mit der Rechten Wellenlinien in die Luft vor die offene, mir zugewandte Handfläche der Linken. Die Kollegen an den Sperrbändern hatten verstanden und begannen, die Daten der Umstehenden aufzunehmen. Man weiß nie. Wer sich jetzt davonmachte, war erst recht suspekt.

„Übernimm du wieder", wandte ich mich an Kurz. „Wir treffen uns um halb zwölf zur ersten Lagebesprechung. Ich übernehme die Witwe Klausberger. Ich meine, die Verständigung. Das freut sowieso keinen. Und ich kann ihr gleich ein paar Fragen stellen. Oder hast du Lust?"

Kurzes Kopfschütteln.

„Und vergesst mir die Bettler nicht. Und die Fetzentandlerin, du weißt schon, die Tuchverkäuferin, vorne auf der Tegetthoffbrü..."

„Ich weiß", fuhr Kurz dazwischen. Seine Stimme klang gereizt. „Man weiß nie."

Ich bahnte mir den Weg durch die Menge der Gaffer und wollte zurück zu meinem Wagen, entschied mich jedoch anders und marschierte über den Joanneumring zur Pestsäule am Eisernen Tor. Ein kleines Frühstück in einem der Straßencafés in der Herrengasse würde gut tun. Auch wenn sie mir unverschämt viel Geld dafür abnähmen. Die ersten Sonnenstrahlen würden gerade über die Dächer hereinbrechen und ich wollte mir noch ein paar angenehme Momente gönnen, ehe ich zur Witwe Klausberger fuhr. Schöne Herbstmorgen wie dieser überzogen die Stadt mit südländischem Flair. Das muntere Klingeln der Fahrradglocken; Straßenbahnen auf der Pirsch, deren Niederflurwagen geräuschlos heranschlichen; metallenes Klacken genagelter Schuhe, die ein wallendes, schwarzes Cape in geschäftigen, männlich festen Schritten davontrugen; und als Grundton von alledem Akkordeon und Gitarre, Klänge der Provence, wie es schien, zwei Straßenmusikanten, die sich in Virtuosität verstanden, nicht aber darin, diese in mehr als das Nötigste fürs Leben umzumünzen, was ein rascher Blick in die leere Weite ihrer geöffneten Instrumentenkoffer verriet. Noch bevor ich die Herrengasse erreicht hatte und den Rauch aus dem Metallkessel emporsteigen sah, schlug mir der süßliche Geruch gebratener Maroni entgegen. Ein junges Paar ließ sich ein Stanitzel geben. Ich werde es nie verstehen, dachte ich. Maroni am Morgen, ein Bauch voller Sorgen. Der bloße Gedanke daran ließ die schrumpeligen Früchte zur amorphen Massen in meinem Mund aufquellen. Meine Backen blähten sich auf, ganz von selbst. Ein kleiner Espresso würde genügen, der postrauschale Appetit war wie verflogen.

Die Buchhandlung am Eck. Ferris elfter Geburtstag stand in wenigen Tagen an. Der Schmöker über Heraldik, den er sich so sehnlich wünschte, müsste längst da sein. Bis dahin würde Rosa mit den Kindern zurück sein. Du wirst Ferri doch nicht ohne weiteres die Schule schwänzen lassen, Rosa, oder doch? Die Hand bereits an der Glastür, wich ich wieder zurück. Private Erledigungen in der Dienstzeit, meine Herren. Mein Standardsatz, erwische ich einen. Polizeibeamte, die Versicherungen verkaufen oder den Kollegen schwindelige Pensionsmodelle andrehen, anstatt dem nachzugehen, wofür sie bezahlt werden. Nichts hasse ich mehr. Das halbe Berufsleben meines Vaters ist eine einzige private Erledigung gewesen, dachte ich. Zugbegleiter bei der Bahn, dreißig Jahre lang untätig dasitzen und warten, dass der Schaffner tot umfällt, um an seine Stelle treten zu müssen. Sonst nichts. Die halbe Zeit hat er damit zugebracht, in seinem Abteil privaten Erledigungen nachzugehen. Oder darüber nachzudenken, dass ich meinen Krankenstand in diesem Jahr noch gar nicht aufgebraucht habe. Ja, Vater, du und deine Scherze. Die haben dir zehn Jahre bezahlten Urlaubs und mit Fünfzig die Frühpension eingebracht. Dafür hasse ich dich. Auch dafür. Aber nicht alle sind wie du, Vater, und ich habe mir geschworen, wie jene zu sein, die nicht alle sind.

War nicht heute mein freier Tag? Beinahe hatte ich es vergessen. Zwar hatte der Feichtlbauer mich in Dienst gestellt, aber letztlich wäre es mein freier Tag gewesen. Und wäre dieser Stadtrat nicht zum Joggen gegangen, könnte er noch leben und ich ruhigen Gewissens diese Buchhandlung betreten. Ich würde sie betreten. Das musste drin sein. Klausberger war es mir schuldig. Auch Tote haben Schulden.

Ich ließ das Buch nur lose in Packpapier einschlagen, um beim Kaffee ein wenig darin zu blättern. Inmitten bäuerlicher, bürgerlicher und adeliger Wappen blieb ich an einer grafischen Darstellung der einzelnen Schildplätze hängen. Hüft- oder Herzstelle, stand da zu lesen. So ein Schild hätte dir auch ganz gut getan heute früh, Frank Klausberger, dachte ich. Du hast es ja bereits hinter dir, aber mir hätte es einiges erspart. Vor allem die kommenden Stunden. Wir wussten so gut wie nichts, und man würde alles von uns wissen wollen. Ich begann mir den Nacken zu reiben, als verspürte ich all jene, die mir bald darin sitzen würden. Allen voran der Kurze, wie er im Paulustor hieß. Aegidius Weißengärber, Emporkömmling, Günstling der Stadtpolitik und Polizeidirektor. Und es war auch nur eine Frage der Zeit, bis eine Hand voll Journalisten, die sich mir über die Jahre vertraut gemacht hatten, Wind bekamen vom Mord an Klausberger und die Nummer meines Handys in ihres tippten.

*

„Servus, Herr Professor. Hast du gerade einen wichtigen Pfusch oder kannst du deine Privatkunden auf Eis legen für einen unlukrativen Staatsauftag?" Der Gedanke ans Handy und den Presserummel der nächsten Stunden und Tage hatte mich auf

Raul Sargo gebracht. Formaldehyddämpfe, denen er sich seit jeher ebenso ausgesetzt sah wie der Gewissenlosigkeit mancher Kollegen, und dazu die Gewissheit, aus Mangel an krimineller Solidarität nicht an die Spitze der Abteilung gekommen zu sein, hatten ihn zum Spiegeltrinker gemacht. Kein Einzelschicksal unter Pathologen. Doch war Raul nach wie vor ein brillanter Gerichtsmediziner. Und der Einzige, der an einem Samstagvormittag nicht sofort tausend Ausreden parat hatte, warum er eine dringende Obduktion keinesfalls vornehmen könne.

„Wer ist der Patient?", fragte die Fistelstimme am anderen Ende. „Einer von euch, weil's gar so dringend ist?"

„Schlimmer noch. Der Klausberger, du weißt schon, der Finanzstadtrat."

Sargo gluckste vergnüglich in die Leitung. „Ist der Schuss eines Politikers endlich einmal nach hinten losgegangen?"

„Stich in der Herzgegend. Aber nicht aus Liebeskummer. Du kannst dir ja vorstellen, was der Kurze jede halbe Stunde sagen wird: ‚Wir brauchen Ergebnisse, Leimböck.'"

Sargo versprach, in einer Stunde im Institut zu sein. Bis dahin, hoffte ich, würden sie auch Frank Klausberger hingebracht haben.

*

Im Keller, Samstagvormittag

Mein Gott, hier stinkt es ja fürchterlich. Hat der Herr Redakteur etwa in die Hose gepisst?

„Ich halte das nicht mehr aus. Bitte, bitte binde mich los. Ich verlange ja nicht mehr. Lass mich nur aufstehen, einmal. Die Schmerzen bringen mich um. Ich spüre meine Beine nicht mehr, und ich muss aufs Klosett."

Oje, darauf hat der Architekt beim Gestalten dieses Hotelzimmers doch glatt vergessen. Deshalb hat es ja auch nur drei statt der erhofften vier Sterne gekriegt. Nein, nur zwei. Badewanne gibt es ja auch keine. Aber keine Sorge, das mit der Toilette kriegen wir schon hin. Dafür gibt es die Luxusausführung eines Plastikkübels, den du bald benutzen darfst. Und Klopapier. Rosarotes Klopapier. Ich hoffe, du magst rosarot. Vorher ist aber noch Weihnachten. Geschenkszeit. Sieh nur, was ich dir mitgebracht habe.

„Ist mir scheißegal. Ich will nichts von dir, nur dass du die verdammten Fesseln losmachst."

Es ist ein herrlicher Tag. Blitzblauer Himmel. Aber den siehst du ja nicht, hab ich völlig vergessen. Und es ist ein guter Tag. Ein erfolgreicher. Alles ist nach Plan verlaufen, der Beginn deiner Unsterblichkeit. Dein Name wird bald in aller Munde sein. Eigentlich solltest du mir dafür dankbar sein. Hier, die Morgenzeitung. Noch steht nichts Aufregendes drinnen. Aber morgen, da wirst du mit deiner Kolumne garantiert für Aufregung sorgen. Vor allem beim Leimböck. Den kennst du ja, das ist der Mann, der die Ermittlungen im Mordfall Klausberger führt. Deine Kolumne wird prominent platziert sein, wie immer auf Seite zwei. Aber bald, wahrscheinlich schon übermorgen, stehst du ganz vorne. Aufmacher sagt ihr dazu, stimmt's? Du wirst der Aufmacher sein. Martin Hanser, dick und fett gedruckt. Nicht nur in deiner Zeitung, sondern auch in allen anderen.

„Nein, du hast es nicht getan. Der Klausberger ..."

Ist tot. Mausetot. Du hättest ihn sehen sollen. Der Stich war gezielt und tödlich. Pardon – es war ja nicht mein Stich, sondern deiner. Du hast perfekte Arbeit geleistet. Von hinten ins Herz. Natürlich muss man die Stelle kennen, die sich ideal dafür eignet. Ist nicht sehr groß, und der andere sollte stillhalten, wenn man sie genau treffen will. Sonst wird die Klinge von einer Rippe abgelenkt und man ist gezwungen, ein zweites Mal zuzustechen. War nicht nötig. Der Erste hat gesessen. Du hättest ihn sehen sollen. Kein Schmerz, zuerst war's nur Verwunderung. Er hat mich groß angeglotzt, ungläubig. Hatte keine Ahnung, was da gerade mit ihm passiert war. Aber dann ist etwas Großes geschehen, etwas, das nur ganz wenige Auserwählte erleben dürfen. Das Sterben. Unmittelbar und hautnah. Es geschieht nicht im Körper, sondern in den Augen. Der Übergang vom Leben in den Tod. Es ist wie ein Film, und die Augen sind die Leinwand. Ich werde dich jetzt losbinden und dann das Zimmer verlassen. Wenn du aufstehst und dich umdrehst, wirst du sehen, dass dort oben, in der linken hinteren Ecke, eine Kamera angebracht ist. Du könntest dich natürlich auf den Sessel stellen und sie zerstören. Aber das würde dich nur noch einen Finger kosten. Vielleicht sogar zwei. Du wirst dir die Beine vertreten und dann den Kübel benützen. Dann wirst du dich auf das Bett legen und ich werde zurückkommen. Mit den Geschenken, die ich dir versprochen habe. Es gibt ja schließlich einiges zu feiern.

„Ja, ja, ja, ich habe dich verstanden. Binde mich jetzt los. Ich mache alles, was du willst, aber mach rasch, ich bitte dich darum."

In der Küche, Samstagmittag

Ich rede oft mit mir selbst. Früher habe ich es nicht getan. Aber jetzt hat es mit meinem Beruf zu tun. Bei meinem Job bist du ständig allein. Anfangs habe ich mir stets einen imaginären Gesprächspartner gesucht und mich mit ihm während der langen Nachtstunden unterhalten. Irgendwann ist mir das aber zu mühsam geworden. Ich musste dabei ja zwei Personen zugleich sein. Manchmal hat der Gesprächspartner meinem echten Ich widersprochen, manchmal war es umgekehrt. Es hat sich einfach so ergeben, dass der andere und ich selten einer Meinung waren. Da habe ich ihn weggeschickt, und jetzt rede ich nur noch mit mir selbst. Ich fasse in meinem Kopf alles, was ich tue, in Worte. Erzähle mir selbst über mich. Ein Ich beobachtet das andere Ich, analysiert es, kommentiert es, studiert es. Früher ist vieles mit mir und durch mich geschehen, das einfach passiert ist. Unkontrolliert, einfach so. Seit ich mich als aufmerksamen Gesprächspartner gefunden habe, ist das nicht mehr der Fall. Ich bin, was mich selbst betrifft, nahe an der Perfektion angelangt. Perfektion heißt, keine Fehler zu machen. Der Wurm, den ich jetzt am Monitor sehe, ist mein Meisterstück. Rache? Irgendwann war's wohl Rache. Aber das ist längst nicht mehr die alleinige Triebfeder. Rache kann zum Stein werden, der sich in den Zahnrädern der Logik verkeilt und den Motor zum Stillstand bringt. Ich kann mir Gefühle nicht leisten, wenn es um den Ablauf der Dinge geht. Den großen Plan. Ich kann sie mir nur dann leisten, wenn sie außerhalb des Plans stattfinden. Im Kellerraum, bei der direkten Begegnung mit dem Journalistenwurm etwa. Dort kann ich sie vom Ganzen loslösen und dort darf ich sie auch auskosten. Dort darf ich ihm seine Persönlichkeit nehmen, ihn erniedrigen, entwürdigen und leiden sehen. Armselig, wie er sich in die Ecke zum Plastikkübel schleppt, die daumenlose Hand in jämmerlicher Pose anklagend in die Höhe streckt, als wollte er damit von seinem Himmelvater Hilfe erflehen. Schau nur, was der böse Unbekannte mit mir getan hat. Jetzt versucht er die angepisste Hose aufzuknöpfen. Schwierig, ja. Dazu muss er die daumenlose zweite Hand einsetzen, aber die tut weh. Ja. Leide nur, du Ratte. Mein Gott, ist es schön, wenn sich der Hass auf diese Weise selbst befriedigt. Ja, ich habe ihn gehasst. Und es war dieser Hass, der mich zu dem gemacht hat, was ich in diesem Augenblick bin. Der perfekte Rächer. Danke, Herr Redakteur. Alle anderen deiner Opfer haben sich unter deiner und der Allmacht deines gedruckten Wortes geduckt und gelitten. Ich wünsche mir, dass sie alle jetzt hier bei mir sitzen und denselben Genuss erleben könnten. Das Betrachten von Gerechtigkeit. Nichts Primitives, etwas Großes. Dabei ist das, was ich auf dem Bildschirm sehe, erst der Anfang. Der Beginn der ultimativen Demütigung. Der erste Akt. Das Publikum bin ich. Und das Publikum ist begeistert. Applaus, Applaus!

*

Es war eine dieser Villen nahe dem Hilmteich, wo die Euroscheine selbst am Fassadenverputz klebten. Ein geschmäcklerisches Gesamtkunstwerk mit Steinlöwen und Säulenportal und einem künstlichen Wasserfall in einem Garten, der ebenso als öffentlicher Park durchgegangen wäre. Dieses Land lässt seine Granden beileibe nicht verhungern, ging es mir durch den Kopf. Aber selbst das fürstliche Steuergeldgehalt eines Stadtregenten reichte nicht, um all das hier auszurichten, das bedurfte der Aufbesserung durch eine Apanage, eine königliche noch dazu. Prinzipieller Verweigerer der Gesellschaftsspalten, der ich war, hatte ich beim Namen Klausberger kein weibliches Bild vor Augen. Ich zimmerte mir die Vorstellung einer wohl bestallten Tochter aus gutem, nein: bestem Hause zurecht, Anfang fünfzig, blaues Blut, dachte ich und sah das adelige Einheitsgesicht vor mir auftauchen. Die Zeiten, da sich das Volk gegen überproportionale Überwucherung durch die aristokratische Kaste nur mit umstürzlerischem Schmäh zu behaupten und abzugrenzen wusste, waren passé. Zusammenrücken hieß es nun für die geschrumpfte Oberschicht, und wer glaubte, der allgemein vorherrschenden Unlust zum Kind dadurch begegnen zu müssen, weiterhin nur Seinesgleichen zu suchen und nur mit Seinesgleichen recht eng zusammenzurücken, durfte sich nicht wundern, dass alle irgendwann einmal gleich aussahen.

Eine zierliche Gestalt Mitte dreißig öffnete auf mein Läuten. Ein Hausmädchen mit überraschend aparten Zügen.

„Leimböck, Kriminalpolizei. Ist Frau Klausberger zuhause?"
„Sie sprechen mir ihr. Sie wünschen?"

Die weite Vorhalle verströmte dezente Klänge. Ambros war es nicht. „Mozart?", fragte ich zaghaft. Musik als Einstieg, das zieht fast immer, dachte ich, da braucht es keine Absicht zum Aufriss, ein paar Takte als Vorspiel, geschickt gewählt, und schon bist du drinnen, im Gespräch natürlich – Musik und Kerzen als Begleiter in allen, nun ja, in diesem Fall nicht gerade Lebenslagen, überlegte ich weiter, aber letztlich läuft es auch hier auf ihn hinaus: den finalen Akt, bloß dass dem Klausberger Musik und Kerzen letzte Begleiter eines ungewollten Aktes sind, dem Aufriss aber das Vorspiel eines umso mehr gewollten. Und ein Vorspiel ist sie, die Musik, gewissermaßen auch hier, überlegte ich, ein gern empfangener Einstieg, der frisch gebackenen Witwe erst einmal beizubringen, was sie von nun an auf amtlichen Papieren in der Rubrik Familienstand anzukreuzen hat.

Ein Zucken ihrer Mundwinkel, gefolgt von leichtem Anheben der Nasenflügel und Absenken der Augenbrauen, die nach innen wanderten und ihr Nasenbein in einer tiefen Falte enden ließen, verriet mir, was sie dachte. „Schumann, Sonate in g-moll, Opus zweiundzwanzig", sagte sie spitz. „Aber deswegen sind Sie nicht hier, oder?"

„Ich komme wegen Ihres Mannes", sagte ich zaudernd.

„Wenn Sie den suchen, der ist joggen an der Murpromenade." Ihr Pagenschnitt federte leicht, als sie den Kopf zur Seite warf und dabei offensichtlich auf eine Uhr außerhalb meines Gesichtsfeldes blickte. „Obwohl ... er sollte schon hier sein." Aus ihren Augen blitzte gesellige Neugier, und sie schob ihren flachbrüstigen Körper in den Türstock. Ein Anflug begehrender Nahbarkeit lag in ihrem Blick.

„Ich weiß", entgegnete ich. „Er ist beim alten Bootshaus. Es tut mir Leid." Ich hielt kurz inne. „Er ist tot."

Witwe Klausberger antwortete mit erstarrendem Lächeln und einer langen Pause. „Hat ihn sein Herz im Stich gelassen?", fuhr sie endlich fort. Sie stockte. „Sie müssen wissen, er bekam vor einem halben Jahr einen Bypass gelegt und hat erst vor zwei Monaten wieder mit dem Training begonnen."

„Nun ja", zögerte ich. „Es war vielmehr ein Stich, den jemand in seinem Herzen hinterlassen hat. Er wurde ermordet."

„Jetzt hat er es endgültig übertrieben." Sie sagte es mit gedämpfter Stimme, ein geräuscharmes Spiel der Lippen, das gerade noch den Weg an mein Ohr fand.

„Wie meinen Sie das, Frau Klausberger?" Ich muss Sie das fragen, hätte Derrick ihr nun sonor entgegengebrummt, dachte ich. Stattdessen schwieg ich sie mit forschendem Blick an. Die bis vor wenigen Augenblicken noch herausfordernde Spannung ihrer Erscheinung war blitzschnell abgesackt. Ihre Antworten waren mit einem Mal ebenso knapp bemessen wie Bustier und Leggins, die das Relief ihres makellosen Körpers gegen das Safrangelb der hereinflutenden Morgensonne abzeichneten.

Ich weiß nicht. Ja, andere Frauen. Nein, keine Namen. Nein, kein Verdacht. Ein wenig ergiebiger Wortrap, gleich jenen in Zeitungsinterviews oder Fernsehshows, den ich jeden Moment abzubrechen gedachte, um später noch einmal zu kommen. Die Augen auf den Boden aus weißem Ferraramarmor geheftet, schreckte sie jedoch mittendrin auf und warf mir einen verstörten Blick zu, als wäre sie soeben und unvermutet von einer langen Fahrt heimgekehrt.

„Wir hatten ein Übereinkommen", setzte sie langsam an, wieder in sich gekehrt. „Seit Jahren schon. Seit seiner dritten oder vierten Affäre. Meist irgendwelche Flittchen mit prallen Brüsten. Ich wollte nie wissen, wer sie waren. Das wäre nur noch demütigender gewesen, Sie verstehen?"

Ich nickte. Klausberger hatte den Verlockungen, die sich einem Politiker bei abendlichen Terminen von Mal zu Mal an den Hals werfen, nicht widerstehen können. Obwohl er eine attraktive, um beinahe zwanzig Jahre jüngere Frau hatte. „Sie hätten ihn doch verlassen können", wandte ich ein.

Sie blickte erstaunt zu mir auf, als hätte ein Kind danach gefragt, wem die Sterne gehören, ließ ihre unsteten Augen an mir auf- und abgleiten, legte die Stirn in Falten, zögerte kurz und fuhr mit einem tiefen Seufzer fort, wie man ihn bei der Begegnung mit grenzenloser Naivität loslässt. „Es war erst vor ein paar Wochen in allen Zeitungen. Sie würden es ohnedies erfahren. Ich leite ein Architektenbüro. Innenarchitektur. Frank ließ seine Kontakte spielen und mir einträgliche Geschäfte zukommen. Zum Teil direkt über die Stadtverwaltung, zum Teil über Achsen in der Privatwirtschaft. Man warf ihm Ungereimtheiten bei der Auftragsvergabe vor."

Die königliche Apanage also. Als miserabler Medienkonsument in Sachen Politik hatte ich tatsächlich nichts davon gewusst. „War das auch Teil ihres ... Übereinkommens?"

„Wir wollten uns das Dreckwäschewaschen und eine Scheidung vor aller Augen ersparen. Die Öffentlichkeit reagiert sensibel auf solche Dinge. Im Gegenzug musste er sich erkenntlich zeigen. Die wenigen Journalisten, die von seinen Weibern wissen, hat er ruhig gestellt. Mit guten Storys oder notfalls auch anders. Das funktioniert, selbst wenn ein Landeshauptmann ständig seine Frau verprügelt. Sehr christlich und sehr sozial, eben christlich-sozial, finden Sie nicht?"

Hatte ich mich eben noch gefragt, was eine Frau wie Barbara Klausberger mit einem Schmierenkomödianten wie Frank Klausberger zu schaffen habe, ergab sich nun ein neues Bild. Das zweier Karrieremenschen, die einander um den Preis eines zerstörten Privatlebens und auf Kosten der Allgemeinheit an die Spitze hievten.

Die Sache mit dem Landeshauptmann war, zumindest in Polizeikreisen, auch in der Steiermark bekannt geworden. Die Kollegen des Mobilen Einsatzkommandos seien von besorgten Nachbarn in sein Haus gerufen worden, hieß es. Sie hätten durch geschlossene Fenster ihre Schreie und obendrein den Widerhall seiner Schläge gehört, hieß es. Danach war sie wochenlang von der Bildfläche verschwunden. Eine heimtückische Krankheit, hartnäckig, aber nicht lebensbedrohlich, hieß es. Offiziell. Alle wussten es und alle schwiegen darüber. Jedes Mal aufs Neue.

„Politik und Medien verbinden besondere Formen der Übereinkunft", hob Barbara Klausberger noch einmal an. Sie geriet mehr und mehr in Wallungen, ihr zierlicher Körper fand die Spannung wieder, jede kleine Bewegung setzte sichtbar ein Paket trainierter Muskel in Gang. Sie bebte, rang nach Luft, und aus ihrer Stimme sprach mit einem Mal tiefe Verachtung. „Eine Omertà. Schauen Sie über die Grenze, zu den Deutschen. Da gibt es in vielen Redaktionen Bluthunde, die Menschen wie meinen Mann bei lebendigem Leibe zerfleischt hätten. Bei uns wurde ein junger Radiojournalist gefeuert, weil er die Sache mit den Schlägen nach Jahren kollektiven Schweigens endlich an die Oberfläche zerren wollte. Die lange Hand, Sie verstehen?"

Die lange Hand. Der lange Atem. „Joggen Sie auch", fragte ich. Irgendwo musste dieser Körper schließlich herrühren, auch wenn es davon allein nicht sein konnte.

Der blasse Schleier über ihren Augen war ganz plötzlich verflogen, die blau marmorierten Pupillen blitzten messerscharf auf. Einer Frau wie ihr konnte es nicht schwer gefallen sein, den hohlen Doppelboden meiner Frage abzuklopfen. „Nicht mit ihm. Wir gehen zur selben Zeit, jeder allein. Er an der Mur, ich im Leechwald." Sie hielt kurz inne, schien in den Tiefen ihrer Gefühlspalette zu wühlen und kramte einen leisen Hauch von Melancholie hervor: „Gingen." Ein perfektes Schauspiel, hätte nicht die für solche Fälle vorgesehene Wiederkehr des Schleiers ihren Auftritt verpasst. Barbaras bläuliches Blitzen blieb.

„Hatte er Feinde?"

„Feinde? Jeder Politiker hat Feinde. Fragen Sie die Menschen auf der Straße nach ihm. Obwohl ..." Ihr Blick wandte sich von mir ab und verharrte einen langen Augenblick in scheinbarer Leere.

„Obwohl?"

Ihr Brustkorb hob sich und sie schluckte tief, als wollte sie im nächsten Moment einen mächtigen Brocken heraufwürgen. „Sie werden keinen finden, der ehrlich ist. Der ausspricht, wie man mit Betrügern seines Schlags verfahren sollte."

Die Radikalität, mit der es nun aus ihr hervorbrach, ließ mich schaudern. Ihre Abscheu gegenüber Klausberger hatte die Schranke der Zurückhaltung, die Lebenspartnern von Politikern vorgesetzt ist, vollends durchbrochen. Sie muss ihn gehasst haben, womöglich schon von Anfang an, und außerdem hat sich ja doch einer gefunden, dachte ich. Andernfalls säße Klausberger beim Frühstück und wäre nicht in einer Blechkiste auf dem Weg in die Gerichtsmedizin. Mit leerem Magen, so wie ich.

Überhaupt, was heißt einer? Muss es denn ein Mann sein? Die Wucht des Stiches hat mich zu der Annahme verleitet. Können es Frauen nicht ebenso gut, das kraftvolle Zustechen? Abgrundtiefer Hass treibt, und manchmal auch in den Abgrund. Warum soll der Mord politisch sein, werde ich sagen, aus politischen Motiven verübt, wie man so schön sagt, wenn's endlich einmal einen von denen erwischt hat? Ein Mord als finaler Stimmzettel? Das ist doch absurd, meine Herren, werde ich sagen. Seit siebzehn Jahren bin ich im Polizeidienst, werde ich sagen, und in diesen siebzehn Jahren hat es das nicht gegeben. Meine Herren, ich bitt sie. Und seit ich vor drei Jahren zum Leiter des Morddezernates bestellt worden bin, als einer der jüngsten des Landes überhaupt, erst recht nicht. Kein politischer Mord. Die schönsten Morde haben wir gehabt in all der Zeit. Morde im Drogenmilieu, Morde an unliebsamen Komplizen, Morde aus Geldgier, Morde aus Hass, womöglich aus Eifersucht und sogar Morde aus bloßer Lust am Töten. All das hat es gegeben. Aber keinen politischen. Der österreichische Mörder ist kein politischer, der braucht das persönliche Umfeld des Opfers. Dort ist er zu suchen, und dort ist er zu finden. Da können die Vögel spekulieren, was sie wollen. Warum also, sage ich, meine Herren, werde ich sagen, soll es hier anders sein? Noch dazu, wo der Klausberger ein Privatleben geführt hat, na, ich sage Ihnen, meine Herren, eine Fleisch gewesene Angriffsfläche ist der Klausberger gewesen, für gehörnte Ehemänner und für verschmähte Liebhaberinnen.

Barbara Klausberger fuhr fort, als hätte sie meine Gedanken erraten: „Fragen Sie seine Sekretärin nach den Weibern. Da müssen Sie suchen." Ein matt leuchtender Film benetzte ihre Augen und fing sich in den langen Wimpern der unteren Lider zu kleinen Tropfen. Sie machte ein paar Schritte zu einer elegant geschwungenen Kommode in der Vorhalle, kritzelte etwas auf ein Blatt Papier und gab es mir. „Da ist ihre Handynummer." Ihre Stimme vibrierte. „Und jetzt gehen Sie bitte." Dabei drückte sie die Türe mit sanfter Bestimmtheit zu, und ich machte nicht den Versuch, sie daran zu hindern.

Sie hat alle Motive dieser Welt, überlegte ich auf dem Weg zurück zum Wagen. Und doch habe ich sie bisher keinen Moment im Verdacht gehabt. Ist es die Abneigung ihrem Mann gegenüber, diese so offen zur Schau gestellte Abneigung? Natürlich kann gerade das ihre Masche sein. Sich selbst ganz gezielt belasten, um derart von sich abzulenken. Das ist doppelte Perfidie. Bestimmt bist du dazu im Stande, Barbara Klausberger, dachte ich und ließ den Motor an. Schließlich hast du mir ungeschminkt vorgeführt, wie man sie sich zunutze machen kann, die Mechanismen und Systeme. Warum also nicht auch Mechanismus und System polizeilicher Arbeit?

Außerdem holen die Frauen auf, in allen Belangen holen sie auf. In der Wahl ihrer Mittel sind sie schon lange nicht mehr zimperlich. Sie dringen in die letzten männlichen Domänen, fahren betrunken Auto und rauchen sogar Zigarren. Nur in die Dusche pinkeln sie noch nicht. Was ist da schon ein Messermord an der Murpromenade? Ich werde mit Gabi Schulenburg darüber diskutieren, dachte ich erheitert. Ich werde ihr alles erzählen, und sie wird fauchen, dass eine Frau doch nicht den Stier schlachtet, der die Milch gibt. Gewissermaßen. Und beim Joggen schon gar nicht. Weil die wenige Zeit, die frau zum Joggen bleibt, frau auch zum Joggen nützt. Da gibt es bessere Möglichkeiten. Gift, für dich, Ferri, wenn es recht lange dauern soll, würde sie sagen. Und eine Kugel, wenn es ganz schnell gehen soll, weil halt keine Zeit bleibt. Und dazwischen das volle Programm. Und ich werde ihr nicht Recht geben, auch wenn sie Recht hat, weil gerade darin die weibliche Hinterfotzigkeit liegt, werde ich sagen. Und sie wird aufspringen, wie sie nicht nur einmal aufgesprungen ist, und ihren stämmigen Körper bedrohlich über meinem Schreibtisch aufpflanzen, bereit, ihre

Krallen im nächsten Moment in mein Gesicht zu schlagen. Ihre Kampfeslust ist ungebrochen geblieben, dachte ich, geht es um Frauen an sich und in der Gesellschaft im Speziellen, ungebrochen über all die Jahre, die sie im Morddezernat als Sekretärin arbeitet. Die heftigsten Gefechte haben wir uns geliefert, die Schulenburg und ich und die Kollegen auch. Spendiere ich ihr ein Lächeln, eine Entschuldigung und einen Kaffee in der Kantine und in ebendieser Reihenfolge, ist die Sache erledigt. Jedes Gefecht hat so geendet. Und für jedes dieser Gefechte bin ich ihr dankbar, für jedes Einzelne. Das baut dich auf und die Spannungen ab, die der Job naturgemäß mit sich bringt. Man darf doch nicht alles, sagen die Kollegen, die ebenso gerne streiten mit der Schulenburg, mit nach Hause nehmen, und dann lassen sie den Ärger zurück und begnügen sich stattdessen mit dem Büromaterial.

Auf dem Weg zum Paulustor befiel mich ein Anfall undefinierbarer Übelkeit. Das Gefühl im Mund überquellender Maroni war längst gewichen, vielleicht war es nackter, ordinärer Hunger? Geh deinem Magen auf den Grund, riet ich mir und steuerte den Fleischhauer meines Vertrauens an. Käsekrainer führt er keine, dafür warmen Käsleberkäse und extrafeurige Bohnenpfefferoni obendrein. Die von Hengstenberg. Fast wie im Stadion, dachte ich. Nur eben ohne Fußball. Und ohne Käsekrainer. Und ohne Rosas vorwurfsvoll scharfen Blick, wenn sie es nur wüsste. Das Spiel heute Abend. Ich zuckte zusammen. Das Meisterschaftsspiel gegen Salzbug hatte und konnte ich vergessen. Die Karten für Ferri und mich würden verfallen. Ferri war mit Lisa, Franz und seiner Mutter bei den Großeltern auf dem Weingut, und ich würde wohl ...

Dreißig Deka Leberkäse und sieben Bohnenpfefferoni lassen selbst die undefinierbarste Übelkeit einer definierbaren weichen. Eine Viertelstunde vor der vereinbarten Zeit betrat ich mein Büro. Das Empfangskomitee bestand aus dem schrillen Läuten des Telefons und einer aufgeregten, ebenso schrillen

Stimme. „Wir brauchen Ergebnisse, Leimböck!" Ich sah Aegidius Weißengärber im Geiste vor mir auf- und abspringen, wie immer in feines Tuch samt Gilet gehüllt, ein Polizeidirektor wie ein Klischee, aber so sind sie eben, die Polizeidirektoren. Man munkelt, er habe seinen Spazierstock mit Silberknauf auch neben dem Bett stehen, um jederzeit und überall den Takt angeben zu können. Man weiß nie.

„Ich weiß, Herr Direktor. Wir tun unser Möglichstes."

„Das habe ich befürchtet, Leimböck, denn das ist zu wenig. Was glauben Sie, wie viele Chefredakteure mich schon zu Hause angerufen haben, seit die erste Meldung im Radio lief. Da reden sie von politischem Mord und dergleichen mehr. Um dreizehn Uhr ist Pressekonferenz. Sehen Sie zu, dass Sie etwas vorweisen können."

Tuuuuuut. Weißengärber grüßt seine Untergebenen niemals. Und am Telefon schon gar nicht. Nicht am Anfang eines Gesprächs und erst recht nicht am Ende. Er kreischt sofort schnaufend hinein (manchmal schnauft er auch kreischend) und legt ebenso blitzartig wieder auf. Man sollte den Umgang mit seinen Grußformeln zum Teil der Polizeiausbildung machen. Junge Kollegen muss man auf alle Härten vorbereiten.

Punkt halb zwölf drückte ich die Türschnalle zum Besprechungsraum nieder. Die letzten Sekunden vor einem Termin, das sind die wichtigsten überhaupt. Da warte ich ungesehen auf der anderen Seite der Mauer und erscheine genau dann, wenn der große Zeiger in den Zenit meiner Armbanduhr springt. Wie die Ansage auf dem Perron bei Abfahrt des Zuges. Das musst du verstehen, Rosa, auch die Zeit braucht ihr System und ihre Ordnung. Sind denn Züge pedantisch, nur weil sie gerne pünktlich sind?

Fauler und Kurz waren schon da. „Stillhofer kommt sofort", versuchte Kurz zu beschwichtigen. Er hatte meinen umherschweifenden Blick bemerkt. „Wir alle wissen, was dir dein Vater eingetrichtert hat: ‚Wenn es Züge schaffen, nach Hunderten von Kilometern auf die Minute anzukommen, muss ein Mensch es ebenso schaffen. Pünktlichkeit ist ein menschliches Bedürfnis, von Menschen an Menschen gerichtet. Es gibt aber auch menschliche Bedürfnisse, Ferri, vom Körper an den Menschen gerichtet."

Kurz hatte Recht. Ich war dabei gewesen, einen Sturm heraufzubeschwören, um die Segel meiner Erziehung darin zu hissen und meinen Unmut voll in Fahrt zu bringen. Privater Ärger hatte hier nichts verloren. Auch wenn es noch so schwer fiel. Vielleicht sollte ich doch einmal eines dieser Führungsseminare machen, schoss es mir in den Sinn, bei aller Abneigung und allem Misstrauen, das die Weisheiten von Verhaltensgurus in mir erzeugten. Kurz hatte einen neuerlichen Ausbruch meiner Unbeherrschtheit verhindert, ich sollte ihm dankbar sein. Nur die Art, mir Stillhofers Toilettengang unter die Nase zu reiben, war wenig erträglich.

Sekunden danach waren wir komplett. „Es riecht nach Knochenarbeit", hob ich an.

„Das wird sich der Gerichtsmediziner auch denken", warf Fauler ein. Stillhofer presste die Lippen aufeinander, um nicht loszuprusten. Kurz schluckte seine Heiterkeit demonstrativ hinunter.

Ich gab einen raschen Überblick über das Gespräch mit der jungen Witwe Klausberger und warf das Holz in die Runde. „Und was habt ihr?"

Kurz ergriff das Wort. „Nichts und viel zugleich. Zeugen gibt es keine. Mit Ausnahme der alten Dame mit dem Pudel, die ist jedoch halbblind, wie wir wissen. Auch die Bettler auf den nahen Brücken und die Tuchhändlerin wollen nichts bemerkt haben. Dafür haben wir am Tatort jede Menge Spuren gefunden. Zigarettenstummel, ein paar Papiertaschentücher, Präservative, aber die haben wir gleich wieder ausgeschieden. Der wird doch nicht …" Er feixte.

„Vermutlich", warf ich ein, meinte aber: man weiß nie, und

fuhr fort: „Wir sollten morgen früh jemand zur Promenade schicken. Wer Samstagfrüh joggt oder mit dem Hund äußerln geht, tut dies wohl auch am Sonntag. Vielleicht ist jemand dabei, der uns helfen kann."

Kurz nickte, machte sich eine Notiz und fuhr fort. „Es gibt Fingerabdrücke en masse auf beiden Metallgittern. Dazu Fußspuren hinter dem Gebüsch, das die Promenade vom Bootshaus trennt. Die meisten leider von der Witterung ziemlich verwischt. Ein Passant hat uns erzählt, dass erst vor ein paar Wochen ein großes Paddlertreffen stattgefunden hat. Da hat Hochbetrieb geherrscht dort unten an der Mur. Und wir haben die Daten von dreiundvierzig Schaulustigen. Wollen wir ausschließen, dass einer von ihnen der Mörder ist, der an den Tatort zurückgekehrt ist, müssen wir alle auf ihr Alibi überprüfen. Das kann Wochen dauern, es sei denn, wir bekommen ein paar Leute dazu. Vielleicht die von der Sitte, die kennen doch eh schon alle Nutten rund um den Griesplatz in- und auswendig."

„Ich weiß", entgegnete ich. „Aber wir stehen bei null. Und deswegen müssen wir es tun." Mörder kehren oft an die Schauplätze ihrer Verbrechen zurück. Auch einer dieser alten Hüte, die sie uns bei Schulungen immer wieder aufsetzen. *Weltweite Studien, meine Damen und Herren, mit Tausenden Belegen haben es gezeigt: Ein Mord ist eine Demonstration von Macht. Und wer Macht und Kontrolle über andere Menschen ausübt, will dies möglichst lange tun. Die Rückkehr an den Tatort gehört dazu. Vor allem, wenn die Leiche noch unentdeckt oder die Polizei gerade bei der Tatortarbeit ist. Der Täter will Macht ausüben, auch bis weit über den Tod hinaus, vergessen Sie das niemals, meine Damen und meine Herren.* Wie könnten wir. Wieder einer dieser Neugescheiten, denke ich jedes Mal, dachte ich nun. Die Rückkehr an den Tatort, wenn die Polizei an der Arbeit ist, hat er gesagt. Wenn sie ihre Hilflosigkeit unter Beweis stellt, hat er gemeint. Eine Hilflosigkeit, der einer wie er Abhilfe leisten kann. Und nur einer wie er, der Herr Kriminalpsychologe, der

Herr Profiler zu Neudeutsch. Der so gerne an den Seelen seiner Mörder feilt. Und an unseren gleich mit dazu. Rückkehr bedeutet aber auch Dummheit, mein lieber Herr. Und der, hatte ich das unbestimmte Gefühl, würden wir im Fall Klausberger nicht begegnen. Zumindest nicht auf Seiten des Täters.

„Ich kann jetzt mit Sicherheit sagen, dass der Mord minutiös geplant war." Faulers gepolsterte Mundwinkel umspielte ein entspanntes, triumphales Lächeln. „Auf der Stufe unterhalb des Gitters am Treppelweg stieß ich auf etwas, das mich stutzig gemacht hat. Öl. Schmieröl, um genau zu sein." Fauler legte eine Pause ein, blies kräftig aus und ließ die Schultern kreisen, gerade so, als wollte er sich in seinem Wissen suhlen.

„Und? Weiter? Komm schon, Willi."

„Am Schloss des unteren Gitters ist manipuliert worden. Und die Scharniere wurden erst vor kurzem geschmiert."

„Woher weißt du das? Und was beweist das?" Ich konnte ihm nicht folgen.

„Willi meint, dass der Täter das Gitter geölt hat, um es geräuschlos öffnen zu können, wenn Klausberger mit dem Rücken zu ihm steht", fuhr Kurz dazwischen. „Wir haben den Zeugwart des Paddlerclubs aus dem Bett geholt. Er hat gesagt, die Gitter seien seit Jahren nicht gewartet worden."

Ein schlüssiges Argument. „Was ist mit dem Messer?", fuhr ich fort.

Das Schrillen meines Handys gab die Antwort. Es war Sargo. „Mit dem Ding hätte man auch ein Schwein durchstechen können, Ferri. Neunundzwanzig Zentimeter ist die Klinge lang." Der Professor kam wie immer rasch und unverblümt zur Sache. „Bei einem Soletti wie dir wäre das Messer vorne glatt wieder rausgefahren. Und es ist so scharf, dass du damit ein Blatt Papier in der Luft teilen kannst."

Soletti. So haben sie mich in der Schule gerufen. Der lange Leimböck, der ungelenke Hüne, der schlaksige Soletti-Ferl, der beim Hochsprung die Einszwanzig nicht schafft. Nicht im

Scherensprung, nicht im Kreuzschnepper, nicht im Tauchroller. Und im Flop schon gar nicht. Und das bei *der* Beinlänge. Woher weiß Raul davon? Oder hat er einfach nur Soletti gesagt, weil er Soletti gemeint hat und nicht Leimböck? Ich war verunsichert. „Was ist mit der Gravur, Raul?"

„Bin ich Sprachforscher oder Totenschuster? Aber es gibt etwas anderes, das dich interessieren wird. Jemand hat dem Klausberger kräftig die Eingeweide massiert. Ich würde sagen, unser Mörder."

„Die Eingeweide?"

„Um es fachlich zu sagen: Er hat ein massives Hämatom im Genitalbereich, an den Rändern stark blutunterlaufen. Ein fester Tritt mit festem Schuhwerk, würde ich meinen. Von hinten durch die gespreizten Beine, würde ich meinen. Sieht nach einem Abschiedsgruß ins Jenseits aus, du verstehst?"

„Ein Abschiedsgruß? Aber er könnte doch genauso gut auch vorher …?"

„Kaum", unterbrach mich Sargo. „Keinerlei Abwehrspuren am ganzen Körper, nichts, was auf einen Kampf hindeutet." Genau wie Michelin es schon vermutet hatte, dachte ich. „Unter den Fingernägeln scheint nur der übliche Schmutz zu sein. Die Auswertungen dauern noch an, aber es sieht nicht danach aus, dass es was bringt. Daher glaube ich, dass er getreten wurde, als er das Messer bereits im Rücken hatte. Übrigens mitten ins Herz. Von einem Zufallstreffer weit entfernt, weil punktgenau, du verstehst? Ein Meisterstich, würde ich meinen."

„Danke Raul." Meine Verwirrung war komplett. Schmieröl. Meisterstich. Abschiedsgruß. Was um alles in der Welt hatte das zu bedeuten? „Raul meint, der Stich sei perfekt gewesen", sagte ich. „Und unser Mörder hat, wie es aussieht, dem Klausberger kräftig in die Eier getreten. Nach der Tat."

Zur Spannung in den Gesichtern meiner Kollegen gesellte sich breite Ratlosigkeit. „Sieht nach einer Liebesgeschichte aus, meint ihr nicht?" Kurz sprach den beherrschenden Gedanken als Erster aus.

„Wer kann so hassen, wenn nicht ein gehörnter Ehemann", warf Michelin ein. „Oder eine Liebhaberin, der Klausberger den Laufpass gegeben hat. Oder deren Zuneigung er verschmäht hat. Ein Auftragskiller scheidet aus, der würde nicht zutreten."

Kurz nickte.

„Wir müssen seine Sekretärin befragen. Barbara Klausberger meint, sie wüsste Bescheid über seine Liebschaften", warf ich ein. „Sie glaubt, dass irgendeines seiner, wie hat sie so schön gesagt, Flittchen mit prallen Brüsten damit zu tun hat."

Stillhofer senkte den Kopf, die Augenlieder für einen langen Augenblick nach unten gedrückt, was soviel hieß wie: Das übernehme ich. Er hatte die ganze Zeit über geschwiegen. „Wer sagt uns, dass das Motiv hier zu suchen ist", hob er nun an. „Vielleicht war es kein Mord an Frank Klausberger, sondern am Stadtrat Klausberger."

Schon wieder diese absurde Geschichte mit dem politischen Motiv. „Der Kurze denkt das auch", sagte ich. „Das klingt mir fast nach Robin-Hood-Mythos. Frank Klausberger, der Ausbeuter, der den Bürgern der Stadt das Geld aus dem Säckel zieht und mit billigen Weibern verprasst, stirbt durch die Hand eines Rächers. Des Rächers der Geschröpften. Sei mir nicht böse, Franz, das ist blanker Unsinn. Da hätte sich die ganze Stadt Graz anstellen müssen, um ihm in die Eier zu treten."

Fauler grinste. „Wie bei ‚Mord im Orient-Express'. Nur dass es nicht sieben oder acht mit einem Messer sind, sondern 225.000 mit Stahlkappen an den Schuhen."

Stillhofer ließ nicht locker. „Schon möglich, Willi. Aber es findet sich manchmal eben doch einer, der es wirklich tut. Sonst säßen wir nicht hier."

Der Gedanke ist mir nicht ganz fremd, dachte ich. Und er entbehrt auch nicht einer gewissen Logik. Dass der Klausberger oder das, was einmal den Klausberger ausgemacht hat, mit einem Loch im Herzen auf der Prosektur liegt, ist schwer zu bestreiten. Aah, es widert mich an, es zugeben zu müssen, aber der Kerl hat Recht. Wir dürfen es nicht ganz außer Acht lassen. Kurve kratzen, Ferri, die Kurve kratzen. „Franz hat Recht. So unwahrscheinlich es auch ist, wir müssen es in Betracht ziehen. Ihr wisst, was das bedeutet?"

„Ab in die Dreckkiste", sagte Michelin. „Wühlen im Privatleben eines Hurenbocks. Eines stadtbekannten noch dazu. Das verspricht gehörige Staubwolken, in denen es sich nicht immer gut husten lässt."

„Vor allem im konservativen Lager", hakte Kurz ein. Seine Schadenfreude war von genau jener Qualität, wie sie gewerkschaftlich engagierte Menschen bei passender Gelegenheit gerne zur Schau stellen. „Geht es um das Hochhalten familiärer Werte, ist der Klausberger in bester Gesellschaft. Ob Landesrat oder Landeshauptfrau, ein Pantscherl gehört dort zum guten Ton. Ich glaube sogar, das wird bei denen im Fach politische Bildung gelehrt."

„Das tut nichts zur Sache." Eine Kreissägenstimme in gebieterischem Tonfall schwängerte den Raum. Keiner von uns hatte bemerkt, wie der kleine Körper sich in den Türstock geschoben hatte und nun in gewichtiger Pose, die Hände unterhalb des offenen Sakkos in die Hüften gestützt, breit und bedeutend gab. Auch wussten wir nicht, wie lange Aegidius Weißengärber schon da stand. Auf jeden Fall zu lange. „Es wird keine Schmutzwäsche gewaschen. Das habe ich der Frau Landeshauptmann wie auch dem Herrn Bürgermeister zugesagt. Äußerste Diskretion ist geboten. Dass das ein für alle Mal klar ist. Und die Sache mit dem Tritt bleibt auch unter uns."

So lange also.

*

Vierzig Minuten später warf Weißengärber sich ein weiteres Mal breitbeinig aufgepflanzt in Pose. „Es ist ein Schock für uns alle, meine Dame und meine Herren Redakteure, die ganze

Stadt, ja die gesamte politische Welt des Landes, möchte ich betonen, steht unter Schock, und ... jawohl, der Herr Stadtrat war beim Joggen, als es passiert ist, und Sie können sicher sein, dass Oberstleutnant Leimböck, der Leiter der Mordgruppe, seine ganze Erfahrung unter meiner Ägide, Aegidius ist ja Vorname und Berufung zugleich ... – wie? – ja, natürlich bekommen Sie Fotos von der Tatwaffe, ein Messer mit fernöstlicher Gravur übrigens, und wir wären Ihnen dankbar, könnten Sie das Bild bla bla bla ..."

Schwitz nur, mein lieber Kurzer, und jetzt, da dieser junge Spund vom privaten Fernsehen angeregt hat, ob es denn nicht auch ein Raubmord gewesen sein könnte und du hämisch in dich hineingegrinst und durch das Murren und verhaltene Journalistengelächter hindurch geantwortet hast, das ist wohl Ihr erster Mord, Herr Kollege, gell, Jogger tragen doch nur selten viel Bargeld bei sich – jetzt also wird dich der kleine, graumelierte Dicke, der von der *Guten*, der immer alles doppelt genau wissen will und auch das kleinste Detail in seine Geschichten hineinpresst, gleich nach seinem Privatleben fragen. Nach all den klausbergerschen Weibern, um die sich ja die wildesten Gerüchte ranken. Und mit denen man nun, wo der Klausberger tot sei, nicht mehr hinterm Berg halten dürfe, weil es ohnedies ein offenes Geheimnis gewesen sei in der Branche. Und weil er, Direktor Weißengärber, sich doch ganz bestimmt nicht dem Vorwurf ausgesetzt wissen wolle, nicht in alle Richtungen ermittelt zu haben, und erst recht nicht handle es sich bei dem Opfer um eine Person wenn schon nicht öffentlicher Wertschätzung, so doch öffentlichen Interesses.

Bei Pressekonferenzen trägt der Kurze Anzüge aus besonders saugfähigem Stoff, damit er nicht davonrinnt in seiner ganzen Schwitzerei.

„... bla bla bla und Sie wissen doch, mein lieber Herr Hochauer, wie lange kennen wir uns jetzt, dass ich Sie, Herr Redakteur, niemals anschmettern würde, weil Offenheit immer schon mitbegründender Teil unseres gegenseitigen Respekts war. Aber von so privaten Geschichten, wie Sie sie hier und jetzt ansprechen, glauben Sie mir, habe ich wirklich noch nichts gehört. Was nicht heißen soll, dass wir nicht jeden kleinen Hinweis verfolgen werden, der Oberstleutnant Leimböck und ich. Er hat ja auch schon ein paar viel versprechende Ermittlungsansätze, über die ich Ihnen zu diesem Zeitpunkt aber noch nichts verraten darf, Sie wissen ja, meine Herren Redakteure, und, pardon, meine Dame natürlich, taktische Gründe untersagen uns das, und ... – wie? –, selbstverständlich werde ich Sie, ich würde sagen, zumindest stündlich auf dem Laufenden halten. Dankeschön."

Und dann hast du mir bei kurzem Nicken beidäugig zugezwinkert, Aegidius Schweinehund, mir, der ich unter deiner Ägide angeblich die eine oder andere viel versprechende Spur verfolge, was heißen soll: Sie machen das schon, Leimböck, ich setze mein ganzes Vertrauen in Sie, aber wagen Sie es ja nicht, Auskünfte zu erteilen, denn in solch heikler Causa ist das einzig und allein Chefsache, und hast dich dann davongemacht, ehe noch irgendein Journalist mit irgendeiner Reporterfrage weiter und unangenehm tief in dich hat hineinbohren können.

Es dauerte eine Stunde, bis ich mich gefangen hatte.

Soko Klausberger, unter der Leitung von Sbeschl Eïdschnt Ferry Laïmbeck; oder auch: Operation Rattensumpf; oder auch: Leimböck, übernehmen Sie. Ich werde meine interne Ermittlungsmappe damit betiteln. Wenn wir schon nix wissen und nix drinsteht, soll es wenigstens nicht nach nix klingen, dachte ich ein klein wenig träumerisch, wieder in die aufgeräumte Vertrautheit meines Büros zurückgekehrt, die Beine verschränkt auf der Schreibunterlage geparkt, den Rücken in die beinahe verstellbare Massivholzlehne gepresst, auf dem dritten meiner drei mitgebrachten russischen Reiseparadeiser kauend, bei leisem Brummen im tibetanischen Gebetsmühlenrhythmus und mit heruntergeklapptem Augenvisier auf den Staatssesselhinterbeinen wippend. Damals, als du mit sechzehn das erste Mal bis drei ausgehen durftest und dich auch um Punkt drei, zugegeben mit leichtem Gösserbierdamenspitzerl im Marschgepäck, in die Türnische der Liftanlage gepresst hast, Ferri, augenblicklich weggenickt bist und eine Dreiviertelstunde später immer noch stehend geschlafen hast. Damals, als du nur nicht in die Kabine geköpfelt bist, weil der Aufzug defekt war, und erst recht das vierte Stockwerk zur väterlichen Eisenbahnerbetriebswohnung hast erklimmen müssen, bei Schwierigkeitsstufe fünf plus und auf allen Vieren. Damals also hast du gelernt, dass sich bei sitzender Tätigkeit im Vergleich geradezu spielend und ohne die Tücken einer Liftkabine die eine oder andere Remphase durchleben lässt. Mit der allergrößten Leichtigkeit im Büro und auch wippend.

„Sie werden sich die Augen verderben, Herr Oberstleutnant, wenn Sie ohne Licht arbeiten." Ich hatte mich über das Nachmittagsblau und das Dämmerungsgrau hinaus und in die schwarze Luft hineingewippt, als Hubmann den Raum betrat. Sein Taktgefühl ersparte mir die Peinlichkeit und ihm eine schroffe Antwort.

„Sie hätten Concierge werden sollen. Gibt es Neuigkeiten aus dem Labor?"

„Durchaus. Auf dem Messer sind lupenreine Fingerabdrücke. Beste Qualität. Sie erlauben?" Er knipste das Deckenlicht an.

Ich verharrte einen Augenblick, das Gesicht dem Dunkel zugewandt, das durch das geschlossene Fenster (die Scheiben gehörten längst geputzt) hereinbrach, riss die Augenschlitze auf, schnellte mit gespielter, spielerisch wirkender Leichtigkeit aus dem Sessel empor und war mit dem hünenhaften Hubmann auf Scheitelhöhe. „Was sagt der Computer?"

Hubmann schreckte zurück. „Bisher negativ. Er muss sich wohl sehr sicher fühlen."

„Oder sie."

„Wer? Ich?"

„Nein, er oder sie. Man weiß nie, Sie verstehen?"

Hubmann lächelte mit der Verlegenheit eines beim Onanieren Ertappten, und seine Zähne, von jahrzehntelangem Kettenrauchen wie die pfeifende Lunge auch geteert, blitzten messinggelb hervor. „Wollen Sie eine?" Er griff in die Brusttasche seines um die Achseln halbkreisförmig verschwitzten Uniformhemdes und zog ein Päckchen Zigaretten hervor. „Hier sieht Sie niemand. Und schon gar nicht Ihre Frau."

„Danke, heute nicht."

„Ich habe Ihnen die Abendausgaben der morgigen Zeitungen gebracht. Der Klausberger ist natürlich Thema Nummer eins. Und was Sie vielleicht noch mehr interessieren wird: Im Schwarzeneggerstadion steht es zur Halbzeit eins zu null. Für Salzburg. Sie haben es im Radio gesagt."

„Verdammter Mist. Schon so spät?"

Ein Hauch von Bedauern schien seine Lippen zu umspielen, als Hubmann mir die Zeitungen in die Hand drückte, sich neuerlich ein Lächeln abrang und behäbig und gebückt im Gang einer Meerechse durch den spärlich beleuchteten Altbaukorridor des Paulustors davonmachte. Was ist bloß mir dir geschehen, fragte ich mich. Du warst einmal ein begabter Kriminalbeamter, und jetzt nimmst du für die Kollegen Anrufe entgegen und bringst die Zeitungen. Sonst nichts. Ich würde mich später damit befassen. Später.

Vorerst wollte ich sehen, ob nicht die Damen und Herren der Presse mir die Arbeit abgenommen und den Mord am Klausberger womöglich schon geklärt hatten auf ihre ganz spezielle Art und mit ihren ganz speziellen Folgen. Das Schönste, dachte ich, sind bei Großereignissen, und dazu kann man den Mord an einem Politiker in diesem Land schon zählen, die Schlagzeilen. Wie aufgebauscht oder abgeflacht, verbrämt oder unverblümt sie ihren Spechtlern und Schauern beizubringen versuchen, woran sowieso keiner vorbei kann, nämlich dass ihn, den Klausberger, einer, oder eine, man weiß ja nie, von hinten wie ein Schwein abgestochen hat, würde der Sargo sagen.

Der Stadtrat und der tödliche Dauerlauf – Frank Klausbergers Ende am Murufer, na na na, die Herren Seriös, immer ein bisserl abgehoben in ihren Titeln und überhaupt. Ah, die *Gute*. Stadtrat brutal erstochen, no na, mit einem Messer und unbrutal? Nettes Foto, das der Vogel da gemacht hat vom Klausberger. Wozu denn der Pfeil, ihr Idioten. Das Messer in seinem Rücken sieht man auch so. Andererseits, so schaut man wenigstens gleich hin und muss nicht lange suchen. Wie hat der Hochauer einmal gesagt? Der Servicegedanke, Herr Oberstleutnant, wird immer wichtiger im Zeitungsbusiness.

Ah, bei der Witwe waren sie auch, die hat sich wohl noch umgezogen fürs Foto, ein bisserl weniger Bustier und dafür ein bisserl mehr Trauer. Steht dir gut, Barbara, der schwarze Flor und die nassen Augen. Vier Seiten, nicht schlecht, und dazu auch noch der tägliche Hanser. Abgeschminkt. Der wird doch nicht einen Nachruf geschrieben haben auf seinen Erzfreund Klausberger. Na ja, dem trau ich fast alles zu, im Freudenhaus Journalismus ist der ja die Oberhure. Wie? Was soll denn das heißen ... *dass unser geschätzter Finanzstadtrat nicht mehr ganz so ruhig schläft*, ja spinnt denn der, ruhiger als der schläft, schläft keiner ... *dickes Bankkonto?* ... das hilft ihm doch jetzt nix mehr, gibt's denn so was ... – wie? – ... *dicke Haut, Nadelstiche der Kritik kratzen ihn nicht einmal an der Oberfläche?* ... mit einer Neunundzwanzig-Zentimeter-Klinge im Rücken? ... der schreibt ja, als wäre der Klausberger noch ... sag bloß, die haben die falsche Kolumne eingehängt ... liest denn das keiner, bevor es in Druck geht, peinlicher geht's wohl kaum ... *Mieze verspeist* ... *oberster Droher und Zähnefletscher* ... *wir sollten uns wehren* ... *einzige Waffe?* ... *Stimmzettel* ... verdammt, woher hat denn der gewusst ... *die Mäuse müssen zurückschlagen* ... *und diese Maus hat soeben damit begonnen.*

Was, verdammt noch mal ... ah, da ist ja ein Anhängsel mit Sternchen. Noch ein Kommentar, diesmal vom Chef. Ein Kommentar zum Kommentar. Vielleicht ... *Liebe Leserinnen* und bla

bla bla … *Martin Hanser ist der Topjournalist dieses Landes. Sie wissen das und ich weiß das. Er hat mit investigativem Journalismus wie kein anderer über die Jahre hinweg die unglaublichsten Dinge aufgedeckt … Was soll der Unsinn? … Seine heutige Glosse ist zu einem Zeitpunkt entstanden, als wir vom Tod des Stadtrates Klausberger noch nichts wussten. Sehr wohl war Hanser aber bereits auf der Fährte dieser ungeheuerlichen Verschwörung, deren Opfer Frank Klausberger heißt … Welche Fährte? Haben die mit dem Kurzen geredet? … Eine Verschwörung, die das Land in seinen Grundfesten erschüttern wird. Martin Hanser ist abgetaucht, weil er über Informationen verfügt, über die kein anderer verfügt, und sie nur im Schutz verdeckter Recherche restlos aufzeigen kann. Er hat mir versichert, Sie, liebe Leserinnen und Leser, auch weiterhin täglich mit seiner brandheißen Kolumne auf dem neuesten Stand zu halten. Und dabei Dinge ans Licht zu bringen, die schon längst an die Oberfläche dieses Sumpfes gehört hätten, der das Land überzieht. Dafür sind wir unserem Kollegen einmal mehr dankbar, meint Ihr Alois Stocker, Chefredakteur.*

Ja, spinnt die Welt denn komplett? Steckt am Ende doch die Klausberger dahinter? Hat irgendwer dem Hanser einen Tipp gegeben? Und den Mord bei der Zeitung angekündigt? Der Mörder? Aber wozu dann diese verwirrende Kolumne, wo der Klausberger noch am Leben scheint? Eine Verschwörung? Wer hat sich da verschworen? Und warum? Steckt der Hanser selber mit drin? Oder mit der Klausberger unter einer Decke? In ihrem geschmäcklerischen Hilmteichprunkbau?

Mein Kopf geriet ins Schwanken und Pendeln, als folgte ich dem Verlauf einer Schnecke, vom ruhenden Pol, dem innersten Punkt eines konzentrischen Kreises beginnend, in rasender Kurvenfahrt nach außen, immer schneller und in immer weiteren Bahnen und mit immer mächtigeren Fliehkräften. So weitläufig schienen die Kreise zu werden, dass es einmal ganz nah und eine halbe Umdrehung weiter weit entfernt und kaum zu vernehmen war, das Klingeln meines Telefons.

„Hast du den Hanser gelesen und dazu diesen Schwachsinn vom Chefredakteur? Das gibt es doch alles gar nicht!" Kurz war ebenso ratlos wie ich. „Du kennst doch den kleinen Dicken von der *Guten* besser, wie heißt er noch mal?"

„Hochauer."

„Genau. Willst du ihn nicht anrufen, Ferri? Vielleicht hat er eine Erklärung."

„Den in da Tseidung schdęd, wọs íagndana wü, wọs íagndana glaubd, und wọs íagnda Dregschwein behaubd."

„Was?" Die Leitung vibrierte vor Ungläubigkeit.

„Nur so ein Lied, vergiss es. Servus, Kurt."

Eigentlich hat sich der Hochauer mir gegenüber immer anständig benommen, dachte ich. Er hat seinen Job gemacht und dabei nicht vergessen, dass auch wir nur unseren Job machen. Gewiss, anfangs hab ich ihn hinausgeworfen. Was hätte ich denn tun sollen, wenn so ein ... Schmierfink habe ich damals gesagt ..., wenn so ein Schmierfink also ein ums andere Mal antanzt bei den Kollegen mit einer Kiste Wein, wo doch keiner mehr die Beine hat ausstrecken können unter dem Vernehmungstisch im Journaldienstzimmer, ja nicht einmal die Verdächtigen beim Verhör, ohne dass es ein regelrechtes Klirrkonzert gegeben hat vor lauter leeren Dopplerflaschen. Und ein Heckenklescher war es noch dazu. Aus dem Weinviertel obendrein. Aber der Hochauer hat vieles nicht geschrieben, was er gewusst hat. Vor allem interne Geschichten aus unserem Haus, wer wem warum welches Hackl ins Kreuz geworfen hat. Ich bin bei der *Guten*, Herr Oberstleutnant, hat er bei jeder Gelegenheit betont, aber deswegen noch lange kein Depp. Schreib ich alles, was ich weiß, weiß ich bald nicht mehr, was ich schreiben soll, oder? Da heißt es dann: Dem Hochauer kannst nicht trauen, und darauf kann ich verzichten. Lieber eine gute Story nicht schreiben und dafür zehn andere exklusiv gesteckt bekommen. Ein Depp ist der Hochauer wirklich nicht, sagte ich mir und tippte die Nummer seines Handys. Er war beim ersten Läuten dran.

„Hochauer? Ach, Sie sind es, Herr Oberstleutnant. Diese versch ... leiernde Rufnummernunterdrückung, da weiß man ja nie, wer dran ist."

„Ich rufe in einer delikaten Angelegenheit an. Kann ich mich auf Ihre Diskretion verlassen? Sie wissen ja, Ihr Chef und mein Chef, die telefonieren ganz gerne, Sie verstehen?"

„Natürlich. Die Hanser-Kolumne, oder?"

Ich schwieg für einen kurzen Augenblick. „Woher ...?"

„War nicht schwer. Uns geht es auch nicht anders." Und er fuhr sogleich fort, als verspürte er meine Neugier, die mich jeden Moment platzen lassen würde. „Am Vormittag haben wir uns noch nix gedacht, weil er nicht dahergekommen ist. Das passiert immer wieder, wenn er am Vortag einen über den ... na, Sie wissen schon, also wenn er einen zuviel gekippt hat. Aber als er auch zu Mittag nicht aufgekreuzt ist und trotzdem eine Kolumne von ihm eingeplant war, da sind ein paar von uns stutzig geworden. Weil der Hanser schreibt seine Kolumnen immer in der Redaktion und nie von auswärts. Seit ewig schon. Die Sekretärin vom Chef hat ihn die ganze Zeit zu erreichen versucht, zu Hause, am Handy, in seinen Stammlokalen. Fehlanzeige. Und auf einmal war die Kolumne da, obwohl der Hanser nicht da war. Und dazu der Kommentar vom Chef."

„Hat sich der Hanser seitdem gemeldet."

„Das ist das Mysteriöse. Er hat sich nicht einmal die druckfrische Abendausgabe beim Portier geholt. Das tut er sonst immer. Jeden Tag. Seit Jahren. Keiner hat ihn seit gestern gesehen, Herr Oberstleutnant. Er ist spurlos verschwunden. Ich trau es mich gar nicht laut zu sagen, aber ich glaube, der hängt da irgendwie mit drin."

„Sie müssen mir einen Gefallen tun, Herr Hochauer. Ich werde mich dafür erkenntlich zeigen. Haben Sie Zu ... nein, lieber nicht am Telefon. Sagen wir in einer Stunde im Café Promenade?"

*

Im Keller, Samstagmittag

Zeit zum Feiern, Herr Redakteur! Ich sehe, dass du vernünftig bist und meine Anordnungen befolgst. Alles andere hat nur zur Folge, dass ich dich wieder am Tisch festbinden und um einen Finger erleichtern muss. Ausgeschissen? Man kann's auch in einen Kübel tun, siehst du? Dein Leben hat sich auf das reduziert, was vorhanden ist. In deinem Fall ist es das, was ich dir gebe. Natürlich hast du darüber nachgedacht, wie du dich aus deiner Lage befreien könntest. Wie du mich und die Umstände, in denen du dich befindest, überlisten könntest. Das ist bei einem intelligenten Mann wie dir ganz natürlich. Aber du kannst gewiss sein: Alles, was du gedacht hast und noch denken wirst, habe ich schon längst gedacht. Vermeide also unnötige Kraftanstrengung und versuche, das, was dir vom Leben noch bleibt, so konfliktlos wie möglich ablaufen zu lassen.

„Heißt das, dass du mich umbringen willst? Ein Finger ab, ein anderer und dann päng. Wirst du mich am Ende erschießen oder mir mit deinem Messer den Bauch aufschlitzen?"

Mach dir darüber keine Gedanken. Dein Leben ist jetzt mein Problem. Nur ich kenne das Ende, aber bis dahin werden wir gemeinsam noch einen langen Weg gehen. Im Moment ist es ein angenehmer für dich. Ich habe dir Wodka mitgebracht – Marke Absolut, den trinkst du doch am liebsten, richtig? Und da ist auch eine Packung Schmerztabletten. Ich will ja, dass dein Kopf klar bleibt. Körperliches Leiden ist bei unserem gemeinsamen Spiel zwar unvermeidbar, ich will es aber in Grenzen halten. Es ist dein Geist, der mich interessiert. Sag mir, was du im Augenblick denkst.

„Einen Scheiß werde ich dir sagen. Du bist ein Monster, ein Tier."

Falsch. So kommen wir nicht weiter. Hier, trink einen Schluck aus der Flasche. Du kannst damit auch zwei Tabletten hinunterspülen. Kein Schmerz mehr, wie wär's? Und vielleicht verbinde ich dann auch die Wunde neu. Du siehst: Kein Monster, kein Tier.

„Was feiern wir? Mich als Mörder, meine bevorstehende Ermordung?"

Trink einmal, ja, so ist's gut. Hier, nimm die Tabletten und schlucke sie. Keine Schmerzen mehr, du wirst sehen. Bald. Noch ein Schluck Wodka. Ja, in Ordnung. Dein Freund, der Alkohol. So ist es doch?"

„Ich habe Hunger. Gibt es in diesem miesen Hotel auch was zu essen?"

Alles zu seiner Zeit. Die Essenszeit kommt noch. Jetzt mache ich dir einen Vorschlag. Wir spielen ein Spiel. Jeder darf jedem drei Fragen stellen und jeder sollte versuchen, sie so ehrlich wie möglich zu beantworten. Einverstanden?

„So ein Scheiß. Daran glaubst du doch selbst nicht. Seit ich hier in diesem Loch bin, habe ich immer wieder gefragt und keine Antworten bekommen. Aber gut, ich probiere es noch einmal: Wer bist du, und warum bin ich hier?"

Nur eine Frage, habe ich gesagt. Du brichst jetzt schon die Regel, wenn du das noch einmal machst, könntest du mich wütend machen. Letzte Chance: Willst du das Spiel spielen? Wenn ja, dann stelle mir deine Frage, eine einzige Frage.

„Wer bist du?"

Du darfst mich Lutz nennen, das ist sogar mein richtiger Name. Dort draußen nennen mich einige den Schutz-Lutz. Sinnigerweise, ich bin Nachtwächter. Ein schrecklicher Beruf, etwas für Menschen, die irgendwann zuvor, in einem anderen Beruf, versagt haben und sich nur auf dieses Abstellgeleis gerettet haben, um überleben zu können.

„Warum bin ich hier?"

Weil du dafür verantwortlich bist, dass ich auf diesem Abstellgeleis gelandet bin.

„Was habe ich getan?"

Du hast mich in deiner Kolumne aus dem Beruf, der mir alles bedeutet hat, der damals mein Leben war, herausgeschrieben. Man hat mich gefeuert und deshalb bin ich jetzt ein Nachtwächter, der Schutz-Lutz.

„Was habe ich geschrieben?"

Halt, das ist schon die vierte Frage. Wir haben uns auf drei geeinigt, und du hast sie gestellt. Nicht sehr weise. Du hättest besser überlegen sollen, dann hättest du auch bessere Antworten bekommen. Aber es ist eben leichter, hinter dem Schreibtisch und vor dem Computer klug zu sein als in Situationen, die man bisher nicht gekannt hat. Der Mensch bleibt ein Lernender, auch wenn er, wie du, die Weisheit scheinbar mit dem Löffel gefressen hat. Jetzt bin ich an der Reihe. Frage Nummer eins. Beginnen wir mit etwas ganz Einfachem. Was hältst du von unserer derzeitigen Landesregierung?

„Landesregierung? Was soll das?"

Keine Frage, eine Antwort. Wir haben eine Abmachung, und ich habe mich daran gehalten. Also: Was hältst du von der Truppe, die zur Zeit in der Burg hockt und die Steiermark regiert?

„Die Antwort kennst du, ich habe ja oft genug darüber geschrieben. Du hast doch alles von mir gelesen, sogar meinen Stil studiert. Die Truppe ist mies, der Fisch stinkt vom Kopf bis zum Schwanz, und bei denen, die dem Volk den Schwanz auf Befehl des Kopfes ständig kräftig um die Ohren schlagen dürfen, handelt es sich um inkompetente Ignoranten, die kein Gefühl für die wahren Probleme des Landes und die echten Bedürfnisse der Bevölkerung haben. Im Grunde genommen ist es ein Haufen schleimiger Ja-Sager. So habe ich es geschrieben, und so kennst du es wohl auch."

Ja, das stimmt. Ha! Ein geflügelter Satz. Man muss die drei

Worte durch die Nase pressen. Etwa so: Ja, das stimmt! War früher die Standardantwort von irgendeinem Fußballer. Herbert Prohaska? Liege ich da richtig?

„Keine Ahnung, Fußball hat mich nie interessiert."

Oje, das war ja schon meine zweite Frage. Siehst du, es ist ein schwieriges Spiel, jetzt habe ich doch tatsächlich selbst eine Frage verschwendet. Aber es ist ja nur ein Spiel. Vielleicht spielen wir es morgen wieder. Gerade jetzt wäre ich beinahe erneut in die Falle getappt. Ich wollte dich fragen, ob du noch einen Schluck Wodka willst. Wäre meine dritte und letzte gewesen. Ich tu's natürlich nicht. Wenn du trinken willst, dann tu's doch. Die Flasche steht auf dem Tisch. Noch habe ich dich nicht gefesselt. Du darfst dich frei bewegen. Natürlich kommst du dabei auf keine dummen Gedanken. Du hast sicher ja längst gesehen, dass in meinem Gürtel eine Pistole steckt. Marke Glock, österreichisches Qualitätsprodukt. Nein, ich würde dich nicht töten, der Schuss ginge in die Kniescheibe. Oder in die Ferse. Oder in den Ellenbogen. Kein Daumen mehr, kein Kniegelenk, ein Jammer. Ich habe zwar keine Olympiamedaille gewonnen, aber ich versichere dir, dass ich ein Meisterschütze bin. Ich war es früher schon, aber jetzt bin ich noch viel besser. Ständiges Üben ist dafür natürlich Voraussetzung, am wichtigsten sind aber Körperbeherrschung und geistige Ruhe. Völliges Abschalten und das totale Konzentrieren auf den entscheidenden Augenblick. Halbherziges Darauflosballern ist Dummheit. Jeder einzelne Schuss muss ein Meisterwerk sein, das Ergebnis des perfekten Zusammenschlusses aller Sinne. Wenn ich dein Kniegelenk treffen will, dann treffe ich es auch.

„Mein Gott, jetzt weiß ich, wer du bist – Superman! Stimmt's? Du bist Superman! Ja! Die Monster-Version davon. Du kämpfst nicht für das Gute, sondern für das Böse. Mein Pech, dass ich dir in die Hände gefallen bin. Morgen kommst du mit deinem blauen Gewand, das rote ‚S' auf der Brust. Ein blutrotes ‚S'. Lässt du die Wodka-Flasche hier, wenn du gehst?"

Natürlich. Und vielleicht bringe ich dir morgen sogar eine neue. Zum Kotzen hast du ja deinen Toiletten-Kübel. Vielleicht leere ich ihn später aus, und vielleicht bringe ich dir auch frische Kleidung. Der Gestank bringt einen ja um. Aber noch bist du mir eine Antwort schuldig. Ich werde jetzt meine dritte Frage stellen. Wer ist für dich – abgesehen von der Landeshauptfrau – der größte Kotzbrocken in der derzeitigen Landesregierung?

„Leichte Frage, da gibt es zwar ein paar Kandidaten, aber einen eindeutigen Favoriten. Einige sind von der Persönlichkeit her echte Kotzbrocken, andere sind es durch die Art, wie sie ihren Job erledigen, aber einer verkörpert die ideale Kombination von beidem: Leopold Moser, zuständig für den Tourismus. Der Thermen-Leo. Hat mit unserem Steuergeld die heißen Quellen im Osten erschlossen. Sein Schwager ist wie durch ein Wunder Geschäftsführer von einem solchen Badeparadies. Da sprudeln die Millionen nur so herein. Der Thermen-Leo ist ein präpotenter, größenwahnsinniger Selbstdarsteller, der auf dem politischen Klavier nur seine eigenen Liedchen spielt. Mega-Kotzbrocken, würde ich sagen. Eindeutig Kandidat Nummer eins!"

Perfekte Antwort, Ende des Spiels. Ich lasse dich jetzt mit der Wodka-Flasche allein, die Schmerztabletten nehme ich mit. Du kennst ja die Regeln. Ich komme nur zurück, wenn du auf dem Bett liegst. In einer halben Stunde bringe ich dir etwas zu essen.

„Keine Eile, ich habe keinen Hunger mehr. Und auf deine Gesellschaft und die blöden Frage-Antwort-Spiele kann ich auch verzichten."

In der Küche, Samstagnachmittag

Bis jetzt ist mein Plan millimetergenau aufgegangen. Es war der Sammler in mir, der es möglich gemacht hat. Wenn man Großes verwirklichen will, dann muss man alles, was an Informationen verfügbar ist, unermüdlich auflesen, sortieren, analysieren und in die richtigen Zusammenhänge bringen. Martin Hanser beobachte und studiere ich seit dem Augenblick der Erkenntnis. Ich nenne ihn so, weil sich in jener Nacht in mir ein bis dahin sinnloses in ein sinnvolles Leben verwandelt hat. Es war während eines jener ereignislosen Rundgänge, die ich Nacht für Nacht tun muss, um stumme, kalte, von Menschen verlassene Gebäude zu bewachen. Der Nachtwächter – oder „Security-Mann", wie man ihn heutzutage hochtrabend nennt – ist in Wahrheit ein Ausgestoßener. Die Gesellschaft, die er zu bewachen hat, schläft, während er arbeitet, und wenn die Gesellschaft arbeitet, schläft ihr Nachtwächter. Ich war früher Polizist, ein guter Polizist, und es war Martin Hanser, der mich zu den demütigenden nächtlichen Rundgängen verdammt hat. Anfangs habe ich darunter gelitten wie ein Hund. Die viele leere Zeit, das endlose Grübeln, das quälende Selbstmitleid. Und die ständige Frage nach dem Warum. Zum Glück gibt es die halbe Stunde mit Josie. Auch eine Ausgestoßene, die zweimal pro Woche nach ihrem Dienst in der Eros-Bar auf meinen Parkplatz kommt. Damals, als ich noch bei der Polizei war, hatte ich sie auf einem anderen Parkplatz im Auto eines fetten Deutschen erwischt und festgenommen. Jetzt reden wir nicht mehr darüber und sie kommt zu meinem. Anfangs hat sie noch 50 Euro dafür verlangt, jetzt macht sie es gratis. Manchmal reden wir auch nur. Josie hat indirekt etwas mit dem Augenblick der Erkenntnis zu tun. Sie hatte mir zuvor von den Problemen erzählt, die sie mit ihrem Zuhälter hätte. Dass sie ihren gesamten Verdienst abliefern müsse, weil er das Zimmer, in dem sie es mit ihren Kunden treiben muss, bezahlt. Sie wird von ihm mit Almosen abgespeist. In dieser Nacht hatte sie nur einen Freier gehabt, der ‚Beschützer' hatte es ihr aber nicht geglaubt und sie ordentlich verprügelt. Sie wollte sich nicht wehren, weil sie Polin und illegal im Land ist und außer ihm niemanden hat, der sich um sie kümmert. Auch ich, der Gratis-Kunde und Fast-Freund, war machtlos. Als Josie in ihrem klapprigen Fiesta davongefahren war, spürte ich plötzlich eine Wut, die ich bisher nicht gekannt hatte. Es war noch Nacht, aber um die Konturen der Häuser begann sich ein grauer werdender Schleier zu weben. Dort unten, im All, lauerte die Sonne und die Erde drehte sich ihr entgegen. Für mich war dieses Grau der Hoffnungsschimmer, den ich so lange gesucht hatte. Ich war, wie Josie, ein gedemütigter Mensch. Ich hatte das, was man mir angetan hatte, einfach hingenommen, Unmut, Groll, Hass und was immer sonst noch dabei war, mit mir herumgeschleppt und das getan, was alle anderen Gedemütigten dieser Welt tun: gelitten und irgendwie weitergelebt. In dieser Nacht sind plötzlich alle Puzzle-Steine, die bis dahin wirr durch mein Leben gepurzelt waren, zu einem verblüffend simplen Gesamtbild zusammengefallen. Die Antwort auf alle meine Fragen war so klar, dass ich mich wunderte, warum ich nicht früher darauf gekommen war: Ursache und Wirkung! Wer die Ursache beseitigt, eliminiert auch die Wirkung. Und meine Ursache hieß Martin Hanser!

Jetzt stehe ich am Herd und wärme für ihn ein Dosen-Gulasch auf. Frische Semmeln habe ich zuvor im Spar-Laden an der Ecke gekauft. Er soll leben, sich ernähren, stark genug sein, um den Weg mit mir gehen zu können, der zu meinem Ziel führt. Die Wodka-Flasche ist beinahe leer, er torkelt im Raum herum. Besoffenes Schwein. Das war er immer. Mit Sicherheit auch damals, als er mich aus meinem Leben weggeschrieben hat.

Im Keller, Samstagnachmittag

Iss nur, wer säuft, muss auch essen. Der Magen braucht eine vernünftige Unterlage. Einen Schwamm, der den Fusel aufsaugt. Ich weiß, du würdest jetzt lieber im Tokio sitzen und Sushi speisen. Ganz nobel, im Kreise deiner Bewunderer. Der Hanser ist dort Stammgast, wissen fast alle Liebhaber fernöstlicher Spezialitäten in der Stadt. Das bist du doch. Ein Liebhaber fernöstlicher Spezialitäten. Liest man ja oft in der Klatschspalte deiner Zeitung. Du wirst es nicht glauben, aber ich war auch mehrmals dort. Bin sogar ganz in deiner Nähe gesessen und hab den Quatsch mit angehört, den die noblen Speiser um dich verzapft haben. Das Messer, erinnerst du dich noch an das Messer, das du gestern so brav in die Hand genommen und mit deinen Körpersäften bekleckert hast? Das hat der Koch liegen gelassen, und ich hab es eingesteckt. Unverkennbar etwas Japanisches. Heute früh hat es der Leimböck im Klausberger gefunden. Hanser, Tokio, Sushi, das Messer? Klar? Leider gibt es heute kein Sushi, nur ein bodenständiges Dosengulasch vom Meisterkoch Inzersdorfer. Dafür sind die Sorger-Semmeln fast frisch.

„Schuhschi? Du hast ja keine Ahnung, was ein gutes Susssch ... Sisch ... ist ja egal, du haaast kein Recht, so etswwas Edles, also es haaandelt sich dabei um rooohen Schusch, ich meine Fisch ..."

Gulasch, heute gibt es Gulasch, verstanden, du besoffenes Schwein? Keinen rohen Fisch, sondern gekochtes Fleisch. Ich stelle den Teller auf den Tisch, dazu gibt es einen Plastiklöffel. Zwei Semmeln und eine Plastikflasche mit Mineralwasser. Höre mir gut zu. Wie du siehst, habe ich auch einen sauberen Toilettenkübel mitgebracht. Wenn du wieder nüchtern bist, kannst du auch die Kleidung wechseln. In diesem Plastiksack findest du saubere Unterwäsche, eine Hose und ein frisches Hemd. Als Quartiergeber will man später schließlich keine üble Nachrede haben.

„Schschpäter ... was ist schschpäter. Ich lllade dich ins Tooo-kio ein ..."

Küche, Samstagabend

Mein Gott, wie durchschaubar Menschen doch sind, wenn man sie aufmerksam studiert. Ich habe mich in Hansers Leben eingeschlichen und alles über ihn gesammelt. Jetzt, wo ich ihn habe, kann ich in ihm lesen, wie in einem offenen Buch. Seit dem Augenblick der Erkenntnis war ich, wann immer es ging, in seiner Nähe. Geistig, weil ich alles, was er geschrieben hat, Zeile für Zeile gelesen habe. Alle Hanser-Kolumnen sind im Internet-Archiv seiner Zeitung zu finden. Schließlich ist er ja der Starkolumnist des Blattes. Und auch körperlich. Ich war manchmal da, wenn er morgens sein Haus in Andritz verlassen hatte und war ihm im Auto bis zur Redaktion gefolgt. Nicht, weil ich mir davon große Erkenntnisse erwartet hatte, aber ich weiß jetzt zumindest, wie er Auto fährt. Viel zu schnell, rücksichtslos, hält nie an Zebrastreifen für Fußgänger an, fährt grundsätzlich noch bei Gelb über jede Kreuzung. Ein Arschloch am Steuer, das gnadenlos auf die Hupe drückt, wenn der Vordermann bei Grün nicht gleich losfährt.

Zum Mittagessen ging er fast immer allein und um punkt zwölf Uhr in das Café Braunstein. Nur selten leisteten ihm Kollegen oder Kolleginnen dabei Gesellschaft. Dürfte in der Redaktion nicht allzu beliebt sein, der Herr Starkolumnist. Ein Toast, ein paar Brötchen, dazu ein Glas Bier und ein doppelter Wodka, Marke Absolut. Dann zurück an den Schreibtisch. Ein- bis zweimal pro Woche setzte sich Hanser vormittags jedoch ins Auto und fuhr nach Mariatrost zum Häuserl im Wald, einem feinen, aber abgelegenen und bereits im Grüngürtel der Stadt liegenden Restaurant. Dort gab es dann bei Bier und Schnaps Geheimtreffen mit irgendwelchen Informanten. Kolumnisten brauchen nicht sehr lange für ihre Arbeit, wenn sie den Stoff dafür haben. Hanser verließ die Redaktion selten nach 15 Uhr. Trotz Ex-Ehefrau und Sohn hatte ich anfangs den Verdacht, dass er schwul sein könnte. Der hat sich jedoch nie bestätigt. Ich habe ihn nach der Scheidung allerdings auch nie mit Frauen gesehen. Wahrscheinlich fällt er heute in die Kategorie der Asexuellen. Diese Menschen, für die der Sex im Leben keine Rolle spielt. Sie sind grenzenlos eitel und finden ihre Befriedigung darin, bewundert zu werden. Nach 15 Uhr ging Hanser regelmäßig auf Bewunderungs-Tournee durch mehrere, ausgewählte Lokale. Das Tokio gehörte ebenso dazu wie das Promenade oder das Operncafé. Hier ließ er sich nieder und langsam voll laufen, während Menschen eintrudelten und ihm unterwürfig ihre Aufwartung machten. Herr Redakteur hin, lieber Martin her, großartig, deine letzte Kolumne, zum Glück gibt es einen, der ungeschminkt die Wahrheit schreibt, was wäre diese Stadt ohne dich. Es war zum Kotzen. Dass die anderen für seine Drinks bezahlten, war klar. Sie rissen sich sogar um dieses Privileg und glänzten vor Freude, wenn er es ihnen gewährte. Gegen 18 Uhr war der Starkolumnist meistens so voll des Schnapses und des Lobes, dass er sich zufrieden per Taxi zur Redaktion kutschieren lassen konnte. Dort wankte er dann zu seinem geparkten Auto und steuerte es mit der Routine des Dauertrinkers relativ geradlinig nach Hause. Ein schönes Einfamilienhaus am nördlichen Stadtrand, nicht mehr ganz in Andritz, aber noch nicht ganz in St. Veit. Eine ruhige Gegend, die deshalb auch ihren Preis hat. Die Straße vor dem Haus ist eng und schlecht beleuchtet, das hat aber nichts mit billig zu tun, sondern mit der Wahrung der Privatsphäre. Von da an geschah nichts mehr. Ich hatte mir an einigen dienstfreien Nächten die Mühe gemacht und bis zum Morgengrauen gelauert. Durch einen Spalt im Vorhang hatte ich ins Wohnzimmer blicken können. Er knotzte mit geschlossenen Augen in einem Sofa, die Beine hoch, auf dem Tischchen daneben die Wodkaflasche. Kein Fernseher, nur Musik. Irgend etwas Schweres, Klassisches. Kurz vor 23 Uhr ging dann das Licht aus.

Er hatte keine Ahnung, dass er von mir beobachtet wurde. Mein Gesicht kannte er zwar nicht, trotzdem war es nicht ratsam, zu oft in Originalgestalt in seiner Nähe aufzutauchen. Selbst wenn man für das beobachtete Objekt ein Unbekannter ist, reagiert dessen Unterbewusstsein bei zu häufigen Begegnungen und speichert irgendwann einmal etwas Markantes. Die Kopfform, die Augen, die Frisur. Den kenn ich doch, den hab ich doch erst vor kurzem gesehen. Was tut der schon wieder hier? Misstrauen kann man als Beschatter nicht brauchen. Aber es ist ganz einfach, es auszuschalten. Eine Mütze, ein langer Mantel, ein falscher Schnurrbart, eine dicke Brille. Es gibt so viele und so simple Verkleidungen. Man muss sie nur richtig einsetzen.

Die Entführung des Martin Hanser war ein Klacks. Nichts. Nicht einmal ein Abenteuer. Es war meine erste Entführung, und ich war am Ende total enttäuscht, weil sie so glatt und problemlos abgelaufen war. Alles, was ich mir zuvor vorgestellt hatte, die vor Aufregung zitternden Hände, den Druck im Bauch, den Schweiß auf der Stirn, hatte es nicht gegeben. Ich hatte ihn in der Wienerstraße überholt, hatte meinen Wagen unter dem Baum neben seiner Garageneinfahrt geparkt, die Handschuhe angezogen, die Maske über das Gesicht gestülpt, den Ätherbausch vorbereitet und gewartet. Wie immer um diese Zeit war die Straße menschenleer, es war fast Nacht, als er vor dem Garagentor stehen blieb. Als er ausstieg, um es zu öffnen, stand ich bereits neben ihm und drückte ihm das Betäubungsmittel ins Gesicht. Als er sich zu wehren begann, setzte ich zur Vorsicht auch den mitgebrachten Gummiknüppel ein. Er sackte zusammen, war schwerer, als ich gedacht hatte, aber es dauerte trotzdem nur ein paar Sekunden, bis er auf dem Rücksitz meines Wagens lag. Dann öffnete ich sein Garagentor, fuhr sein Auto hinein, zog es wieder zu. Der Hanser gehörte endlich mir.

Die Sache mit dem Leimböck ist ein anderes Kapitel. Ich mag ihn nicht, hab ihn nie leiden können. Ein Schleimer, einer, der stets die richtigen Leute dort oben kannte und stets das richtige Parteibuch hatte, wenn es um Beförderungen oder die Absicherung des eigenen Postens ging. Es stimmt. Ich war damals ein anderer. Viel zu ehrlich und viel zu naiv, um jene Karriere machen zu können, die mir zugestanden wäre. Ich war ein Polizist mit Leib und Seele. Solche gibt es heute kaum noch. Der Reischenböck ist aus Frust mit einem wohlverdienten Magenleiden in Frühpension gegangen, beim Arzberger war's ein Herzinfarkt. Und der Hubmann, der ein ganz Großer hätte werden müssen, macht heute Telefondienst. So gehen die dort oben mit Menschen um. Und die Schleimböcks dieser Welt machen Karriere. Chef der Mordgruppe! Ein lächerlicher Heimgärtner, den sie hinter seinem Rücken verächtlich Eipeldauer schimpfen. Damals, als sie mich fallen lassen und gefeuert haben, hat er mir mit seinem schleimigen Grinsen die Hand entgegengehalten und Mitgefühl geheuchelt. Ich war noch nicht reif genug gewesen, um sie auszuschlagen und ihm stattdessen ins Gesicht zu spucken. Später, während der langen Wachnächte, habe ich diese Situation immer wieder vor mir gesehen, mich hat dabei stets vor mir selbst geekelt. Vor der Feigheit und der Unterwürfigkeit, mit der ich damals gegangen bin. Wie ein geprügelter Hund aus dem Paulustor geschlichen. Man hat mich davongejagt, weil ich auf meine Art die Wahrheit gefunden hatte. Weil ich der einzige Polizist in diesem Sauhaufen war, durfte ich nicht mehr Polizist sein.

Jetzt bin ich der Schutz-Lutz. Ich weiß, dass mich der Schleimböck und die anderen für eine lächerliche Figur halten. Uniformträger, ja, aber auch die von der Müllabfuhr tragen eine orangefarbene Abart davon. Fledermaus nennen die im

Paulustor einen wie mich. Nachtaktiv! Habe ich früher, als ich noch einer von ihnen war, auch getan. Verächtlich, abwertend.

Der Augenblick der Erkenntnis hat alles verändert. Ich bin jetzt ein anderer, viel mehr als der Polizist von früher, es gibt keine Regeln und keine Dienstvorschriften mehr. Und es gibt auch kein Gericht und keine Richter mehr. Nur Gerechtigkeit. Ich bin der Vollstrecker.

Es macht mir Freude, mit Würmern, wie dem Hanser, zu spielen. Und mein Spielchen mit dem Schleimböck hat gerade erst begonnen. Mein Vorteil heißt Intelligenz. Es ist eine Intelligenz, die ich zuvor nicht gekannt hatte, eine Intelligenz, die ich erst lernen konnte, nachdem die Erkenntnis gekommen war. Es ist eine Intelligenz, die pur und unbeeinflusst ist, weil sie sich nur auf das Wesentliche konzentrieren darf. Ich wiederhole: Sammeln, studieren, erkennen, analysieren. Geduld! Das Ausarbeiten des perfekten Weges, der zum Ziel führt. Perfektion heißt, keine Fehler zu machen. Keiner traut einem vermeintlichen Simplicissimus wie dem Schutz-Lutz diese Intelligenz zu. Keiner wird einen wie ihn, eine harmlos-unauffällige, gedemütigte und duckmäuserische Fledermaus, verdächtigen. Bingo!

Im Keller, Samstagabend

Aufwachen, besoffener Sack!

„Warum, was ist los, wo bin ich? Hilfe, ich ertrinke!"

Dieses Haus ist sogar mit einer Dusche ausgestattet, wie du siehst. Ein Kübel kaltes Wasser ins Gesicht klärt den Kopf. Außerdem ist deine Toilette jetzt wieder sauber, ich habe deinen Dreck entsorgt. Hier, die Abendzeitung. Der Klausberger-Mord als Aufmacher und deine Kolumne auf Seite zwei.

Kein Zusammenhang. Noch nicht. Nur zwei Menschen, die den Herrn Stadtrat nicht gemocht haben. Sein Mörder und der Herr Starkolumnist. Aber beim Leimböck hat es schon geklickt, da nehme ich jede Wette an. Der Herr Kommissar kombiniert, darin war er immer schon gut. Ermitteln, auswerten und Zusammenhänge herstellen. Kriminalistische Knochenarbeit. Mosaiksteine sammeln, auflegen und das Gesamtbild finden.

„Ich brauche was zu trinken. Wasser."

Dort drüben auf dem Tisch. Eine ganze Plastikflasche voll. Daneben liegt die Zeitung. Du musst nur aufstehen und hingehen. Schwierig? Weil der Schädel brummt und die Knie zu weich sind?

„Ich schaff es schon. Siehst du, es geht. Wie war das mit der Zeitung? Ja, jetzt sehe ich es. Aber zuerst das Wasser. Mein Gott tut das gut. Stadtrat brutal erstochen. Nicht sehr fantasievoll. Hat wohl der Chef selbst gemacht. Mysteriöser Mord auf der Grazer Murpromenade. Frank Klausberger starb bei morgendlicher Jogging-Runde."

Was ist los? Blättere doch um. Auf Seite zwei siehst du dein Konterfei. Das reimt sich ja sogar. Auf Seite zwei, dein Konterfei. Da denkt sich der Herr Leimböck allerlei. Beim Konterfei.

„Ein Albtraum, ich bin mitten in einem Albtraum. Hilfe, Hilfe, ich will hier raus. Hört mich keiner? Hilfe! Du bist wahnsinnig, völlig wahnsinnig. Hilfe!"

Schrei nur, wenn es dich erleichtert. Du bist in einem Keller und die Mauern sind mindestens einen halben Meter dick. Im Umkreis von hundert Metern gibt es kein anderes Haus.

„Du hast den Klausberger umgebracht. Einfach so. Einen Menschen, der dir nichts getan hat. Ich hab es nicht geglaubt, nicht wirklich. Aber es ist wahr. Es ist tatsächlich wahr. Warum?"

Das weißt du doch längst. Ich habe es für dich getan. Für deine Unsterblichkeit. Du wirst als Berühmtheit in die Kriminalgeschichte eingehen. Der Rächer des machtlosen, von den

Polit-Schweinen ausgebeuteten Bürgers. Der Robin Hood des geneppten Steuerzahlers. Klingt doch gut, nicht wahr. Und sie werden dich nie erwischen. Das garantiere ich dir. Du wirst ein Phantom bleiben und am Ende spurlos verschwinden. Weltweite Fahndung, völlig erfolglos. Und den Leimböck wird der Fall Hanser Kopf und Kragen kosten.

„Das kann nicht wahr sein. Nein, es darf nicht wahr sein. Wach auf, Hanser, wach doch endlich auf!"

Du bist wach, ich hoffe wach genug für unsere nächste Gesprächsrunde. Später, wenn sie vorbei ist, gibt es die nächste Dosis Schmerztabletten und eine neue Ladung deines Freundes Absolut. Zunächst bitte ich dich aber um etwas Geduld und Aufmerksamkeit. Ich werde dir nämlich jetzt deine nächste Kolumne vorlesen.

„Meine Kolumne? Einen Scheiß werde ich tun. Warum quälst du mich weiter. Du hast doch schon erreicht, was du wolltest. Ich habe den Klausberger umgebracht, reicht dir das nicht?"

Psssst. Keine künstliche Aufregung. Bleib ruhig und denk an den Wodka. Ich will dich nicht fesseln, aber wenn es nicht anders geht, dann muss ich es wohl tun. Finger, Zehen, Kniescheiben? Wollen wir nicht. Zu viel Aufwand, wenn es auch mit Vernunft geht. Bist du bereit für die Lesung?

„Dann lies doch, verdammt nochmal. Lies, lies, lies ..."

Es steht außer Zweifel, dass die Steiermark von der touristischen Erschließung des Thermenlandes profitiert hat. Zweifellos war es ein Segen, als vor einigen Jahrzehnten bei Probebohrungen im damals wirtschaftlich so schwachen Osten unseres Bundeslandes statt des erhofften Öls plötzlich heißes Wasser aus dem Boden schoss. Überraschend schnell verwandelten damals kluge Köpfe die anfängliche Enttäuschung in eine Zukunftshoffnung. Wenn wir schon keine Ölprinzen sein dürfen, dann wenigstens Bademeister! In Loipersdorf und Waltersdorf wuchsen mit kräftiger Unterstützung des Steuerzahlers rasch so genannte Thermalbäder mitsamt der nötigen Infrastruktur aus dem Boden, Erholungssuchende aus aller Welt nutzten das neue Angebot, und das ehemalige Notstandsgebiet im Osten wurde zu einer gewinnbringenden Bade-Oase. Nichts Neues, wird der geneigte Leser sagen. Was will er denn, der Hanser? Ihre Aufmerksamkeit, sage ich. Denn jetzt kommt es erst: In der scheinbar so blühenden Tourismusregion, auf die alle Steirer – wie uns findige Öffentlichkeitsarbeiter immer wieder einhämmern – so stolz sein sollten, stinkt es gewaltig! Denn jener Mann, der sich so gerne mit dem Beinamen „Thermen-Leo" schmückt, hat uns ganz kräftig über den Tisch gezogen.

Wir alle liefern nämlich brav, bieder und pünktlich unseren Steuer-Obolus, um etwas mitzufinanzieren, das in erster Linie dem Herrn Tourismuslandesrat Leopold Moser und dessen Familien-Clan zu Reichtum verhilft. Max Stenzl, allen Lesern diverser Gesellschaftskolumnen als jovialer, wohltätiger und trotz seines Erfolges bescheiden gebliebener Geschäftsführer der Fünf-Sterne-Therme in Bad Loipersdorf bekannt, ist nämlich der Schwager des guten Landesrates. Der Politiker selbst hält 40 Prozent der Anteile an dessen Firma „Vita-Therma". Und diese „Vita-Therma" wiederum – man lese und staune – ist an einem guten Dutzend Beherbergungs- und Gastronomiebetrieben der Region mit Anteilen, die von fünf bis zu zehn Prozent reichen, beteiligt. In anderen Worten: Unser guter „Thermen-Leo" nascht an fast allem kräftig mit, das im Thermenland an Gäste verhökert wird. Wie es dazu kam, ist zumindest aufklärungsbedürftig. Das Thermenland gibt es jedenfalls nur, weil es der Politiker Leopold Moser mit unserem Geld geschaffen hat. Ich weiß nicht, wie man solche Machenschaften bei uns nennt. Etwas weiter südlich, bei unserem EU-Bruder Italien, würde man „Mafia" dazu sagen. Und „Thermen-Leo" wäre dort so etwas wie ein „Pate". Wie man Menschen, wie ihn, in Sizilien los wird, ist bekannt. Auch bei uns muss man einen Weg finden, um dieses üble Spiel abzustellen, fragt sich nur welchen.

„Mein Gott, der Moser ist der Nächste, das blöde Frage- und Antwortspiel."

Stimmt, du hast ihn höchstpersönlich ausgewählt. Aber ich gratuliere dir, es war eine gute Wahl. Es hätte keinen Würdigeren treffen können. Keiner von denen dort oben ist das, was man sich von einem anständigen Politiker erwartet. Sie dienen dem Volk, das sie naiv und vertrauensvoll gewählt hat, längst nicht mehr, im Gegenteil. Ihr Bestreben ist es, uns, den wehrlosen Pöbel zu beherrschen. Einige tun es weniger, andere mehr. Und die ganz Üblen unter ihnen, wie der Thermen-Leo, werden zu ekeligen Egeln, die uns bis auf den letzten Blutstropfen aussaugen wollen. Du bist es, der sie jetzt endlich der gerechten Strafe zuführt. Sei stolz darauf!

„Woher weißt du ... ich meine, wie kommst du zu den Informationen über den Moser. Mein Informant. Ich habe ihn erst gestern im Café Promenade getroffen. Ich wollte das alles überprüfen und es dann erst schreiben ..."

Ich war der Schnurrbärtige am Nebentisch. Der mit der New York Yankee-Baseballmütze und der Jeans-Jacke. Ich habe das Gespräch sogar auf Band. Vielleicht spiele ich es dir einmal vor.

„Tu es nicht, ich flehe dich an, bring nicht noch einen Menschen um. Ich mach alles, was du willst. Was kann ich tun, um es zu verhindern? Willst du meinen zweiten Daumen? Du kannst ihn haben ..."

Küche, Samstagabend

Beinahe rührend. Wenn man den Weg eingeschlagen hat, den ich von nun an zu gehen habe, dann muss man – Regel Nummer eins – die totale Kontrolle über seine Gefühlswelt haben. Wider Erwarten lässt mich mein Gefangener aber doch nicht so kalt, wie ich es geplant hatte. Es ist noch nicht Sympathie, die ich für ihn zu empfinden beginne, und schon gar nicht Mitleid, aber da ist irgendetwas, das uns zu verknüpfen beginnt. Es war mir immer klar, dass ich bei der Erfüllung meiner Aufgabe in seine Persönlichkeit schlüpfen muss. Ich schreibe seine Kolumnen und ich begehe seine Morde. Bei der Planung schien das alles ganz einfach zu sein. Beobachte das Objekt, studiere sein Leben, seine Gewohnheiten, konzentriere dich dabei auf jedes scheinbar noch so unwichtige Detail und baue daraus ein unsichtbares Ebenbild, eine Marionette, deren Fäden du nach Belieben ziehen kannst. Die Realität ist nicht ganz so, weil der Gefangene aus der Nähe doch anders ist als jene abstrakte Figur, die in meinen Plänen vorkommt. Um das Aufkommen jeglicher Emotionen, die in Richtung Sympathie oder Mitgefühl gehen könnten, zu verhindern, hatte ich – zur Sympathie-Abwehr – den Trick mit dem Wodka geplant. Ein lallender Idiot schafft nur Ekel und Verachtung.

Jetzt kostet es mich aber Mühe, jene Gefühle aufrecht erhalten zu können, die ich für mein Vorhaben brauchte. Eine Mischung aus Gleichgültigkeit und Hass, jedenfalls kein Mitleid mit meinem Gefangenen. Ich bin jetzt er, ich darf jedoch nicht so sein, wie er tatsächlich ist. Ein irrer Satz. Aber ich glaube, dass er stimmt. Ich werde ihn mir merken und später noch einmal darüber nachdenken. Fest steht, dass ich dem Gefangenen gegenüber mehr Distanz wahren muss.

Mein Job und die vertrottelte Uniform. „Security Guards" nennt man Nachtwächter wie mich heute hochtrabend. Und weil man schon einen Ami-Titel benutzt, steckt man uns auch in die dementsprechende Kleidung. Ich trage so etwas wie einen schwarzen Kampfanzug samt Abzeichen und Barett. Keine Waffe. Offiziell. Meine Glock ist trotzdem immer dabei. Inoffiziell. Man weiß ja nie, wann und wozu man sie brauchen kann. Die Welt ist voller Irrer.

Falls ich sie wirklich einmal verwenden sollte, wird es zwar ein Opfer geben, aber mit Sicherheit keinen Täter. Man wird die Waffe finden, aber man wird sie niemals mit mir in Verbindung bringen können. Ich habe sie vor Jahren bei einer Hausdurchsuchung verschwinden lassen. Keiner, außer ihr Vorbesitzer, wusste von ihrer Existenz. Und der war damals heilfroh, dass man sie anscheinend nicht entdeckt hat. Er hatte sie illegal besessen und die eingestanzte Nummer herausgefeilt. Der Mann, dem sie gehört hatte, hat sich übrigens bald nach seiner Verurteilung in der Zelle erhängt. Aus der Praxis und vielen Fallstudien weiß ich, dass es sehr oft die Waffe ist, die die Ermittler auf die Spur des Täters führt. Jede Waffe hat eine Geschichte und jeder Besitzer kommt in ihr vor. Ich bin zwar der derzeitige Besitzer meiner Glock, aber es gibt nur eine einzige Person, die das weiß – ich selbst. Sicherer kann ein Geheimnis nicht bewahrt werden. Ich habe kurz überlegt, ob ich sie beim Thermen-Leo einsetzen sollte, den Gedanken aber bald wieder verworfen. Gerade weil die Glock keine Geschichte hat, die für den Schleimböck erkennbar ist, ist sie im Zusammenhang mit Hanser als Tatwaffe ungeeignet. Eine Waffe wie diese kann man, wenn überhaupt, nur über Kontakte in der Unterwelt bekommen. Solche hat der feine Herr Redakteur nicht. Das weiß ich, weil ich ihn intensiv beschattet und beobachtet habe und das wird auch der Schleimböck sehr bald wissen. Für den Thermen-Leo habe ich mir etwas viel Besseres einfallen lassen.

*

„Chefredakteur Stocker hat mir versichert, uns über die Ermittlungsstände bezüglich des Herrn Hanser auf dem Laufenden zu halten, Leimböck. Er hat gesagt, er könne ihn zwar nicht erreichen, stehe mit ihm aber gewissermaßen in Kontakt. Sehen Sie lieber zu, dass Sie den Mörder vom Klausberger kriegen und tun Sie nichts, was mir Leid tun könnte, verstanden?" Tuuuuuut.

Auch der Kurze hatte die hansersche und stockersche Kolumne gelesen und in einer Weise interpretiert, welche nur jenen vorbehalten ist, die sich einzig mit den großen Dingen beschäftigen und den noch viel größeren Zusammenhängen dieser großen Dinge. Geht es ums Detail, sind Sie ein brillanter Analytiker, Leimböck, hat der Schweinehund gesagt, dachte ich, ließ das Handy zurückgleiten in die Außentasche des Sakkos, wo der Abgang des dritten und letzten russischen Reiseparadeisers Raum geschaffen hatte, und sperrte im Innenhof des Paulustors meinen Wagen auf. Aber was Ihnen fehlt, Leimböck, hat er gesagt, dachte ich weiter, ist das vernetzte Denken. Sie müssen sich lösen von den kleinen, unbedeutenden Dingen und hin zum Übergeordneten.

Vernetztes Denken sollte heißen: Die Dinge sind gänzlich anders und viel komplizierter, als Sie glauben und sich vorstellen können, Leimböck. Sich lösen von den kleinen, unbedeutenden Dingen sollte heißen: Bloß weil der Hanser mit Worten tötet, ist er noch lange kein Mörder, Leimböck. Und hin zum Übergeordneten sollte heißen: Lassen Sie die von der *Guten* in Ruhe, Leimböck, das ist ein Befehl von mir, dem Übergeordneten.

Hochauers hochrote Visage blitzte mir bereits aus der Ferne entgegen, als ich das Promenade betrat. Er hatte das beste Plätzchen ergattert, ein verschwiegenes, fast schon lauschiges Tischchen im hintersten Eck des Cafés. *A Zeidung khån ma khauffm, dån schreibd si, wås ma wü, Sgandale oda schene Storis, mit vü Heaz und mit Gfü, und hod ma easd den Zuagång zua öffendlichn Meinung, föd nua mea Sgrubllosikeit und de richdige Endscheidung.* Ganz genau, Wolferl. Ich werde ihm einen Tauschhandel vorschlagen, den er nicht ausschlagen kann, sagte ich mir, als ich mir den Weg durch die dicht besetzten Tischreihen bahnte. Ein Geschäft, bei dem zwei Namen im Pokalsockel eingraviert sind: Ferri Leimböck auf Platz eins, dicht gefolgt von Helmut Hochauer, zweiter Sieger.

„Guter Tisch", sagte ich und streckte ihm die Hand entgegen.

„Ich habe die Redaktionssekretärin anrufen und um einen diskreten Platz bitten lassen. Zeitung zieht immer." Hochauer lachte breit wie ein Frosch, den lückenhaft bezahnten Mund einen Spaltbreit geöffnet, und von einem flachkehligen Gurren begleitet, das sich stakkatoartig über seine aufgesprungenen Lippen ergoss. „Sie wissen ja: Man weiß nie."

„Ich weiß. Nur weil Sie bei der *Guten* sind ..."

Hochauer gurrte und gurgelte noch lauter. Sein Lachen erstarb jedoch blitzartig, als ich den Oberkörper noch vorne schob und ihn mit vertraulicher Geste heranwinkte. Hochauer tat es mir gleich, beugte sich mir entgegen und die Bewegung seiner Schultern verriet, dass er unentwegt und in erregter Anspannung mit den Handflächen über die Schenkel seiner Flanellhose rieb.

„Haben Sie eine Autoapotheke", fragte ich ihn in der Hoffnung, einen verblüfften Blick zu erheischen, neigte den Kopf ein wenig, lüftete mein Sakko und kramte mit der Rechten in der linken Innentasche. Ohne die Augen zu heben fuhr ich fort. „Falls nicht, gebe ich Ihnen etwas mit." Doch eh ich mich versah, baumelte ein Paar Einweghandschuhe zwischen Hochauers wulstigen Fingerspitzen. Er hielt sie triumphierend hoch. „Sie können Ihre behalten. Sie wissen ja, nur weil ich bei der *Guten* bin ..." Hochauers Lachen schwoll zu einem vollkehligen Kläffen an.

„Sind Sie noch lange kein Depp, ich weiß", setzte ich fort. Und ein raffinierter Hund bist du obendrein. „Aber woher ..."

„Ich hatte eine geschlagene Stunde Zeit darüber nachzudenken, was Sie von mir wollen könnten", fuhr er dazwischen. „Ihr Chef und mein Chef sind aus demselben Holz geschnitzt, dieselbe Art von Drohne. Wir beide lieben sie gleichermaßen, hab ich Recht?"

Das freudige Funkeln in Hochauers Augen schuf Gewissheit: Meine grenzenlose Überraschung hatte die aufgesetzt versteinerte Kriminalbeamtenmiene von innen heraus durchschlagen, und ich spürte, wie mein Kopf wider Willen zu nicken begann.

„Solange der Kurze dem Stocker die Stange hält und somit auch dem Hanser, kriegen Sie vom Staatsanwalt keinen Hausdurchsuchungsbefehl, nicht wahr?" Der Kurze, hat er gesagt, dachte ich. Du kennst den Hausbrauch wirklich gut. „Daher schlage ich Ihnen ein Tauschgeschäft vor."

Er mir? War das noch zu fassen? „Ich höre."

„Sie wissen ja, es gibt viele kleine Vögelchen im Paulustor, die laut zwitschern. Und das eine oder andre setzt sich gerne an mein Ohr. Sie haben Spuren auf der Tatwaffe gefunden, die Sie nicht zuordnen können. Nein, unterbrechen Sie mich nicht. Nicht jetzt. Ich habe mir diese Sätze genau zurechtgelegt." Ich hatte die Hand rasch zu einem Einwurf erhoben und Hochauer hatte ihn ebenso rasch abgeschmettert. Sein Organ vibrierte wie das Tremolo eines Baritons, er war in voller Fahrt. „Jeden Morgen kommt eine Putzkolonie, um die Büros zu säubern. Die haben einen Generalschlüssel für alle Räume. Ich arbeite oft schon um diese Zeit. Der Hanser ist ein eitler Geck. Es wird ein Leichtes sein, unbemerkt die Haarbürste, mit der er sich halbstündlich durch seine verbliebenen Strähnen fährt, aus der Schreibtischlade zu holen. Da haben Sie zwei Fliegen auf einen Streich. DNS-Material und Fingerabdrücke. Ich packe die Bürste in ein Kuvert und schicke sie Ihnen am frühen Vormittag mit dem Taxi."

Ihr Schweinehunde, wer hat dem Hochauer die Sache mit den Fingerabdrücken gesteckt? Ich weiß es ja selber noch keine zwei Stunden. Ich werd euch alle, alle, die ihr davon gewusst habt, ins Gebet nehmen. Alle. Ruhig bleiben, Ferri, ruhig bleiben. Nicht überkochen. Nicht jetzt. Nicht hier. Nicht vor ihm. Gib dir nicht nochmals die Blöße. „Aber morgen ist Sonntag." In meinem Einwand schwang ein übermäßiges Zittern der Stimmbänder nach.

„Wir produzieren jeden Tag jede Menge Mist. Sieben Tage die Woche. Von in der Früh weg." Hochauer zog beide Wangen hoch zu einer doppeldeutigen Grimasse.

„Und im Gegenzug wollen Sie ein paar Exklusivinformationen, richtig?"

„Sie sagen mir, ob er es war oder irgendein anderer und gehen damit erst raus, wenn wir mit der Abendausgabe schon auf der Straße sind. In den Abendnachrichten werden sie uns zitieren müssen, ob sie wollen oder nicht, die werten Kollegen von Funk und Fernsehen. Ich werde die Story so schreiben, dass kein Verdacht auf Sie fällt. Bei uns ist Informantenschutz oberstes Gebot. Äh ... natürlich nicht nur bei uns."

„Natürlich nicht. Haben Sie gar keine Angst aufzufliegen?"

„Sie werden mich kaum verraten. Oder wollen Sie ein Disziplinarverfahren am Hals haben und suspendiert werden? Und ein kleines Pokerspiel ist mir die Sache mit dem lieben Martin Hanser allemal wert." Dabei zog er die Silben des lieben Martin Hanser um ein Mehrfaches in die Länge.

„Ist der Stocker morgen in der Redaktion?"

„Ab zehn, spätestens."

Ich zögerte nur einen kurzen Moment und schlug dann in die fleischige Hand ein, die sich mir entgegenstreckte. „Sie bezahlen", sagte ich barsch. „Sie haben ein Spesenkonto."

„Aber ... wir haben noch gar nichts bestellt", entgegnete Hochauer verwundert.

„Eben, deshalb." Ich sprang von meinem Sessel auf, machte kehrt und eilte hastig aus dem Promenade ins Zwielicht der Straßenlaternen. Du hast mir den Auftakt zu meinem Überraschungsangriff mit einer Blitzparade gestohlen, dachte ich, aber die Schlussfinte lass ich mir nicht nehmen.

Kurz vor zehn Uhr war ich zuhause. Sturm Graz hatte tatsächlich verloren. Gegen diese Salzburger Mozartstadtnudeltruppe. Wo sind die Zeiten, sagte ich mir, da wir im Europacup kräftig mitgemischt haben? Da war zumindest noch ein Hauch von Echtheit zu spüren, damals, am Anfang des Höhenfluges. Bis der letzte Rest Ehrlichkeit unter Bergen von Geld zu Grabe getragen wurde und Faulheit und Trägheit um die besten Plätze am offenen Mannschaftssarg balgten. Wie bei uns im Paulustor, dachte ich, da spielt das wohlgemerkt wenige Geld anfangs auch keine und die Arbeit jede Rolle. Bis sich die Vorzeichen, bei immer noch recht wenig Geld, eines Tages verkehren.

*

Im Keller, Samstagabend, 20 Uhr

Das Abendmahl, Herr Redakteur.

„Abendmahl? Das Letzte?"

Du Jesus, ich Apostel? Nein, es ist nicht das Letzte. Wir haben ja noch einiges vor, nicht wahr? Iss nur und trink. Genieße den Abend, während ich draußen deine Arbeit verrichte.

„Keine Unsterblichkeit mehr, ich flehe dich an. Diese Menschen haben dir doch nichts getan. Mach mit mir, was du willst, aber lass die anderen leben."

Ein Tauschhandel? Du für den anderen? Nobel von dir, du vergisst dabei nur eines: Das Objekt, das du anbietest, gehört schon mir.

„Dann bring mich doch endlich um, verdammt nochmal. Erschieß mich, schneide mir die Kehle durch. Tu's doch, aber tu es rasch."

Keine Sorge, du wirst sterben. Da du aber mein Eigentum bist, entscheide ich über das Wann, Wo, Wie. Vielleicht entscheide ich mich sogar dafür, dich hundert Jahre alt werden zu lassen. Wer weiß? Betrachte es von der positiven Seite: Du brauchst dir über dein Ende keine Gedanken mehr zu machen. Diese Denkarbeit nehme ich dir ab.

„Ich bin das Tier, das du im Käfig hältst. Ist es das, was du sagen willst? Der Affe, der zu deinem Gaudium da ist. Er gehört dir. Du kannst ihn füttern oder verhungern lassen. Du kannst ihn streicheln oder anpinkeln. Es ist ja nur ein Affe. Habe ich Recht? Ich bin dein Affe! Richtig? Soll ich einen Handstand machen? Ich tu's, aber dann will ich verdammt nochmal auch meine Erdnüsse haben und ein Büschel Bananen."

Dann spielen wir doch ein Affenspielchen. Hier, ich reiche dir jetzt diesen Kugelschreiber, da ist auch ein Blatt Papier, das ich vor dir auf den Tisch lege. Schreibe das erste Wort für mich auf, das ein Affe in dieser Situation aufschreiben würde, wenn ein Affe schreiben könnte.

„Der Affe würde dasselbe schreiben wie ich. Hier – dick und fett ‚Monster' in Großbuchstaben. MONSTER! Denn das bist du. Ein widerliches, menschenverachtendes Monster. Wenn es ein Tier in diesem Raum gibt, dann bist du es."

Spiel-Ende. Ich danke für die Kooperation. Und ich wünsche noch einen angenehmen Abend. Leider kann ich diese kurzweilige Unterhaltung nicht mehr fortsetzen. Die Pflicht ruft ...

„Monster, verdammtes Monster. Ja, geh nur. Verschwinde aus meinem Leben. Für immer."

Stadtgebiet, Samstagnacht, 22 Uhr

Für die Ausführung meines Vorhabens stehen mir im Idealfall exakt 30 Minuten zur Verfügung. Perfektion hat sehr viel mit Mathematik zu tun. Der Zeitplan, den man unter Berücksichtigung aller gesammelten Erkenntnisse erstellen muss, ist etwas Rechnerisches. Bei Wegstrecken, die dabei wohl die wesentlichste Rolle spielen, muss eine Unbekannte eingebaut werden. Es könnte sogar vorkommen, dass jenes Straßenstück, das laut Plan benutzt wird, durch einen Unfall oder ein anderes Hindernis gerade während der in Frage kommenden Zeit gesperrt wird. Dann muss der Zeitplan so flexibel ausgearbeitet sein, dass auch genügend Raum für den Umweg, der dann gefahren werden muss, vorhanden ist. Dasselbe gilt für den Rückweg nach erledigter Arbeit. 30 Minuten sind ein relativ langer Zeitraum, wenn es sich um inhaltslose Zeit handelt, die einfach totzuschlagen ist. In meinem Fall handelt es sich um jene halbe Stunde, die man mir als bezahlte Arbeitspause zubilligt. Es ist der Zeitraum, der zwischen zwei Objektbewachungen liegt und eigentlich zur Nahrungsaufnahme genutzt werden sollte. Brotzeit, Jausenzeit. Kein Kontrollgang, der eingetragen werden muss. Freizeit.

Von den Kleiner-Werken, für deren nächtliche Sicherheit ich unter anderem zu sorgen habe, bis zum Schloss Eggenberg sind es um diese Zeit auf der von mir gewählten Route maximal, das heißt unter Einberechnung eines verzögernden Hindernisses, acht Auto-Minuten. Mit Rückfahrt ergibt das 16 Minuten. Vom Parkplatz, den es um diese Zeit in der Eggenberger Allee immer gibt, bis zum Treffpunkt brauche ich hin und retour zu Fuß je vier Minuten. Ergibt gesamt 24 Minuten. Bleiben sechs Minuten für die Aufgabe. Genügend Zeit, wenn das Objekt bereits da ist. Und dafür hat hoffentlich der Anruf aus der Telefonzelle gesorgt, mit dem ich dem Thermen-Leo ein ordentliches Feuer unter dem Hintern angezündet habe. Als gründlicher Ermittler weiß man, dass der Mann zwei Handys besitzt. Das offizielle und jenes, dessen Nummer nur die engsten Vertrauten kennen. Ein Anruf am inoffiziellen schafft in jedem Fall die gebührende Aufmerksamkeit. Nur ein paar Worte: „Feuer am Dach, ‚Vita-Therma'-Geheimunterlagen wurden der Presse zugespielt. Wir müssen sofort reden. Treffpunkt Römersteine. In zehn Minuten!" Dann sofort auflegen, keine Chance für eine Rückfrage. Und ins Auto, Gas gegeben. Der Thermen-Leo wird schon einen Weg finden, den pompösen Empfang, den man der kroatischen Wirtschaftsdelegation im Schloss Eggenberg bereitet, mit einer glaubhaften Entschuldigung für kurze Zeit zu verlassen. Einkalkuliert. Er muss es tun. Weil er mit seiner „Vita-Therma" eine gewaltige Portion Dreck am Stecken hat. Deshalb wird er kommen. Pünktlichst.

Alles klappt bestens. Kein Hindernis auf der Straße, damit gewinne ich drei Minuten. Mein Wagen schlüpft exakt in jenen

Parkplatz, der dafür vorgesehen ist. Alle sind im Schloss beim Empfang, kein Mensch sieht mich. Ich bin eine Schattengestalt in einem langen, dunklen Mantel, nichts ist von der Uniform zu sehen. Unglaublich, wie perfekt mein Plan aufgeht. Es ist wie beim ersten Mal. Da schien es mir beinahe so, als ob der Klausberger ein informierter Partner wäre, der in das Spiel eingeweiht ist. Alles passierte damals, ich sage damals, dabei sind es erst Stunden, die seit der Sache an der Murpromenade vergangen sind, so, wie ich es geplant hatte. Und jetzt ist es wieder so. Ich bin früher als rechtzeitig angekommen und stehe im Schatten eines Baumes. Genügend Zeit. Niemand weiß, dass ich hier bin. Nur Ruhe. Ich gehe jetzt hinüber zu den Römersteinen. Ja, da steht er. Ein Schatten. Nervös von einem Bein auf das andere tänzelnd. Eine jämmerliche Figur. Ich bin nicht mehr ich, jetzt bin ich Hanser, der Journalist, der Rächer. Und das MONSTER, das auf dem Papierfetzen steht, ist er, der „Thermen-Leo" ...

*

Eine Nacht mit reichlich Schlaf, wenig Ambros und gänzlich ohne Jack hatte in einen Sonntagmorgen voll erschreckend nüchterner Klarheit geführt. Ich hatte noch am späten Abend die Kiste mit meinen Gedichten aus der Mittelschulzeit hervorgekramt in einem Anfall von Melancholie, den die befremdliche Leere unseres kleinen Reihenhauses jäh und mit aller Wucht über mich hatte hereinbrechen lassen. Wie sehr man vieles doch erst zu schätzen beginnt, scheint es mit einem Mal und unvermutet verloren: Lisas glockenhelles Lachen, wenn sie mit gestreckten Beinchen die Stufen hinabsprang und die zu beiden Seiten nach Manier eines Butterstriezels und von Hand geflochtenen Zöpfchen dazu rege auf- und abschwangen; Franzens verschmitztes Sommersprossenlachen, wenn ich ihm aus Kinderbüchern vorlas und er begierig an meinen trockenen Lippen hing; Ferris überschwänglicher Ausbruch von Freude, wenn er Karten fürs nächste Spiel von Sturm Graz auf seinem Frühstücksteller vorfand. Und Rosas dankbar mildes Lächeln, wenn ich einen Morgen nicht damit eröffnete, zu einem jener zahllosen Handsauger zu hetzen, die ich, den Notfalltropfen eines Kreislaufschwachen gleich, an allen strategisch wichtigen Plätzen im Haus postiert hatte, um jederzeit und allerorts einer heimtückischen Staubinvasion begegnen zu können, die womöglich im Schutz der Nacht hereingebrochen war.

Als spätpubertären Stumpfsinn hatte Vater es abgetan, dieses Kindergeschreibsel, wie er es nannte. Hochtrabende Gedanken, wie sie jeder Heranwachsende zu Papier bringt, ohne sie in sich zu tragen. Ohne vom Leben zu wissen und ohne im Leben etwas geleistet zu haben. Schau dir deine Mutter an, Ferdinand, vom Denken und Sinnieren kannst du nicht überleben, hatte er gesagt, du solltest stattdessen in den Staatsdienst gehen. Dort hast du notfalls auch ein arbeitsloses Einkommen. Ich hatte ihm nicht geglaubt, aber auch nicht zu widersprechen gewagt, als er unaufgefordert und in meinem Namen den Bewerbungsbogen für die Polizeischule abschickte. Damals, vor bald zwanzig Jahren.

„Du musst Schluckauf gehabt haben gestern Nacht", sagte ich. Ich hatte soeben das dritte Häferl Kaffee in mich gegossen, aufs zweite Läuten hin nach dem Hörer gegriffen und erstmals seit Tagen Vaters kratzbürstige Stimme in der Leitung vernommen. „Ich habe an dich gedacht."

„Sicher nur das Beste." Und er setzte unverzüglich nach mit jener Heftigkeit und Eindringlichkeit, die das kleinste Aufflammen einer Diskussion im Keim seiner Selbsteingenommenheit ersticken ließ. „Du hättest dieses widerliche Sakko nicht tragen dürfen."

„Hast du wieder einmal alle Zeitungsartikel ausgeschnitten, in denen mein Bild oder auch nur mein Name vorkommen?"

„Du hättest es nicht tragen dürfen bei einer so wichtigen Pressekonferenz, hörst du? Ist Rosa nicht da, dass sie dir solchen Unsinn verbietet?"

„Wie oft soll ich dir …". Ich hatte mich blitzartig zu einem Sturm der Entrüstung gesammelt, entschied aber ebenso spontan und in einer Anwandelung von Selbstschutz, nicht näher darauf einzugehen. „Sie ist mit den Kindern bei ihren Eltern. Die haben Probleme mit den Weinbaubehörden."

„Haben sie wieder Sägespäne in ihr Gesöff gekippt, damit es nach Holzfass schmeckt? Was war es gleich? Buche?"

„Eiche. Du bist und bleibst eine ignorante Schnapsdrossel, Vater. Hast du von Mutter gehört?"

Er überspielte die Schnapsdrossel mit der gefälligen Taubheit eines Gehörlosen auf Zeit. „Warum sollte ich? Sie ruft nicht an, und ich sie schon gar nicht. Sie hat das brotlose Leben selbst gewählt, mit dem, was sie Kunst nennt, und dafür die Familie in Stich gelassen. Ich werde auf ihrem Grab tanzen." Vaters Hass dampfte ungebremst einher. Es gab kaum ein Gespräch, das nicht letztlich bei Mutter landete und in dem er nicht einherdampfte, dieser grenzenlose und über all die Jahre schwelende Hass. Du bist wie sie, dachte ich, die ewig Gestrigen vom Club der Alteisenbahner, mehr Alteisen als Eisenbahner, die wochenends mit ihresgleichen und deinesgleichen auf Nostalgiefahrt gehen. Du bist immer schon der Heizer gewesen, dort wie da auf maximaler Betriebstemperatur.

Zu meiner Überraschung war Vater es, der die Wende einleitete. „Aber deswegen habe ich dich nicht angerufen, Ferdinand." Wieder dieser verdammte Ferdinand, aus seinem Munde eine dreisilbige Melange ins Unendliche gezogenen Spotts und väterlicher Bevormundung. „Wie weit seid ihr mit den Ermittlungen? Habt ihr den Messerstecher schon?"

„Wir stehen dort, wo wir am Anfang von Mordermittlungen immer stehen: am Anfang." Ich konnte das ärgerliche Timbre meiner Stimme nicht unterdrücken. „Ich muss ins Büro, Vater, ich rufe am Abend zurück." Ehe er den Versuch einer Antwort starten konnte, knallte ich den Hörer auf die Gabel. Zum allerersten Mal. Ein Hauch von Befreiung umwehte mich, als ich in den kühlen Morgen und in eine von Tausenden Pfützen und Pfützchen trat. Die Straße glich einer finnischen Seenlandschaft auf Minimundusformat. Es goss in Strömen. Seit Stunden schon.

*

Gerd Zabelnig sprang aus seiner Portierloge, mit einem Stück Schokoladekuchen in der einen und einem braunen Kuvert in der anderen Hand heftig auf- und abwinkend, als ich kurz vor halb neun das Einfahrtsgitter ins Paulustor passieren wollte. Die wenigen Meter, die sein massiger Körper sprintartig von der Glaskabine zu meinem Wagen zurückgelegt hatte, ließen ihn nach Luft schnappen.

„Dasch hat ein Taxschler für disch abgegeben". Die Nachricht sprudelte, mit kleinen braunen Brösel durchsetzt, aus seinem wiederkäuenden, von schweißigem Flaum gesäumten Mund, als er mir den Umschlag entgegenschob.

„Danke, Gerd. Sei froh, dass du nicht in Aguascalientes Dienst machen musst." Zabelnigs Augen weiteten sich auf

Mokkauntertassengröße. „Das ist eine Stadt in Mexiko. Dort wurden vierhundert übergewichtige Polizisten zum Abnehmen vergattert, um die erlahmende Schlagkraft der Truppe wieder zu erhöhen. Der Polizeichef mit eingeschlossen. Es stand in der Zeitung, erst vor ein paar Tagen." Zabelnig warf mir einen Blick voll kindlicher Ungläubigkeit und trotziger Verächtlichkeit zu, dann trollte er kopfschüttelnd zurück unter seinen Glassturz.

Der Hochauer hat tatsächlich Wort gehalten, dachte ich freudig erregt, parkte den Wagen und lief schnurstracks zur Kriminaltechnik. Michelin hatte mich auf seinem Monitor erspäht, als ich ins Blickfeld der Kamera schritt, die den ebenerdigen Gang zu beiden Seiten überwachte, und nahm mich am Eingang zu seinem Reich in Empfang.

„Hast du kein Zuhause, Eipi?"

„Das schon, aber keinen, der dort auf mich wartet. Rosa ist wieder einmal weg mit den Kindern. Diesmal scheint es ernst zu sein." Ich spürte, wie sich mein Hals zusammenzog. Willi blickte mich stumm aus seinen Karpfenaugen an. Du bist der einzige im Paulustor, dachte ich, mit dem ich darüber reden und dabei sicher sein kann, mein Privatleben nicht als Kantinenklatsch über Umwegen und um würzige Details bereichert serviert zu bekommen von einem der zahllosen Kollegen, die es ja nur gut meinen, wenn sie dich beiseite nehmen und in geradezu anbiedernder Vertraulichkeit um deine Gunst rittern, indem sie Sätze sagen wie: Ich will nicht, dass du es von irgendwo anders erfährst, Ferri, aber da kursieren Gerüchte ... Oder aber schweigend an dir vorüberziehen, die Lippen kurz und gerade für dich erkennbar aufeinander pressend als stumme Geste ihrer Anteilnahme. Oder auch nur als ortsüblichen und, wie es scheint, einzig möglichen Gruß zwischen elf und sechzehn Uhr ein monotones „Mahlzeit" murmeln. „Was ist mit dir, Michelin, schickst du deinen Kindern immer noch Autogrammkarten aus der Arbeit nachhause, damit sie dein Gesicht nicht vergessen?"

Fauler lächelte müde. „Erinnere mich nicht daran. Wir wollten übers Wochenende in die Therme fahren, aber jetzt brodelt statt dem Wasser nur die Stimmung."

„Wie weit seid ihr mit den Auswertungen?"

„Das DNS-taugliche Material haben wir ins Labor nach Innsbruck geschickt, bei den Fingerabdrücken und Fußspuren am Tatort sind wir um keinen Schritt weiter. Lauter Stückwerk, das vermutlich nix bringt."

„Vielleicht hab ich etwas, das euch die Arbeit abnimmt. Eine Haarbürste vom Hanser."

„Hanser ... Hanser ... Hanser?"

„Liest du immer noch ausschließlich Asterix und Obduktionsberichte, Willi?"

Fauler zuckte mit den Schultern und zog seinen buschigen Schnauzbart hoch. „Du weißt ja, Ferri."

„Vergiss es. Für dich die Kurzversion. Martin Hanser ist Starkolumnist bei der *Guten*, und ich glaube, dass er mit der Sache zu tun hat."

„Ein Journalist, der einen Politiker absticht?" Michelins füllige Erscheinung geriet in Schwingungen. „Auch eine Art von Selbstreinigungsprozess."

„Beeil dich und gib mir gleich Bescheid." Ich drückte Michelin das verschlossene Kuvert in die Hand und ging in mein Büro. Von wegen Kindergeschreibsel, Herr Leimböck senior. Ich werde meinen ersten Zwischenbericht für den Kurzen in Versform abfassen, dachte ich belustigt, und ihn in Kopie an Vater schicken. Am besten in Hexameter, das passt zu beiden. Warum eigentlich? Was weiß ich. Vierzehn zerknüllte Blätter danach betrat ich den Journaldienstraum. Kurz sah mich in der Tür auftauchen und brach blitzartig los.

„Wir haben das Messer ... "

„Ich hoffe sehr, dass wir es noch haben."

„Nein, Ferri, ich meine, wir wissen, was die Aufschrift bedeutet. Auch wenn ich es nur schwer glauben kann: Es gibt eben doch Menschen, die noch klüger sind als wir. Bildung zahlt sich aus." Kurz drückte seinen trainierten Brustkorb raus und machte eine gewichtige Miene, als habe er aufs Neue und als Klassenprimus ein Seminar bestanden.

„Verschone mich mit deinen Volksreden, Kurt. Du kannst ja mit deinen Lehrerfreunden über Bildungsbürgertum philosophieren. Raus mit der Sprache." Kurz schien nur für einen Augenblick irritiert, wischte meinen Einwurf weg mit jener Mischung aus Ekel und Schadenfreude, die dich ein Stück angeschimmelter Brotrinde mit dem Zeigefinger und unbemerkt auf den Nachbartisch schnippen lässt, setzte seine gelehrigste Oberlehrervisage auf, fixierte mich über den Rand der dunklen Hornbrille hinweg und fuhr unbeirrt fort. „Während du noch im Bett gelegen bist, waren wir schon aktiv. Unser Mann heißt Doktor Rainer Spitzweger, er hat in Wien Japanologie und Sinologie studiert und ist in Graz Berater und Dolmetscher für heimische Firmen, die in Fernost Geschäfte machen. Ein Experte, weit über die Grenzen der Steiermark hinaus bekannt. Er hat die Schriftzeichen auf dem Messer in der Zeitung gesehen und sofort angerufen."

Noch im Bett gelegen? Blöder Kerl. Ich werde dir ... nein, lieber nicht. „Und?"

Kurz kniff die Augen zusammen und machte einen Spitzmund, als stehe er geradewegs vor Erfüllung des Auftrags, ein schwieriges Gedicht dreimal auswendig zu lernen. „Keijiro Doi. Ein Altmeister der feinen Klinge. Das Messer entstammt der Luxusschmiede Japans schlechthin. Dieser Keijiro Doi ist eine Art Guru, er hält beim Legieren die Temperatur etwas niedriger als andere Hersteller, schlägt auf jeden Rohling mit einem Hammer bis zu sechshundert Mal ein und produziert so unerreichbare Qualität. Selbst prominente Kunden müssen ein halbes Jahr warten, bis sie ihre Ware bekommen. Seine Messer sind handgemacht und schaffen im Vergleich zu anderen die fünffache Menge hauchdünn geschnittenen Rohfischs."

„Und einen Klausberger." Ich hatte Stillhofer noch gar nicht bemerkt. Er lümmelte mit gespreizten Beinen auf einem Sessel, stellte sein prall gespanntes Hemd zur Schau und rieb sich über den rotbackigen Flaum, der in unregelmäßigen Schichten in seinem Gesicht sprosste.

„All das hat dieser Dr. Spitzwegerich gewusst?", sagte ich ungläubig.

„Spitzweger. Aber das ist noch lange nicht alles." Kurz sprudelte förmlich über vor Mitteilungsdrang. „Gleich danach hat sich der Besitzer vom Restaurant Tokio gemeldet. Sein Chefkoch vermisst seit ein paar Wochen ein Messer wie unseres. Mit größter Wahrscheinlichkeit ist es die Tatwaffe. Ein Einzelstück. Zweitausend Euro teuer. Der Koch war sehr erregt, als das Messer verschwunden ist, hat er gesagt. Er soll sogar gedroht haben, dem Dieb die Haut abzuziehen wie einem Fugu, du weißt schon, diesem giftigen Kugelfisch. Und er ist auf dem Weg hierher, um es sich anzusehen."

Kurz trat einen Schritt zurück und lehnte sich sichtlich zufrieden gegen den Heizkörper unter dem Fenster, schnellte nach Bruchteilen einer Sekunde aber wieder vor. Ein Schmerzensschrei begleitete ihn auf seinem Weg und er rieb die Handballen aneinander, mit denen er sich auf die blanken Kupferleitungen gestützt hatte. „Warum heizen die Idioten schon auf voller Stärke", fauchte er. Dann besann er sich des Triumphes, den er soeben mit seinem Vortrag über das Fischmesser eingefahren hatte, fand seine Haltung wieder und blickte mich herausfordernd an.

„Wir müssten jede Minute wissen, ob es der Hanser war", warf ich ihm entgegen.

„Wie willst du das beweisen?" Kurz' spöttischer Unterton lag über einer Front von Ungläubigkeit.

„Willi gleicht gerade die Fingerabdrücke auf dem Messer mit jenen auf Hansers Haarbürste ab."

„Hansers Haarbürste? Woher hast du sie?", fragte Kurz entgeistert.

„Jemand hat sie unten beim Zabelnig abgegeben", sagte ich. „Es gibt außer dir und deinem Doktor Spitzwegerich noch einen dritten Intelligenten in dieser Stadt, der ebenfalls Zeitung liest."

Kurz' Pupillen wuchsen ums Doppelte an, als er den Kopf hob und mich nun wieder durch das dicke Brillenglas anfunkelte. „Weiß der Kurze Bescheid?"

„Noch nicht, es ist ein erster Versuch", entgegnete ich. Der hoffentlich nicht in die Binsen geht. Ich kenne deinen Blick, Kurt, mit dem du mir jetzt sagen willst: Was beweist schon eine Haarbürste, die irgendwer anonym abgegeben hat, und mit der du, Ferri, eine deiner halblegalen Hauruckaktionen starten willst, so wie du es immer gemacht hast, wenn dir der Kurze im Nacken gesessen ist und du einen raschen Erfolg gebraucht hast?, denkt der Kurz jetzt, dachte ich. Dieser Nimm-dich-bloß-in-Acht-ich-warte-auf-deinen-Fehler-Blick. „Sollten sie übereinstimmen, haben wir ein gewichtiges Argument für eine Hausdurchsuchung, um Proben zu ziehen, die auf jeden Fall authentisch sind. Die Kolumne vom Hanser ist bisher unsere einzige echte Spur, vergiss das nicht, Kurt", setzte ich rasch nach.

„Natürlich." Er ließ sich zurück auf die Heizung fallen. Freihändig.

Du musst aufpassen, Ferri, fuhr es mir durch den Kopf. Verdammt aufpassen. Der Kurz und der Kurze. Mit beiden ist nicht zu spaßen. Der eine drängt von unten, der andere von oben. Sie dürfen nicht glauben, dass ich mich schon eingeschossen hab auf den Hanser. Und schon gar nicht, dass mir Morde wie dieser durch und durch sympathisch sind. Wie hat Michelin gesagt? Selbstreinigungsprozess. Klausberger und Hanser. Wie die Putzautomaten auf öffentlichen Toiletten, wo der Schwamm die selbstdrehende Klobrille desinfiziert und sich der ganze Dreck ohne Zutun von außen den Kanal hinunterspült. Schwamm Hanser putzt Klobrille Klausberger. Muss ich denn alles wissen, dachte ich weiter, darf man denn nicht bloß knapp dran gewesen sein an der Lösung eines Falles und in aller Ruhe diesen einen seiner Fälle davonschwimmen sehen? Täuschen und tarnen, Ferri. „Wie sieht es mit den Schaulustigen aus, Kurt?"

Kurz machte ein Hohlkreuz und zog einen kleinen Notizblock aus der gewärmten Gesäßtasche. „Da sind die Kollegen von der Sitte und vom Raub dran. Von den dreiundvierzig Namen scheidet zumindest einmal die Hälfte gleich aus: Ein paar Schüler, die den Unterricht schwänzen wollten, von denen einer gesagt hat, dass ihm sein Professor das schon verzeiht, wenn er für solchen Anschauungsunterricht den Biologietest versäumt; ein paar Pensionisten beim Gassigehen, mit Hund natürlich; zwei, drei Halblahme am Stock; ein Student mit Rollerskater, drei oder vier Frauen, die auf dem Weg zum Einkaufen waren. Die anderen werden genauer überprüft, das läuft noch. Zwei Kollegen sind am Tatort, um zu sehen, wer sich um die Zeit regelmäßig dort unten an der Mur herumtreibt." Er legte eine kurze Nachdenkpause ein. „Wie hast du es eigentlich angestellt, Ferri, dem Chef acht Mann Verstärkung rauszureißen?"

Der liebe Kurze ist ein Hasenfuß, der das Schreckgespenst Misserfolg fürchtet wie der Teufel das Weihwasser und aufsalutiert vor den vernagelten Lackaffen in genagelten Lackschuhen, die er honorige Herr- und Damenschaften der Grazer Gesellschaft nennt, hätte ich gesagt, dachte ich, wärest nicht du, lieber Kurz, der Kurz, der keine Gelegenheit verstreichen lässt, an jedermanns Sesselbeinen zu sägen und an meinen überhaupt. „Der Herr Direktor ist ein Mann mit Umsicht", sagte ich. „Er hat nicht eine Sekunde gezögert." Zumindest einer der beiden Sätze ist nicht gelogen, sagte ich mir, und die Lüge beginnt ja erst, wo die Halbwahrheit ihr Recht verloren hat.

„Die Sache mit den Weibern mit den prallen Brüsten ist nicht so einfach." Stillhofer richtete sich auf und schlug die Beine übereinander. „Die Sekretärin vom Klausberger, eine gewisse Anita Schärff, ist in einen Heulkrampf verfallen. Ich glaub, die ist auch eine von denen. Eine vollbusige Rothaarige mit Pfiff. Viel war gestern aus ihr nicht rauszukriegen, aber sie hat mir versprochen, eine Liste jener Damen anzufertigen, denen der Herr Stadtrat auf Spesen gelegentlich kleine Aufmerksamkeiten hat zukommen lassen. Alles wichtige Geschäftspartnerinnen, wie sie extra betont hat. Oder eben Frauen wichtiger Geschäftspartner, die es gilt, sich gefällig und gefügig zu halten. Ich musste ihr zusagen, ihren Namen aus dem Spiel zu lassen. Sie baut wohl schon vor für einen neuen Job."

Faulers Gesicht war ein strahlender Vollmond in sternenklarer Nacht, als er sich in den Journaldienstraum schob. „Volltreffer, Ferri. Lupenreine Übereinstimmung." Er hatte schnelle und ganze Arbeit geleistet.

Der Kurz ist fürs Erste ruhig gestellt, dachte ich. Dafür wird der Kurze zappeln, wenn er es erfährt. „Ich muss den Herrn Direktor informieren", sagte ich förmlich, die Hand bereits am Hörer. Weißengärber hob in jener Blitzartigkeit ab, mit der er für gewöhnlich ungewöhnliche Urteile fällt. „Wir haben ihn, Herr Direktor. Oder so gut wie." Ich machte eine aufmunternde Geste in die Runde.

„Brillant, Leimböck. Kaum haben Sie meinen Rat beherzigt, landen Sie einen vollen Erfolg. Wo ist der Lump?"

„Ich gebe soeben die Fahndung raus. Es ist nur noch eine Frage von Minuten, vielleicht Stunden, bis wir ihn schnappen. Regeln Sie die Sache beim Staatsanwalt, Sie wissen schon, der Haftbefehl?"

„Natürlich. Aber wie sind Sie auf ihn gekommen?"

„Durch einen mündigen Mitbürger, einen aufmerksamen Beobachter der Medien, würde ich sagen, der sich seiner Pflicht bewusst ist. Er hat den Beweis geliefert. Oder sagen wir, ein Indiz. Eine Haarbürste mit seinen Fingerabdrücken drauf. Ein Kinderspiel, Herr Direktor. Ich fahr jetzt in die Redaktion der *Guten* und besorge mir noch Vergleichsproben, um ganz sicher zu sein."

„Was?"

„Ins Büro vom Hanser, Herr Direktor. Der Hanser ist unser Mann, habe ich das noch nicht erwähnt?"

Das war dann einer dieser seltenen, seltsamen Momente, mein lieber Kurzer, wo es selbst einem Verschlagenen wie dir die Sprache verschlagen hat und ich mir dich als Fesselballon vorgestellt habe, weil du hitzig nach Luft gerungen und dich dabei ganz bestimmt recht fest aufgeblasen hast auf der Suche nach der passenden Antwort, ohne auch nur ein einziges Mal Dampf ablassen zu können aus deinem Druckkochtopfkopf. Und wo es letztlich nur zu einem geschnaubten „Keine Presse" gereicht hat in dem naiven Irrglauben, ein Selbstreinigungsprozess wie dieser ließe sich mit einem ganzen Tuschkasten voll Schönfärberei so lange verwässern, bis Mörder und Gemordeter, die jeder für sich ja jetzt schon kaum irgendwen interessieren, dann als blassbuntes, ineinander zerlaufenes Aquarell im hintersten Winkel des Museums für Kriminalgeschichte dahinstauben, wo die Führer jedes Mal abdrehen mit einem „Und hier, meine Damen und Herren, sehen Sie ... ach nein, das sind ja bloß Schwamm und Klobrille ..."

„Es wird sich nicht geheim halten lassen, Herr Direktor."

„Es wird. Und zwar so lange, bis wir Herrn Hanser befragen konnten. Was glauben Sie, was los ist, wenn das alles nur ein Riesenmissverständnis ist? Dann können Sie Ihr ganzes Kramuri im Büro zusammenpacken, Leimböck, und Ihren merkwürdigen Flaschenöffner gleich dazu!"

Flaschenöffner. Er sagte es in einem Ton, als hätte er mehrfach vergeblich versucht, eines der sündteuren Gastgeschenke damit zu entstoppeln, mit denen die genagelten Lackaffen ihn bei ihren Aufwartungsbesuchen im Paulustor überhäufen und zuschütten. „Es ist eine Korkenzieherhasel, Herr Direktor. Vielmehr das Bild einer Korkenzieherhasel. Eine Corylus avellana contorta, ein Busch mit auffälligen Verdrehungen und grünlich-gelben Kätzchen." Wer keinen Echten hat, behilft sich eben mit dem Bild eines Echten, zu dem er dann spricht. Das machen sie anderswo genauso, wie in der Kirche, wo sie auch keinen Echten haben, den sie herzeigen können, keinen echten Herrgott, und so zeigen sie halt irgendwelche Bilder oder geschnitzte Figuren an seiner statt, werde ich ihm jetzt gleich an den Kopf werfen, dachte ich, fügte aber nur hinzu: „Für einen Echten hab ich keinen Platz in meinem Gärtchen."

Tuuuuuut.

Der Leimböck spinnt, sagten Arroganz und Unglaube, die in seltener Eintracht die Gesichter von Kurz und Stillhofer beherrschten. Nur Fauler blieb ungerührt.

„Schick eine Streife und zwei Kriminalbeamte zu Hansers Haus", wandte ich mich an Kurz. „Fahr am besten gleich mit, Kurt. Und du auch, Willi. Und organisiert einen Schlosser, falls unser Knabe nicht aufmacht. Oder besser noch das Mobile Einsatzkommando, die Burschen sind sowieso heiß drauf, eine Türe knacken zu dürfen. Und außerdem: Man weiß nie."

Im Keller, Sonntagmorgen

Warum so rastlos, Herr Redakteur? Acht Uhr und schon wach? Das schreibende Volk schläft ja bekanntlich gerne lang, oder irre ich mich da? Vor neun oder zehn Uhr früh trifft man doch keinen von euch in den Redaktionen an, richtig? Am Telefon gibt's nur den stupiden Beantworter. Sie rufen außerhalb unserer Dienstzeiten an, aber Sie können gerne eine Nachricht hinterlassen. Man sollte hinzufügen: Das ganze Land arbeitet bereits, nur die Herren Journalisten nicht. Ich habe euch immer für ein faules Pack gehalten.

„Ich brauche einen Arzt. Der Schmerz vom Daumen klopft bis ins Hirn hoch. Wenn nicht bald etwas geschieht, verrecke ich. Aber das ist dir ja egal, du Scheißkerl. Bring mich doch um, aber mach es rasch, sonst werde ich wahnsinnig."

Was Sie zur Zeit genießen, Herr Redakteur, ist ein Inklusivurlaub. Ich hätte es auf den Prospekt schreiben sollen, mein Fehler. Schmerz inklusive, müsste es in der Werbung heißen. Sie haben Recht. Freut mich, dass Sie trotzdem bei uns gebucht haben. Als Bonus gibt es eine neue Ladung von Schmerztabletten und eine volle Flasche Sorgenkiller.

„Hör auf, ich kann deinen Scheiß nicht mehr hören. Zeig mir doch endlich dein Gesicht, nimm die Maske ab. Oder hast du Angst, dass ich dich verpfeifen könnte? Heißt das, dass du mich am Ende doch nicht umbringen wirst? Du machst mich zum Serienmörder, dann lässt du mich frei? Ich darf zwar leben, aber dieses Leben wird im Knast stattfinden? Ist es das, was du planst? Warum? Zum Teufel, warum? Was habe ich dir getan?"

Du hast mich aus meinem Leben geschrieben und du weißt es nicht einmal mehr? Mein Fall war für dich so unbedeutend, dass du ihn vergessen hast? Das kränkt mich zutiefst, weißt du das? Meine Vernichtung ist dir nicht einmal die Erinnerung wert!

„Ich habe mehr als zweitausend Kolumnen geschrieben, da kann man sich unmöglich an jede einzelne erinnern. Das musst du verstehen, ich bitte dich."

Lassen wir dieses Thema. Eigentlich bin ich gekommen, um dir zu erzählen, wie du die letzte Nacht verbracht hast. Die Sache mit dem Thermen-Leo, weißt du noch?

„Oh Gott ..."

Gestern nacht warst du ein ganz anderer. Ein Mutiger. Du hast ein Ziel vor Augen gehabt und es anvisiert. Nichts hat dich aus der Ruhe gebracht. Du hattest einen Plan, jeder Schritt war exakt ausgetüftelt. Vorbereitung ist alles. Das weißt du doch. Der Zufall ist eine Klippe, die da sein kann, oder auch nicht. Auf jeden Fall muss man bereit sein, sie zu umschiffen. Klar? Aber gestern nacht war keine Klippe da. Sogar dein Wunschparkplatz war frei. Natürlich hattest du alles zuvor genau ausgekundschaftet. Ein Winkel im Dunklen, der um diese Zeit nie verparkt ist, aber man kann ja nie wissen. Der Ersatzparkplatz wäre nur zweite Wahl gewesen. Dort gehen mehr Menschen vorbei, und einer hätte sich das Auto vielleicht merken können. Unwahrscheinlich, aber vielleicht doch eine Klippe. Hat nicht stattgefunden. Du hast genau dort geparkt, wo du es geplant hattest. Exakt zur geplanten Zeit. Null Risiko. Oh, ich habe vergessen zu erwähnen, dass es die Eggenberger Allee ist, ein nachts recht dunkler Ort. Dann bist du in den Schlosspark gegangen.

„Hör auf, ich bitte dich, hör auf!"

Oh nein, du wirst zuhören. Es ist dein Leben, deine Realität. Du bist der Held dieser Geschichte und sie ist noch lange nicht aus. Es war regnerisch dort draußen. Mies, kalt und nieselnd. Um nicht aufzufallen, hast du dich einer Gruppe von geladenen Gästen angeschlossen und bist mit ihnen auf dem Mittelweg bis zum Schlosstor gegangen. Dort bist du kurz stehen geblieben, hast gewartet, bis die anderen weg waren, dann bist du langsam in den Park zurückgeschlendert. Du hast den rechten Weg genommen, bist den Zaun entlanggegangen, der jetzt dort ist, wo früher die Römersteine ausgestellt waren. Hast du gewusst, dass sie jetzt nicht mehr dort sind?

„Keine Ahnung. Nein. Römersteine ... Ist doch egal. Ich will nicht ..."

Schade, dass man sie weggebracht hat. Ich war früher gerne dort und habe versucht, die Inschriften zu entziffern. War eine Art Zeitreise. Cäsar und die Legionäre. Es war immer sehr still dort. Nur der Park und ich. Die Steine haben in Wahrheit keine Seele außer mich interessiert, wahrscheinlich hat man sie deshalb weggebracht. Mangelndes Publikumsinteresse. Manchmal habe ich dort die Schwerter klirren gehört. Das römische Reich, das mächtige. Irgendwie ist es in meiner Fantasie gerade dann am lebendigsten gewesen, wenn es im Park am stillsten war. So still wie gestern. Keine Römer mehr. Nur die alte Eiche, die dort steht, wo der Weg den Rechtsknick in Richtung Schloss macht. Der ideale Ort für eine Zeitreise. Für den Thermen-Leo war es die Reise in die Ewigkeit.

„Ich will es nicht wissen. Geh, bitte geh ..."

Er war dort. Genau nach Plan. Krumme Hunde wie er kennen die Regeln. Alles ist käuflich, alles hat seinen Preis. Genügend Geld öffnet jede Türe und schließt jeden Mund. Du hast gewusst, dass er kommen wird, und du hast im Schatten des Nachbarbaumes gewartet. Du hast ihn nicht gleich gesehen, es war ja Nacht im Park. Das Risiko, dass es ein anderer sein könnte, der exakt zum vereinbarten Zeitpunkt zum vereinbarten Ort gekommen war, war äußerst gering. Du musstest ihn aber trotzdem sehen, genau identifizieren können, bevor du deine Tat ausführen konntest. Deshalb hast du dich unbemerkt zur Eiche geschlichen und diese beinahe zeitgleich mit ihm erreicht. Du warst in Schwarz gekleidet und dein Gesicht war ebenso vermummt, wie es meines jetzt ist. Wenn es nicht der Thermen-Leo gewesen wäre, dann hättest du dich einfach umgedreht und wärst davongegangen. Du hättest nur einen erstaunten und einigermaßen erleichterten Fremdling zurückgelassen. Aber es war der Thermen-Leo. Genau nach Plan. Es war der perfekte Abend. Und du warst zum zweiten Mal perfekt am Werk.

Meine Hochachtung!

„Warum ... warum er und warum ich?"

Weil ich entschieden habe, dass es so verläuft. Aber das haben wir ja schon besprochen. Deine Fragen werden immer fantasieloser und langweiliger. Es enttäuscht mich, dass du nicht wissen willst, wie du die vergangene Nacht beendet hast. Ich sage es dir – triumphal! Du hast eine komplizierte Angelegenheit mit professioneller Umsicht perfekt abgeschlossen. Du hast ihn am Treffpunkt gerade so lange warten lassen, bis er sich nicht mehr sicher war, dass du auch kommen würdest, bist exakt zu jenem Zeitpunkt, an dem er sich entschlossen hatte, zurückzugehen, aus der Dunkelheit aufgetaucht, hast ihm die Pistole an die Schläfe gedrückt und ihm den Mund verklebt, bevor er auch nur ein einziges Wort sagen konnte. Die Augen, du hättest seine Augen sehen sollen. Blanke Angst. Ein Vermummter, eine Pistole und keine Chance, sich aus der Situation mit dem üblichen politischen Geschick herausreden zu können. Das war's wohl, was ihn am meisten geschockt hat. Nicht mehr reden zu können. Ein zehn Zentimeter langes Stück eines Klebebandes hat ihn seiner einzigen Waffe beraubt. Irre. Es war eine irre Erfahrung. Er war so verblüfft, dass er kaum Widerstand geleistet hat, als du ihm die Arme auf dem Rücken und die Beine zusammengeklebt hast. Der große Thermen-Leo war ein Bündel der Hilflosigkeit. Große fragende Augen. Dieselben Augen, die kurz zuvor noch mit überheblicher Präpotenz aus dem Gesicht des allmächtigen Polit-Zampanos geblickt hatten. Eines davon hast du ausgelöscht, nachdem du ihm die Schlinge um den Hals gelegt hast.

„Du hast ihn erhängt ..."

Nicht ich, du warst es. Wahrscheinlich hängt er immer noch dort. Es ist ein regnerischer Tag und ich glaube kaum, dass sich um diese Zeit schon Menschen in den Schlosspark verirrt haben. Der Dicke baumelt im Regen von einem Eichenast. Man wird ihn aber bald finden. Und diesmal wird es keinen Zweifel mehr geben, dass der verschwundene Starkolumnist Martin Hanser auch in diesem Fall seine Hände im Spiel hatte. Einfache Mörder gibt es viele, du bist bereits in die nächste Liga aufgestiegen – Doppelmörder kommen in der Kriminalgeschichte schon viel seltener vor. Mit zwei Morden gelangt man aber höchstens zu regionaler Berühmtheit. Ich habe dir versprochen, dass ich dich unsterblich mache. Und dieses Versprechen halte ich auch ...

*

„Können Sie reden?"

„Besser als schreiben." Ein abgehaktes Gurren und Gurgeln strömte mir in nicht enden wollenden Kaskaden aus dem Handy entgegen.

Jetzt denkst du wohl, mein lieber Hochauer, dachte ich, ich denke, der Hochauer ist so was von einem bescheidenen Journalisten, wie es keinen zweiten gibt, der sein Lichtlein unter den Scheffel stellt wie kein anderer, und ich gar nicht anders kann, als brüsk zu widersprechen, um dir dein wohlgenährtes Redakteursbäuchlein zu pinseln, und geschwätzig bin anstatt aufrichtig zu sein und sage, aber Herr Hochauer, ich bitt Sie, gerade Sie schreiben doch …, und da soll noch einer sagen, wie es die Kollegen gerne tun, wenn sie einen im Verhör in die Mangel nehmen, dass wer schweigt, lügt, nur weil er beim Ehrlichsein nicht reden will.

Hochauer durchbrach die betretene Stille. „Haben Sie etwas für mich, Herr Oberstleutnant?"

„Ich halte Wort, aber eine Gegenfrage vorweg, Herr Hochauer. Wie würden Sie die Story anlegen, wenn es tatsächlich Ihr Kollege Hanser war? Wie ist da die Blattlinie?" Das interessiert mich schon lange, dachte ich, wie sie bei euch Schreiberlingen damit umgehen, wenn einer aus der eigenen Reihe tanzt und zum glühendheißen Folienerdapfel wird.

„Darüber hat sich schon ein anderer den Kopf zerbrochen, darauf können Sie einen …"

„Sie meinen …?"

Hochauer kappte den Gedankenstrang, den ich soeben zu flechten begonnen hatte, mit messerscharfem Zungenschnitt. „Ich meine gar nix. Meinung ist Chefsache. Und Blattlinie ist die Summe der verschiedenen Meinungen des Chefredakteurs. Ich weiß nur, der Stocker, mein Chef, ist für nix gut außer für eine Überraschung. Wenn einer es versteht, eine Niederlage in einen Sieg umzumünzen, dann er. Sein Mantel flattert immer, ganz gleich, woher der Wind weht, Sie verstehen?"

„Er lässt den Hanser also fallen?", erwiderte ich. „Ist das die neue Form von Offenheit, wenn ein Mitarbeiter etwas ausgefressen hat?" Das wäre ja, dachte ich, als begönnen Chirurgen, die Kollegen öffentlich der Schlächterei zu zeihen, nur weil sie einem die intakte Lunge herausgeschnipselt haben statt des verkrebsten Hodensacks; oder als gäben wir Bilder an die Presse weiter und schrieben auch noch die Namen der Vernehmungsbeamten drauf, ohne zuvor die grünblauen Flecken in den Gesichtern der Verdächtigen zu retuschieren.

Hochauer fuhr fort, als hätte er meine Gedanken aufs Neue erraten. „Transparenz lässt sich leicht groß schreiben, solange sie nur geschrieben steht, Herr Leimböck. Ist das in Ihrem Verein nicht genauso?"

Herr Leimböck, sieh einer an, dachte ich. Jetzt hat der Hochauer doch glatt den Herrn Oberstleutnant unserer verschwörerischen Vertrautheit geopfert. Aber was soll das Geschwafel mit der Transparenz? „Ich fürchte, ich verstehe Sie nicht ganz."

„Können Sie zweierschnapsen, Herr Leimböck?"

„A Regl hobds fias ganze Lebm, gebm, ausschbüln und schdechchn oda sche brav zuagebm".

„Wie?"

„I drah zua, von Wolfgang Ambros, ein Wirtshausklassiker, Herr Hochauer. Beim Meinhart oben in Wenisbuch sagen sie Sechsundsechziger-Ferl zu mir."

„Weil Sie schnell genug haben?" Hochauer gurrte und gurgelte hintergründig.

„Weil ich die Sechsundsechzig meist punktgenau schaffe."

„Umso besser, dann werden Sie mich verstehen." Ein lang gezogenes Pfeifen füllte die Leitung, als Hochauer tief ausholte. „Sie stehen auf Zwei und Ihr Gegner auf Luft. Der Schneider ist zum Greifen nah, die Demütigung schlechthin. Er hat den Vierziger in der Hand, und Sie heben zur Trumpfsau den Zehner. Sie wollen, dass er zudreht, Ihnen in die Falle geht und Sie die entscheidenden zwei Punkte schreiben. Wie werden Sie dreinschauen? Siegesgewiss lächelnd oder verliererisch verzweifelnd?"

Ich musste nicht lange überlegen. „Verzweifelnd."

„Sehen Sie, und der Stocker ist genauso. Er wird sich die Haare raufen. Ein einaktiges Theaterstück, nur für Sie inszeniert und uraufgeführt. Er wird den Hanser nicht in Schutz nehmen, aber auch nicht verteufeln. Er wird sagen: Schauen Sie, Herr Oberstleutnant, der Kollege Hanser hat über viele Jahre hinweg jenen eine Stimme verliehen, die keine hatten. Im Dienste der Gerechtigkeit. Und deshalb, wird der Stocker weiter sagen, bringen wir die Hanser-Glossen nach wie vor, weil er es ist, der jetzt eine Stimme braucht. Im Sinne der Gerechtigkeit. Weil der Angeklagte nicht ungehört verurteilt werden darf. Vorverurteilt. Das haben wir noch nie getan, jemanden vorverurteilen, wir von der *Guten*, wird er sagen. Wir haben nix zu verheimlichen und werden ausgewogen berichten, wie wir es immer getan haben. Das ist unsere moralische Pflicht. Und dann wird der Stocker zaudern und hadern. Er wird verliererisch verzweifelnd dreinschauen und sich Ihnen transparent machen. Durchsichtig im festen Glauben, dabei undurchschaubar zu sein. Er wird warten, bis Sie zudrehen, Herr Leimböck, und Ihren Vierziger mit Sau und Zehner zertrümmern, dass es nur so rauscht, Sie verstehen?"

„Soll das heißen, der Stocker macht sich den Hanser auch als echten Mörder zunutze?"

„Gerade als echten Mörder. Er schlägt Kapital aus ihm. Die Transparenz ist der große Bluff. Ein mordender Hanser treibt die Auflagen weiter nach oben, und das alles unter dem Deckmantel der Ausgewogenheit und fairen Berichterstattung. Beim Schnapsen ist es wie überall anders auch. Spielregeln existieren, um sie für sich auszulegen und zu brechen. Und die oberste und einzig unumstößliche lautet: Es gibt keine Ehrlichkeit."

„In welcher Liga spielen Sie?"

„Nicht in der obersten. Aber ich kenne alle Tricks, und der Stocker weiß das. So bleibe ich auf ewig, was ich bin. Und das ist gut so." Hochauer hielt abrupt inne, als gäbe es nichts mehr zu sagen. Ein klirrendes Schweigen begann sich breit zu machen, ehe er dann doch nachhakte. „Wie schaut's aus mit der Haarbürste?"

„Die Fahndung läuft", sagte ich. „Ich bin auf dem Weg zu Ihnen in die Redaktion, um den Stocker zu verhö ... zu befragen. Wie es aussieht, muss Ihr Kollege Hanser den Klausberger ganz besonders gern gehabt haben."

„Wie meinen Sie das?"

„Was ich Ihnen sage, steht in keinem Pressebericht. Und auch nicht in der *Guten*, bis ich es Ihnen sage, richtig? Und Sie wissen auch, von wem Sie es nicht haben, richtig?"

„Richtig."

„Er hat ihm nach der Tat von hinten kräftig in die Eier getreten."

„Respekt." Hochauer blies ins Telefon. „Da muss der Hanser zum Mörder werden, um endlich einmal Stil zu beweisen. Übrigens hab ich auch noch etwas für Sie. Sozusagen ein kleiner Bonus. In der nächsten Runde sind Sie wieder dran."

Worauf hast du dich da eingelassen?, Oberstleutnant Leimböck, dachte ich, ein Bonus-Malus-Spielchen mit einem Schreiberling, selbst wenn es der Hochauer ist, der sich immer anständig benommen hat. Bisher. Aber auch dem Hochauer kann das Wasser hinausreichen übers Kinn, und dann ist ihm sein Journalistenhemd allemal näher als mein Kriminalistenrock. Verdammter Mist. Du bist mittendrin, Ferri, da gibt's nur eins: vorwärts, Sprung, decken. „Einverstanden."

„Die Hanser-Kolumne für die morgige Ausgabe ist bereits im Haus. Jemand hat sie heute früh in den Postkasten neben dem Eingang zur Redaktion gesteckt. Ich kann mir nicht vorstellen, dass es der Hanser selber war. Das Watschengesicht kennt der Portier auf einen Kilometer."

„Sie meinen ..."

„Sie wissen doch, wer bei uns die Meinung hat. Aber ich weiß, was ich durch eine offene Tür sehe. Der Wisch liegt fett und breit auf dem Tisch vom Stocker. Er nimmt ihn alle paar Minuten zur Hand und liest schmunzelnd darin. Ganz so, als könne er sich nicht genug daran ergötzen. Fragen Sie danach. Aber wenn möglich dezent."

Was denn sonst. Ich bin weder der Kurz noch der Kurze, dachte ich. „Wo verkehrt der Hanser regelmäßig? Ich meine, in welchen Lokalen?"

„Der lässt sich an mehreren Orten hofieren. Mittags meist im Café Braunstein oder auch beim Häuserl im Wald. Da trifft er dann irgendwelche Informanten. Abends oftmals im Tokio oder im Promenade. Und auch im Operncafé. Warum?"

Tokio. Bingo. Die Faust aufs Aug. Das Messer ins Herz. Als Stammgast hat der Hanser ausreichend Gelegenheit gehabt, die Tatwaffe an sich zu bringen, dachte ich. „Reine Routine, Herr Hochauer. Sie wissen ja ..."

„Ich weiß. Man weiß nie. Noch ein kleiner Tipp, Herr Leimböck. Treiben Sie den Stocker nicht schon zu Beginn in die Enge. Sonst schlägt er blindlings um sich und spielt wider jede Vernunft. Er ist einer, der jederzeit zudreht, auch ohne Atout."

*

Verliererisch verzweifelnd dreinschauen, Fallen stellen und den Gegner mit Sau und Zehner zertrümmern? Ohne Atout zudrehen, wenn es eng wird? Handeln so normale Menschen? Oder sind das schon die Halbirren. Der Stocker gegen den Kurzen beim Zweierschnapsen, das wäre was, dachte ich, als ich vom Joanneumring in die Fürstenberggasse einbog und vor der Redaktion der *Guten* den Wagen parkte. Das Duell der unberechenbaren Fallensteller und Schwitzer. Kobra gegen Stinktier. Der eine würde verliererisch verzweifelnd dreinschauen und insgeheim die Giftzähne ausfahren, der andere würde das Nadelstreiffell von innen heraus tränken mit seiner Ekel erregenden, seimigen Angst und sie durch alle Poren versprühen. Und am Ende ...?

„Wollen Sie am Ende da stehen bleiben? Das geht bestimmt nicht." Eine Schirmmütze mit Emblem schoss aus der Einfahrt des Palais Rottenberg auf mich zu. „Sie behindern die Ausfahrt, und das falsche Blaulicht können S' auch gleich runter geben, sonst hol ich die Polizei. Ihr Betrüger werdet immer dreister. Früher habt ihr wenigstens nur ein Arzt-im-Dienst-Schild hinter der Scheibe gehabt oder eines für dringende Arzneiwaren. Aber das zieht nimmer so, gell? Bin Laden geht erst recht nicht mehr, hahahaha. Dann müssen S' halt ein bisserl zu Fuß gehen, werter Herr, wenn da in der Gasse kein Parkplatz frei ist. Und außerdem, zu wem wollen S' denn überhaupt? Heute ist Sonntag."

Und dass der Herr Chefredakteur einen wie mich empfängt, so ganz ohne Termin, kannst du dir sowieso nicht vorstellen, hörte ich dich sagen, und der Dienstausweis und die Dienstmarke, die ich dir unter die rote Knollenblätternase rieb, sind auch nicht echt, und die Dienstwaffe schon gar nicht, hörtest du mich sagen, und das war dann doch ein wenig zu viel des Falschen auf einmal, als dass es nicht echte Wirkung gezeigt und ich Augenblicke danach den Aufzug zu den Redaktionsräumen des barocken Zeitungswabenpalais betreten hätte.

Der Stocker ist eine Drohne, genau wie der Kurze, hat der Hochauer gesagt, dachte ich nun, als mir die Sekretariatsbiene einen Kaffee anbot und mich bat, in einem englischen Ohrensessel ein klein wenig Geduld zu haben, bis der Herr Chefredakteur sein Telefongespräch zu Ende geführt habe. Hinter seiner gepolsterten Doppeltür zwischen dickwandigem, altehrwürdigem Gemäuer. Die übers Jahr unnütze Drohne, die nur dem Befruchtungstanz der Königin dient, und die Arbeitsbienen summen emsig dazu hinter dicken Mauern, ganz wie im Paulustor, wo sie immer noch glauben, die Wandstärke stehe verkehrt proportional zur Wahrscheinlichkeit, dass nach außen dringe, was nur für innen bestimmt ist.

„Ich habe gehört, es hat ein kleines Problem mit dem Wagen gegeben, Herr Oberstleutnant." Ein bulliger Körper Anfang vierzig in steirischem Loden stand in der Tür und holte mich aus meiner Träumerei heraus und aus dem Ohrenfauteuil zurück in die Wabe und hinein in sein weiträumiges, an zwei Seiten durch mannshohe Flügelfenster vom Licht geflutetes Büro. „Mit dem Parken ist es ein Kreuz da in der Altstadt. Aber Sie hätten doch im Innenhof den Platz vom Hanser nehmen können, der ist gerade nicht da."

Der verzieht keine Miene, wenn er das sagt, dachte ich. Ganz nach Drohnenmanier, wo die schmeichlerischsten Worte neben den heuchlerischsten und abgefeimtesten stehen und sie nur zu unterscheiden weiß, wer in den Mienen der Umstehenden zu lesen vermag. „Geht das bei Ihnen immer so schnell, Herr Chefredakteur? Zwei Tage nicht da und schon ist der Parkplatz weg. Und nach einer Woche der Sessel?"

„Womit wir auch schon beim Thema wären", erwiderte Stocker. Und fügte rasch hinzu: „Ich weiß, was Sie denken. Aber wenn Sie die Hanser-Kolumne aufmerksam gelesen hätten und meinen Kommentar gleich dazu, so ganz und gar zwischen den Zeilen, Herr Oberstleutnant, dann hätten Sie erkannt, welch ungeheuren Verschwörung der Kollege Hanser tatsächlich auf der Spur ist."

„So ungeheuer, dass seine Fingerabdrücke auf der Tatwaffe sind?" Verscheißern kannst du einen anderen, dachte ich und spürte, wie mein Blut zu kochen begann. Nicht das kleinste Augenflattern, nicht das leiseste Mundwinkelzucken. Stocker hielt meinem Blick stand, als hätte ihn die göttliche Gnade einer beidseitigen Gesichtslähmung ereilt.

„Selbst das wundert mich nicht. Das ist Teil des großen Plans, wie er einer guten Verschwörung zugrunde liegt. Aber wenn ich mich nicht irre, ist es Ihre Aufgabe, das herauszubekommen, nicht wahr?"

Die Drohne warf sich rücklings und breitarmig in ihren dicken Ledersessel mit der Zufriedenheit eines Boxchampions beim Pausengong, wenn der Gegner schon in Runde eins nach

Punkten weit zurückliegt, angeschlagen in den Seilen hängt und beim nächsten Treffer angezählt wird. Der Hochauer hat nicht übertrieben, dachte ich. Der dreht tatsächlich zu, auch ohne Atout. Ich hatte mir vorgenommen, ganz langsam und von hinten herum zur Sache zu kommen. Ganz nach Plan, der da heißt, dass der beste Plan jener ist, der aus mehreren besten Plänen besteht, und die Lehre daraus ist, dass zumindest einer der besten Pläne ans Ziel führt, den Lehrplan eben. Denn der Kriminalist, sage ich mir immer, dachte ich, hat auch etwas von einem Lehrer. Ob es dem Lehrer oder dem Kriminalisten nun passt oder nicht. Und die Lehre lautet, dass der Plan bei aller Routine immer ein Spiel aus Versuch und Irrtum ist, weil jede Situation zu jeder Zeit an jedem Ort anders sein kann, als man denkt, man weiß ja nie. Die größte Unnatürlichkeit liegt in der zu genau geplanten Natürlichkeit eines einzigen Plans, ganz wie beim Elternsprechtag, der dieselbe künstliche Wirklichkeit erzeugt wie das angesagte Verhör, wo einen schon die kleinste Kleinigkeit außer Tritt geraten lässt. Wie etwa ein Verdächtiger, der deinen besten, aber einzigen Plan mit seinem einzigen, aber noch besseren Plan durchkreuzt und aus dem offenen Fenster hinausspringt. Wie auch der Schulwart zur offenen Türe herein springen kann und die Klasse zum Impfen holt. Oder ein Schularbeitenschwänzer den Feueralarmknopf drückt und der Lehrer ohne Schüler seine Fragen dann nur noch an sich selbst richten kann. Wie der Kriminalist ohne Verdächtigen auch. Der beste Teil eines jeden besten Planes, dachte ich, ist die unbefangene Wirklichkeit, und die herrscht nun einmal einzig in der Spontaneität. Wie beim Banküberfall, wo die Überfallenen auch ganz und gar ehrlich sind in ihrer natürlichen Erschrockenheit.

Mein Blick fiel auf die chefredaktionelle Pinwand und ließ mich stocken. Inmitten eines Sammelsuriums alter Zeitungsausschnitte thronte die noch recht druckfrische Kopie einer Titelseite mit einem Bild der Landeshauptfrau, und über ihr in fetten Lettern der Schriftzug: Die Steiermark versinkt in Trauer. Unsere Landesmutter ist tot. Die Landeshauptfrau? Tot? Ein eisiger Schauer packte mich vom kleinen Zeh bis hinauf in die letzte Haarwurzel. Der ist ja noch gnadenloser und skrupelloser, als es der Hochauer geschildert hat. Nicht nur, dass er den Hanser deckt. Der spekuliert sogar mit dem Leben anderer. Oder vielmehr mit deren Ableben. Dabei ist sie doch kerngesund. Oder sollte sie gar die nächste sein auf der hanserschen Liste und der Stocker weiß das? Ein Mordkomplott gegen die Landeshauptfrau? Von einem Journalisten geplant? Von seinem Chefredakteur gedeckt? Oder womöglich gemeinsam ausgeheckt? Ich zog den Handrücken über die Stirn und spürte, wie sich die Härchen im hauchdünnen Schweißfilm verklebten.

„Auch wenn ich mich wiederhole: Ich weiß, was Sie denken, aber es ist nicht so, wie es aussieht." Stocker war meinem Blick mit der untrüglichen Sicherheit eines Spürhundes gefolgt, hatte sich aus seinem Wabensitz hochgestemmt und das Blatt mit der toten Landesmutter abgeheftet. „Das hängt schon ein halbes Jahr hier. Sie wissen doch, damals, als die Frau Landeshauptmann krank war."

Frau Landeshauptmann, dachte ich. Wenn das die Schulenburg hören könnte. Krank? Ich Idiot. „Meinen Sie etwa die ... Krebsoperation?"

„Natürlich, was denn sonst. Da hat es nicht gerade gut ausgesehen für die Gute. Und wenn ich sage ‚die Gute', dann meine ich ausnahmsweise die Frau Landeshauptmann. Für den Fall, dass einer stirbt, bei dem es sich ankündigt, muss man vorbauen. Mit einem Aufmacher und einem schönen Nachruf. Oder wenn einer schon längst überfällig ist, wie ... was weiß ich ... ja, wie der Papst zum Beispiel. Bei dem ist der Nachruf jahrelang da gehangen, bis wir ihn endlich gebraucht haben. Auf Vorsatz, wie wir sagen." Stocker legte eine sinnierende Pause ein und rieb mit Daumen und Mittelfinger Kinn und Halsansatz. „Sei's drum. Wenn also einer von denen ausgerechnet kurz vor Redaktionsschluss stirbt und unsereiner als Medienprofi nicht vorbereitet ist, handelt man fahrlässig. Geradezu grob fahrlässig, möchte ich sagen. Das ist Zeitungsbusiness, Herr Oberstleutnant." Ein edelmännisches Lächeln umspannte sein Gesicht.

„Und einen Mordverdächtigen zu decken und dabei die Ermittlungen zu behindern und sich strafbar zu machen, zumindest der Mitwisserschaft und womöglich gar der Mittäterschaft, ist das auch Zeitungsbusiness, Herr Stocker?" Mir war, als spürte ich das Blubbern meiner Körpersäfte, gleich einem Häferl Wasser, das bei Unterdruck in Sekundenfrist ins Sieden gerät.

„Mordverdächtig? Sie haben mich wohl nicht verstanden, oder?" Stocker begann mit der Rechten sein krauses Haar zu zerzausen, weil doch der Hanser, also dass der ein Mörder ... Herr Leimböck, ... wo er sich doch immer als Stimme der Gerechtigkeit ... und vorverurteilen, nein, das wollen wir von der *Guten* doch nicht ... und ausgewogen berichten ... und unsere moralische Pflicht ... aber wo der Hanser steckt, also ... beim besten Willen ... keine Ahnung ..., bis er auf einmal transparent und verliererisch verzweifelnd ausgebreitet dalag, ganz wie es der Hochauer prophezeit hatte. Bloß, wie ein heimtückischer Fallensteller sah der Stocker in seinem Elend nicht aus.

Es tut mir Leid, Hochauer, dachte ich, aber dezent geht da gar nix. Frontalattacke. „Und was ist mit der neuen Hanser-Kolumne, die heute früh im Redaktionspostkasten lag? Steht da auch wieder irgendwas Verschwörerisches drin, Herr Chefredakteur?"

Ein Uppercut. „Woher ...?" Stocker zeigte Wirkung, taumelte und konnte sich, wie es schien, gerade noch aus dem Elend und Wanken an der Kraft seiner Stimme aufziehen, die plötzlich und sprunghaft zu einem pulsierenden Strang anwuchs. „Ist das die Art, wie die Pressefreiheit in diesem Land mit Füßen getreten wird?"

„Wir haben eben auch unsere Quellen."

„Quellen?" Stockers Stimme überschlug sich. „Spitzelwesen und Abhören und Rasterfahndung, das nennen Sie Quellen? Weil ihr euch mit Verstand und Intuition nicht zu helfen wisst, wühlt ihr mit Hightech in den Privatsphären unbescholtener Bürger herum, im Namen des Gesetzes und im Namen der Gesellschaft, die auf diese Art von Schutz längst verzichten kann, Herr Leimböck?!"

„Ich möchte einen Blick in Hansers Büro werfen."

„Was wollen Sie?!" Stocker schäumte. „Werfen Sie lieber einen Blick da hinunter auf Ihre schäbige Rostlaube und schämen Sie sich, dass Sie meinen sauberen Gehsteig beschmutzen und mir überdies die Zeit stehlen mit Ihren haltlosen Vorhaltungen."

„Wenn Sie nicht kooperieren, kann ich mit einem Durchsuchungsbefehl wiederkommen", hörte ich mich unwirsch rufen.

„HAUSDURCHSUCHUNG? SIE? HIER? BEI UNS? BEI DER *GUTEN*?" Eine wuchtige Explosion stand unmittelbar bevor. „ICH RUFE DEN POLIZEIDIREKTOR AN. JETZT GLEICH. UND DANN SCHREIB ICH SIE AUS IHREM SESSEL HINAUS, NOCH BEVOR SIE DAS NÄCHSTE MAL DRIN SITZEN KÖNNEN. SIE WÄREN NICHT DER ERSTE POLIZIST, DEM DAS WIDERFÄHRT."

Hat er jetzt gerade Sau und Zehner ausgespielt?, schoss es mir in den Sinn. „ABER VORHER NEHME ICH SIE NOCH FEST. WEGEN BEGÜNSTIGUNG." Jetzt schrie auch ich. „UND WEGEN BEIHILFE. FLUCHTGEFAHR. VERDUNKELUNGSGEFAHR. VERABREDUNGSGEFAHR. DAS VOLLE PROGRAMM. DIE NÄCH-STEN ACHT-UND-VIER-ZIG STUN-DEN IM PO-LI-ZEI-A-RREST, UND DANN IN UN-TER-SU-CHUNGS-HAFT, NA, WÄR DAS WAS FÜR SIE, HERR CHEF-RE-DAK-TEUR?"

Wie der Ruhe der Sturm folgt, folgt auch dem Sturm die Ruhe. Stocker stand aufgelöst da, die tote Landeshauptfrau noch immer in Händen. Er tippte wie in Trance ein paar Ziffern ins Telefon, und durch die gepolsterte Doppeltür drang gedämpftes Läuten. „Machen Sie dem Herrn Oberstleutnant einen Ausdruck von der neuen Hanser-Kolumne auf Seite zwei", murmelte er tonlos.

„Und das Original?", wandte ich ein, das anhaltende Zittern meiner Stimme zu unterdrücken versuchend.

Stocker machte eine kurze Geste ins Eck zu einem dunklen Edelholztischchen, auf dem ein kleines blinkendes Kästchen stand. „Wenn Sie es da herausbekommen..." Ein Reißwolf. Der Schweinehund, dachte ich, er hat den Brief vorsorglich entsorgt, als ich auf dem Weg herauf war.

Dann lief Stocker ins Sekretariat, kehrte nach ein paar Sekunden mit einem Blatt Papier zurück und hielt es mir entgegen. „Da, lesen Sie. Es hat nichts mit dem Klausberger zu tun. Er schreibt über die Machenschaften in der Thermenregion und über den Tourismuslandesrat."

Ich überflog den Artikel. „Was soll das mit dem Paten?" Stocker zuckte die Achseln. Neuerlich drang gedämpftes Läuten durch. Diesmal aus meinem Sakko. Es war Kurz. Er klang erregt.

„Wo steckst du, Ferri? Wir haben den Arsch offen."

„Was ist los, Kurt. Ich bin bei der *Guten* in der Redaktion."

„Wir haben schon wieder einen toten Politiker. Beim Schloss Eggenberg. Der Landesrat Moser. Erhängt."

„Selbstmord?"

„Wenn er sich Arme und Beine eigenständig mit Kabelbinder verschnürt hat und aus dem Stand einen Meter in eine Schlinge gesprungen ist, dann ja."

„Man hat ihn aufgeknüpft?" Ich hatte vergebens versucht, die Aufgeregtheit meiner Stimme zu unterdrücken und spürte augenblicklich Stockers stechenden Blick auf mir ruhen, als hätte ein halb verhungerter Habicht nach langem Kreisen über offenem Feld aus luftiger Ferne das Zucken und Huschen seiner

Beute erspäht, bereit, jeden Moment in geräuschlosem Sturzflug hinabzustoßen, die scharfen Fänge gestreckt und den spitzigen Hakenschnabel weit aufgerissen. Das Wort aufgeknüpft, das mir leichtsinnig und dabei viel zu laut entwischt war, hatte genügt, ihn seiner Gedrücktheit und Verdrossenheit von vorhin zu entwinden und den Verlust der Stoßfedern, die ich ihm gerupft hatte, vergessen zu machen. Stocker fand die alte Überheblichkeit wieder und sein chefredaktioneller Spürsinn glitt majestätisch über mich hinweg.

„Ich bin schon unterwegs, Kurt", sagte ich, drückte die rote Taste meines Handys und wandte mich an Stocker. Du musst ihm gleich wieder die Schwingen stutzen, dachte ich und schnauzte ihn barsch an: „Es wird Zeit, Farbe zu bekennen, meinen Sie nicht?"

Stocker gab sich unbeeindruckt. „Wer hat wen aufgeknüpft?" Die weichen, angstvollen Züge, die bis vor wenigen Augenblicken noch seine Visage beherrscht hatten, waren gewichen. Er sprach aus frisch gehärteter Miene.

„Wie komme ich aus dem Schlamassel wieder heraus? Das ist die einzige Frage, die Sie frei haben, Herr Chef-re-dak-teur, und die geht an Sie selbst, verstanden?"

Stocker kniff die Augen zusammen.

„Sie bringen mich jetzt zum Büro vom Hanser", fuhr ich fort, „damit ich die Türe versiegeln kann. Sie wissen schon, diese kleinen Pickerl, wie man sie aus dem Fernsehen kennt. Und wenn Sie nicht wollen, dass eines dieser Pickerl einen kleinen Riss bekommt und ich annehmen muss, dass der Herr Chef-redak-teur im Hanser-Büro wertvolles Beweismaterial vernichten will und ich ihn daher in Beu-ge-haft nehmen muss, dann sollten Sie die Türe persönlich bewachen, bis die Kollegen der Spurensicherung da sind. Alles klar?"

Schwache Auftritte bedürfen eines starken Abganges. Das hat mich der Kurze gelehrt beim Rapport, wo wir ihm täglich Meldung machen müssen über die wichtigsten Vorkommnisse, dachte ich, und noch ehe Stocker antworten konnte, riss ich erst die innere, dann die äußere Polstertüre auf, tat einen Schritt ins Sekretariat und setzte nach, sodass es gut vernehmbar war in alle Richtungen und Zuhörer wie die Redaktionsbiene und zwei Kollegen, die um ihren Tisch herumstanden, den Eindruck gewinnen mussten, der Stocker habe mir soeben das Hausrecht abgetreten: „Also, darf ich bitten."

Stocker schien erst wie gelähmt, doch dann geriet er in Bewegung. Mechanisch und steifbeinig. Er drückte sich an mir vorbei, schnauzte den Umstehenden ein unwirsches Gehen-Sie-an-die-Arbeit entgegen und geleitete mich zu Hansers Tür. „Ich weiß wirklich nicht, wo er steckt", hauchte er eindringlich, während ich die Aufkleber, die ich stets bei mir trage, man weiß ja nie, aus jener Sakkotasche kramte, die nicht den russischen Reiseparadeisern vorbehalten ist, und über Türblatt und Türstock spannte. „Sie müssen mir glauben."

„War der Hanser in letzter Zeit verändert? Hat er irgendwelche Andeutungen gemacht?"

„Nicht, dass ich wüsste. Er war wie immer. Kampfeslustig und sarkastisch. Außer mit mir hat er in der Redaktion kaum mit jemandem mehr als zwei Worte gewechselt. Seine Eigenbrötlerei kommt bei den Kollegen nicht gut an, aber die Leser lieben ihn."

„Was ist mit dem Brief, wer hat ihn abgegeben?" Ich fixierte den letzten Aufkleber in Bodennähe, schnellte aus gebückter Haltung empor, drehte mich Stocker zu und sah über seine Schulter hinweg zu beiden Seiten des langen Ganges einäugige Gesichtshälften blitzartig hinter Türstöcken verschwinden.

„Ich weiß es nicht."

„Ist der Eingang videoüberwacht?"

„Das schon. Aber wir zeichnen nichts auf. Wir sind ja nicht bei der Po ..." Stocker schluckte die fehlenden Silben im letzten Moment. „Der Portier schwört, niemanden gesehen zu haben. Wahrscheinlich hat er wieder in eines seiner Bücher gestarrt.

Am Wochenende haben wir immer Studenten hier sitzen. Die kosten so gut wie nichts."

„Und der Nachtportier?"

„Der ist um halb sieben gegangen. Ich werde die Sekretärin anweisen, Ihnen Namen und Nummer zukommen zu lassen."

Na also, es geht ja, dachte ich, sagte aber nur in bester TV-Krimi-Manier: „Sorgen Sie dafür, dass die Videokamera ab sofort alles auf Band aufzeichnet. Und halten Sie sich bereit, wir werden Sie noch brauchen." Dann verließ ich die Wabe der *Guten*.

*

In der Küche, Sonntagmittag

Die Logik sagt mir, dass ich mir bei dem, das ich tue, keine Emotionen erlauben kann. Mein Standardsatz, ich weiß. Ich wiederhole ihn immer wieder, weil ich befürchte, dass ich diese Regel, die seit dem Augenblick der Erkenntnis am Beginn jeder Tätigkeit stehen muss, irgendwann einmal vielleicht doch nicht mehr ganz befolgen könnte.

Bei den beiden ersten Hinrichtungen ist es mir ganz gut gelungen. Ich musste jeweils ja nur eine Aufgabe lösen, auf die ich mich bestmöglich vorbereitet hatte. Jeden Schritt bin ich im Kopf dutzende Male durchgegangen. Das zuvor Gesammelte lag stets übersichtlich ausgebreitet vor mir, in einzelne Sektionen unterteilt, da kann einen nichts verwirren, da muss man nur Schritt für Schritt vorgehen. Der Kopf muss klar sein, das ist das Allerwichtigste. Der einzige Unsicherheitsfaktor ist das Objekt selbst. Man kann zwar versuchen, dessen Reaktionen vorauszuahnen, aber man kann sie bei der Planung nicht dort platzieren, wo das Gesammelte liegt, nämlich im Feld der Fakten. Man legt sie also ins Feld der Unsicherheiten, und man muss versuchen, dieses so klein wie möglich zu halten.

Zu den Unsicherheiten gehört zum Beispiel eine plötzlich auftretende Naturerscheinung, wie etwa ein Wolkenbruch. Oder ein Verkehrsunfall, der zu einem Stau führt. Oder eine Reifenpanne. Für diese Art von Unsicherheiten muss man zusätzliche Zeitpolster einbauen, dann kann das Unternehmen trotzdem noch wie geplant verlaufen. Werden diese Zeitpolster auch nur um fünf Sekunden überschritten, sollte man das Unternehmen sofort abblasen. Alles andere wäre ein unnötiges Risiko!

Bei der Arbeit am Objekt ist es anders. Hat man sich ihm so weit genähert, dass es das Vorhaben erkannt hat, dann ist der Punkt ohne Wiederkehr erreicht, dann muss man die Sache in jedem Fall durchziehen.

Ich habe in beiden Fällen ein sehr einfaches Rezept gefunden, das ich mir vorher zurechtgelegt und in allen Details in meinem roten Büchlein festgehalten hatte. Im Augenblick der Tat bin ich blitzartig in die Rolle des Henkers geschlüpft, der die Axt auf das Objekt niedersausen lässt, weil er es tun muss. Weil es sein Beruf ist. Weil man es ihm so aufgetragen hat.

Im ersten Fall war es einfach, weil mich das Objekt nicht bemerkt hatte. Dem zweiten Objekt hatte ich zwar den Mund verklebt, bevor das Winseln und Betteln losgehen hätte können, aber ich habe trotz der Dunkelheit seine Augen gesehen und es mit einem Körper zu tun gehabt, der sich, wenn auch nur für kurze Zeit, gedreht und gewunden hat. Das hat die Aufgabe etwas schwieriger gemacht, aber ich habe auch diesen Test plangemäß bestanden. Keine Emotionen. Wenn man sich wirklich darauf konzentriert, dann klappt es auch.

Ich weiß zwar, dass ich vielen rechtschaffenen Menschen mit der Entfernung der ersten beiden Objekte genützt habe, aber ich kann mir das Triumphgefühl, das ich deshalb vielleicht empfinden könnte, noch nicht leisten. Ich habe bisher lediglich zwei Jobs erledigt, beide verdammt gut. Etwas Stolz ist alles, was ich mir genehmige. Weil die Entfernung der Objekte der simpelste Teil des großen Planes ist. Ich habe ein Bild gemalt, das ein Monster namens Martin Hanser zeigt, und es in kleine Puzzlesteine zerlegt, die ich ihnen jetzt Stück für Stück vorlege. Keiner der ach so großen Schlaumeier im Paulustor und in der Redaktion der *Guten* wird am Ende wissen, wer der Künstler war.

Natürlich bin ich ein empfindender Mensch. Das muss ich auch sein, das ist der Sinn des ganzen Planes. Ich bin jetzt endlich in der Lage, allen meinen Fähigkeiten freien Lauf zu lassen. Wie oft habe ich früher, wie so viele andere, gedacht, dieses

Schwein würde ich gerne umbringen, und es dann, wie fast alle anderen, beim Gedanken belassen. Nicht nur das, ich hatte eine Realisierung schlichtweg für unmöglich gehalten und mich im Gehorsamswinkel ihrer Welt geduckt. Brav und bieder, wie man eben so zu sein hat, als Mitglied dieser Gesellschaft.

Deshalb können die Hansers, die Klausbergers und die Thermen-Leos dieser Welt auch ihre Menschenspielchen mit uns spielen. Wie in einem Puppentheater. Sie ziehen am Schnürchen und der zum dümmelnden Gehorsamsroboter degenerierte Pöbel tanzt. Und er merkt bis zu seinem Begräbnis nicht, dass er nie in der Lage war, sein eigenes Leben zu leben. Es ist gut, dass die meisten dumm und ahnungslos sterben. Es würde ein Gemetzel geben, wenn es mehrere wären, die die Wahrheit so wie ich sehen können. Die Konsequenz daraus würde die Erkenntnis sein, zu der ich gekommen bin: Dass es das höchste Ziel jedes denkenden Menschen sein muss, seine Peiniger zu vernichten, um selbst endlich frei sein zu können.

Angesichts dessen, was ich durch solche Typen in meinem Leben erlitten habe, ist es nur legitim, dass ich jetzt auch ein gewisses Lustempfinden genießen darf. Dieses besteht natürlich hauptsächlich darin, den Hauptverursacher leiden zu sehen. Zuallererst physisch. Die Sache mit dem Daumen war von Anfang an eingeplant. Damit habe ich ihn mit einem Schnitt zum Krüppel gemacht. Ich bin zwar kein wirklicher Hüne, aber wohl stark genug, um auch mit einem gesunden Hanser fertig zu werden, aber man kann nie wissen. Angst kann auch einem Zwerg Riesenkräfte verleihen. Okay, es war nicht nur das Sicherheitsdenken, weshalb ich es getan habe. Ich wollte auch das erleben, woran ich jahrelang nur gedacht hatte – er sollte leiden.

Es hat mir Spaß gemacht. Richtiges Vergnügen. Ich hätte mir das zuvor nie in dieser Intensität vorstellen können. Dein menschliches Eigentum stirbt nicht, es darf mit einem kleinen Handicap weiterleben, aber es leidet. Der Schmerz schießt ihm wie ein Feuerschwert ins Hirn. Huch, das klingt ja fast poetisch.

Aber so ähnlich wird er wohl sein, sein Schmerz. Und dann die Demütigung. Der große Hanser verwandelt sich langsam in einen schleimigen Wurm. Weil du es willst. Weil es deine Art von Gerechtigkeit ist.

Er weiß nicht, dass ich ihn am Monitor beobachte, vielleicht weiß er es doch, hat aber erkannt, dass ihm dieses Wissen nichts nützt. Es ist zwar die Intelligenz, die den Menschen vom Tier unterscheidet, wenn man den Menschen aber im Käfig hält, dann muss mit zunehmender Erkenntnis der Hilflosigkeit auch die aktive Intelligenz abnehmen. Das heißt, dass der Wille, sich aus eigener Kraft zu befreien, schrumpfen müsste, wenn man erkannt hat, dass alle Versuche in diese Richtung Kraftverschwendung sind.

Ich habe bisher noch nie einen Menschen als Haustier gehalten. Ich habe überhaupt noch nie ein Haustier gehabt. Weder Hund noch Katz. Auch hier handelt es sich um eine neue Erfahrung. Zähmen ist für den zu Zähmenden eine demütigende Erfahrung. Ich habe Hanser auch deshalb eingesperrt, weil ich ihn mir halten will. Er muss spüren, was es heißt, ein Nichts zu sein. Ein Ball, auf den man eintreten kann, wenn man damit Spaß haben will. Eine Puppe, die man gegen die Wand knallen kann, wenn einem danach ist. Er selbst hat all das jahrelang mit anderen getan. Mit mir. Er hat mich gegen die Wand geknallt, ohne mich und meine Gefühle zu kennen. Ich war für ihn ein Thema, nicht mehr. Nur Kolumnenstoff. Jetzt gehört er mir, und ich kann mit ihm tun, was ich will. Natürlich will ich seinen Willen brechen, ich will aber auch, dass sein Geist klar genug bleibt, um zu verstehen, dass es für ihn von nun an, dort draußen, kein Leben mehr gibt. Vom Medienstar zum Serienmörder. Eine herrliche Schlagzeile.

Ich habe ihm den Wodka geschenkt, weil ich gehofft hatte, die Metamorphose vom Kämpfer zum Dulder damit zu beschleunigen, und auch dieser Plan ist voll aufgegangen. Ich gebe zu, dass es mir wesentlich leichter fällt, einen lallenden Süffel zu verachten, als einen leidenden Intellektuellen. Jetzt trinkt er schon wieder. Ein halbvolles Glas in einem Zug. Bald wird eine Flasche pro Tag nicht mehr reichen. Ich muss die Dosis herabsetzen, um zu den hellen Momenten zu kommen, die ich von ihm brauche.

Ein kleiner, weißhaariger Wicht. Dicke Augenbrauen, spitze Nase, altmodische Rundbrille. Die kleinen grauen Augen haben nichts mehr von der Präpotenz, mit der der große Hanser bisher auf den Pöbel herabgeblickt hat. Sie sind milchig geworden und sie starren ins Leere. Die Hände mit den ungepflegten, gelblichen Nägeln und den langen Fingern, die von runzeliger, beinahe durchsichtiger heller Haut überzogen sind, umklammern noch immer die Wodkaflasche, obwohl sie schon längst leergesoffen ist. Er geht rastlos auf und ab. Wahrscheinlich denkt er nach, was es war, das ihn hierher gebracht hat. Was habe ich wann über wen geschrieben? Wer von meinen vielen Opfern ist er? Er weiß es nicht, und ich werde ihn weiterhin im Unklaren lassen. Weil ich weiß, dass ihn das Unwissen quält.

Oben, am Paulustor, müsste der Name Hanser mittlerweile rot blinken. Selbst wenn die DNS-Ergebnisse noch nicht da sein sollten. Die Spur ist so klar, dass sie auch der Leimböck gesehen haben muss. Er müsste mir eigentlich dankbar sein, schließlich liefere ich ihm seinen größten Fall. Starjournalist als irrer Serienmörder. Welcher kleine Provinz-Kriminalist kriegt das schon? Und noch dazu auf dem Silbertablett serviert. Du wirst berühmt, Schleimi, endlich. Dabei ahnst du gar nicht, wie genau ich dich und deine Art zu arbeiten kenne. Ich habe genügend Zeit gehabt, sie zu studieren. Das Japanermesser war nur für dich. Schlüsse, Querverbindungen, das Tokio, das sind Leimböck-Kombinationen. Erfolgserlebnisse für dich, den Tomaten-Heini. Ich werde dir noch viele liefern und dich damit glücklich machen. Aber am Ende wirst du doch wieder nichts anderes sein als der Schmalspur-Kriminalist, der du immer schon warst.

*

Schloss Eggenberg. Endstation Landesrat.

„Ich bringe Sie nach hinten, Herr Oberstleutnant." Ein junger Streifenbeamter nahm mich in Empfang. Er war dazu abgestellt worden, mich vom Parkplatz am Seiteneingang des Schlosses vorbei zum Tatort zu bringen. „Es ist ganz hinten im Eck des Parks", sagte er, „dort, wo früher die Römersteine waren."

Es hatte aufgehört zu regnen, und doch hatte der Tag nichts an drückender Feuchte eingebüßt. Dicke Schleier machten sich in dräuender Schwere breit, allumfassend, und das Nass schien sich aus der dichten Luft in kleine Gefäße schöpfen zu lassen. Die Parklandschaft war mit machtvollen Baumriesen bestanden. Verwaschene, stämmige Konturen, die Reih um Reih hervordrängten, jede einzeln, ganz für sich, und, wie es schien, darauf bedacht, erst ins schummrigdüstere Licht zu treten, wenn die vordere wieder im grauen Nichts entschwunden war. Wie im Theater oder in der Oper, dachte ich, wo jeder für sich der Star des Abends ist und nicht in den abebbenden Schlussapplaus des Vordermannes oder -frau, man weiß ja nie, geraten will, und schon gar nicht in den aufbrausenden Jubel für den Nachfolgenden, der das Ende des eigenen Auftrittes überlagert, wo doch gerade das Ende den Anfang allen Erinnerns ausmacht, dachte ich. Alles schien verschwommen in der wassergeschwängerten Undurchdringlichkeit der Luft zu einer einzigen Stille, wie im türkischen Dampfbad, nur eben ohne Türken und ohne hitzigen Dampf. Selbst der Kiesel hatte seinen vertrauten Klang verloren, als er unter den Tritten unserer Fußsohlen nachgab und leise ächzend zur Seite sprang.

„Wir müssten gleich da sein", hob der junge Beamte neben mir mit gesenkter Stimme an. Dann hörte ich nur noch einen spitzen Schrei, der, wenn nicht vom Nebel gedämpft, noch viel spitzer ausgefallen wäre. Eine Silhouette pflanzte sich vor uns auf und in den Weg und bildete ein halbkreisförmiges Etwas, über und über durchsetzt mit kleinen, matt schillernden, blassblauen Punkten, ihrerseits eingelagert in Kreise aus ebenso blassem Grün. Eine Mauer aus tausend trüben Augen, die sich vor zwei ungebetenen Besuchern jählings aus dem Boden auftat und ihnen forschend entgegenstellte.

„Nur ein Pfau." Mein Begleiter lachte auf. Er hatte den Schrecken, der mich erfasst hatte, augenblicklich bemerkt. „Der ist harmlos. Das machen die immer in der Regenzeit, also das Radschlagen und so. Ein Männchen auf der Balz."

„Und ich bin die Henne, oder was?", murmelte ich.

„Wussten Sie übrigens, Herr Oberstleutnant", fuhr er ungefragt fort, „dass Pfauen besonders gerne vor Gewittern schreien? Und dass sie in ihrer Heimat sehr beliebt sind?"

„In wessen Heimat?"

„Na, in ihrer."

„In meiner?" Jetzt werd ich dich auf Probe stellen, dachte ich, genau wie den Hubmann gestern Abend, als er mir die Zeitungen gebracht hat.

„Nein, ich meine, also, äh, in Indien. Sie leben oft in der Nähe von Menschen und warnen durch ihre schrillen Schreie vor Tigern und anderen und so. Und sie fressen besonders gerne kleine Kobras."

„Natürlich", sagte ich, dachte aber: Natürlich nicht, du kleiner Klugscheißer, woher hätte ich denn. Du kannst dich gleich zum Kurz dazustellen mit deiner Bildung.

„Fressen die auch kleine Stinktiere", fragte ich.

„Kleine Stinktiere? Also, ich war einmal bei einer Schlossführung dabei, da haben sie das von den Pfauen erzählt und so, die gibt es hier ja zu Dutzenden, aber von Stinktieren war nicht die Rede, soweit ich weiß." Der Streifenpolizist wirkte sichtlich verunsichert.

Jetzt gehörst du mir, dachte ich. „Würden Pfauen kleine Kobras und kleine Stinktiere fressen, dann ginge es gleich in einem Aufwaschen, und alles wäre gut", fuhr ich fort, dann müsste ich den Stocker und den Kurzen in Gedanken nicht gegeneinander zweierschnapsen lassen, dachte ich weiter. Groß Pfau verspeist

Klein Kobra und Klein Stinktier, und Generationen von Zeitungslesern und Kripobeamten sind erlöst. Da wird der Pfau zum Heiland, und alle Welt kann sich überdies ein echtes Bild von ihm machen.

Den Rest des Weges schwiegen wir, bis zwischen periodisch auf- und abtauchenden Baumriesen schmächtige Schatten hervortraten, die sich in ihrer Emsigkeit und Umtriebigkeit wie loses Mottengewirr ausmachten. Eilig aufgestellte Scheinwerfer suchten die trübe, diffuse Düsternis zu durchdringen, Blitzlichter spritzten auf, so auch jene der beiden Vögel, die es wieder einmal vor mir geschafft hatten. Und inmitten allen Gewirrs und im Epizentrum des Sperrkreises, mit rotweißem Plastikband zwischen den umstehenden Bäumen gezogen, fand sich der Hauptdarsteller dieser schaurigen Inszenierung, der als einziger beharrlich stillhielt und aus erhöhter Position auf die anderen hinabschwieg. Er hing gut drei Meter vom Stamm einer uralten Eiche entfernt an einem mächtigen, exakt waagrecht verlaufenden Ast. Ein gewachsener Galgen, wie ihn die Natur nicht perfekter hätte formen können. Nun machte ich auch Michelin aus. Er hatte mir den Rücken zugewandt, stand in weißer Schutzkleidung auf der zweiten Sprosse einer Stehleiter, die zwischen Stamm und Leiche gelehnt war, und wuchtete sich soeben auf die dritte und auf Augenhöhe mit dem Landesrat.

„Warum hängt der immer noch da herum, Willi?" Fauler wandte sich abrupt um, als er meine Stimme hörte. Seine Bewegung versetzte den Ast in Schwingungen, die sich wellenförmig auf den Körper des Toten übertrugen. Der gemeuchelte Moser schien mit einem Mal wieder belebt und tänzelte leichtfüßig durch die Luft. Jetzt ist es einmal umgekehrt, dachte ich, jetzt hat einer von uns die Fäden in der Hand, und der Drahtzieher ist die hüpfende Marionette.

Fauler war mein besorgter Blick nicht verborgen geblieben. „Keine Angst, Ferri. Der Ast hält auch mich noch aus."

Ich insistierte. „Warum, Willi?"

„Das scheiß verdammte Laub", raunte er herab. „Und der Regen. Seit gestern Abend hat es wie aus Kübeln gegossen. Das da unten kannst du vergessen. Rein spurentechnisch, meine ich. Und deshalb muss ich sehen, was ich da heroben kriegen kann. Dem da machen ein paar Minuten länger auch nix mehr aus."

Willi wandte sich wieder dem toten Landesrat zu. „Sieh dir das an, Ferri", fuhr er fort und ließ den gleißenden Strahl seiner Lampe auf das Antlitz des Toten fallen, so schlohweiß wie sein Haar auch. „So eine Sauerei." Ein eisiger Blitz durchfuhr mich, als mein Blick einer dunklen Blutspur folgte, die seitlich von Hals, Kinn und Wange über das Ende eines über dem Mund fixierten Klebestreifens bis unter das rechte Lid des Toten emporführte und unter einem Blatt Papier mündete, das die obere Gesichtshälfte bedeckte und in dessen Mitte ein silberfarbenes Etwas steckte. „Als hätte ihm einer ein Brett vor den Kopf genagelt", schnaufte Michelin. „Nur dass das Brett ein Stück Papier ist und der Nagel ein Kugelschreiber. Mitten ins Auge, Ferri. So eine Sauerei. Und ich trau mich wetten, noch bevor er aufgeknüpft worden ist."

Ich glaubte aus der Entfernung einen dünnen Schriftzug auf dem Blatt auszumachen. „Steht da was drauf?"

„Ja. Monster. In Versalien. Fragt sich nur, wer damit gemeint ist."

„Monster?" Das ist doch pervers, dachte ich. „Ist das die Art von Symbolik, derer sich ein mordender Journalist bedient?"

Willi wusste, worauf ich hinauswollte. „Jedes Genre hat seine Eigenheiten, Ferri. Und jede soziale Schicht. Und jede Volksgruppe. Oder fast jede. Das ist wie damals, weißt du noch, als ein alter Türke in Wien seine Tochter dem Sohn einer befreundeten Großfamilie versprochen hat?"

„Ja, ja, ich weiß schon", sagte ich. Aber das Mädchen hat sich geweigert und ist abgehauen, dachte ich, und dann haben die ganze Schande und der ganze Zorn mit ganzer Wucht den Herrn Papa getroffen.

„Die haben ihn abgestochen wie ein Schwein", sagte Michelin.

Obwohl der Türke, also der moslemische Türke, hat unser Kripochef, der Feichtlbauer, damals gesagt, dachte ich, als wir den Fall diskutiert haben, das Schwein ja nicht absticht, aber einen Vater, der das Eheversprechen nicht einhält, wenn es sein muss, sehr wohl. „Und der letzte Stich ging mitten in den Arsch hinein, als Demütigung für ihn und seine Familie."

„Genau."

„Seit wann hängt er da, Willi?"

„Weiß nicht, aber mit Sicherheit schon einige Zeit. Wahrscheinlich die ganze Nacht über. Die Totenstarre hat voll eingesetzt. Das passiert erst nach sechs bis neun Stunden, je nach Temperatur. Außerdem hat er einen Anzug für den Abend an."

Natürlich. Moser trug einen dunkelblauen Zweireiher, einen Blazer mit Goldknöpfen, dazu schwarze Lackschuhe. „Was glaubst du, hat er ihn raufgezogen oder war alles so vorbereitet, dass er ihn ins Seil hat fallen lassen?"

„Da hat einer auf Scharfrichter gemacht. Ganz wie früher, wo sie durch die Falltüren gestürzt sind. Der Knoten ist ein perfektes Modell der Marke Henker, wie aus dem Lehrbuch und exakt an der richtigen Stelle im Nacken platziert. Wird heute eigentlich nur noch von fachkundigen Selbstmördern verwendet. Und das Seil ist am Baumstamm fixiert mit einem klassischen Slipstek."

„Ein Slipstek? Ich kenn nur Slapstick."

„Ein Seemannsknoten, Ferri. Du weißt doch, wir haben von den Schwiegereltern ein kleines Boot bekommen. Und da muss ja auch einer damit fahren. Auf Zug bekneift sich der Slipstek selber, das heißt, er zieht sich zusammen. Ist das Seil erst einmal unter Belastung, kriegst du den Knoten alleine nicht mehr hin." Michelin hielt kurz inne. „Also muss die Henkersfalle vorbereitet gewesen sein. Außer sie waren zu zweit und einer hat ihn an den Beinen gehalten, während der andere das Seil fixiert hat.

Wenn dem so ist, müssten wir im Labor irgendwelche Fremdfasern an seiner Hose finden." Fauler rieb mit Daumen und Zeigefinger seinen Schnauzbart. „Ich hab mir das Seil schon genauer angesehen, dort, wo es über den Ast läuft. Das ist rundherum wie fabrikneu, schaut aus wie Massenware. Hätte man ihn raufgezogen, müssten Abriebstellen in der Faserung zu sehen sein. Und abgeschabte Rindenstücke. Auf den ersten Blick betrachtet kann ich nur sagen: Da ist nix. Daher bleib ich dabei: Das war bestens vorbereitet. Und es kann auch einer allein gewesen sein." Fauler hielt inne, legte die Stirn in Runzeln und stieg behutsam die Sprossen herab, um den Landesrat nicht noch einmal zum Tanz zu bitten. „Gut, dass du gefragt hast, Ferri. Fast wäre ich nachlässig geworden."

„Du und nachlässig?"

„Ja. Wie soll er denn raufgekommen sein, wenn er nicht raufgezogen worden ist? Fliegend? Die Arme hinterm Rücken mit Kabelbinder verschnürt? Und die Beine ebenso?" Fauler ging in die Knie, schnaufte kräftig und begann, das Laub unter der Leiche wegzuschichten.

„Wonach suchst du, Willi?"

„Nach Abdrücken. Irgendwo muss er oben gestanden haben. Da, schau!" Blatt für Blatt legte Fauler den Waldboden frei, bis drei kleine, ins Erdreich gepresste und in einem Dreieck angeordnete Quadrate zum Vorschein kamen.

„Sieht aus wie von einem zusammenklappbaren Sessel, so einer, wie ihn Regisseure im Film verwenden", sagte ich.

„Vermutlich", entgegnete Willi. „Die sind klein und handlich und passen unter jede Jacke. Jetzt im Herbst überhaupt, da fällt das gar nicht auf. Und das Seil ist auch nicht allzu dick. Das lässt sich bequem transportieren."

Ein Schatten löste sich aus der Nebelwand und steuerte auf mich zu.

„Kurt?"

Kurz knurrte missmutig, blieb neben mir stehen, trat fröstelnd auf der Stelle und schlug sich die Arme in monotoner Abfolge um die Brust.

„Wer hat ihn gefunden", fragte ich.

„Der da drüben mit dem Dackel." Er machte eine kurze, präzise Handbewegung zu einem großen dicken Umriss in einigen Metern Entfernung, an dessen unterem Ende ein kleinerer, aber nicht minder dicker Umriss kauerte.

„Es sind immer die mit den Hunden", sagte ich.

„Schade, das mit dem Nebel", erwiderte Kurz. „Sonst hätte er trotz schlechter Aussichten, was seine Lebensplanung betrifft, doch noch eine gute Aussicht gehabt, so ganz zum Schluss."

„Sag's noch einmal, ein bisschen lauter, Kurt", zischte ich ihm entgegen. „Dann können's die zwei Vögel für ihre noch schlafenden Redakteure notieren. Als Zitat vom stellvertretenden Leiter der Mordgruppe. Das wirkt immer." Kurz funkelte mich durch seine Marmeladebodengläser aus großen, starren Augen an. Da ist er wieder, dein Nimm-dich-in-Acht-Ferri-Blick, dachte ich, dieser Wer-im-Glashaus-sitzt-Blick. „Zwei ermordete Politiker innerhalb eines Tages. Du weißt, was das zu bedeuten hat, Kurt?"

Kurz nickte. „Sonderkommission und BKA."

„Richtig", sagte ich. „Und die vom Bundeskriminalamt werden, wie uns die Erfahrung lehrt, sich gar nicht erst schlau, sondern gleich unheimlich wichtig machen. Und dazu werden uns die Medien vor sich herprügeln und vorführen wie einen russischen Tanzbären, verstehst du? Das heißt, wir sollten die Angelegenheit vom Tisch haben, noch ehe die Wichtigtuer aus Wien aufkreuzen. Also, wie schaut's aus mit dem Hanser? Wo steckt er? Was war bei seinem Haus?"

„Er war nicht da. Aber das war ja fast zu erwarten." In seiner Stimme glaubte ich eine Mischung aus Spott und Genugtuung zu erkennen. „Wir haben ein paar DNS-Vergleichs-Proben genommen. Derzeit stellen die Kollegen alles auf den Kopf und suchen nach Hinweisen. Und auf seinem Computer."

„Dann sollen sie gleich darauf achten, ob sie Fachliteratur über Knotentechnik finden. Oder wer weiß, vielleicht war der Hanser bei den Pfadfindern oder hat den Segelschein gemacht. Und sie sollen seine Links im Internet ansehen, womöglich hat er sich von dort irgendwelche Informationen besorgt."

Kurz machte sich ein paar Notizen und legte die Stirn demonstrativ in Falten. „Was du noch nicht wissen kannst, Kurt", fuhr ich fort, „ist, dass in der morgigen Ausgabe der *Guten* wieder eine Kolumne vom Hanser erscheint. Und nun rate, auf wen er sich darin eingeschossen hat?"

„Doch nicht ...?" Kurz stockte und seine riesigen Augen wanderten rastlos zwischen dem baumelnden Landesrat und mir hin und her.

„Gut kombiniert, Herr Kollege. Glaubst du immer noch an Zufälle, so wie der Kurze?"

Kurz senkte den Kopf und schien mit einem Mal wie versteinert. Nach einer endlosen Pause begann er hölzern in seinem Notizblock zu blättern, verweilte geraume Zeit in den Aufzeichnungen einer Seite, warf einen Blick auf den toten Landesrat, der vielmehr ein Blick ins Leere zu sein schien, blätterte mechanisch weiter und verweilte neuerlich. „Wenn es wirklich der Hanser war", hob er endlich und sehr zögerlich an, gerade so, als hätte das Räderwerk einer alten Turmuhr nach jahrelangem Stillstand sich mit sanftem Ruck in Gang gesetzt, „dann muss er einen Komplizen haben."

Kurz' Schlussfolgerung überraschte mich. Von der Sache mit dem Briefkasten konnte er ja noch nicht wissen. „Wie kommst du darauf, Kurt?"

„Sein Wagen steht vor der Haustür. Aber das allein ist es nicht, er könnte auch ein Auto gestohlen haben, um damit zu den Tatorten zu gelangen und uns so die Fahndung zu erschweren. Ein Auto, das man immer wieder braucht, ist schwer zu verstecken. Vor allem, wenn es das eigene ist und man davon ausgehen muss, dass danach gesucht wird. Und mit dem Taxi wird er sich wohl kaum chauffieren lassen, wenn er auf Tour geht."

„Ein Bürohengst, der plötzlich beginnt, Sushimesser und Autos zu stehlen, Experte in Sachen Knotentechnik ist und frühmorgens oder nachts Politikern auflauert, um sie abzustechen und aufzuknüpfen? Und das ganz allein und ohne fremde Hilfe? Ist das nicht absurd?" Stillhofer hatte sich unbemerkt zu uns gesellt. Die nasse Luft verlieh seinem roten Backenflaum einen mattseidigen Schimmer.

„Eben", nahm Kurz den Faden wieder auf. „Und dazu kommt, was mir seine Nachbarin erzählt hat. Eine behinderte Frau. Gehbehindert wohlgemerkt. Denn im Geist ist die so was von rege, kaum zu glauben."

Jetzt kommen wieder deine schwadronierenden Anfälle, dachte ich, dein endloses Geschwafel weit abseits allen Wesentlichen, und doch hast du mich in Erstaunen versetzt mit deiner Kombinationsgabe, mein lieber Kurt, wie du so rasch auf die Sache mit dem Komplizen gekommen bist, das tät ich dir am liebsten sagen, wärest du nicht der Kurz, dachte ich weiter, der ebendies in einen bodenlosen Triumph über mich umzumünzen versuchte. „Dann gibt es also schon vier Intelligente in dieser Stadt", wandte ich stattdessen ein.

Kurz ignorierte den Einwurf großmännisch. „Ihr Haus und jenes vom Hanser sind angrenzende Doppelhaushälften. Das Wohnzimmer geht zur Straße hinaus. Dort sitzt sie jeden Abend im Rollstuhl und sieht fern. So auch am Freitag."

„Dem Tag, an dem Martin Hanser verschwunden ist", wandte ich ein.

„Sie sagt, dass zwischen Wetterbericht und Seitenblicke binnen weniger Minuten zwei Autos vorgefahren sind, und nur eines wieder weg. Das muss also kurz vor acht gewesen sein."

„Also bitte, Kurt, wer merkt sich schon, wann vor zwei Tagen wo wie viele Autos dahergekommen sind?"

„Sie." Kurz sprach mit aufsässiger Beharrlichkeit. „Sie sitzt den halben Tag vorm Fernseher. Da beginnst du automatisch auf alles zu achten, was sich außerhalb des Gewohnten abspielt, glaubst du nicht?"

„Mag sein." Ich zog die Wangen hoch zu einer immer noch zweifelnden Miene.

„Jedenfalls", setzte Kurz fort, „kam der erste Wagen zu Beginn des Werbeblocks. Aus Fahrtrichtung Stadt. Und er hat nach vorne eingeparkt, sagt sie. Fast genau vor ihrem Haus. Weil die Scheinwerfer des Wagens durch ihr Fenster bis zur Raummitte gestrichen sind, genau dort, wo unterhalb der Fernseher steht, und dann wieder zum Fenster hinaus sind. Sie weiß das, weil sie immer im Dunkeln fernsieht. Bemerkenswert, diese Frau. Und sie hat sich gedacht: Wer kommt denn jetzt zu mir? Weil sie um diese Zeit noch nie Besuch bekommen hat, sagt sie. Da ist weit und breit nix, keine Nachbarn vis-a-vis, und auch sonst nix. Und am Ende der Werbung ist der Hanser gekommen."

„Woher ...?"

„Weil die Scheinwerfer seines Wagens über den Fernseher hinweg sind bis in den Herrgottswinkel im hintersten Eck ihres Wohnzimmers", fuhr Kurz dazwischen. „Er muss ja im rechten Winkel abbiegen, wenn er von der Straße nach links in die Einfahrt fährt, verstehst du? Und er ist wie immer über die Schwelle hinaufgerumpelt und hat mit quietschenden Reifen vor der Garage Halt gemacht."

„Quietschende Reifen?", unterbrach ich ihn. Jetzt hab ich dich und deine Zeugin, dachte ich. „Heute hat doch schon jedes Spuckerl ABS."

„Es ist ein Mercedes hundertachtzig. Baujahr dreiundfünfzig, der mit dem Faltdach. Noch dazu ein Benziner. Du weißt doch, Ferri, ich und alte Autos. Eigentlich ist der Hundertachtziger eine Fehlkonstruktion, deshalb haben sie die Produktion bald wieder eingestellt. Soweit ich weiß, gibt es davon in Österreich nur noch zwei oder drei Stück. Du müsstest sehen, wie gepflegt der ist, Ferri, eine Rarität, ein Gustostückerl."

„Das erklärt natürlich, warum er ihn ..."

„Natürlich.", ging Kurz dazwischen. „Damit würde ich auch

nicht auf Tour gehen. Jedenfalls hat sie noch gedacht, der ist schon wieder besoffen, hat sie gesagt, so wie jeden Abend, wenn er um diese Zeit heimkommt. Und sie hat sich maßlos geärgert, dass er diesmal noch länger als sonst gebraucht hat, das Garagentor hochzuziehen, und dass der Wagen mit laufendem Motor dagestanden hat, weil er, wie sie sagt, sich immer noch kein elektrisches Tor geleistet hat, der knauserige Kerl."

„Und?"

„Dann ist er rein in die Garage, hat das Tor zugemacht und ist in den anderen Wagen gestiegen und weggefahren." Kurz machte blitzschnell eine abwehrende Geste, als er sah, wie sich mein Mund öffnete. „Ich erkläre dir gleich, warum, Ferri. Sie hatte das Fenster wie immer gekippt, weil Frischluftfanatikerin, und so hört sie nicht nur Motorengeräusche, sondern auch Autotüren, die aufgemacht und zugeschlagen werden. Beim ersten Wagen steigt jemand aus. Da ist die Türe auf und zugegangen, sagt sie. Sie hat ja gedacht, da kommt wer zu ihr. Aber da war nix. Nur Stille." Ich glaubte ein leises Plätschern zu hören, Kurz badete geradezu in seinen Ausführungen. „Danach kommt der Hanser, lässt wie immer den Motor laufen, dabei hört sie in relativ kurzem Abstand zwei Türen zuschlagen, dann fährt der Hanser seine Kiste in die Garage, Garagentor zu, nochmals Türschlagen, Motor an und Abfahrt. Die gute Frau führt Buch über den Hanser, musst du wissen, ein nachbarschaftlicher Kleinkrieg erster Güteklasse, den die beiden ausfechten."

„Du meinst also, Hanser wurde erwartet?"

„Danach sieht es aus. Vermutlich von seinem Komplizen. Während der Hanser den Wagen geparkt hat, ist die andere Person bereits eingestiegen. Dann ist Martin Hanser zugestiegen, und sie sind gemeinsam weggefahren."

„Klingt plausibel", sagte ich. „Hat sie vielleicht auch noch beim Fenster rausgeschaut und das zweite Auto gesehen?" Oder gar am Motorengeräusch erkannt, dachte ich, weil sie für „Wetten, dass" trainiert?

„Das habe ich sie auch gefragt. Sie hat gesagt: Junger Mann, was denken Sie von mir, glauben Sie etwa, ich spioniere meinen Nachbarn nach?"

„Was wissen wir von ihm?" Ich machte eine Kopfbewegung hin zum Landesrat.

„Bisher nicht viel", wandte Stillhofer ein. „Gestern war im Schloss eine kroatische Wirtschaftsdelegation zu Gast. Da war der Moser dabei. Und abgegangen sein dürfte er bis heute Mittag auch noch keinem. Sagen zumindest die Kollegen aus der Funkleitstelle. Angerufen hat jedenfalls niemand."

„Eigenartig", murmelte Kurz.

„Ja", sagte ich. „Versucht das zu klären. Und findet heraus, wer ihn wann wo zuletzt gesehen hat. Einer soll zur Witwe Moser fahren, sofern es eine gibt. Wir treffen uns in zwei Stunden im Paulustor." Und ich, dachte ich, werde unseren lieben Professor Sargo darauf vorbereiten, dass sein Wochenende endgültig im Arsch ist. An einem Sonntag um, wie spät ist es jetzt, halb zwei, da denkt der gute Raul ohnedies schon an seine Patienten vom nächsten Tag. Und wenn ich ihm sage, dass es schon wieder einen von denen erwischt hat, das wird ein Glucksen, sage ich, dass der Sargo sogar den Sonntag vergisst.

*

In der Küche, Sonntagmittag

Ich liebe dieses Foto. Ja, Vater, besser hätte dich der Fotograf nicht treffen können. Dr. Ferdinand Hofer, der gefürchtetste Richter am Straflandesgericht in der Conrad-von-Hötzendorf-Straße. Genau so, wie du auf deinem Richterstuhl deine Angeklagten angeblickt hast, hast du auch mich meistens angeblickt. Deine Blicke waren immer strafend. Und ich habe immer ein schlechtes Gewissen gehabt, wenn ich dir in die Augen schauen musste. Rechtschaffen, ja, das ist das Wort. Du warst rechtschaffen, und das wollte auch ich immer sein.

Wahrscheinlich wäre alles anders gekommen, wäre Mutter nicht bei meiner Geburt gestorben. Und ganz sicher wäre ich heute, wie du es immer wolltest, auch ein gut verdienender Jurist, wenn nicht der besoffene Lastwagenfahrer damals in Unterpremstätten dein Auto flachgewalzt hätte. Mir blieb nur das Zweitbeste – die Polizei. Aber du wärst stolz auf mich gewesen, Vater. Ich war ein hervorragender Polizist, und ich wäre auch ein hervorragender Kriminalist gewesen, wenn es nicht menschliche Ratten gegeben hätte, die es verhindert haben. Du darfst auch jetzt stolz auf mich sein, Vater. Was ich tue, hat zwar nichts mit deinen Strafgesetzbüchern zu tun, ich bin aber überzeugt, dass du erkennen würdest, dass es sich auch hier um deine Art von Gerechtigkeit handelt.

Ich sehe dich ganz klar vor mir. Ja, ich rieche dich sogar. Daheim, in der alten Wohnung. Nur du und ich. Du, in der Bibliothek, beim Anzünden des Kaminfeuers, gebückt, mich über die Schulter anschauend. Nicht strafend, anklagend. So, als hätte ich das verhasste Gesetz gemacht. Die Todesstrafe wäre für diese Kreatur noch zu milde gewesen, hast du gesagt, und dann fast unter Schmerzen: Weißt du, was er von den verdammten Geschwornen gekriegt hat? 15 Jahre! Mickrige 15 Jahre!

Meine Angeklagten kriegen mehr, Vater. Nicht eine dieser weichlichen Pseudo-Strafen, die das so genannte Gesetz für das Brechen seiner Regeln vorgesehen hat. Ich habe mir mein eigenes Strafgesetzbuch zurechtgebastelt, Vater. Und auf die eine, die entscheidende Konsequenz wärst du mit Sicherheit ganz besonders stolz: Meine Angeklagten werden garantiert nie mehr rückfällig!

*

„Da Hofa woa's, da Sindnbog, da Hofa, den wos eh kana mog."
Was für ein verrücktes Wochenende, Wolferl, dachte ich. Keine achtundzwanzig Stunden ist es her, dass mich der Feichtlbauer von der Couch geholt und uns getrennt hat. Keine achtundzwanzig Stunden, und zu einem abgestochenen Stadtrat gesellt sich ein aufgeknüpfter Landesrat. Gemeuchelt durch einen Starschreiberling, und der Chefredakteur der größten Tageszeitung im Land Steiermark zieht auch noch Profit daraus, indem er ihn, den Hanser, ungestraft erklären lässt, warum er, der Hanser, tut, was er tut. Da läuft doch was schief, verdammt noch einmal, oder?

Eggenberger Straße.

Was, überlegte ich weiter, beim Taktklopfen mit dem Ring an der Rechten auf dem Holzlenkrad, das du, Rosa, mir, Ferri, geschenkt hast, damit ich – klackidiklack – nicht immer nur an ihn denke, den Ambros Wolferl, hast du gesagt, dachte ich, was also lässt einen, wie den Hanser, zu Messer und Strick greifen und die Kraft seiner Worte beiseite legen, die eine bloße Kraft der *Guten* ist, weil doch Worte niemals zur unüberwindlichen Kraft werden in einem kleinen provinziellen Blatt, in einem großen wie der *Guten* aber sehr wohl und erst recht und ganz unabhängig von der eigentlichen Kraft der Worte überhaupt?

Europaplatz, links in die Grazer Bundesstraße.

Geht das so einfach? Mit Sushimesser und Strick Zustände beseitigen, die sich nicht wegschreiben lassen? Unter den Augen und im Namen der Öffentlichkeit? Einer so genannten Öffentlichkeit, dachte ich, die sich diese Zustände selbst zuzuschreiben hat mit ihren geschlagenen Kreuzchen beim Urnengang und zulässt, dass einer wie der Hanser zur mordenden Galionsfigur aufsteigt, zu ihrem verbrecherischen Wortführer und Sprachrohr, und zwei Politiker, die einem bestenfalls als Menschen Leid tun können, womöglich im Krematorium, man weiß ja nie, zu deren letztem Urnengang schickt? Ja, was heißt denn zulässt? Eine Öffentlichkeit, die all das geradezu fördert, indem sie dem Stocker sein Blättchen mehr denn je aus den Händen reißt und in unstillbarer Gier selbst zur reißerischen Masse wird?

Keplerstraße.

Hanser; Klausberger; Moser; Stocker; vier Namen, jeder für sich ein glitschiger Batzen, verrührt zu einem einzigen, Ekel erregenden Brei, den der vernünftige Mensch heraufwürgen würde, nicht aber die Grazer Kriminalpolizei, die diesen Brockenbrei hinunterwürgt und sich dafür auch noch schlecht bezahlen lässt.

Wickenburggasse.

Ich werd den Hofer zum Hanser umtaufen, nur für mich, dachte ich, jetzt, wo ich ihn doch schon wieder singen muss, zum zweiten Mal in achtundzwanzig Stunden. *"Und da Haufn bewegd se fiere, hin zum Hansa seina Düre."* Das wäre was, durchfuhr es mich, wenn der Mob aufhört, den täglich vorgesetzten Brei willig und unbedacht zu löffeln, stattdessen zum Saulus wird und sich, anfangs unwillig, aber doch bedacht erhebt gegen die Heilige Schrift, wie getrost gesagt werden darf, weil die *Gute*, Herr Oberstleutnant, hat der Hochauer einmal zu mir gesagt, als wir noch per Oberstleutnant waren, die *Gute* ist oft nicht nur auf dem Land die Bibel. Ein Aufstand gegen die *Gute*, angeführt von ihren Ex-Jüngern, die das Hirn eingeschaltet haben und weniger dem Hanser als mehr der Art, wie die neue Art des Hanser in bare Münze geschlagen wird, die Stirn bieten. *"De schrein, de Leid, kumm außa, Meada, aus is hei-eid. Geh, moch auf de Dia, heid is aus mit dia, wäu fia dei Fabrechn muaßd jetsd zoiln."* Und damit meinen sie dann mehr den Stocker als den Hanser, weil der Hanser ja gerade nicht da zu sein scheint, obwohl er ganz und gar präsent ist in dieser Stadt, präsenter denn je, möchte man meinen, und so nehmen sie halt den Stocker an seiner Statt, so wie es die Leute in der Kirche mit dem geschnitzten Herrgott und den Bildern auch tun, dachte ich, und ich spürte, wie mich die Absurdität des

Vergleiches packte, und mit der Absurdität der brennende Reiz einer jeden Absurdität gleich mit dazu. Der Hanser mordet stellvertretend für den Stocker, erst mit Worten und dann so richtig, dass es auch der dümmste Kripobeamte als echtes Morden erkennen muss, und dann steht der Stocker stellvertretend für den Hanser am Pranger, beide vereint in der irdischen Gerechtigkeit. „*Geh, kumm außa do, mia drahn da d'Gurgl o, du host kane Freind, de da d'Schdången hoildn, na na na.*"

Jahngasse.

„*Meichlmeada, Leidschinda, de Jusdids woa heite gschwinda ois wos glaubn, oiso Schdogga, kumman S' raus. Düdl dü düt, düdl dü düt, düdldüdl ans, zwa, drei, fia.*"

Maria-Theresia-Allee.

Wie war das mit dem Postkasten? Wenn der Portier, wie der Hochauer gesagt hat, das Watschengesicht vom Hanser auch im Dunkeln und in einer Kamera auf einen Kilometer gegen den Wind erkennt und er, der Stocker also, den Brief wohl kaum selbst hineingesteckt hat in den Postkastenschlitz, dann, ja dann muss der Hanser einen Komplizen haben, dachte ich. Das macht die Sache auf Dauer einfacher, weil zwei Münder weniger leicht dicht halten als nur einer. Das ist wie mit einem gestückelten Abflussrohr, das auch irgendwann einmal tropft und am allerleichtesten dort, wo der eine Mund und der andere Mund, das eine Rohr und das andere Rohr also, einander kreuzen.

Paulustorgasse acht. Endstation Aegidius Weißengärber.

*

Raul Sargo hatte sehr wohl gewusst, dass Sonntagnachmittag war, und das Glucksen war dann doch eher ein verhaltenes Murren ganz ohne Höhen und Tiefen gewesen, aber immer noch ein Ausbund an akustischer Wohltat gegen das Kreischen, mit dem mich der Kurze in seinem Drohnenbüro im Paulustor empfing.

„Leimböck!"

Ich schwieg.

„Leimböck!"

„Ich kann Sie gut hören, Herr Direktor."

„Dann hören Sie jetzt auch gut zu, Leimböck! Nicht nur, dass ich das BKA am Hals habe und die Landeshauptfrau und die Chefin auch gleich dazu, jawohl, die Frau Minister persönlich, und dazu die anderen hohen Herrschaften, die sich allesamt Sorgen machen, warum bei uns die Politiker sterben wie die Fliegen im Spätherbst und wir, das heißt natürlich Sie, Leimböck, tatenlos zusehen."

„Die schwarze Lie ..."

„HALTEN SIE DIE LUFT AN, LEIMBÖCK!" Seine Worte bebten durch den Raum. „Und sparen Sie sich ihre abschätzigen, respektlosen Vergleiche von wegen schwarzer Liese und blauer Elise. Nur weil der Herr Gemahl der Frau Minister ein spezielles Verhältnis zu Frauen hat, dürfen Sie und Ihresgleichen noch lange nicht in dasselbe Horn stoßen und die Frau Minister auf eine Stufe mit einem Zeichentricknasenbären stellen. IST DAS KLAR, LEIMBÖCK?!" Selbst das gepolsterte Mobiliar vermochte das Echo nicht restlos zu schlucken. „Wir müssen jetzt für jeden der Damen und Herren der steirischen Politik Sonderbewachung abstellen. Wissen Sie, was das bedeutet, Leimböck?" Weißengärber blies sich auf, als wollte er von seinem Schreibtisch aus zu einer Ballonfahrt abheben. „Und jetzt ruft mich auch noch der Chefredakteur Stocker an und beschwert sich maßlos über Sie, Leimböck! Dass Sie ihn überfahren haben in seinem eigenen Büro, und dass Sie GESCHRIEEN HABEN MIT IHM! SO WIE ICH JETZT MIT IHNEN UND VIELLEICHT NOCH MEHR! Und dass Sie die Türe vom Hanser verpickt haben! Und dass Sie gedroht haben, ihn einzusperren, Leimböck! Wissen Sie eigentlich, wer in diesem Land das wirkliche Sagen hat, Leimböck? Wissen Sie das? Glauben Sie, dass solche Aktionen unser Verhältnis zur Presse fördern, Leimböck? Glauben Sie das?"

Wäre der Schaum, den du vorm Mund hast, sichtbar, mein lieber Kurzer, dachte ich, gingest du glatt als Melange durch. Oder als Macchiato, als kleiner Brauner mit Häubchen. „Ich kann mir denken, was Sie meinen, Herr Direktor. Aber ..."

Der Kurze riss den rechten Arm hoch und wischte durch die Luft, als wollte er einen Schwarm herbsttoller Wespen daran hindern, sich am Zuckerwasser seiner Erregung zu laben. „Ein großer Kopf allein genügt nicht, Leimböck. Also überlassen Sie das Denken mir. Je länger Sie dahintümpeln, desto kürzer die Zeit, die Ihnen auf Ihrem Posten verbleibt. Die Sache ist ein Riesenpolitikum, Leimböck, und da gibt es Bauernopfer."

Ich kenne das diabolische Grinsen deiner Standpauken, dachte ich, aber die hier wächst sich schon zum gestandenen Platzkonzert aus, und da fehlt nur noch: Wir brauchen Ergebnisse, Leimböck.

„Wir brauchen Resultate, Leimböck. Resultate. Sehen Sie das?" Weißengärber grunzte verächtlich gegen die von jeglicher Arbeit leer delegierte Glasplatte seines Drohnentisches hin, auf der einzig zwei kleine Streifen bedruckten dünnen Kartons lagen. „Das sind Konzertkarten für heute Abend. Schubert. Ein Geburtstagsgeschenk für die Frau Direktor Weißengärber, die Gattin des Herrn Direktor Weißengärber, zu dem Sie und Ihresgleichen so gerne der Kurze sagen. Dachten Sie, ich wüsste das nicht?"

Was soll ich da schon sagen, dachte ich.

„Sagen Sie nichts", fuhr er fort. „Die Karten kann ich mir sonst wo hinschieben bei dem Terror, der jetzt abläuft. Sehen Sie zu, dass Sie den Mörder mit einem lückenlosen Geständnis herbeischaffen. Ohne Prügel. Um vier ist Pressekonferenz. Eine halbe Stunde zuvor erhalte ich Ihre Vorschläge für die Zusammenstellung einer Sonderkommission. Sie kriegen dreißig Leute, jeweils die besten aus allen Abteilungen. Überstunden spielen keine Rolle. Arbeiten Sie vierundzwanzig Stunden, jeden Tag, und wenn das nicht reicht, nehmen Sie die Nacht auch dazu, Leimböck, verstanden? Und gnade Ihnen Gott und meine Frau, wenn es nicht der Hanser ist."

Tuuuuuut hätte es gemacht, hätte ich den Kurzen am Rohr gehabt. So aber war es nur ein irrer Blick aus zwei braunen Glasmurmeln, der mir das jähe und einseitige Ende des Gespräches vermittelte.

In der Küche, Sonntagnachmittag

Er schläft jetzt wieder. Schluss mit dem Fernsehvergnügen. Zeit, an der nächsten Kolumne zu arbeiten. Bevor ich mich jedoch an den Laptop setze, muss ich den nächsten Plan und alles, was damit verbunden ist, nochmals in allen Details vor mir ausbreiten. Kleinigkeiten könnten später zu großen Hürden wachsen, und Kleinigkeiten erkennt man nur, wenn man sie sichtbar macht. Ich denke daran, immer wieder. Alles steht in meinem Büchlein, aber jedes Mal, wenn ich es studiere, fallen mir Ergänzungen ein, und ich füge neue Kleinigkeiten hinzu.

Schleimböck, du wirst Augen machen, wenn du vor dem dritten Opfer stehst. Nicht, weil es ein solches gibt. Du bist natürlich schlau genug, um zu wissen, dass einer, der zweimal perfekt gemordet hat, weiter morden wird. Du weißt, dass es ein drittes und, wenn du den Täter nicht bald fassen kannst, wohl auch ein viertes und weitere Opfer geben wird. Serienmörder nennt man so einen.

Schleimböck denkt: Dieser Serienmörder hat sich ganz offensichtlich auf Politiker eingeschossen. Ein gutes Wort, eingeschossen, obwohl bis jetzt ja noch kein Schuss gefallen ist. Und auch beim nächsten Mal nicht fallen wird. Graz war zwar bis jetzt mit Serienmördern nicht sehr gesegnet – auch ein gutes Wort, gesegnet – meines Wissens nach hat es zu meinen Lebzeiten hier keinen gegeben, aber du liest ja viel, Schleimi, bildest dich weiter, studierst und sezierst auch internationale Fälle. Weil du immer schon ein Streber warst. Dein Wissen und die Vergleiche mit ähnlichen Tätern werden dir sagen, dass es sehr wahrscheinlich ist, dass es sich bei einem möglichen dritten Opfer ebenfalls um einen Politiker oder eine Politikerin handeln müsste.

Siehst du, deshalb hat sich dein Mordkolumnist einen Lehrer ausgesucht.

Verdammt blöd, nicht wahr Schleimi? Vielleicht beginnst du morgen schon zu ahnen, dass dieser Serienmörder nichts mit deinem Schulbuchwissen zu tun hat und dass dein größter Fall zu deinem größten Fiasko wird. Ein braver Blumenfreund, wie du, wird aber weiter gießen und umgraben, auch wenn die Pflanze immer dürrer und jämmerlicher wird. Es wird keine Erntezeit geben, Herr Eipeldauer, das verspreche ich Ihnen.

Später wirst du erkennen, dass es neben jener der Politiker mehrere andere Berufsgruppen gibt, auf die der Starkolumnist Martin Hanser seine Giftpfeile abgeschossen hat. Eine davon waren die Lehrer. Angesichts des dritten Opfers und beim Wühlen in der Vergangenheit des Hauptverdächtigen wirst du auch bald, aber natürlich viel zu spät, den Zusammenhang verstehen. Professor Doktor Lorenz Geier ist dafür verantwortlich, dass der große Journalist als Mittelschüler zwei Klassen wiederholen musste, weil ihn Geier sowohl in der Sechsten, als auch in der Siebten bei Lateinnachprüfungen durchsausen hatte lassen. Der Hass auf den sturen Sadisten hinter dem Lehrerpult ist nie eingeschlafen, davon bin ich überzeugt. Ich weiß auch, dass mir mein Gefangener das später, bei unserem nächsten Gespräch, bestätigen wird.

Die Vorarbeiten für Hansers dritten großen Auftritt waren bereits abgeschlossen, bevor er in meinen Keller übersiedelt ist. Der alte Lateiner ist seit zehn Jahren Pensionist und lebt mit seiner Frau, einer ebenfalls pensionierten Geographie- und Geschichtsprofessorin, im selben alten Häuschen in der Neubaugasse, das die zwei auch während ihrer aktiven Zeit bewohnt haben. Zum Keplergymnasium, in dem beide unterrichteten, sind es nur ein paar Gehminuten. Da der Alte nachmittags noch immer im Schulgebäude Nachhilfeunterricht geben darf, besitzt er auch noch einen Schlüssel für das Haus. Das ist wichtig. Denn sein letzter Auftritt wird ein besonders spektakulärer werden!

*

Bist du machtlos und wehrlos einem Schicksal gegenüber, das dich im nächsten Augenblick zu erschlagen droht, hast du ein Problem. Stelle dich dem Problem und stelle dich tot. Alte Binsenweisheit, dachte ich auf dem Weg in mein Büro, und heißt das Schicksal verzwickter Fall, erst recht. Alte Polizeibinsenweisheit. Zwei getötete – nein, was heißt denn getötet? –, zwei nach allen Regeln, also auch nach jenen der Kunst exekutierte Politiker in nicht einmal vierundzwanzig Stunden. Was sie vereint, ist der Tod, aber was verbindet sie? Die schlechte Arbeit allein kann es nicht sein, da hätte doch schon viel früher einer ...

Sonderkommission mit dreißig Mann und vielleicht auch Frau, man weiß ja nie, dachte ich weiter. Der Kurze muss mächtig unter Druck stehen, dass er die Leute ausspuckt wie einen Batzen Kautabak, aber so haben wir wenigstens etwas Luft, und ich könnte den Kurz zum Pressebetreuer der Soko machen, überlegte ich, das spart mir womöglich die Pressekonferenz, lässt ihn für ihn selbst bedeutend wirken und hält uns die Meute der Schreiberlinge und Sprecherlinge und Knipserlinge und Filmerlinge vom Hals, dazu eigene Räume für die Kollegen und eigene Telefonleitungen mit Klappen, die keiner von außerhalb kennt. Jawohl, so lässt es sich arbeiten, meine Herren. Und mit den Herrschaften vom Bundeskriminalamt sollen sich der Kurze und der Kurz herumschlagen, ein zwei Zwischenberichterl jeden Tag, das beruhigt die Gemüter der hoch dekorierten Kollegen aus Wien mit ihren Stoppelfrisuren und verspiegelten Scheuklappen, die sie auch tragen, wenn es nichts zu scheuen gibt, und im Finstern erst recht, die lieben Kollegen, die vom Wienergemüt so viel haben wie der Kurze von einem feinsinnigen Menschen.

In meinem Büro angelangt, tippte ich Kurz' Handynummer. „Kurt? Schick mir den Stillhofer herein, und schau dazu, dass ihr so früh wie möglich zurück seid. Ich schreib inzwischen zusammen, wen wir für eine Sonderkommission brauchen können. Du leitest die Kommunikation nach außen und mit dem BKA." Tuuuuuut.

Das abrupte und einseitige Ende des telefonischen Redens ist das Ende jeder Widerrede, auch das hat mich der Kurze gelehrt, dachte ich. Und wer weiß, man weiß ja nie, womöglich schwillt dem Kurz jetzt sogar die trainierte Brust unter seinem längs gerillten Pulli, und ich baue mir inzwischen den Stillhofer auf, der verwendet seine Talente nicht bloß zum Messerwetzen und Sesselsägen.

Stillhofer brauchte keine halbe Stunde. „Tut mir Leid, Ferri. Hat ein bisserl gedauert, aber ich war gerade beim Sekretär vom Herrn Landesrat. Der hat ein paar interessante Dinge zu berichten."

„Später, Franz, wenn alle da sind", erwiderte ich, „dann musst du es nicht zweimal erzählen." Ich drückte ihm eine Liste mit dreißig Namen in die Hand, die ich in der Zwischenzeit angefertigt hatte. „Gib das der Sekretärin, sie soll schauen, dass sie alle erreicht und hereinholt. Sofern sie nicht ohnehin Dienst haben." Dreißig Namen, die mich begleitet haben in all den Jahren bei der Kriminalpolizei, dreißig Namen, die sich wie ein Querschnitt kriminalistischer Tugendhaftigkeit lasen: gewissenhafte Rechercheure; kühne Theoretiker mit blühender Fantasie; Namen, die für Kenntnisse weit über den Alltagsgebrauch hinaus standen in Sachen Physik, Chemie, Biologie und Medizin; Kollegen mit psychologischem Wissen; Freunde statistischer wie experimenteller Wahrheiten; erfahrene Tatortprofis, die Michelin wertvolle Unterstützung leisten konnten; aufsässige Zielfahnder; perfekte Beschatter; gewiefte Verhörspezialisten; skrupellose Bluthunde.

Kurz kam gegen dreiviertel vier. „Ich muss gleich wieder weg", presste er schnellatmig und bedeutsam hervor. „Zur Pressekonferenz mit dem Herrn Direktor." Seine Umtriebigkeit, die er als Banner vor sich hertrug, fußte so sehr auf der Gewichtigkeit der neuen Aufgabe, dass er ohne kurzsche Umschweife zur Sache kam. „Nur so viel, Ferri. Ich war bei der Witwe Moser. Sie wirkte nicht geschockt. Und dass er die ganze Nacht nicht nach Hause gekommen ist, hat sie auch nicht irritiert. Sie hat gedacht, dass er ... wie hat sie gesagt ...". Kurz fingerte seinen gesäßtaschengroßen Notizblock aus dem Hosenboden hervor. „Ah ja, dass er wieder bei seiner türkischen Hure ist."

„Seiner türkischen Hure?", wiederholte ich.

„Ja, türkische Hure. Die Köchin in einem der Thermenhotels seines Schwagers. Das dürfte schon seit Jahren so gegangen sein. Wundert mich nicht, ehrlich gesagt. Bei der ..." Er presste die Lippen aufeinander und drehte die Augen auf zwölf Uhr. „Na ja, ich muss."

„Die haben wohl alle ihre Weibergeschichten", rief ich noch. Aber ich rief es gegen den Wind, der mir ins Gesicht schlug, als die Türe mit lautem Getöse ins Schloss fiel. Kurz war längst auf dem Weg zu seinem neuen Element.

*

Der Zeiger sprang in den Zenit meiner Armbanduhr und ich mit ihm in den Besprechungsraum. Punkt sechzehn Uhr. Achtzehn Augenpaare warfen mir Blicke entgegen, die einen erwartungsvoll, die andern auf Sonntagnachmittag getrimmt. Hinzu kam Stillhofer. „Michelin hat angerufen", sagte er. „Er will noch ein paar Dinge auswerten und verspätet sich." Er zählte die Runde kopfwippend ab und fügte hinzu. „Die übrigen schaffen es erst morgen früh."

Ich nickte. „Danke fürs rasche Kommen, Kollegen. Die meisten von euch werden keine Einzelheiten wissen, daher die Faktenlage in geballter Form. Ihr bekommt alles schriftlich nachgereicht, dazu auch Fotos der Tatorte. Dafür war noch keine Zeit. Soviel einmal vorweg: Die Sache hat am Anfang ganz klar ausgesehen, wird aber mit jeder Minute verworrener. Begonnen hat es gestern früh, also Samstag. Eine halbblinde Frau mit Hund findet den Stadtrat Frank Klausberger an der Uferpromenade der Mur. Auf einer Steinbank beim alten Paddlerhaus. Das war gegen acht Uhr. Lage des Toten, Spuren und Obduktion sagen uns: Er wurde zwischen sieben und halb acht ermordet, durch einen gezielten Stich von hinten ins Herz. Tatwaffe ist ein Sushimesser, ein Präzisionsinstrument, das dem Chefkoch des Restaurants Tokio vor Wochen gestohlen worden ist. Von einem unbekannten Täter. Der Mörder hat Klausberger mit größter Wahrscheinlichkeit im Schutz der Hecke zwischen Paddlerhaus und Murpromenade aufgelauert. Dafür spricht auch, dass das Gitter zur Promenade hin frisch geölt war. Von unbekannt. Und der Täter hat dem Opfer, quasi als Abschiedsgruß, kräftig von hinten in die Eier getreten. Nach der Tat. Erstaunlicherweise finden sich auf der Tatwaffe lupenreine Fingerabdrücke. Wie wir wissen, gehören sie Martin Hanser, dem Starkolumnisten der *Guten*."

„Warum erstaunlicherweise?"

Ich schreckte aus meinen Aufzeichnungen hoch. Der Zwischenrufer war einer der Zielfahnder, ein alter Hase von brillantem Verstand.

„Danke für den Einwand. Du hast Recht. Wertungen dieser Art haben hier nichts zu suchen. Damit können wir uns befassen, wenn wir mit den Fakten und den resultierenden Deutungen anstehen." Ich hielt kurz inne, um mich erneut zu sammeln. „Also, da sind die Fingerabdrücke. Und dann, ach ja, bevor ich es vergesse, das Tokio ist im Übrigen eines der Stammlokale des Martin Hanser, also dann erscheint gestern in der Abendausgabe der *Guten* diese Kolumne, die die meisten von euch kennen. Ihr bekommt auch davon eine Kopie. Die Kolumne zielt genau darauf ab, dass mit Menschen wie Klausberger etwas geschehen muss."

„Das ist es ja wohl auch", warf einer vom Raub ein. Ein paar lachten kehlig auf.

„Richtig. Hanser ist seit Samstagfrüh spurlos verschwunden. Da hätte er in der Redaktion auftauchen sollen, ist er aber nicht. Seine Nachbarin will bemerkt haben, dass er Freitagabend vor seinem Haus erwartet und abgeholt worden ist. Von wem, wissen wir nicht. Auf jeden Fall ist Hanser nicht mit dem Wagen weg, der steht in seiner Garage. Es besteht somit der Verdacht, dass Hanser nicht allein da mit drinnen hängt. Dazu später." Ein Blick ins Halbrund der Kollegen verriet mir, dass auch die Sonntagnachmittagsblicke inzwischen in reges kriminalistisches Interesse umgeschlagen waren. „So wie es aussieht, versorgt Hanser, quasi von unterwegs, seinen Chefredakteur weiterhin mit Kolumnen. Jene für morgen, Montag, hat mir der Chefredakteur der *Guten* heute Mittag, nun ja, ich würde sagen, auf mein eindringliches Bitten hin in Kopie überlassen. Die liegt dann ebenso bei. Und ist in ein paar Stunden auch druckfrisch zu lesen. Inhalt der Kolumne sind die angeblichen Machenschaften von Tourismuslandesrat Leopold Moser. Unser zweites Opfer, wie wir seit ein paar Stunden wissen."

„Wie kam die Kolumne zur Zeitung?", kam es vom Ende des Tisches.

„Gute Frage, so wie es aussieht, wurde sie in den Redaktionspostkasten vorm Eingang geworfen. Von unbekannt. Die Befragung des Nachtportiers ist noch ausständig. Aber dass es Martin Hanser war, ist nicht sehr wahrscheinlich. Den kennt dort jeder. Es sei denn, in Verkleidung. Es gibt eine Videoüberwachung des Bereiches, aber keine Bänder. Der Chefredakteur der *Guten* hat zugesagt, das zu ändern. Dennoch sollten wir den Bereich ab sofort überwachen, für einen eventuellen schnellen Zugriff. Aber jetzt zurück zum Moser. Er wurde vor gut vier Stunden von einem Spaziergänger im Park des Schlosses Eggenberg gefunden. Aufgeknüpft auf dem Ast einer mächtigen Eiche. Um den Hals hatte er einen typischen Henkersknoten, das Seil war um den Stamm herum fixiert, mit einem Seemannsknoten, wie unser Kollege Fauler konstatiert hat. Ich glaube, er hat den Begriff Slipsteck verwendet." Ein paar nickten beifällig, ganz so, als wollten sie der guten Wahl der Mittel Respekt zollen.

„Das ist lachhaft." Die rauchige Stimme gehörte einem altgedienten Kollegen der Sitte, die Runzeln seiner faltigen Stirn türmten sich auf zur schier unüberwindlichen Kraterlandschaft.

„Was meinst du mit lachhaft?", fragte ich.

„Lachhaft eben", sagte er und schlug mit den Knöcheln der geballten Faust zweimal kräftig gegen die Tischplatte. „So was machen nur Idioten. Oder Leute, die sich ihrer Sache unglaublich sicher sind und Verwirrung stiften wollen. Ein Knoten auf Slip wird nur benutzt, wenn man will, dass der Knoten rasch und einfach gelöst werden kann. Wer etwas von Knoten versteht, setzt immer den ökonomisch richtigen, versteht ihr? In diesem Fall wäre es wohl einer mit zwei halben Schlägen. Einen Slipsteck würde ich nur wählen, wenn ich es den Leuten, die den Toten bergen müssen, leicht machen will."

„Vielleicht wollte der Täter das?", kam es von links aus der Raubecke. Aus der *Raubecke*, dachte ich, weil es mir erst jetzt auffiel, da haben sich die Kollegen doch tatsächlich nach Gruppenzugehörigkeit rund um den Tisch aufgefädelt, als müssten sie in Gruppen und dabei womöglich auch gegeneinander antreten. „Wahrscheinlich hat er sowieso gewartet", fuhr die Raubecke fort, „bis Freund Moser ausgezappelt hat. Dann ist es doch wurscht, welcher Knoten ihn da oben hält."

„Die Wahl des Knotens ist niemals wurscht, Herr Kollege. Niemals." Sitte gegen Raub. „Wer einen auf Slip aufknüpft, ist nicht dicht im Schädel."

„Aber zumindest ein Segler", warf ich ein mit dem Versuch, das aufwallende Brodeln zwischen den Abteilungen abzukühlen.

„Von wegen Segler", konterte die Sitte mit funkelnden Augen. „Das lernst du genauso gut, wenn du bei den Pionieren bist. Oder als Bergsteiger. Die verwenden dieselben Knoten. Oder nehmen wir zum Beispiel einen … einen Palsteck, den verwenden sogar die Nachwuchseipeldauers in ihren Gärten, nicht wahr, Ferri?"

„Bitte, meine Herren, bitte", sagte ich. „Nicht jetzt schon Aggressionen. Die kommen ganz von selbst, wenn wir erst ein

159

paar Tage aufeinander picken und nicht weiterkommen. Ich brauche euren klaren Verstand, euren von jeglicher störender Emotion frei geräumten Verstand, also bitte." Sitte und Raub versanken unter finsteren Gruppenblicken zurück in lauschendes Schweigen. „Der Täter hat das landesrätliche Gesicht als Pinnwand benutzt und dem Moser mit einem Kugelschreiber das rechte Auge ausgestochen", fuhr ich fort. „Auch eine Art Abschiedsgruß, wenn man so will. Nur dass der Gruß womöglich vor dem Abschied kam, als der Moser noch am Leben war. Ein Indiz dafür, dass unser Mörder vor keiner Form von Gewalt zurückscheut. Über den Kugelschreiber war ein Blatt Papier gestülpt, auf dem in Großbuchstaben das Wort Monster geschrieben steht."

Die Pupillen einiger Kollegen fixierten mit einem Mal einen imaginären Punkt hinter mir. Der Punkt war Michelin, er stand mit fülligem Grinsen im Türstock. „Wie weit seid ihr, Ferri?"

„Beim Monsterzettel."

„Ich weiß jetzt, was mich die ganze Zeit irritiert hat", fuhr Willi fort, als hätte er die Frage gar nicht gestellt und die Antwort erst recht nicht empfangen. „Also zumindest seit heute Vormittag. Es ist alles eine Frage der Fingerstellung."

„Fingerstellung?"

„Die Stellung der Fingerabdrücke auf dem Messer."

„Was ist damit, Willi?"

„Sie passt nicht."

„Sie passt nicht?"

„Sie passt nicht, Ferri. Ganz genau. Hanser hat das Messer gehalten, als würde er ein Stück Fisch filettieren, den Griff fest umschlossen und den Daumen am vorderen Griffende, also dort, wo die Klinge beginnt. In dieser Haltung kannst du bestenfalls einen Stich aus der Hüfte heraus anbringen." Willi stand da, als zöge er jeden Moment eine imaginäre Pistole, und ließ den angewinkelten rechten Arm mehrmals vor und zurück fahren. Dann riss er ihn zur bedrohlichen Pose empor. „Aber von oben", schnaufte er, "wenn du von oben zustechen willst, hältst du das Messer anders, den kleinen Finger vorne bei der Klinge, und den Daumen ganz am Ende. Unser Mörder hat mit Sicherheit von oben zugestochen, wie man eben zusticht, wenn es in den oberen Bereich des Rückens gehen soll, verstehst du, Ferri?"

Aus den Augenwinkeln sah ich das anerkennende Nicken der Kollegen in Richtung Michelin. Michelin verzichtete niemals auf eine Frage, wenn er sie einmal gestellt hatte. Ganz der kleine Prinz.

"Aber das allein ist es nicht", fuhr Michelin fort. "Hanser hat das Messer genau einmal in der Hand gehabt. Ein einziger Satz Fingerabdrücke, mehr ist da nicht. Du weißt, was das bedeutet, Ferri."

Gnade Ihnen Gott und meine Frau, wenn es nicht der Hanser ist, hat der Kurze gesagt, dachte ich, nickte bedächtig und blickte in das Halbrund der Kollegen. "Willi hat uns soeben erklärt", sagte ich akzentuiert, "dass Martin Hanser nicht der Mörder von Frank Klausberger ist. Oder glaubt einer von euch, dass er zuerst lupenreine Abdrücke hinterlässt, gleichsam nur für uns und noch dazu in falscher Stellung, und dann Handschuhe anzieht, um damit zuzustechen. Reichlich absurd, nicht wahr?" Versteinerte Mienen.

"Das heißt, dass es einen Komplizen gibt", kam es aus der Raubecke.

"Das heißt nur, dass es zumindest einen Zweiten gibt, nach dem wir suchen müssen", wandte Stillhofer blitzartig ein. "Ob der Hanser und der Zweite Komplizen sind, wissen wir erst, wenn wir die Rolle des Martin Hanser lückenlos aufgeklärt haben. Aber davon entfernen wir uns mit jeder Minute mehr und mehr."

Du bist ein heller Kopf, mein lieber Franz, dachte ich, sagte aber nur: "Es ist so, wie Kollege Stillhofer richtig gefolgert hat. Es muss einen Zweiten geben. Die Sache mit dem Brief war bestenfalls ein Indiz, ebenso die Sache mit der Nachbarin und dem

Auto, das Messer ist jedoch ein starkes Argument, fast so etwas wie ein Beweis. So absurd es auch klingt, Hansers Fingerabdrücke sagen uns, wer es vermutlich nicht war: Martin Hanser. Die Kolumnen jedoch sagen uns, wer damit zu tun hat: Martin Hanser. Was wir nicht kennen, ist das Wie. Es gibt jede Menge Fragen, und ich bin mir sicher, dass es noch viel mehr werden, je länger wir gemeinsam darüber nachdenken. Ich möchte, dass wir uns alle Punkte, die jetzt und hier auf Band gesprochen werden, so oft es geht vor Augen führen. Immer und immer wieder. Bis wir die Fragen selbst im Schlaf und die Fragen selbst unseren Schlaf beherrschen, ist das klar?" Das mit dem Schlaf, dachte ich, habe ich mal irgendwo gelesen, klingt bedeutend, passt genau und macht Eindruck, vor allem auf der sprachlichen Schiene.

„Womit fangen wir an?" Jetzt brachte sich auch das Betrugseck ins Spiel.

„Nicht so schnell, Kollegen. Es fehlen noch ein paar Fakten. Auch wenn manche nach derzeitigem Stand unbedeutende Nebenfronten zu sein scheinen. Wie etwa der Umstand, dass beide Opfer in Weibergeschichten verwickelt waren. Bei Frank Klausberger wissen wir von sechs Affären, die betreffenden Damen werden noch überprüft." Aus der Sittenecke kam wissendes Nicken. „Und auch Leopold Moser war kein Heiliger. Seine Frau hat dem Kurz vorhin bei der Verständigung gesagt, dass sie ihren Mann die Nacht über nicht vermisst hat, weil sie ihn wieder bei seiner, ich zitiere, bei seiner türkischen Hure vermutet hat. Bei beiden Witwen hält sich die Trauer in Grenzen. Eine Gemeinsamkeit. Eine von vielen vermutlich. Und die müssen wir alle finden, wenn wir uns dem Motiv annähern wollen."

„Apropos Moser", fuhr Stillhofer, dessen Ausführungen über den Sekretär des toten Landesrates ich beinahe vergessen hätte, eifrig dazwischen. „Der Moser war gestern Abend bei einem Empfang im Schloss Eggenberg. Eine kroatische Wirtschaftsdelegation. Sein Sekretär hat mir Folgendes erzählt: Kurz nach halb elf erhielt der Landesrat einen Anruf. Nicht am Diensthandy, am Privathandy. Die Nummer haben nur wenige Leute, sagt der Sekretär, er will versuchen, eine Liste zu erstellen. Ohne Anspruch auf Vollständigkeit. Der Landesrat hat nervös gewirkt, sagt er. Und er hat gesagt, er muss weg, unbedingt, und er, der Sekretär, soll sich eine Ausrede einfallen lassen für seine Gäste, also die vom Moser, und er soll nicht auf ihn warten, weil er nicht weiß, wie lange es dauert, hat er gesagt, und ob und wann er wiederkommt. Deshalb hat auch keiner Alarm geschlagen, als der Moser längere Zeit weg war."

„Ob der gewusst hat, was ihm blüht?", schallte es aus der Fahndungsecke.

„Wohl kaum", konterte die Wirtschaft. „Aber es muss verdammt wichtig gewesen sein, sonst lässt ein Landesrat nicht eine Wirtschaftsdelegation ohne Gastgeber auf einem Empfang zurück. Es sei denn, er macht so etwas öfters. Wir werden uns darum kümmern."

„Nehmt den morgigen Kommentar vom Hanser als mögliche Grundlage", sagte ich. „Da ist von dubiosen Beteiligungen vom Moser und seinem Schwager in der gesamten Thermenregion die Rede. Vielleicht wollte ihn unser Mörder ursprünglich erpressen."

„Dann hätte er wohl kaum ein Seil mitgebracht, Ferri, oder?" Der Kollege mit dem Slipsteck sah mich an mit einer seltsamen Mischung aus missbilligender Häme und väterlicher Fürsorglichkeit.

Natürlich, ich Idiot, dachte ich, beschloss aber sofort, nicht klein beizugeben. Keine Blamage, nicht hier und schon gar nicht vor so vielen Kollegen. „Vielleicht gab es schon zuvor Kontakt zwischen Täter und Opfer, und die Eiche im Schlosspark war bloß der finale Schauplatz. Oder der Mörder wollte nur vortäuschen, den Moser erpressen zu wollen, um ihn so oder so aufzuknüpfen. Lasst euch vom Netzbetreiber seines Handys den Anschluss ausheben, von dem aus er angerufen wurde. Auch wenn es ein Riesentheater gibt, von wegen Politiker und Datenschutz und so. Obwohl ich nicht glaube, dass es was bringt. Unser Mörder ist kein Idiot. Trotz Slipsteck." Die Wirtschaft nickte einhellig, und der Raub grinste hämisch ins Eck der Sitte. „Aber bleiben wir noch beim Hanser", setzte ich fort. „Wir müssen davon ausgehen, dass er hinter den zwei Morden steckt. Wenn auch nicht als Täter." Ich warf einen Blick auf meinen Notizblock. „Folgende Fragen haben sich mir bisher aufgeworfen: Was ist das Motiv? Ist es der blanke Hass auf Politiker, wonach es derzeit aussieht, wenn man die Kolumnen in Betracht zieht, oder steckt etwas anderes dahinter? Wenn ja, was?"

„Vielleicht hat er es satt gehabt, immer nur mit seinem Geschreibsel zu Felde zu ziehen?", warf der Betrug ein. „Oder er ist einfach ausgerastet. Und hat sich einen Verbündeten gesucht, der über gewisse Kenntnisse verfügt."

„Schon möglich", entgegnete ich. „Immerhin ist er Alkoholiker. Das wirft natürlich die Frage auf, inwieweit Hanser in der Lage ist, einen mordenden Vasallen zu führen. Und ob er einschlägige Kontakte zur Unterwelt unterhält. Auch das müssen wir klären. Aber jetzt weiter im Text: Wie wurden die Taten vorbereitet? Bekanntlich hat jede Tat, es sei denn, sie passiert im Affekt, eine Vorgeschichte. Wie kam es also zu dem Messerdiebstahl im Tokio? Der Zeitraum lässt sich, wie wir vom Koch wissen, auf zwei bis drei Tage einschränken. Frage: Wer könnte das Messer gestohlen haben? Ein Stammgast? Ein unbekannter Gast? Gab es Ein-Mann- oder, man weiß ja nie, Ein-Frau-Reservierungen in der fraglichen Zeit? Im Tokio muss man einen Tisch auf Wochen im Voraus bestellen. Oder war der Dieb in Begleitung von Martin Hanser dort? Wenn ja, wann?"

„Wenn der Hanser dort so bekannt war, riskiert er doch nicht, bei einem Diebstahl in seinem Stammlokal erwischt zu werden", bemerkte die Sitte.

„Gerade dann fällt es nicht auf", hielt das Raubeck blitzartig dagegen. „Da hat er jede Menge Gelegenheiten." Raub gegen Sitte, die Nächste.

Ruhig, nur ruhig, dachte ich, Karlsson vom Dach sagt das auch immer, ich muss die Kollegen beruhigen. „Ruhig, nur ruhig", sagte ich beschwichtigend. „Beides hat was für sich, meine Herren. Deswegen sitzen wir hier. Um alles abzuwägen. Egal, vom wem was kommt, okay? Wenn also der Dieb nicht mit Martin Hanser dort war, in wessen Begleitung sonst? Das hieße ja, dass es zumindest einen dritten Mitwisser gibt. Woher wusste der Mörder, dass Frank Klausberger immer alleine an der Mur joggen ging? Woher, dass er kurz nach sieben Uhr früh beim Paddlerhaus an der Murpromenade Rast machen würde? Woher, wie man einen einzigen perfekten Stich von hinten ins Herz ausführt? Wie konnte er sicher sein, dass es ihm gelingen würde, Leopold Moser aus dem Schloss Eggenberg herauszulocken? Wo hält Hanser sich versteckt? Hat er einen Zweitwohnsitz? Hat er Freunde, die ihn verbergen würden? Was wissen seine Freunde oder Bekannten oder Arbeitskollegen? Hat er Andeutungen gemacht? Hat er einen geheimen Unterschlupf? Mit wem war er in den vergangenen, sagen wir, sechsundneunzig Stunden in Kontakt? Telefonisch oder persönlich? Wer war bei ihm in der Redaktion? Wen hat er wann in seinen Stammlokalen getroffen? Woher stammt das Seil, mit dem Moser erhängt wurde? Was hat es mit den Knoten auf sich? Auch wenn wir inzwischen gehört haben, dass derartiges Wissen breit gestreut sein kann. Und vorweg die vorrangigste von allen Fragen: Gibt es ein nächstes Opfer? Wenn ja, wer? Nachdem nicht nur die Stadt seit heute Mittag Kopf steht, sondern auch der Wasserkopf unseres Vereines, haben sämtliche Politiker des Landes ab sofort Personenschutz. Anweisung von ganz oben. Aus Wien. Personell stehen wir das nicht lange durch. Und medial wird es auch kein Honiglecken, darauf könnt ihr euch schon einmal einstellen."

„Ist es nicht auch denkbar, dass all das gegen Hansers Willen geschieht?" Stillhofers Einwurf verfehlte seine überraschende Wirkung nicht.

„Theoretisch ja", sagte ich. „Aber was ist dann mit den Kolumnen?"

„Wir können sie ja auf ihre Authentizität vergleichen lassen", sagte Michelin. „Die letzten beiden mit jenen vor Hansers Verschwinden. Für einen Sprachwissenschafter kein Problem. Ich kenne jemanden am Germanistikinstitut an der Uni. Ein Bekannter meiner Frau. Den kann ich auch heute noch stören."

„Gut, Michelin", sagte ich. „Leite das in die Wege. Wir dürfen nichts unversucht lassen. Man weiß nie. Dabei fällt mir ein: Wie sieht's mit dem zweiten Tatort aus? Welche Spuren haben wir?"

„Wir arbeiten mit Hochdruck daran, Ferri. Du weißt ja, Unmögliches sofort, Wunder etwas später." (Wieder ein Klassiker, dachte ich.) „Die Gerichtsmedizin hat den Kugelschreiber im Expresstempo aus dem Moserauge geschnipselt und zu uns geschickt. Bis morgen früh müssten wir soweit sein."

„Gut", erwiderte ich, „es gibt noch jede Menge weitere Fragen, aber vielleicht sollten wir die, mit eurem Einverständnis, erst aufwerfen und beleuchten, wenn wir restlos alle Fakten beisammen haben. Sagen wir morgen früh um neun, nach dem Rapport beim Kurzen. Bis dahin gibt es auch jetzt schon jede Menge Arbeit. Teilt sie euch gerecht auf. Und euch auch." Ein paar sahen mich ratlos an. „Ich meine die Gruppen. Jedes Zweier- oder besser Dreierteam sollte sich aus verschiedenen Gruppen rekrutieren. Sitte mit Betrug, Wirtschaft mit Raub und so weiter. Das macht die Sache dynamischer. Jeder profitiert von jedem. Und vielleicht sehen wir die Dinge dann um einiges klarer."

Man weiß nie.

*

Im Keller – Sonntag, früher Abend

Das Abendessen ist gerichtet. Feinster französischer Käse, drei Sorten, dazu irische Butter und steirische Semmeln. Leider ist uns der Rotwein ausgegangen, dafür serviert Ihnen das Haus eine frische Flasche Ihres Lieblings-Wodkas!

„Wasser, ich verdurste."

Natürlich, das hätte ich fast vergessen. Eineinhalb Liter Vöslauer Mild, wenig Kohlensäure, aber trotzdem erfrischend. Alles da, der Herr müsste sich nur zu Tisch bemühen.

„Ich habe keinen Hunger. Fieber. Ich glaube, ich habe Fieber. Mein Kopf glüht, ich kann kaum denken. Alles dreht sich. Verschwommen und milchig. Ich kann kaum sehen."

Der feine Herr will bedient werden, das ist es. Okay, ich bin ja kein Unmensch. Da, der Pappbecher ist voll. Kaltes Mineralwasser, direkt aus dem Kühlschrank.

„Oh, das tut gut. Mein Gott, wie gut das tut. Zu wenig, bitte noch einmal ..."

Während du isst, werde ich dir deine nächste Kolumne vorlesen. Lass dich nicht stören, hör nur zu, ich glaube, diese ist dir ganz besonders gut gelungen.

Man sagt, sie vermitteln uns das Wissen, das wir benötigen, um uns später draußen, in der harten Erwachsenenwelt behaupten zu können. Stimmt, aber nur dann, wenn der Lehrer oder die Lehrerin das pädagogische und psychologische Rüstzeug dafür besitzen. Und es auch verstehen, den Schülern ein erfolgreiches Erwachsensein glaubhaft vorzuleben. Ein guter Lehrer zu sein ist mehr als nur ein Beruf, es muss auch Berufung sein. Vor allem muss ein guter Lehrer immer, in jeder Sekunde seines Zusammenseins mit unseren Kindern, wissen, dass er es nicht mit Namen oder Objekten, sondern mit jungen Menschen zu tun hat, die von ihm für das spätere Leben geformt werden. Leider gibt es nur ganz wenige dieser guten Lehrer. Vielleicht sind sie eine aussterbende Spezies, wahrscheinlich aber haben nie viele davon existiert. Man wird Lehrer, weil man sich damit ein relativ einfaches, ausreichend bezahltes, mit viel Freizeit belohntes Leben einhandelt. Dienst nach Vorschrift, den Lehrstoff heruntergeklopft, die Aktentasche geschlossen, auf nach Hause. Weg von den gehassten Störenfrieden, die einem am Vormittag das Leben schwer machen. Das ist die harmlosere Gattung des schlechten Lehrers. Und wahrscheinlich die große Mehrheit. Sie lieben ihre Schüler nicht, sie hassen sie aber auch nicht, im Grunde genommen sind sie ihnen egal. Was sie tun, ist Gelderwerb und Pflichterfüllung. Wahrscheinlich hat es auch in ihrem Schulleben keine Lehrer gegeben, die es verstanden haben, ihnen das wirkliche Rüstzeug für das spätere Leben zu geben. Leider gibt es aber auch noch eine dritte Lehrer-Art, wir alle kennen sie, und die meisten von uns leiden ein Leben lang an den Folgen dieser Bekanntschaft. Ich meine diejenigen, die diesen Beruf gewählt haben, um Macht ausüben zu können. Sadisten, die Kinder erniedrigen, nur um ihr eigenes mickriges Ich damit größer zu machen, Psychopathen, die viel versprechende Karrieren abwürgen, nur weil ihnen ein Schüler nicht sympathisch ist. Oder weil die Mutter bei einem Sprechtag harte Kritik geübt hat. Oder weil seine Haare zu lang oder zu kurz sind. Viele von uns, die später vielleicht auf irgendeinem Gebiet große Karriere gemacht hätten, durften nicht einmal zur Matura und damit auch nicht auf die Uni, weil ihr weiterer Bildungsweg von solchen Unmenschen brutal gestoppt wurde. Statt Hoffnung, Selbstvertrauen und Aufbruchsstimmung nehmen die Opfer solcher „Pädagogen" Hass, Selbstzweifel und Frust aus der Schule ins Leben mit. Und niemand tut etwas dagegen. Keiner entfernt diese Krebsgeschwüre aus unserem Bildungswesen. Und doch muss bald etwas geschehen, sonst ist es für viele unserer Kinder zu spät!

„Das ist gut, wirklich gut. Erinnert mich an meine Schulzeit, da war auch so einer …"

Professor Doktor Lorenz Geier, ich weiß. Dein nächstes Opfer!

„Den Geier, du willst den Geier …"

Nicht ich, es ist deine Rache am alten Latein-Scheusal. Sechste und siebte Klasse wiederholt, habe ich Recht?

„Ich habe oft daran gedacht, ihm den Hals umzudrehen. Früher. Einmal, es muss vor zehn oder mehr Jahren gewesen sein, habe ich ihn bei einem Empfang nach ein paar Drinks allein an der Theke erwischt und ihn ein sadistisches altes Arschloch geschimpft. Das hat gut getan, aber das war's. Ich habe es auch ohne ihn, oder besser: trotz ihm im Leben geschafft. Das hat ihn wahrscheinlich am meisten geschmerzt. Zu sehen, dass ich mehr bin, als er jemals war."

Ich werde ihn fragen, was er heute von dir hält. Mit Sicherheit hat er deine atemberaubende Karriere in der *Guten* mitverfolgt. Ich wette, er wird sagen, dass er stolz ist auf dich. Die sehen das immer so, diese alten Scheißer. Und dieser ist ja auch schon 81.

„81 … er wird ohnehin bald sterben."

„Ja, in drei, vier Jahren vielleicht. Völlig sinnlos. Aber du, mein Lieber, du gibst seinem Tod jetzt einen Sinn. Der alte Menschenquäler stirbt in … lass mal sehen … in zweieinhalb Stunden durch dich. Als Warnung für alle anderen miesen Lehrer, die glauben, Götter zu sein und über Schicksale bestimmen zu können. Deine Kolumne erklärt die Hintergründe. Du wirst zum Helden aller geknechteten Schüler.

„Du willst den alten Mann abknallen, einfach so …"

„Oh nein, viel diffiziler, viel wirksamer. Du kennst mich doch. Ich habe ihn heute Morgen angerufen und mich als Alexander Weinberger vorgestellt. Euer Klassensprecher von damals. Der lebt seit 30 Jahren als Versicherungs-Mathematiker in Berlin und hat den Alten mit Garantie seit der Matura nicht mehr gesehen. Hat also keine Ahnung, wie der Mann aussieht. Deine Klasse feiert im nächsten Jahr das 35. Maturajubiläum, das weißt du doch, oder nicht? Und ich, der Weinberger, soll die große Feier in der Schule organisieren. Ich bin nur kurz in Graz und hätte die alte Schule gerne wieder einmal besucht. Mit Freuden hat er zugesagt, der Alte. Er wird um punkt 22 Uhr vor dem Hintereingang sein und sogar eines der alten Klassenbücher mitbringen. Hat er noch, hat er gesagt. Keine Ahnung woher.

„Oh Gott!"

*

„In welchen Scheißdreck hast du mich da hineintheatert, die sind über uns hergefallen, als hätten wir die Pest ins Land gebracht." Kurz war erregt wie selten zuvor. Sein in die offene Türe zu meinem Büro gelehnter Leib bibberte. „Von wegen Kommunikation nach außen. Da gibt es nicht viel zu kommunizieren. Was sollen wir denn schon großartig kommunizieren, außer dass wir so gut wie nix wissen? Die haben uns in der Luft zerrissen. Dass die Hanser-Kolumne über den Klausberger ein Riesenskandal ist, haben sie gesagt, und was wir denn dagegen zu tun gedenken, gegen das Morden und gegen diese Art von Journalismus, von journalistischer Mittäterschaft."

„Da siehst du, welch schweißtreibenden Job unser geschätzter Herr Direktor das ganze Jahr über macht", entgegnete ich. „Ständig mit Chefredakteuren und Leitern der Chronikredaktionen Essen gehen zu müssen, ist Knochenarbeit."

Kurz blickte irritiert. „Sehr witzig, Ferri. Sehr witzig. Da fielen Worte wie mediale Mitwisserschaft. Die haben längst herausbekommen, dass wir den Hanser suchen. Woher auch immer." Kurz schien mich mit dem grimmigsten aller kurzschen Blicke durchbohren zu wollen. „Und irgend so ein Fernsehkasperl hat in den Raum gestellt, dass wir, die Polizei, nicht nur unfähig sind, zwei Morde an Politikern zu verhindern und erst recht zu klären, sondern auch noch mit denen von der *Guten* packeln. Was glaubst du, was erst los war, als der Herr Direktor gesagt hat, dass der Hanser nur gesucht wird, um mit ihm ein paar Ungereimtheiten abzuklären. Ungereimtheiten ... ha! Kniefall vor dem marktbeherrschenden Boulevard, hat einer geschrieen, weil wir den Chefredakteur Stocker den polemischen Schmarren vom Hanser verbreiten lassen, anstatt die Bude auf den Kopf zu stellen. Und dass der Stocker selber mit drin hängt, weil der Klausberger seine Alte geschnackselt hat."

„Der Klausberger und die Frau vom Stocker?"

„Richtig. Das pfeifen die Spatzen vom Dach, hat einer gesagt. Nur wir hören das Gezwitscher nicht. Und dass wir den

Hanser gar nicht ernsthaft suchen. Und dass wir uns mitschuldig machen. Und dass wir was weiß ich noch alles. Die sind wie ein einziger großer Fleischwolf. Und ich bin das Faschierte."

„Was hätten wir denn tun sollen?", sagte ich. „Die *Gute* beschlagnahmen? Pressefreiheit ist eins der höchsten Güter unserer Verfassung, hast du das vergessen, Kurt? Das lernt man in der Grundausbildung. Die können drucken, was sie wollen."

„Und meine Verfassung, zählt die denn gar nix?"

Deine Blitzberufung zum Pressereferenten der Sonderkommission war ein voller Erfolg, mein lieber Kurt, dachte ich. Und du bist der Einzige, den ich für diesen Job entbehren will. „Du bist der Einzige, der diesen Job machen kann, Kurt. Du packst das schon." Kurz fixierte mich mit misstrauischer Verdrossenheit. „Warte, bis die die Moserkolumne kennen", setzte ich nach, „da wird's erst richtig heiß hergehen. Wer war von der *Guten* da? Der Hochauer?"

„Was weiß ich", murmelte ein etwas abgekühlter Kurz missstimmig, und es war, als versänke er in unmutsvolles Schweigen, doch besann er sich plötzlich eines Besseren. „Ja, der Hochauer. Der ist die ganze Zeit nur dagesessen und hat stupid in sich hineingegrinst. Hat keine einzige Frage gestellt, als ob er nur sehen wollte, wie seine Kollegen reagieren. Er schien bereits alles zu wissen, Ferri." Kurz fixierte mich aufs Neue.

„Willst du auf etwas Bestimmtes hinaus?" Du kleines Arschloch, hätte ich noch gerne hinzugefügt, aber dann rennt einmal mehr der Kurz zum Kurzen und ich stehe beim Kurzen auf der Matte, kurz über lang quasi und dabei mehr lang als kurz, dachte ich fast schon erheitert, und was bleibt, ist eine offene Front mehr, die, in Tagen wie diesen, hätten der Klausberger und der Moser in ihrem Jargon gesagt, nix wie neuen Ärger bringt, und davon gibt es ja jetzt schon reichlich.

„Ich weiß nicht, worauf ich hinauswollen könnte."

„Dann ist es ja gut." Ließen sich Blicke wie durch ein Brennglas fokussieren, mein lieber Kurt, dachte ich, würdest du mich auf der Stelle abfackeln.

„Aber warum ich eigentlich gekommen bin ...", fuhr er fort, „der Herr Direktor will dich sehen. Er ist zur Landesregierung gefahren. Krisensitzung mit Landeshauptfrau, Sicherheitsdirektor, Bürgermeister und und und. Punkt einundzwanzig Uhr will er zurück sein. Und er erwartet bis dahin deinen ausführlichen Bericht." Kurt schickte sich an, den geschäftigen Rückzug anzutreten, verschwand aus der Türe, tauchte aber ebenso rasch wieder darin auf. „Bevor ich es vergesse", sagte er, griff in die Innentasche seiner Jacke, zog ein kleines, in Zeitungspapier eingeschlagenes Päckchen hervor und warf es mir zu. „Das schickt dir dein Freund Hochauer."

Ich lauschte dem Klappern der Absätze, die Kurz hastigen Schrittes über den steinbefliesten Paulustorgangboden davontrugen, und begann das Päckchen auszuwickeln. Bis neun Uhr sind es noch drei Stunden hin, dachte ich, Zeit genug für einen Bericht, und Zeit genug, um zuallererst ...was soll das? ... einen kleinen Besuch abzustatten ... Doppeldeutsche? ... Der Hochauer ist ein Fuchs ... doppeldeutsche Schnapskarten, zwanzig Blatt ... und eine handgeschriebene Notiz als Deckblatt?

*

„Torfsubstrat oder Orchideenerde, Willi, am besten mit etwas Sand gemischt."

Michelin saß bei schummrigem Dämmerlicht auf dem Drehsessel in seinem Kämmerchen, das direkt an die Laborräume der Kriminaltechnik anschloss, und blickte versonnen auf das blassgrüne Elend aus gegabelten Wedeln in seinen Händen. Die Geweihblätter, vormaliger Stolz der Platycerium und namensstiftend für die landläufige Bezeichnung Geweihfarn, hingen nun kraftlos und in sich verwunden zu Boden. „Er war immer eine Pracht, Ferri, seit ich ihn von dir bekommen habe." Michelin strich mit dem Zeigefinger über das oberste der trichterförmigen, zum Ende hin leicht gezackten und im Alter verbräunten Mantelblätter, ein spitzes Rascheln wie von Pergament. „Aber seit ein paar Tagen geht es rapide bergab. Er stirbt mir unter der Hand weg."

„Mehr Licht", sagte ich.

„Mehr Licht? Hat das nicht irgend so ein Dichter als letzte Worte gesagt?" Michelin lächelte verlegen.

„Schiller ... nein, Goethe. Aber es könnte auch etwas viel Banaleres gewesen sein, Willi. Keine pralle Sonne."

„Das hat er gesagt?"

„Der Farn, du darfst ihn nicht in die pralle Sonne stellen. Und den Ballen immer leicht feucht halten. Ein größerer Topf könnte übrigens auch nicht schaden."

„Die Sache wächst uns über den Kopf, Ferri."

„Die Sache mit dem Farn?"

„Wohl kaum." Michelin blickte mitleidsvoll hinab und zog ein Gesicht, als hinge sein buschiger Schnauzer mit der Platycerium um die Wette. „Diese Scheiße mit den Politikern", fuhr er fort. „Ich habe das ungute Gefühl, dass da noch mehr kommt."

„Schildläuse", sagte ich.

„Nenn sie, wie du willst", versetzte er, „das macht die Sache auch nicht gerade leichter."

„Der Farn, Willi. Zu trockene Luft fördert den Schildlausbefall", sagte ich. „Luftbefeuchter oder regelmäßig mit der Gartenspritze einsprühen."

„Das Sterben ist nicht abzustellen, Ferri. Geweihfarn, Klausberger, Moser. Da kommt noch mehr, sage ich dir, und wir haben nicht den Funken einer Chance, es zu verhindern."

„Den haben wir sehr wohl. Unser Mann (wenn es denn ein Mann ist, dachte ich im selben Moment, man weiß ja nie) wird es verdammt schwer haben, an sein nächstes Opfer heranzukommen. Personenschutz für alle Politiker, rund um die Uhr. Wir werden ihn zwingen, Fehler zu machen."

„Glaubst du?" Unglaube brach aus Michelins Blick hervor. „Glaubst du das wirklich? Ich sage dir, der Nächste ist ..."

„Kannst du schnapsen, Willi?", unterbrach ich ihn.
„Schnapsen?"
„Ja, zweierschnapsen", rief ich, mit einem Mal erregt. Es ist schon merkwürdig, durchfuhr es mich, da kennst du einen Menschen seit fünfzehn Jahren, fast besser als die eigene Frau, könnte man meinen, dachte ich, fährst mit ihm jedes Jahr auf Urlaub, bist wie ein zweiter Vater für seine Töchter, weil ein einziger Vater bei *dem* Job für pubertierende Zwillingsmädchen sowieso nicht reicht, vertraust ihm bei der Wahl des Hochzeitsgeschenks, quasi blindlings, weil du selber kein Aug dafür hast, und dann weißt du nicht einmal die elementarsten Dinge von ihm. „Schnapsen, Willi, das sollten sie den Kindern beibringen, gleich in der Volksschule. Zweiunddreißig, dreiundvierzig, dreiundfünfzig, siebenundfünfzig, sechzig, zweiundsechzig, sechsundsechzig, danke, das genügt. Das sollten sie lernen, verstehst du, eine Schule fürs Leben, dann hätte sich die Scheißjammerei von wegen Kinder und nicht Kopfrechnen können von selbst erledigt. Da reden sie von Mathematik als Kulturgegenstand und dieser komischen Schiefer-Turm-Studie, ja!? Aber ans Schnapsen denkt keiner. Schnapsen ist Kultur, und es schärft den Geist."

Michelin musterte mich einen langen Augenblick und sein Hufeisenbart folgte dem rhythmischen Anheben und Senken seiner Nasenflügel auf und ab. Das hatte er immer, wenn ihn Neugier und Freude zugleich packten, das Zucken, ganz unbewusst. „Natürlich kann ich schnapsen, Ferri", hob er endlich an, „meine Großmutter, du weißt schon, die mit dem Wirtshaus, hat es mir beigebracht. Da war ich fünf. Und mit sieben haben sie mich als Schiedsrichter genommen, die Großmutter und der Großvater, weil sie immer gestritten haben, wer welchen Zwanziger angesagt hat und wer nicht. Vierundzwanzig Bummerl jeden Tag, zwanzig Schilling das Bummerl, Pensionistentarif."

„Dann stell dir folgende Situation vor", entgegnete ich. „Du brauchst nur noch einen Einser, damit es heißt: Schneider,

Schneider, meck meck meck, die Höchststrafe, vom Schuster einmal abgesehen. Es liegen sechs Karten auf dem Stoß, du hast Trumpfsau und Trumpfzehner, ansonsten aber ein Scheißblatt. Und dein Gegner hat den Vierziger in der Hand, davon musst du ausgehen. Kann er ihn ausspielen, reißt er dir den Arsch auf. Du bist an der Reihe. Was tust du?"

„Keine Frage. Trümpfe abschlagen und schauen, was kommt. Hopp oder tropp."

„Ha!", rief ich erfreut. „Ganz genau." Und der Hochauer sagt das auch, dachte ich, Trümpfe abschlagen und schauen, was nachkommt, hat er geschrieben auf das Deckblatt der Doppeldeutschen, die er mir geschickt hat. Das ist die hohe Schule. „Der Kurze nagelt mich an die Wand, Willi, wenn der Hanser nix damit zu tun hat."

„Ich weiß. Er hat den Hammer schon in der Hand. Was hast du vor?"

„Hopp oder tropp. Es ist Zeit, Farbe zu bekennen. Wie beim Schnapsen. Wenn alle Karten behoben sind, heißt es Farbe zugeben, Farbe bekennen. Oder eben, wenn der andere zudreht. Farbzwang und Stichzwang. Da geht's ans Eingemachte, verstehst du? Das gilt auch für Chefredakteure."

„Du willst diesen ... wie heißt er, verdammt noch mal ...?"

„Stocker."

„Genau. Du willst diesen Stocker an den Eiern packen? Womit denn?"

„Glauben Sie, dass solche Aktionen unser Verhältnis zur Presse fördern, Leimböck?", äffte ich mit schriller Stimme, breitbeinig aufgepflanzt und die Hände in die Hüften gestemmt.

„Der Kurze?" Willi lachte und sein massiger Körper vibrierte.

„Das sind seine Worte. Unser Verhältnis zur Presse fördern. Mit der Presse und dem Fördern ist das so eine Sache. Der Stocker weiß mehr, als er sagt. Da bin ich mir absolut sicher. Wenn ich jetzt zurückziehe, frisst er mich mit Haut und Haar. So einen packst du nur mit der nackten Angst und beim Geld. Vergitterte Luft und eine ... eine Lex Stocker."

Michelins Heiterkeit wich entgeisterter Verwunderung.

„Ich muss noch was erledigen, vielleicht schau ich später noch einmal bei dir rein, Willi. Verhältnis, Presse, fördern. Das sind drei Reizworte in einem Satz, und der Kurze hat mich selbst darauf gebracht." Michelin setzte an und ich hielt die Arme abwehrend in die Höhe. „Frag mich nicht. Nicht jetzt. Vielleicht morgen Abend, bei einem Glaserl Blaufränkischen. Schweigen ist mitunter die bessere Freundschaft."

*

„Schlafen Sie mit ihrem Handy, weil Sie immer so rasch rangehen? Was sagt denn Ihre Frau dazu?"

„Sie liebt das Läuten, weil es unser Schweigen durchbricht, hahaha."

Da ist es wieder, das Gurren und Gurgeln, mein lieber Hochauer, du und deine subversiven Scherzchen, dachte ich, an den Schreibtisch meines Büros zurückgekehrt, sind mir fast schon zur lieb gewonnenen Vertrautheit geworden. „Man hält mir vor, unser Verhältnis, also jenes der Polizei zur Presse, nicht gerade zu fördern."

„Drohne?", fragte er.

„Drohne", sagte ich und fuhr unvermittelt fort. „Wie hoch ist die Presseförderung, die Ihr Blatt jährlich kassiert?"

„Die Trumpfsau, habe ich Recht?"

Ich schwieg.

„Welches Atout schlagen Sie zuerst ab, Herr Leimböck?", setzte er nach. „Sau? Zehner?"

„Wie hoch, Herr Hochauer?"

„Zwei Millionen Euro. In Schilling hat das noch nach was geklungen. Aber jetzt im Ernst, Herr Leimböck. Was zuerst? Sau oder Zehner."

„Ich weiß nicht so recht. Vielleicht erst den Zehner."
„Hat was für sich. Ist aber auch riskant."
Die Stille in der Leitung verriet meine Unsicherheit.
„Spielen Sie zuerst den Zehner", erläuterte er, „denkt er womöglich, dass Sie ihn blank haben und nur hasardieren. Die Sau könnte ja noch auf dem Stoß liegen. Genauso gut könnte er denken, dass Sie denken, er hat die Sau und lauert damit in der Hinterhand, Sie verstehen? Obwohl Sie dann schwachsinnig wären. Aus seiner Sicht. In jedem Fall durchschaut er Ihr gewagtes, selbstzerstörerisches Spiel. Nehmen Sie aber gleich die Sau und erst dann den Zehner, sorgen Sie für klare Fronten und zeigen, wer der Herr am Tisch ist."
„Mag schon sein", hielt ich dagegen. „Den blanken Zehner zu spielen, könnte aber auch heißen: Da sitzt ein Irrer, der ist zu allem imstande. Oder eben ein Ahnungsloser, der nicht weiß, was er tut. Beides hat seinen Reiz. Oder er wittert in mir zum Schluss den ausgebufften Profi, der mit voller Hose stinkt und das Fischlein nur zappeln lässt, und er fügt sich in sein Schicksal. Vielleicht sollte ich spontan entscheiden."
„Achten Sie auf sein linkes Auge", versetzte Hochauer, „zuckt es wie wild und reißt er dazu den Kopf blitzartig hin und her, ist er nervös. Dann können Sie attackieren."
Tuuuuuut.

*

Schwellenangst. Der Zeitraum zwischen Eintreten und Austreten; die Spanne zwischen erstem und zweitem Überschreiten der Türschwelle des Direktorzimmers. So steht es im Wörterbuch für internen Hausbrauch, das nur den Arbeitsbienen zugänglich ist, nicht aber der Drohne, überlegte ich sieben Minuten nach einundzwanzig Uhr und querte die Schwelle des Kurzen zum zweiten Mal. Ich hätte Verdacht schöpfen müssen, gleich zu Beginn, die freundliche Visage, dieser arglistige Klodeckel mit Sinnesöffnungen, dachte ich, der starre Murmelblick, diese stieren braunen Augen, und dazu das Lächeln, diese abgefeimteste aller Paulustorgrimassen, als du die Abendausgabe der *Guten* mit emporgerecktem Arm geschwungen hast, Aegidius Schweinehund, wie eine Keule, die der Trophäenjäger der Beute im nächsten Augenblick ums Haupt schlägt, und in dem Blättchen geblättert hast, grinsend, immerzu, und ich darf zitieren, Herr Leimböck, wenn ich Sie schon herzitiert habe, hast du posaunt und gelacht ob der Doppelbödigkeit deines Sprachwitzes, entsann ich mich deiner Worte, ich darf also aus dem Kommentar von Chefredakteur Stocker zitieren, Herr Leimböck, *dass die Grazer Polizei in einer Verbrechensserie von noch nie da gewesener Brisanz nicht mehr aufzubieten weiß als den hilflosen Leiter der Mordkommission, der ehrvolle Mitbürger verschüchtert und bedroht, anstatt sich auf die Suche nach dem Mörder von Stadtrat Klausberger und Landesrat Moser zu machen,* ... blablabla ... Und weiter im Text, Herr Kollege Leimböck, *und der sich außerstande sieht, die Ermittlungen voranzutreiben, sodass ihm nun, wie aus höchsten Kreisen verlautete, aus Wien eine Profilerin zur Seite gestellt werden muss, um den Herrn Oberstleutnant bei der Hand zu nehmen, und,* ich zitiere abermals, *mit der Nase auf die richtige Spur zu stoßen.* Eine junge Kriminalpsychologin, Herr Leimböck, wie mir die Frau Minister soeben bestätigt hat, die Ihnen und somit auch mir aufs Aug gedrückt wird, Leimböck, WEIL SIE DIENSTALTER TROTTEL ES VERABSÄUMEN, IHRE ARBEIT GEWISSENHAFT ZU ERLEDIGEN, hast du gepoltert in einer Art, dachte ich nun, die wenig des gewohnt Lachhaften gehabt hat, dafür umso mehr unberechenbar Diabolisches. Eine Frau, Leimböck, hast du mit scharfkantigem Tremolo und Hochdruck aus deinem kleinbrüstigen Körper hervorgepresst, eine Frau, Leimböck, und das sage ich völlig wertfrei, die mit Sicherheit mehr vorzuweisen hat als Sie. Weniger geht ja kaum, denken Sie darüber nach über Nacht, Leimböck, bis morgen früh um neun, wo Sie wieder hier bei mir auf der Schwelle stehen und erklären, wie Sie der Causa zuleibe zu rücken gedenken. UND JETZT RAUS, LEIMBÖCK, ICH KANN IHRE BETRETENE ERSCHEINUNG NICHT LÄNGER SEHEN.

„Einfach nach Hause gegangen", murmelte ich wenig später vor der verschlossenen Tür zu Michelins Reich, wohin ich gegangen war, um unser Gespräch von vorhin fortzuführen, um ein paar würzige Details und eine Kriminalpsychologin aus Wien bereichert, eine Seelenbegutachterin, die den Menschen ihre Expertisen als Prägestempel aufs Hirn drückt, fein sortiert. „Einfach gegangen, der Willi", murmelte ich nochmals, als ob es Sinn macht, dachte ich, an einem Sonntagabend die Ehe retten zu wollen.

*

Keplergymnasium, Sonntagabend

Man kann noch so lange weg von ihr sein, alles Negative, das man mit ihr verbunden hat, verdrängt, aus dem wirklichen, dem späteren Leben, gestrichen haben. Nur das mit dem Geruch schafft man nicht. Eine Schule wird immer wie eine Schule riechen. Wahrscheinlich hat jeder seinen eigenen Schulgeruch. Bei mir sind es Kreide, der muffige, immer feuchte Gestank des ekeligen Tafeltuches, Putzmittel aller Art, Achselschweiß, das billige Parfum der frauwerdenden Mädchen und noch eine ganze Menge anderer Aromen, die nie konkret einzuordnen waren, aber einfach dazugehörten. Schulmief eben. Jetzt, wo ich vor dem hässlichen alten Gebäude stehe, das ein größenwahnsinniger Architekt einst mit lächerlichen Pseudosäulen verziert hat, um ihm den Anstrich eines würdigen Bildungstempels zu verpassen, rieche ich ihn wieder. Es ist der Keplermief. Fünf Jahre lang hat er mich täglich empfangen und durch den Vormittag begleitet. Den Geier hab ich nie gehabt. Dafür andere, die mich gequält haben. Bis du mich verlassen hast, Vater. Da war's dann aus mit Kepler. Kein großer Richter mehr, der die schützende Hand über dessen schlechtesten Schüler ausbreiten konnte. Aufmüpfig war er, der Junge. Akademisch ungeeignet für den Aufstieg in die nächste Klasse. Zum Glück gab es die Tante Grete, die sich um den Buben gekümmert hat. Eine kaufmännische Lehre war genau das Richtige. Dachte sie. Was folgte, war eine Qual in einem Großkaufhaus. Wer zu blöd für die Mittelschule ist, muss eben in eine Lehre gehen, hat sie gesagt. Ich musste mich neben sie auf das muffige Sofa in ihrer muffigen Wohnung in der Brockmanngasse setzen, und sie hat mit ihren knochigen Fingern in meinem Haar gewühlt. Ich hätte es damals gerne lang getragen, wie die meisten anderen Buben, aber sie hat es nicht erlaubt. Eine Kaufmannslehre ist ein ehrenwerter Beruf, hat sie gesagt. Ehrenwert, seit damals hasse ich dieses Wort. Es war kein ehrenwerter Beruf, sondern eine unmenschliche Qual. Meistens musste ich Schachteln mit Kleidungsstücken irgendwohin tragen und es gab Unmengen von dummen Menschen, die sich einbildeten, gebildet zu sein, die es genossen, mir unsinnige Befehle zu erteilen. Immer wieder, unendliche Arbeitstage lang. Tante Grete litt an einer Krankheit, deren Namen ich vergessen habe. Manchmal hatte sie Anfälle, und ich musste ihr rasch die Tabletten reichen. Mit einem Glas Wasser. Einmal habe ich es nicht getan und zugesehen, wie ihr Körper zu zucken begonnen hat. Aber darüber habe ich nie nachgedacht, ich will es auch jetzt nicht tun.

Ich rieche das Kepler-Gymnasium. Das Miese, das Schlechte, die Qualen. Bildung, Weisheit und Wissen sind nur dann wirklich wertvoll, wenn es eine Logik gibt, die sie steuert. Die Schule tut es nicht. Dafür muss das eigene Gehirn aktiviert werden. Mein Gehirn hat leider viel zu lange dafür gebraucht.

Komm, Geier! Ich warte schon sieben Minuten auf dich. Du mieses, halbgebildetes Schwein. Hast nur mit Mühe dein eigenes Studium geschafft und danach geglaubt, du seiest ein römischer Gott. Latein? Keiner braucht den alten Dreck. Zum Glück hat diese Schülerquälerei heutzutage an Bedeutung verloren, zu meiner und zur Zeit vom Hanser war's noch ein so genannter Hauptgegenstand. Latein gehörte zur vollkommenen Bildung. So ein Scheiß. Und dieser Scheiß hat dem alten Geier jene Macht gegeben, die er jahrzehntelang so genüsslich ausgekostet hat. Ende, Herr Professor!

Ich sehe eine bedauernswerte Kreatur. Lorenz Geier. Kriecht daher, nichts von damals. Kein Professor, keine Autorität. Ein Wurm. Wahrscheinlich sind sie alle so. Die großen Schülerquäler von damals. Er riecht nach altem Mann. Säuerlich.

Weinberger, lüge ich, und er zeigt mir eine gelbliche Zahnprothese. Er kramt nach dem Schlüsselbund, ich warte, er findet ihn und öffnet die Türe. „Dass Sie extra aus Deutschland hergekommen sind, freut mich, nein: es ehrt uns alle", sagt er. Ich sehe ihn kaum, weil der Korridor dunkel ist, aber ich rieche ihn – den Keplermief. Er hat mein Gesicht noch nicht wirklich gesehen, aber das scheint ihm auch egal zu sein. Mir auch. Ich werde ihn töten. Und alles wird wieder einmal exakt nach Plan verlaufen.

Dreißig Jahre lang in Berlin, sage ich, „Versicherungsmathematiker, was ist das?" fragt er. Ich lächle, er hat keine Ahnung, wer ich tatsächlich bin. Das Klassenzimmer ist ein Klassenzimmer. Seit damals hat sich kaum etwas verändert. Auch der Geruch ist gleich geblieben. Hat zum Glück nichts mit Latein zu tun, sage ich, er schüttelt den Kopf und gibt mir den präpotenten Blick, der mich damals schon zur Weißglut gebracht hat. „Alles hat mit Latein zu tun, das habe ich euch doch beizubringen versucht," sagt er. „Latein ist die Grundlage für das logische Denken, und das logische Denken ist die Grundlage der Vernunft. Es ist die Vernunft, die den Menschen vom Tier unterscheidet. Demnach – und das habe ich euch immer einzuhämmern versucht – ist Latein die Grundlage der menschlichen Zivilisation!"

Der Geier war immer schon ein Arschloch, ein Menschenquäler. Jetzt steht er vor mir. Ein kleiner, mickriger Mann mit einem kleinen, mickrigen Lächeln. Und jetzt habe ich die Macht. Ich bin für ihn jetzt ein Jemand. Kein wehrloser Schüler mehr, sondern ein bedeutender Versicherungsmathematiker aus Deutschland. Was immer das ist. Vor einem Jemand kriechen sie, die Herren Pädagogen. Sind sie schon immer gekrochen. Geier kriecht vor mir, und ich könnte es auskosten, aber er widert mich an. Ich will die Sache abschließen, möglichst rasch. Durch seine Gegenwart fühle ich mich beschmutzt, befleckt, beschleimt, bekleckert. „Um diese Zeit wird hier zwar nicht mehr geheizt", sagt er mit einem Blick auf meine behandschuhten Hände, „aber so kalt ist es in den Klassenräumen auch wieder nicht. Wollen Sie nicht ablegen?" Nein, danke, sage ich und bemühe mich höflich zu bleiben, es wird ja nicht lange dauern.

Er hebt erstaunt die Augenbrauen, verzieht die dürren Lippen zu einem missbilligenden Lächeln, stellt die abgegriffene Lederaktentasche auf den Lehrertisch und kramt mit seinen Händen, die mich plötzlich an die Klauen eines Raubvogels erinnern, ein altes, abgegriffenes graues Buch heraus. Mein Gott, wie hasse ich ihn, ich kann kaum noch warten. „Euer altes Klassenbuch", fistelt er mit vor Aufregung veränderter Stimme. Er schlägt das Buch auf, legt es in die Linke und trommelt mit dem Zeigefinger der Rechten auf das vergilbte Papier. „Da ist alles von euch drinnen, alle Namen, alle Schandtaten!"

Ich muss es tun, und ich muss es jetzt tun. Ich hebe den Plastiksack hoch und greife nach dem Klebeband. „Wie haben sie doch alle geheißen", kichert er, geht rasch zur Tafel und nimmt ein Stück Kreide in die Hand.

„Almer, Auner, Berger", sagt er und beginnt diese Namen auf die Tafel zu schreiben. Die Kreide knirscht wie damals. Schrill und nervend. Nichts hat sich verändert. Ich kann noch nicht, ich muss ihn schreiben lassen.

Blaszic, Danninger, Däubling. „Der Däubling," sagt er, „ wissen Sie noch, der war ein Totalversager, hat die Matura nicht verdient". Ich nicke und gehe auf ihn zu. Er dreht mir den Rücken zu und schreibt weiter. Meine Linke hat das Klebeband gefunden. Duck-Tape – amerikanische Qualitätsarbeit, absolut zuverlässig.

Fasching. Falter. Hanser.

Hanser, sage ich laut, er dreht sich überrascht um. Alles verläuft nach Plan. Ich stülpe ihm den Sack über den Kopf und umwickle den Hals blitzschnell mit dem silbergrauen Klebeband. Wie daheim an der Kleiderpuppe geübt. Stülpen und Umwickeln dürfen keine fünf Sekunden dauern. Der Überraschungsmoment, der seine Bewegungen einfrieren lässt, dauert länger als erwartet. Ich habe mit zwei bis drei Sekunden gerechnet, genügend Zeit, um seine Hände zu packen und festzuhalten, Ich stehe da und fixiere ihn, und er ist immer noch steif wie eine Stadtparkstatue. Mindestens fünf Sekunden vergehen, bis er sich zu wehren beginnt. Es ist ein mattes Wehren. Kaum der Rede wert. Er konzentriert sich zu sehr auf das Luftholen, und das Sackerl ist bereits leer gesaugt. Das Plastik klebt an seinem Gesicht wie eine zweite Haut. Erst jetzt versucht er, wild um sich zu schlagen, aber ich habe ihn fest im Griff. Es dauert keine Minute, bis er ermattet. Ich hebe ihn hoch und setze ihn in den Lehrerstuhl.

Das Plastikgesicht starrt mich an. Es ist ein Sackgesicht ohne Augen mit weit aufgerissener Mundhöhle. Ein Sackgesicht mit einem blau-orangefarbenen Firmenlogo. Ein Hinweis, Schleimböck! Aber du wirst ihn nie erkennen.

*

Etwas war anders als sonst. Veränderungen wie diese sollten auffallen, und einem Kriminalbeamten erst recht, doch endet Spürsinn meist, wo Gewohntes beginnt. Du schließt am späten Sonntagabend mit dem erhängten Landesrat im Gepäck die Tür deines Reihenhauses auf und mit ihr Hirn und Instinkt ab, streifst die Schuhe von den Füßen und siehst nichts. Du gibst den Sinn für kleine Abweichungen an der Schwelle ab und bist bloß empfänglich für Wuchtiges, das sich dir um die Ohren schlägt, je weiter du vordringst ins Innere. Wie diese zwei bordeauxrot schillernden Weintrauben, deren Beeren, in geradezu lasziver Pose hingestreckt, triefend auf dem frisch polierten Furnier des Wohnzimmertisches kauern und die gut gemaserte Holzschicht mit ihren Säften zu tränken drohen. Du siehst erst beim zweiten Fluch, dass sie ein lichtgraues Kuvert beschweren, FÜR FERRI, geschrieben mit blassblauer Tinte, die schon lange nicht mehr FÜR FERRI geschrieben hat.

Rosa.

Lieber Ferri,

es ist eine Traube von unserem Cabernet Sauvignon, weißt Du noch, das sind die kleinen Beeren, die mit der dicken, dunklen Schale und dem wenigen Fruchtfleisch. Sie haben Dir immer so geschmeckt, als wir noch ~~miteinander gesch~~ öfter gemeinsam zu meinen Eltern ins Mittelburgenland gefahren sind.

Ich weiß, dachte ich, das sind die, wo deine Brüder sich beschwert haben, dass einer wie ich, der keine Ahnung hat, nicht zuviel davon naschen soll, weil der Cabernet auch so schon nur wenig Ertrag liefert. Das ist Qualität, haben sie gesagt, und die wird bei uns verwendet und nicht verschwendet. Für den Kieberer ist sogar der Ausschuss vom Blaufränkischen zu schade, haben sie gesagt, Rosa, dabei habt ihr davon ja wirklich zur Genüge bei euch im, wie nennt es sich so schön, im Blaufränkischland.

Eine wunderbare Frucht, Ferri, ein Duft aus Zedernholz und Cassis. Die Beeren reifen spät, weil sie ihre Zeit brauchen. Auch ich habe heute viel Zeit gehabt und bin gereift, als ich den ganzen Tag auf Dich gewartet habe. Ich weiß schon, ~~daß du jetzt~~ Du hast jetzt einen großen Fall, sie haben es den ganzen Tag im Radio gebracht, das bei uns ja immer den ganzen Tag laufen muß. Weil die Blumen auch ihre Unterhaltung brauchen, wie Du immer ~~gepredigt~~ sagst. Ich habe es nicht abgestellt, als ich gekommen bin, es sollte so sein wie immer. Und es war auch wie immer, weil Du nicht da warst, Ferri. Den ganzen Tag. Und jetzt noch die Sache mit dem Landesrat. Mußt Du im Schmutz der großen Leute wühlen? Wie die Fernsehkommissare, über die Du Dich so gerne lustig machst?
Ich habe heute sehr viel Zeit gehabt, Ferri, und ich weiß jetzt, ~~in was~~ worin Du und diese Fernsehkommissare sich unterscheiden. Sie haben nicht nur Ohren für Ambros-Musik und sie züchten auch keine sibirischen Paradeiser.

Reiseparadeiser, Rosa, es sind russische Reiseparadeiser. Wie oft soll ich ...

Ich habe an Dich geglaubt, Ferri, und mir nie die Frage gestellt, wer denn das Original ist (oder heißt es sei?) und wer die Kopie. Und auch jetzt stell ich mir diese Frage nicht, weil ich es weiß: Ihr ~~seit~~ seid gleich, vollkommen gleich.
Dein Ältester wird in drei Tagen elf Jahre. Gestern hat er es geschafft, die Nachbarsfrau vier Stunden lang zu verfolgen und zu observieren, ohne von ihr entdeckt zu werden.

Bravo, Ferri, ich hab's ja gewusst.

Er hat sich sogar verkleidet und über alles ~~was sie getrie~~ Buch geführt. Du wärest stolz auf ihn, Ferri, ich weiß. Unter anderen Umständen wäre ich es auch. Aber so ist es ein lachhafter Stolz. Unser Ferri wird elf, und das einzige, was er von Dir hat, ist die Fähigkeit, anderen nachzuschnüffeln. Er könnte viel mehr von Dir gebrauchen, vor allem Deine Zeit. Aber Zweierschnapsen in Wenisbuch jeden Donnerstag ist natürlich auch ungemein wichtig. Nicht wegen dem Kartenspielen, ich weiß, sondern weil man dort ja ach so wichtige Informanten trifft.

Das musst du doch verstehen, Rosa.

Der Cabernet Sauvignon ist sehr gerbstoffreich und schmeckt in seiner Jugend oft recht bitter. Dafür altert er ganz hervorragend, ~~falls~~ sofern man ihn ~~nur läßt~~ richtig kultiviert, ausbaut und lagert. Das ist ~~das, was ich~~ meine Hoffnung, Ferri. Daß die Reife kommt und die Bitterkeit geht. Aber mit der Reife ist das so eine Sache.*Da ~~kannst Du~~ können wir was vom Wein lernen. ~~Weil was überreif ist, kann platzen, oder ganz schrumpelig~~. Ach, es tut mir leid, Ferri, aber ~~wenn es mir schlec~~ wenn ich traurig bin, schreib ich noch schlechter als ich es eh schon tue. Ich kann nicht alles nur im Kopf, wie sagst Du immer, behirnen, Ihr Männer glaubt, daß das männlich ist. Und wichtig. Und der beste Weg. Nur mit dem Kopf geht gar nix, Ferri. Das sollten grad die Herren der Schöpfung wissen. Da kann es leicht passieren, daß es in die Hose geht. Dorthin, wo die ganze Männlichkeit schon wartet. Hirn mit Ei. Manchmal glaub ich, ~~der ganze scheiß Urwald da~~ Deine Pflanzen haben mehr ~~von~~

~~einer Frau~~ Weiblichkeit und mehr Anziehendes als ich. Weil Du sie so pflegst und hegst und hätschelst. Und dabei ~~werden Deine~~ läßt Du die vier Pflänzchen, ~~die Wass~~ die ~~es~~ Dich am nötigsten haben, verdörren.
(*Was überreif ist, kann auch brechen.)

Rosa.

~~Wie sehr hab~~ Ich habe geglaubt, daß ich mich auf diesen Besuch freue, Ferri. Darauf, daß wir reden und Vergangenes vergessen machen. Und jetzt ist überall nur Schweigen. Und alles nur noch schlimmer. Wir bleiben die ganze Woche bei mir zuhause, dann werden wir sehen. Wie das klingt. Bei mir zuhause. Das habe ich das letzte Mal gesagt, als wir uns kennen gelernt haben und mein Zuhause noch nicht unser Zuhause war. Aber so ist das mit dem Gefühl und mit dem Denken bei uns Frauen. Man kann Dinge auch ohne Bauch aus dem Bauch heraus machen, Ferri. Den Ferri hab ich für ein paar Tage aus der Schule genommen. Vielleicht kriegen wir ja eine Strafe wegen Schuleschwänzen. Das würde dich amüsieren, ich weiß. Und die Lisa und der Franzl werden es auch ein paar Tage ohne Kindergarten aushalten.
Ferri ~~macht dich~~ ahmt dich nach, weil es ihm hilft, ~~daß er~~ sich seine heile kindliche Welt zu bewahren. Dabei wirkt er dann oft ganz ~~durchein~~ verstört. Als müßte er zugleich auf zwei Sesseln sitzen, verstehst Du? Wer ein Vorbild sein will, muß ~~sich zuerst~~ erst einmal ein klares Bild von sich selbst haben und danach ~~leben~~ handeln. Nichts wünsche ich mir ~~sehnli~~ mehr, Ferri, aber ich kann ~~es mir nicht anschauen~~ nicht mitansehen, wie ~~sie~~ unsere Kinder betrogen werden. Sie verehren Dich so sehr, und ich will nicht, daß irgendwann nur mehr (oder heißt es

nur noch?) ein Scheinbild bleibt, an das sie geglaubt haben.
Der Cabernet, Ferri, hat auch viel Kraft und Struktur. Die ~~hast Du jetzt dringend~~ könnten wir jetzt beide gut brauchen. Ich melde mich, damit Du auch mit den Kindern sprechen kannst, Ferri, aber ruf nicht an. Ich geh nicht ans Telefon und meine Familie würde ~~Dich besch~~ Dir nichts sagen, was uns weiterhilft.

immer noch in Liebe

Rosa

PS.: Lisa hat Dir ihre Lieblingspuppe geschickt. Die mit den Schlafaugen. Sie hat geweint, als ich sie mitgenommen hab. Aber sie wollte es so. Damit ihr ~~gelieb~~ Papi wen zum Reden hat, hat sie gesagt. Damit ihr Papi mit Lisa reden kann, weil die Puppe ist ja Lisa, und Lisa ist die Puppe, wie du weißt. Weißt du es überhaupt?

Es war die Puppe auf dem Bord neben dem Schuhkästchen. Warum ist sie mir nicht gleich aufgefallen, dachte ich. Warum fällt, was da sein sollte und nicht da ist, eher auf als das, was da ist, aber gar nicht da sein sollte? Oder fällt nicht doch eher auf, was gar nicht da sein sollte und doch da ist, und dabei eine Puppe gar nicht und Weintrauben auf frisch poliertem Furnier umso mehr? Und was ist mit diesen Flecken da auf dem Briefpapier, gleichmäßig rund strukturiert und an den Rändern blass schattiert? Wie Blut, nur ohne Blut eben, dachte ich. Weil Blut rot wäre, bis hin ins Braune, wenn es frisch ist, und dunkelbraun bis hin ins Schwarze, wenn es alt ist, dachte ich weiter. Bei Blutspritzern zeigt die Schleuderspur die Spritzrichtung, wie bei einem Pfeil, und wenn es aussieht wie ein Rufzeichen, dann ist es schräg aufgetroffen, es, das Blut, und bei richtigen Blutstraßen gibt es Abrinnspuren, und die Form der

Überkreuzung ergibt die Reihenfolge, ganz simpel, Spurenkunde für Anfänger ist das, dachte ich. Und dann ist da noch der Klassiker, der Tropfen, der bei Fallhöhen über einem Meter Sekundärspritzer hinterlässt, ein kreisförmiger fetter Punkt, ein wenig ausgefranst, und rundum lauter kleine Pünktchen, und bei Fallhöhen darunter ist es eben nur ein kreisrunder, fetter Punkt, an den Rändern ein klein wenig unförmig, wenn er denn überhaupt Ränder hat, der Punkt, und nicht bloß einen einzigen Rand. Ohne Spritzerchen rundum. Blut spritzt ja wie Wasser, dachte ich weiter, weitgehend, weil Blut ja auch weitgehend Wasser ist, nur mit Farbe, und das Wasser eben ohne. Ganz wie diese Flecken ... wie diese ... Tropfen ... blass und ... schattiert ... und an den Rändern keine ... wegen der geringen Fallhöhe ...

Rosa.

Es sind deine Tropfen, Rosa, nicht wahr?

Es ist dein Blut da auf dem Papier. So blass. Und schattiert. Und ein klein wenig unförmig an den Rändern. Nur eben ohne Farbe.

Es ist dein Herzblut, nicht wahr ... Rosa?

Im Keller, Montagfrüh

Schade, dass du es nicht erleben konntest. Eine Minute, wahrscheinlich länger. Der Plastiksack über seinem Kopf. Wie lange, glaubst du, hofft man in einer solchen Situation noch? Auf das Leben, auf ein Wunder? Wann kommt dann schließlich doch der Moment der Gewissheit? Dass alles aus ist? Ende. Das Endgültige. Der Tod. Denkt man da ans Beten, an den lieben Gott?

„Du hast es getan? Den Geier? Mit einem Plastiksack?"

Nicht ich war es, du hast es getan. du hast den Apparat in Bewegung gesetzt. Die Kriminalisten, Presseleute. Gratulation! Du bist jetzt der meistgesuchte Mann im Lande. Keine Angst. Sie werden dich nicht kriegen, weil du ja mir gehörst.

„Sie werden aber dich kriegen. Ich weiß, dass sie dich kriegen werden. Und du weißt es auch. Du wirst Fehler machen, wahrscheinlich hast du sie bereits gemacht. Die sind gut dort oben am Paulustor. Glaubst du wirklich, die nehmen mir den brutalen Serienmörder ab? Schau mich an! Sehe ich aus wie ein kalter Killer? Die wühlen in meiner Vergangenheit, in meinem Leben. Kriminalpsychologie! Was du in meinem Namen getan hast, passt nicht zu meinem Persönlichkeitsbild. Die wissen das. Und die werden nach anderen Spuren suchen. Und eine davon wird zu dir führen."

Natürlich tun sie das. Kennst du den Schleimböck? Pardon, Herrn Chefinspektor Ferri Leimböck? Oberzampano in Sachen Mord? Ich kenne ihn. Besser als du, vielleicht sogar besser, als er sich selbst kennt. Ich weiß, wie er funktioniert, ich weiß, wie die alle dort oben funktionieren.

„Du warst selbst einer von ihnen. Das ist es! Du warst Polizist. Vielleicht bist du noch immer einer. Warum? Warum? Und nimm diese verdammte Wollmütze ab. Ich will endlich dein Gesicht sehen!"

Das hat man davon, wenn man versucht, freundlich zu sein. Ende des Gesprächs. Kein Essen und kein Wodka bis zum Abend.

„Ist mir egal. Nimm die Mütze ab, du feiges Arschloch, schau mir in die Augen. Komm zurück. Hallo, komm zurück."

In der Küche, Montagmittag

Fehler, Fehler, Fehler. Verdammt. In meiner Euphorie über den gelungenen Abend im Keplergymnasium habe ich mich hinreißen lassen, mit dem Journalistenwurm zu viel zu reden. Klar, im Unterbewusstsein habe ich jemanden gebraucht, mit dem ich mich darüber unterhalten konnte. Es gibt ja nur ihn. Es wird immer schwieriger, das, was ich tue, in mir selbst zu verarbeiten. Vielleicht sollte ich ihm ein Ohr abschneiden. Nur so. Weil ich es tun kann. Und will. Weil er mich getäuscht hat. Ich hatte gedacht, dass ihn der Schmerz, der Wodka, die Einsamkeit, die Angst kleiner gemacht hätten, aber er hat noch Kräfte, und er kann sich aufbäumen.

Schleimböck, du warst immer ein offenes Buch für mich. Braver Knochenarbeiter, alles nach der alten Schule. Gelernt ist gelernt. Aber du bist noch immer weit weg von jenem Genie, das große Taten schaffen kann. In einem ähneln wir uns aber vielleicht sogar. Auch du bist ein Sammler, emsig und gewissenhaft. Deshalb wirst du auch alles, was ich dir hingeworfen habe, finden und bearbeiten. Das macht dich ja so berechenbar.

Im Gegensatz zu mir sammelst du aber nicht Wissen und Weisheit, sondern nur Fakten. Du findest das, was da ist, und bleibst innerhalb der Grenzen, die dir dein Beruf vorschreibt. Das hat uns damals schon unterschieden. Ich habe stets versucht, diese Grenzen zu sprengen, ich habe nach neuen Wegen gesucht, du bist hingegen vor den Grenzbalken erstarrt und hast sie als Barriere zwischen Gut und Böse stehen lassen. Du warst der Gute, ich der Böse. Du bist Chefinspektor geworden, ich Nachtwächter. So haben's die dort oben entschieden.

Es ist zweifellos der angenehmere Weg für sie gewesen. Aber auch der erfolglosere. Und der feige. Ich bin überzeugt, dass du es warst, Schleimböck, der den Journalistenwurm, der sich jetzt in meinem Keller krümmt und seine Fingernägel frisst, weil die Wodkaflasche leer ist, mit jenen Informationen gefüttert hat, die er dann in seine Giftspritze gefüllt und auf mich abgefeuert hat. Erfolgreich, gratuliere! Du hast den Job bekommen, und alle miesen Figuren diesseits und jenseits des Gesetzes haben sich darüber gefreut. Du warst eben immer ein Angenehmer, Schleimböck. Für alle. Besonders für die Gauner, die du nie gefasst hast.

Kleine Erfolge, die gab's natürlich immer wieder. Alles was man dir auf dem Silbertablett serviert hat, hast du mit Bravour gelöst. Auch ein paar halbgroße Räuber und teilvertrottelte Mörder waren darunter. Ich habe deine Karriere genau verfolgt, Schleimi. Dein Glück war es, dass Graz eine der sichersten Städte im Lande ist. Fast nur Kleinkram. Den Mord vor der Disco „Scam", den man der Russenmafia zuschreibt, hast du nie geklärt, auch die Sache mit dem vergifteten Tanzlehrer nicht, und die verbrannte Leiche aus dem Stadtpark hat noch nicht einmal einen Namen.

Pardon – es hat tatsächlich zwei große Kriminalfälle gegeben, die in Graz verhandelt, aber in Wirklichkeit nie gelöst worden waren. Jack Unterweger, der Gefängnispoet, der mehrere Prostituierte ermordet haben soll, wurde in einem Indizienprozess verurteilt und hat sich bald danach in seiner Zelle erhängt. Dasselbe gilt für den Briefbombenmörder Franz Fuchs. Indizienprozess, Verurteilung, in der Zelle erhängt. Mit beiden hattest du als Ermittler überhaupt nichts zu tun, Schleimi. Damals waren wir beide noch im Streifendienst. Im Gegensatz zu dir hatte ich im Fall Unterweger aber ein paar heiße Spuren, weil ich mich im Milieu umgehört hatte. Aber die großen Herren von der Kripo haben sie nie ernst genommen, weil sie ja nur von einem mickrigen Uniformierten gekommen waren.

Einen wirklich großen Fall wie jenen, den ich dir jetzt biete, hat es in diesem Land noch nie gegeben: prominente Opfer, überwältigende internationale Medienaufmerksamkeit, einen mutmaßlichen Täter, den jeder im Land kennt, der unauffindbar ist, bisher täglich zugeschlagen hat und dies weiterhin tun wird. Dein größter Fall, Schleimi. Aber da ist der Druck von oben, die wollen Resultate. Wie immer. Bald werden die Zeitungen kritischer werden, deine Arbeit in Zweifel ziehen, dann bist du endgültig in der Scheißgasse. Sie werden dir irgendwelche Experten an den Hals hetzen, die dich bei den Ermittlungen unterstützen sollen. In Wahrheit entzieht man dir damit die Kontrolle über den Fall. Oder die Fälle. Es sind ja schon drei. Und es werden mehr.

Damit wächst für mich aber auch der Unsicherheitsfaktor. Neue Ermittler, neue Methoden, neue Fallen, in die ich tappen könnte.

Das Auto? Nein, das Auto ist unauffällig. Das Firmenauto eines Security-Mannes, der exakt um diese Zeit in exakt dieser Region im Dienst ist. Keine Chance. Kein Mensch hat mich gesehen, weil auch ich keinen gesehen habe. Eine Person am Fenster einer Wohnung? Kaum möglich, weil es an den Tatorten keine Fenster gibt. Weder an der Murpromenade, noch im Schlosspark und schon gar nicht im Gymnasium. Fingerabdrücke? Nur von meinem Gefangenen.

Natürlich, es gibt ein Täter-Psychogramm. Unbescholten, harmlos. Aber, und das haben sie mit Sicherheit längst herausgefunden, schwerer Alkoholiker, präpotent, geltungssüchtig. In jedem Menschen sitzt jener Schalter, der ihn in das andere Leben kippen kann. Bei den meisten ist er gut abgesichert. Durch einen anständigen Beruf, ein geordnetes Familienleben, die angeborene Feigheit, Obrigkeitshörigkeit, Gesetzestreue – all das ergibt die so genannte Hemmschwelle. Sie verhindert, dass man das tun kann, was man in Wahrheit gerne tun würde. Ich selbst bin das beste Beispiel dafür. Die Hemmschwelle trennt eine verlogene, erzwungene Scheinwelt, in der sich gesetzestreue Feiglinge wie brave Schäfchen tummeln, von jener des tatsächlichen Willens und Strebens. Wer bereit ist, die hundertprozentige Verantwortung für sein eigenes Leben und Tun zu übernehmen, muss die Hemmschwelle überspringen. Damit steht er außerhalb der Gesellschaftsnormen, verzichtet auf den so genannten Schutz der Gemeinschaft und wird zum Solokämpfer mit ultimativer Eigenverantwortung. Der Vorteil besteht darin, dass er ein Einmannbetrieb ist, der alle Entscheidungen selbst trifft, ein Nachteil ist, dass er deren Richtigkeit nur bei sich selbst hinterfragen kann. Und dass er von so genannten Gesetzeshütern gejagt wird.

Ein weiterer Vorteil des Hemmschwellenflüchtlings besteht darin, dass er ganz genau weiß, wie die ihn verfolgende Welt, die er verlassen hat, funktioniert. Nach den von ihr geschaffenen Gesetzen. Er hingegen braucht sich nicht an die Regeln der Gesellschaft halten, er kann sein eigenes Gesetzbuch schreiben. Wie ich es getan habe.

Tante Grete. Auch sie war eine Irre. Mein Vater hat sie gehasst, obwohl sie seine Schwester war. Aber wo steht geschrieben, dass man seine Schwester lieben muss? In ihren Gesetzbüchern? In der Bibel. Dort steht, dass man alle lieben muss. Nur Gott selbst muss nicht lieben. Der hasst alle, die seine Regeln brechen, so sehr, dass er sie in die Hölle schickt. Dort bin ich auch gelandet, als Vater starb. Bei Tante Grete. Selbst als ich siebzehn war, hat sie mich noch gezwungen, allabendlich, bevor sie zu Bett ging, das Abendgebet laut mit ihr gemeinsam aufzusagen. Als sie endlich verreckt ist, war ich zum Glück schon alt genug, um alleine leben zu dürfen. Von dem von Vater Vererbten. Beim Heer war ich zum ersten Mal so richtig glücklich. Jäger Hofer, dann Gefreiter Hofer. Das Gewehr, das Schießen. Mann, war ich gut. Der Kompaniekommandant, ein gewisser Leutnant Wawra, ein dicker Kotzbrocken, der immer nach Schweiß und Bier roch, hat mir mehrmals nahegelegt, mich weiter zu verpflichten und im Heer Karriere zu machen. Solche wie mich bräuchte das Land, hat er gesagt. Aber da waren zu viele Leerläufe. Endlose Tage des Nichtstuns. Zeit totschlagen. Beim Heer wird man zu etwas ausgebildet, von dem die Gesellschaft hofft, dass man es nie braucht. Soldaten werden für Kriege geschaffen, und Kriege will keiner. Wozu also Soldaten? Aber das Schießen habe ich gelernt.

Ich habe damals auch viel gelesen. Fast alles, was mein Vater in seiner Bibliothek gesammelt hatte. Vor allem politische Bücher. Von *Mein Kampf* bis zum *Kommunistischen Manifest*. Ich habe sogar James Joyces *Ulysses* und Musils *Mann ohne Eigenschaften* von der ersten bis zur letzten Seite gelesen. Dazu war das Heer gut. Und für das Schießen.

Die kaufmännische Lehre, die ich mit gutem Erfolg abgeschlossen hatte, war Vergangenheit. Sie hatte nur bewirkt, dass ich ganz genau wusste, was ich in meinem selbständigen Leben nie tun wollte. Verkäufer sein. Oder Kaufmann. Nach dem Heer meldete ich mich bei der Polizeischule an. Und wurde aufgenommen. Ich wollte Polizist werden. Ein verdammt guter. Und das war ich auch. Bis ich zu gut wurde.

Der Trottel im Käfig. Jetzt geht er auf und ab. Und ab und auf. Er weiß noch nicht, dass ich ihm bei unserer nächsten Begegnung das Ohr abschneiden werde. Das rechte oder das linke? Egal. Oder doch nicht? Ist es wie bei den Händen? Rechts- oder Linkshänder? Gibt es Rechts- oder Linkshörer? Ist ein Ohr wertvoller als das andere? Ich könnte ihm auch etwas anderes abschneiden. Finger, Zehen, die Eier, den Schwanz. Aber irgendwie ist es ein Ohr, das ich haben will. Der Gedanke gefällt mir. Ich werde ihm ein Ohr abschneiden, und er wird nichts dagegen tun können. Es ist das Auskosten der Macht, das Brechen ihrer Gesetze, das mich reizt. Ich entscheide, was ich tun kann, nicht sie. Ein rascher Schnitt, natürlich muss er davor gefesselt werden. Beim nächsten Besuch in seiner Zelle muss ich trachten, ihm so rasch wie möglich die Hände zusammenzukleben.

*

Erwachen. Ein Kaleidoskop ohne Farben; ein Wirrwarr in völliger Leere; ein dröhnendes Schallen ohne Lärm; zwei Gesichter im Kopf, ein bekanntes, vertrautes, abgedunkeltes voller Ecken und Rundungen und ein unbekanntes, unvertrautes, erhelltes bar jeder Kontur. Und da soll noch einer sagen, dachte ich an diesem frühen Montagmorgen, der erste Gedanke sei auch der beste, wenn er doch davon beherrscht ist, dass die eine Frau gegen deinen Willen aus deinem und die andere gegen deinen Willen in dein Leben tritt, Rosa im Gehen und eine namenlose Neunmalkluge im Kommen. Bestimmt so eine, dachte ich weiter, mehr und mehr schon bei der Neuen, die in psychologischen Wälzern haust und die, hat sie ihr dünnes kriminalistisches Pulver erst verschossen, im Kaffeesudlesen ihr Heil sucht. Betörend blond, vorabendprogrammtauglich mit Bildschirmlächeln, eine, die einen kurzen Blick auf den erhängten Landesrat mit einem Kugelschreiber im Aug wirft und dir sagt, warum der Mörder ein verschrobener, schrumpeliger Gnom ist, Inländer – und Weißer, hätten sie drüben überm großen Teich hinzugefügt –, Brillenträger, Hornfassung, um genau zu sein, jahrelang Bettnässer, und weiterhin, obwohl er doch schon zweiundvierzig ist, vielleicht auch ein Jahr älter, so genau geht es dann auch wieder nicht, weiterhin also seiner jüngeren Schwester an die Brust greift und zuhause wohnt, Gemeindebau, und mit Mama unter einer Decke steckt, an Papas Stelle im Doppelbett. Einer, dessen aggressives, blutiges Treiben samt und sonders gegen den Vater gerichtet ist, wird sie sagen, dachte ich, und einer, der in einem schwelenden Autoritätskonflikt tötet, um den Vater zu treffen, und dass *er* es jetzt ist, der anstelle des Herrn Papa dann und wann die Frau Mama vermöbelt. Er muss ja den Platz ganz und gar einnehmen, und die Neumalkluge beschreibt dir und vor allem dem Rest der Welt den Nämlichen so genau, dass es nur noch eine Frage der Zeit, der allerkürzesten Zeit sein kann, bis ein obrigkeitshöriger Denunziant, der an jeder Ecke sitzt und lauert, man weiß ja nie, diesen Nämlichen er-

199

kennt und preisgibt, und du, der Leiter der Mordkommission, zu guter Letzt der Trottel bist, weil du ihn doch nicht kriegst. Und das bei *der* präzisen Beschreibung.

*

Der Anruf aus der Funkleitzentrale kam kurz vor acht. Ich war auf dem Weg zum Besprechungsraum, wo sich die dreißig Kollegen der Sonderkommission vollzählig eingefunden hatten. „Nummer drei, wir vertagen auf elf Uhr. Und sagt einer dem Kurzen, dass ich nicht kann um neun", warf ich knapp in die Runde, pickte einen enthusiastischen Stillhofer heraus, las einen frivolen Michelin auf, dem der Sonntagabend mit seiner Frau gut getan haben dürfte, und fuhr mit ihnen los.

Paulustor. Maria-Theresia-Allee. Die Stadt war eingetrübt. Fassaden wie eine wabernde, ecklose Masse. Grazer Ring-Bundesstraße, Humboldtstraße, Wickenburggasse, Schlossberg linker Hand. Straßen wie Güllerohre, durch die sich ein Strom unverdauter Einbrennsuppe ergießt, ein eingedicktes zähes Fließen und Stocken, durch das flache aufgeregte Piepsen eines Folgetonhorns nicht auszudünnen, mitnichten, als trete der Frosch im Schlagobersbecher gegen das Ertrinken an und dabei die Flüssigkeit unter den zappelnden Beinchen zum festen, steifen Schaum, in dem sich alles und jede Bewegung verliert und in Reglosigkeit erstarrt.

Murbrücke, Keplerstraße, Endstation Keplergymnasium. Eine unruhige Menge heranwachsender Menschen vor altem Gemäuer in Schönbrunngelb, links und rechts zum Treppenaufgang des Hauptportals in einem Spalier zwei dicht verwachsene Trauben kleinerer wie größerer Früchtchen. Eine Schülercuvée aus Cabernet und Merlot, dachte ich, ein paar wenige bleich und schweigend, die anderen in einem fort schnatternd und ebenso blass, wie nasse Tafelkreide.

„Scheiß Kieberer", schallte es aus den hintersten Reihen in den schmalen Gang, den sie uns auf dem Weg zum Eingang ließen, gerade dort im Schutz der Masse, dachte ich, wo die Allermutigsten zu finden sind, gefolgt von Stimmbruchgelächter aus dem mitläuferischen Mittelbau, ein Bespötteln, das mit jedem Meter Nähe zu Michelin, Stillhofer und mir abnahm mit der Beständigkeit einer sterbenden Welle. Wortfetzen wie „coole Sache" und „Wetten …?" schwappten an uns heran, ganz so, als würden die Quoten schon stehen, wen es denn erwischt hat da drinnen. Womöglich einen von Ferris Lehrern, dachte ich sogleich, er geht ja auch ins Kepler, 1 A, womöglich dieser Matheprofessor, dieser … wie heißt er gleich, etwas, das wie Vandale klingt, überlegte ich ohne es zu wollen, ein ehemaliger Amateurboxer, hat Ferri gesagt, der die erste Stunde damit eröffnet hat, in die Knie zu gehen und den Lehrersessel zu packen, ganz unten beim Boden, mit einer Hand an einem Bein, an der vorderen, der Lehne abgewandten Seite, ihn am gestreckten Arm auf Kopfhöhe gestemmt und gesagt hat, dass wer dieses in der Unterstufe vermöge, den Einser bei ihm gepachtet habe. Seitdem wird trainiert.

„Fette Sau, kein Wunder, dass die solange brauchen." Michelin zuckte kurz zusammen, schien sich die Hochstimmung aber auch dadurch nicht nehmen zu lassen und raunte mir ins Ohr mit einem zur Seite gezogenen Kopfnicken in die Menge, in der sich der Rufer verbarg: „Ich kann nur nicht hinhören, sonst muss ich da reingehen. Und das wäre schlecht für unser Image."

„Ich hätte mir den Knaben gefischt", raunte ich zurück, so hätten sie gleich gewusst, dachte ich, wer der Vater vom kleinen Ferri Leimböck ist, verwarf den absurden Gedanken aber ebenso rasch wieder. Dann waren wir auch schon an der Absperrung vorbei und drinnen im ehrwürdigen Altbau und unter hauskundigem Geleit nach kurzem Treppauf an der Klassentür mit dem IV-B-Schild, ganz nach Tradition des Hauses in römischen Ziffern gehalten.

Der graue Tagesanzug passte perfekt, dazu ein lichtblaues Hemd, dunkle Krawatte mit hellen breiten Streifen, die Halbschuhe in Schwarz. Er saß in der Haltung eines bis zuletzt Korrekten, penibel über sich selbst hinaus und mit würdiger Steifheit, die Hände über den aufgeschlagenen Seiten eines Buches auf dem Lehrerkatheder gefaltet, eines Klassenbuches, wie Linien- und Spaltenführung rasch erkennen ließen, und nur der nach hinten überstreckte Kopf mit weit aufgerissenem Mund und strähnigem, wirr abstehendem Haar erzählte bei raschem Hinsehen vom Ableben eines alten Mannes. Dazu, bei näherer Betrachtung, die gebrochen grauen, vormals grünen Augen und die Ränder eines Flecks im Schritt der Anzughose, letzter vertrockneter Ausfluss eines verwelkenden Körpers, der sich vergeblich und mit rasch erlahmender Kraft gegen den Tod gestemmt hatte. Zu Füßen der Leiche lehnte eine zerschlissene braune Lederaktentasche, daneben lag ein Hofer-Plastiksack, zerschnitten und unterhalb der Öffnung in mehreren Bahnen mit silbrigem, ebenfalls durchtrenntem Klebeband umwickelt.

„Wir mussten ihn mit der Mullbindenschere aufschneiden, um zu sehen, ob noch was zu retten ist." Der Notarzt sagte es mit Blick auf den Einkaufssack und fast schon bedauerndem Achselzucken, als wir die Klasse betraten und er seinen metallisch glänzenden Notfallkoffer wieder mit sämtlichem Instrumentarium bestückte. „Natürlich mit Handschuhen." Morgendliche Gereiztheit schwang in seiner Stimme mit.

„Natürlich", erwiderte Michelin. „Sonst etwas?"

„Er wurde erstickt", gab der Arzt zurück. „Aber um das zu erkennen, werden Sie mich wohl kaum brauchen." Er hielt kurz inne, um sogleich hinzuzufügen: „Wie ich Sie kenne." Ärzte wollen gerne an ihren Opfern herumdoktern, dachte ich, und Notärzte besonders gerne, und dieser hier, wie Michelin und ich ihn kennen, besonders gerne dann, wenn es medial gut rüberkommt, das Herumschnipseln, und das Schlimmste, was dir als Notarzt passieren kann, überlegte ich weiter, ist einer, bei dem rein gar nichts mehr Sinn macht, nicht einmal ein bisschen Intubieren oder wenigstens mit dem Defibrillator ein paar

Ladungen Strom reinjagen in den schlaffen Körper, ein lupenreiner Fehleinsatz, wo sie dann über Funk in ihre Rettungszentrale nur noch durchgeben können: „Patient ist hunderteins E." Hunderteins für Herz-Kreislauf und E für Exitus.

„Seht euch die Tafel an", richtete sich Stillhofer an Michelin und mich. „Almer, Auner, Berger, Blaszic, Danninger, Däubling, Fasching, Falter, Goblirsch ... und Hanser. Es endet mit Hanser." Die Namen standen in geschwungener Handschrift akkurat untereinander. Jeder Strich als Teil eines Gemäldes von bestechender Symmetrie. Der Auswuchs grenzenloser Perfektion. Das Werk eines Pedanten. Und rechts davon ein einziger graphologischer Anachronismus in geradezu betont krakeligen Groß- und Kleinbuchstaben, drei Worte wie die Verhöhnung des gestochenen Schriftbildes von nebenan: LIBER kein LATINUS.

„Unser Freund ist ein Scherzbold", sagte ich.

„Tote Sprache, toter Lehrer", ergänzte Michelin. „Er versteht es, sich in Szene zu setzen."

„Er heißt Lorenz Geier, Magister Lorenz Geier, und hat an unserer Schule Latein unterrichtet. Jahrzehntelang." Eine sonore Stimme durchdrang den hohen Raum, kräftig und herrschend, wie über die Jahre hinweg zu beständiger Stärke geschmiert. „Fehrmann, Doktor Fehrmann, Fehrmann mit E, ich bin der Direktor des Hauses." Der Herr Doktor schickte sich an, über die Schwelle in die Klasse zu treten. Michelin bedeutete ihm mit einer hastigen Handbewegung stehen zu bleiben. Fährmann mit Ä würde besser passen, dachte ich, der Fehrmann als Fährmann und die Schwelle als Hades, vom alten Geier überschritten, Rückkehr ausgeschlossen. Ein Fährmann in Direktorspose, fast schon ein Klassiker, überlegte ich, das klein karierte Sakko lose um die Schultern geworfen mit schlaff baumelnden Ärmeln, die bei leisester Körperdrehung in kreisenden Bewegungen zu tanzen beginnen, gekünstelte, künstlich erzeugte Dynamik, gleich den Sesselschleudern in

Vergnügungsparks, und die Hände vor dem Bauch, frei und allzeit bereit für gewichtige Gestik oder zumindest, um mit triefendem Schwamm nach Kindsköpfen zu werfen.

„Wie schaffen Sie das?", wandte ich mich an den Direktor.

„Wie schaffe ich was?"

Ich habe es oft probiert, dachte ich, damals mit achtzehn, als wir nur restlos chic waren, wenn das Klacken genagelten Schuhwerks unseren erhabenen Maturantengang begleitete, oft probiert und nie verstanden, wie sie es auf den Schultern halten, so ganz und gar frei hängend, ohne Clips von einem Revers zum andern. Ist es antrainierte Kunst, bei der Lehrerausbildung in Seminaren gelehrt? Ist es die Erhabenheit der Berufung? „Das Sakko. Dass es hält", antwortete ich und tippte begleitend mit der Rechten an die linke Schulter.

Direktor Fehrmann mit E würdigte mich eines langen, reglosen Blickes, ehe er die Stirn in Runzeln legte, sich von mir abwandte und zu Fauler hin sprach: „Hat der hier das Sagen?" Michelin nickte stumm. „Magister Geier hat einen Schlüssel zur Schule", fuhr er fort, immer noch zu Michelin gewandt, „er gibt Nachhilfe ... er gab, meist abends."

„Gibt es eine Frau Geier?", fragte Stillhofer, der mit fast schon dentistischem Interesse über den toten Geier gebeugt stand und in den weit aufgerissenen Schnabel äugte.

„Ja", sagte Direktor Fehrmann mit E. „Die Frage ist: Wie lange noch."

„Was soll das heißen?", wandte ich ein.

„Erklären Sie einer bald Achtzigjährigen, dass sich die paar Jährchen, die ihr und ihrem Mann mit Gottes Gnade vielleicht noch geblieben wären, unter einem Plastiksack aufgelöst haben, den man ihm über den Kopf gestülpt hat, unter dem Plastiksack eines Diskonters noch dazu, wenn ich nicht irre." Direktor Fehrmann mit E sprach weiterhin zu Michelin hin, als hätten seine Ohren verlernt, die Richtung des Schalls zu bemessen. „Ein Diskontersack. Als ob die Existenz eines alten Mannes keinen Wert mehr hätte", setzte er fort. „Und dann erklären Sie ihr, dass das Leben trotzdem schön ist und weitergeht. Ungebrochen."

„Wer hat den bedauernswerten Herrn Professor gefunden? Der Portier?", fragte Stillhofer, dessen Blick nach wie vor auf den toten Geier geheftet war. Du bist ein schlaues Kerlchen, Stillhofer, dachte ich, den bedauernswerten Herrn Professor zu sagen, das zeugt von Respekt und schafft Nähe.

Die Miene von Direktor Fehrmann mit E hellte merklich auf. „Vier Schüler, die gemeinsam aus der Garderobe heraufgegangen sind. Sie sind im Lehrerzimmer, der Hausseelsorger hat sich ihrer angenommen." Fehrmann mit E seufzte theatralisch. „Die armen Buben, sie sind völlig geschockt. Der Portier geht für gewöhnlich nur von Klasse zu Klasse und sperrt auf. Es gibt keinen Grund, warum er in jedes Zimmer hineinsehen sollte."

„Und das Reinigungspersonal?", fragte ich.

„Montags niemals", sagte Direktor Fehrmann mit E an mir vorbei. „Montag Schule, Dienstagfrüh putzen. Dienstag Schule, Mittwochfrüh putzen. Samstag Schule, Sonntagfrüh putzen. Sonntag keine Schule, Montagfrüh nicht putzen. So einfach ist das. Montags also niemals."

„Natürlich nicht", erwiderte Stillhofer. Das Zucken seiner Mundwinkel zeugte von gebändigter Heiterkeit.

„Rede du mit den vier Buben", wandte ich mich an Stillhofer. „Vielleicht ist der Herr Direktor so freundlich, dich zu ihnen zu bringen."

Stillhofer schien sich kaum vom toten Geier losreißen zu können, bewegte sich schwerfällig zur Türe hin und streifte die Plastikbezüge mit ruckenden Bewegungen von den Schuhen. „Kommen Sie, junger Mann", sagte Direktor Fehrmann mit E unter ausladender Geste. „Natürlich ist der Herr Direktor so freundlich." Er lüpfte das Sakko mit Blick auf die linke Schulter und fügte hinzu: „Es ist eine Frage der Würde, wissen Sie?" Dann verschwand er ums Eck und Stillhofer mit ihm.

„Es ist eine Frage der Würde, wissen Sie?" Michelin wiederholte die Worte von Direktor Fehrmann mit E und prustete los.

„Kann es sein, dass ich übertrieben habe, Willi?"

„Ja, das kann sein." Michelin schürzte die Lippen und versank für einen langen Atemzug in Nachdenklichkeit. „Der Tod ist das Wechselspiel des Schlächters mit dem Schlachtvieh. Zeigen Sie niemals, dass Sie Teil der Maschinerie sind."

„Spinnst du?"

„Der Leitspruch eines unserer Ausbildner", fuhr Michelin fort. „Der Direktor hat Recht. Es ist eine Frage der Würde. Der Würde unseres Berufes, wenn es denn eine gibt. Teil dieser Würde ist es, die Würde anderer nicht zu verletzen."

„Und der Schlächter und das Schlachtvieh?"

„Jeder Job hat seine besonderen Seiten, Ferri. Seine reizvollen ebenso wie seine respektlosen. Besondere Anforderungen, besondere Aufgaben, und auch eine besondere Sprache. Eine Sprache, die für uns alltäglich ist. Und gewöhnlich. Tritt sie aber nach außen hin auf, wirkt sie respektlos. Respektlos und würdelos. Das ist der Punkt. Du hättest mehr Respekt zeigen sollen und nicht von seinem Sakko reden."

„Respekt? Gegenüber einem Fährmann ohne Ä mit geschultertem Sakko?"

„Ein Mindestmaß an Respekt gegenüber dem toten Alten da. Das wird auch von einem Kieberer erwartet, verstehst du?" Ich nickte unschlüssig. „Und damit bin ich auch schon beim Schlächter und seinem Schlachtvieh", fügte Michelin hinzu und begann, den toten Geier zu inspizieren. „Der Schlächter ist von einem respektvollen Umgang mit dem Schlachtvieh weit entfernt. Hat er keine persönliche Bindung zu ihm aufgebaut, ist und bleibt es ein namenloses Stück Vieh. Ein Stück Schlachtvieh eben, dessen Qualen ihn unbeeindruckt lassen. Steht der Schlächter aber als Fleischhauer hinter der Budel, dann preist er das Stück Fleisch an, als hätte er es aus seiner eigenen Lende geschnitten. Er wird es durch die Handflächen streichen lassen, mehrmals wenden und mit einem Lächeln präsentieren. Er gibt ihm ein Stück Würde und Respekt mit auf den Weg in die Verdauung. Ein verlogenes Spiel, aber die Kunden wollen es so."

„Dann sind also wir die Schlächter vom Geier, und der Geier ist die Sau? Und der Fährmann ohne Ä der Kunde, der die Sau frisst? Scheißvergleich, Willi, sei mir nicht böse."

„Nun ja", entgegnete Michelin ein wenig verunsichert. Er sprach langsam, als hätte er Angst, seine Worte überholen seine Gedanken. „Wir sind nicht direkt der Schlächter. Aber doch Teil der Maschinerie. Das Fleischerbeil, wenn du so willst. Das ist doch nur bildhaft."

Die Kollegen der Spurensicherung keuchten mit schweren Koffern in die Klasse. Perfekter Auftritt, dachte ich, wie der Seniorenbetreuer, der zwei blinde, lahme Alte aus der Sackgasse holt. „Eine Zugleiche", sagte der Erste mit entschuldigendem Achselzucken und Blick auf die Uhr. „Bis du da alles beisammen hast, das dauert."

„Fast schon penetrant", sagte Michelin, und als hätte er meinen Zweifel erahnt, deutete er zur Tafel hin und setzte nach: „Diesen neuerlichen Hinweis auf den Hanser, meine ich, findest du nicht?"

„Ja, aber es ist unser einziger Trumpf. Bisher. Wie beim Schnapsen."

„Wie beim Schnapsen?"

Wo bleibt jetzt die Analogie, fragte ich mich. „Vergiss es, Willi. Ist genauso ein Scheißvergleich. Eigentlich ist es gar kein Vergleich. Aber es erinnert mich an etwas. Irgendeiner muss die Witwe Geier übernehmen. Sag das dem Stillhofer. Schafft ihr es bis zur Besprechung um elf?"

„Ich denke schon."

„Gut. Ich muss noch einen Sprung in die Altstadt. Ein bisschen Kartenspielen."

*

Steinbruch bei Graz, Montagnachmittag

Es ist nicht einfach, in einem so dicht besiedelten Gebiet, wie es das Land um Graz ist, einen Ort zu finden, an dem man ungehindert und vor allem ungehört eine Waffe abfeuern kann. Man muss schon eine halbe Stunde lang fahren und dann das Glück haben, im verlassenen Steinbruch auf keine Mineraliensammler oder andere seltsame Käuze zu treffen. Natürlich habe ich mein Privatauto und nicht den Dienstwagen genommen. Dort, wo ich ihn geparkt habe, ist er nur dann zu sehen, wenn man unmittelbar davor steht. Aber auch wenn man den Wagen und mich erkennen würde, wäre mein Aufenthalt hier absolut unverdächtig. Ich und mein Wagen waren schon so oft hier, und ich habe hier schon so oft mit meinen Pistolen auf die Felswände gefeuert, dass man mich als gewohnten Anblick betrachten würde.

Irgendwie ist es immer ein Wettkampf zwischen der Glock und der Smith & Wesson. Österreich gegen USA. Viehhirte gegen Cowboy. Einmal gewinnt Glocki, dann wieder Smithy. Und ich schwöre, dass es nichts mit Herkunft und Vaterland zu tun hat, im Gegenteil, aber es ist trotzdem die Glock, die mir mehr ans Herz gewachsen ist als Smithy. Die Glock liegt in der Hand, als wäre sie ein Teil von mir. Sollte nicht sein, richtig! Die Glock ist eine Zweckwaffe, ungemein verlässlich und präzise. Keine Sentimentalität. Die Smith & Wesson ist etwas Romantischeres. Anschmiegsameres. Auch präzise, auch verlässlich, aber anders. Ich kann es nicht wirklich erklären, jedenfalls bin ich ein Glock-Mann. Was auch immer das ist.

Es regnet nicht, aber die Wolken sind grau und dick und sehen so aus, als ob sie bald Wasser lassen wollten. Es ist immer düster in der Steinbruchschlucht, aber heute ist es noch düsterer. Gut so, man hat ja ohnehin nur selten die Gelegenheit, das Schießen bei mieser Sicht zu üben. Außerdem halten die Regenwolken die Mineralienheinis fern.

Mein Gott, bin ich gut drauf. Jeder Schuss dort, wo ich ihn hintun will. Noch brauche ich dich nicht für den wirklichen Einsatz, Glocki, aber ich halte dich warm. Unglaublich, wie gehorsam du heute bist. Oder ist es meine Hand, die so sensationell ruhig ist? Egal. Das eine geht ohne das andere nicht. Nur wenn die Hand in Höchstform ist, schafft es die Waffe. Und umgekehrt. Es kommt immer wieder vor, dass man mies drauf ist und trotzdem fast alles trifft. Da ist es dann die Waffe, die dir geholfen hat. Ich habe in verschiedenen Gemütszuständen verschiedene Pistolen und Revolver abgefeuert und weiß ganz genau, wovon ich rede.

Heute ist mein freier Tag. Auch die Nacht ist frei und gehört mir ganz alleine. Mir und dem Schreiberling in meinem Keller. Wahrscheinlich werde ich ihm heute Nacht das Ohr abschneiden.

Die Atempause, die ich mir und dir, Schleimi, heute gönne, war immer schon eingeplant. Drei Hinrichtungen, dann Pause. Stille. Die Ruhe vor dem Sturm. Was für mich Ruhe ist, das ist für dich Spannung, Nervosität. Wann wird er wieder zuschlagen? Heute Nacht, morgen, gar nicht mehr? Was ist geschehen, warum passiert nichts? Was bezweckt er damit? Hat er sich aus dem Staub gemacht, wir tappen im Dunkeln, und er lacht sich irgendwo ins Fäustchen?

Ich weiß, wie Polizistenhirne arbeiten. Alles nach Schule. Man klammert sich an Präzedenzfälle. Legt die Täter in Schachteln ab. Sucht nach Tatmustern und folgt dabei genau den erlernten Regeln. Keine Flexibilität, keine frei bewegliche individuelle Intelligenz. Jeder ist Teil des Apparates.

Genau das hat der Trottel von Polizeichef zu mir gesagt. In jenem vertraulichen Gespräch, das zu meinem Rausschmiss geführt hat. Wir sind ein Apparat, ein Motor, der auf Hochtouren läuft. Tag und Nacht. Jedes Rädchen muss da funktionieren, alle müssen sich in dieselbe Richtung drehen. Wenn nur eines auslässt oder sich in die Gegenrichtung zu drehen beginnt, dann platzt der Motor.

Und dann hat er die Kolumne vom Hanser vor mir auf den Schreibtisch geknallt. Und zu brüllen begonnen. An den Schläfen sind die Adern unter der roten Haut dick wie Regenwürmer geworden, dazu die weit aufgerissenen Glotzaugen, der faule Atem und der Speichelsprühregen. Es war ekelig. Und entwürdigend. Für ihn.

Genau in diesem Augenblick bist du zur Türe hereingekommen, Schleimböck. Zufall? Ich habe dein dreckiges Grinsen gesehen und die scheinheilige Entschuldigung gehört, die du gemurmelt hast, bevor du wieder verschwunden bist und deinen Triumph ausgekostet hast.

Ein Triumph war's ganz sicher für dich. Kompliment, die Sache war klug eingefädelt und ist vom anderen Arschloch, dem Hanser, perfekt abgeschlossen worden.

Aber wie heißt es doch so sinnig? Wer zuletzt lacht, lacht am besten. Das letzte Lachen gehört mir, meine Herren. Die Kolumne, ich werde sie dir heute Nacht vorlesen, Schreiberling. Du wirst ganz Ohr sein. Du wirst mir dafür sogar ein ganzes Ohr geben.

*

„Und se bumban ån de Dia, se mochn an Grawäul ois wia, de dredadns' glatt ei, dad de Hausmastarin ned sei. De sågt: Wås isn, meine Hean, dan s' ma doch den Hausfriedn ned schdean." Verzeih mir, Rosa, aber dieses Mal ist es rein dienstlich, dachte ich. Und es passt so wunderbar, nicht wahr, Wolferl? Bloß dass die Hausmeisterin die Sekretariatsbiene vom Herrn Chefredakteur war.

*

„Sie können da jetzt nicht rein, Herr Leimböck", rief sie erregt, als ich an ihrem Schreibtisch vorbei auf die gepolsterte Doppeltüre zusteuerte.

„Dürfen", gab ich zurück, „es hätte heißen müssen: Sie dürfen da jetzt nicht rein", und war auch schon drin beim Stocker, der vergnüglich auf ein Blatt Papier gelinst hatte, mich nun aber aus paradeisergroßen Augen anstarrte, mit einem Ruck und einem krächzenden „Was fällt Ihnen ein" vom Drohnenplatz aufsprang und zielstrebig auf das Ecktischchen zusteuerte.

„Vernichtung von Beweismittel", sagte ich so ruhig wie möglich, weil die Ruhe, wie man weiß, dachte ich, mitunter der bessere Sturm ist, und tat zwei Schritte zum Reißwolf hin. „Ich werde Sie daran hindern, wenn nötig, mit Gewalt."

„Beweismittel?", rief Stocker.

„Wenn ich daran denke, dass Ihre Frau und der Klausberger …"

„Was fällt Ihnen ein?" Stocker erstarrte auf halbem Wege zur chefredaktionellen Säule.

„Sie sollten auf die richtigen Pressekonferenzen gehen, Herr Chefredakteur. Da erfährt man allerhand. Haben Sie Lust auf ein kleines Geschäft?"

„Wer lässt fragen, hä?"

„Einer, ich darf zitieren, der ehrvolle Bürger verschüchtert und bedroht, anstatt sich auf die Suche nach dem Mörder zu machen."

„Das war für die Pickerl an der Türe vom Hanser. Und dass Sie mit mir geschrieen haben." Stocker grinste. „Was könnten Sie mir schon anbieten."

„Ein wunderbares Geschäft, Herr Stocker, ein wunderbares Geschäft für uns beide. Es hat bloß einen kleinen Haken. Ich kann es anbieten. Sie müssen es annehmen."

„Einen Dreck muss ich, Herr Leimböck. Und Sie wissen das. Pressefreiheit, schon einmal davon gehört?" Stockers bis dahin reglose Erscheinung kam in Bewegung, er reckte den Hals, und mir war, als wollte er ein kurzes Tief auf dem Weg zum Oberwasser mit kräftigen Nackentempi durchtauchen.

Trumpfsau? Trumpfzehner? Oder doch eine tote Fremdfarbe zum Reizen, überlegte ich, zum Atoutziehen, damit er seinen Vierziger zerreißt? Die tote Fremdfarbe zum Reizen. „Ja, Pressefreiheit, Herr Stocker. Wie der Name schon sagt. Treffender hätten Sie es gar nicht formulieren können. Pressefreiheit. Beim Frühstück mit dem Kipferl im Kaffee stippen und die Konkurrenzblätter studieren. Die Presse in Freiheit genießen. Bloß mit der Freiheit ist es vorbei in der Untersuchungshaft, und Zeitung kriegen Sie dort auch keine." Stimmt zwar nicht, dachte ich, aber woher sollte der Stocker das wissen?

Stocker erstarrte aufs Neue. Stocksteif war er, einzig die Augen wuchsen merklich an und quollen golfballgroß aus ihren Höhlen. „Sie drohen mir schon wieder?"

Da, das Zucken in seiner Visage, wie vom Hochauer beschrieben, durchfuhr es mich. Jetzt den Zehner nachspielen, Ferri. „Bedenken Sie Ihre Situation, Herr Chefredakteur. Der Hanser ist dringend tatverdächtig, und Sie schützen ihn. Dazu der Klausberger, unser erstes Mordopfer, der Ihnen mit Ihrer werten Gemahlin Hörner aufgesetzt hat. Wenn das kein Motiv ist. Beihilfe ist da allemal drin. Dazu Verdunkelungsgefahr und Verabredungsgefahr. Und womöglich Fluchtgefahr. Aber das haben wir ja schon besprochen, nicht wahr? Alles in allem beste Voraussetzungen für gesiebte Luft. Die Staatsanwaltschaft sieht das ähnlich. Und der Untersuchungsrichter soll sich, wie man hört, ganz besonders weisungsfrei geben. Das unterscheidet ihn von unserem Verein. Mich können s' bestenfalls suspendieren. Vorübergehend. Das sitze ich aus. Pragmatisierung, Sie verstehen? Aber ein Chefredakteur mit Hafterfahrung macht keinen schlanken Fuß in der Verlegerbranche."

Stocker stand da wie ein Klumpen erst geschäumter und dann schockgefrorener Milch. „Was wollen Sie?", schnaubte er.

„Ihre Zusage, dass keine Hanser-Kolumne mehr erscheint."

„Ha! Den Teufel werde ich!"

„Der Teufel wird Sie, mein Lieber, und zwar holen, wenn Sie sich quer legen. Sehen Sie mich ein klein wenig als Ihren Beschützer, Herr Stocker. Ihr Pate. Ihr Pate von Amts wegen, wenn Sie so wollen. Zwei Millionen Euro sind eine Menge Geld."

„Wovon reden Sie?"

„Presseförderung, Herr Chefredakteur. Was glauben Sie denn, wenn bei der KommAustria die richtigen Leute zu den richtigen Schlüssen kommen. Etwa zu jenen, dass die *Gute* nicht mehr förderungswürdig ist. Ausschlussgründe gibt es ja reichlich, oder? Und privatrechtlichen Anspruch haben Sie keinen auf das Geld. Sie wissen das. Ich weiß das. Und Ihr Arbeitgeber weiß das auch." Wenn's weh tut, draufbleiben, Ferri. Jetzt die Sau nachspielen. „Ich könnte auch bei den Kollegen vom Streifendienst ein gutes Wort einlegen. Zum Beispiel dafür, dass sie nicht wochenlang Tag für Tag ihre Ausfahrer filzen. So eine Verkehrskontrolle, na, was glauben Sie, die dauert. Die Privatautos der Herrschaften sind ja nicht immer die besten. Kein Wunder bei dem Hungerlohn, gell? Und die Leute werden sich beschweren, mein Lieber, mein Lieber, wenn die Zeitungen auf einmal viel später daherkommen in der Früh, wo es doch eh ein jeder so eilig hat, mhhhm?"

„Arschloch", staubte es aus dem erkalteten Milchschaumgesicht.

„Immer auf Augenhöhe mit Ihnen, Herr Chefredakteur. Sie

erlauben?" Stocker machte keinerlei Anstalten, als ich auf ihn zutrat und das Blatt Papier, das immer noch zwischen seinen Fingern klemmte, an mich nahm. „Der neue Hanser?"

Stocker nickte. „Über die Lehrer."

„Postkasten?"

„Fax. Der Absender steht unten drauf. Sparen Sie sich die Mühe, wir haben die Nummer geprüft. Es ist das Hauptpostamt beim Andreas-Hofer-Platz. Nicht nur Sie wollen wissen, wo der Hanser steckt."

Ich überflog das Pamphlet. „Sadisten, die Kinder erniedrigen ... mhhhm ... Karrieren abwürgen ... ja, ja ... keiner entfernt diese Krebsgeschwüre ... da schau her. Na, einer tut's ja doch."

Professionelle Wisssucht blitzte in Stockers hasserfüllter Visage auf. „Soll das heißen, dass es bereits einen dritten Toten gibt?"

„Wer weiß das schon. Schade drum", sagte ich und wedelte mit der Kolumne durch die Luft. „Eigentlich hat er ja sogar ein bisserl Recht, der Hanser."

„Ich krieg Sie am Arsch, Herrrrr Oberstleutnant."

„Wenn ich falle, schnalle ich Sie mir um den Bauch, Herr Chefredakteur. Als Pufferzone für den Sturzflug. Möllemann im Doppelpack, wenn Sie so wollen. Bis dahin aber noch einen schönen Tag. Und vergessen Sie nicht: Wir haben ein kleines Arrangement."

*

Steinbruch, Montagnachmittag

Schießen beruhigt und entspannt. Das war schon damals so, als ich beim Heer war. Und auch später, am Polizeischießstand. Ich kann mich an keinen Schießwettbewerb erinnern, den ich nicht gewonnen habe. Die Ausbildner haben mich ständig gedrängt, doch zu einen Sportschützenverein zu gehen. Ich sei ein außergewöhnliches Talent, hat man immer wieder gesagt. Wenn ich in die richtigen Hände geraten und professionell trainieren könnte, wäre alles drinnen. Staatsmeister, vielleicht sogar Olympiasieger. Hat mich nie interessiert. Ich war ja immer in den richtigen Händen, meinen eigenen. Was die wollten, war, dass ich mein Leben in die Hände eines besserwisserischen Experten legen sollte, der es dann so kneten konnte, wie er es haben wollte. Olympiasieger wollte ich nie werden, nur ein verdammt guter Polizist.

Jetzt habe ich nur noch Glocki und Smithy. Die einzigen wahren Freunde. Sie waren immer ehrlich zu mir. Smithy ist sogar registriert. Als Nachtwächter darf ich privat eine Waffe führen. Glocki ist der Untergrundkämpfer. Er hatte dem irren Waffennarren gehört, den wir in St. Peter hochgenommen hatten. Ein ganzer Keller voll. Hauptsächlich Militärwaffen. Vom Weltkriegszeug bis zur Kalaschnikow. Glocki habe ich damals einfach eingesteckt. Niemand hat sie vermisst.

Der heutige Tag und auch der morgige sind weiße Seiten in meinem roten Buch. Zur freien Verfügung, würde es in einem Reiseprospekt heißen. Die Pause ist eine taktische, die ich ganz bewusst zur Verwirrung der Jäger eingeschoben habe. Sie werden sie nutzen, um das Material zu bearbeiten, das sie an den

Tatorten gefunden haben, und Hanser wird sich als Täter bei ihnen einzementieren. Einen anderen Schluss kann es nicht geben.

Alle weiteren Schritte sind ebenso exakt geplant. Das große Finale wird zur finalen Bombe. Akribisch recherchiert und Schritt für Schritt im roten Buch festgehalten.

*

Warum ist sie mir nicht gleich aufgefallen, dachte ich, als ich den Besprechungsraum betrat, ein Gedanke, der mich erst vor kurzem erfasst hatte. Nicht, weil das Viele noch mehr und aus sechzig zweiundsechzig Augen geworden sind, da müsste ich ja Autist sein, wie der ... na, wie heißt er gleich, irgendwas mit Schmutz hat es zu tun, ja wie der Dustin Hoffman im Rainman, nein, vielmehr weil aus der Gesamtheit des Bekannten das eine Unbekannte heraussticht, weil also da ist, was nicht da sein sollte, nicht Weintrauben auf frisch poliertem Furnier, nicht die Puppe auf dem Schlüsselbord.

„Was Sie irritiert, bin ich, Herr Oberstleutnant."

Die unbekannte Stimme zum unbekannten einunddreißigsten Augenpaar.

„Bela Schmaus. Ich bin die Neue. Aus Wien. Ich habe die Zeit von elf Uhr bis jetzt genutzt und mich mit den Kollegen bekannt gemacht."

Die Neue. Die Zeit von elf bis jetzt genutzt, sagst du, dachte ich, als ob ich selbst nicht wüsste, wie spät ich dran bin, wider meine Natur, wider meine Gewohnheit und wider mein Credo, eine naseweise, psychologisch geschulte Klugrednerin, die weiß, dass sie bei aller Unscheinbarkeit des ersten Anscheins heraussticht, überlegte ich weiter, eine die weiß, dass sie es ist, die irritiert. „Sie hätten die Zeit meines verspäteten Eintreffens auch nutzen können, um sich mit der aktuellen Faktenlage bekannt zu machen, Frau Kollegin", erwiderte ich. „Die Zeit von elf Uhr bis jetzt."

„Das habe ich im Zug getan. Anstatt mich zu schminken."

Gut gebrüllt, Löwin, dachte ich, während ein paar Spürnasen schrill aufkläfften, und mir war, als müsste ich, natürlich widerwillig wie verborgen gleichermaßen, mitschmunzeln und mitbrüllen, leise und beherrscht, vom Zwingenden des Mienenspiels der Neuen unvermittelt in Geiselhaft genommen, vom Wechselspiel des ungehalten grobfühligen Schwungs ihrer Worte mit der verhalten feinfühligen Statik ihres Lächelns, ein wenn schon schnodderiges, so doch auch unterhaltsam spontanes Wesen, zurückhaltend burschikos verpackt in schlabberigen Pullover und in schluderige Jeans.

„Nachdem die Frau Kollegin sich uns allen, wie ich meine, ausreichend bekannt gemacht hat, können wir uns wieder der eigentlichen Bestimmung dieses Treffens zuwenden", sagte ich in die Runde. „Wenn alle in gleichem Maße wie die Frau Kollegin die Zeit genutzt haben, dürfte bekannt sein, dass unser drittes Opfer Lorenz Geier heißt. Ein pensionierter Lateinlehrer, der im Keplergymnasium Nachhilfe gab und dort in einem Klassenraum ermordet wurde. Mit einem Plastiksack erstickt, wenn ich nicht irre. Was ist mit den Schülern, die ihn gefunden haben?"

Stillhofer schnellte los wie der gestraffte Gummizug eines Modellfliegers. „Außer geschockt sind die gar nix. Zumindest keine brauchbaren Zeugen."

„Kein Wunder", warf Michelin ein. „Der Geier dürfte vermutlich gestern am späten Abend getötet worden sein. Wir sollten bald mehr wissen, die Obduktion läuft."

„Gut", sagte ich. „Gehen wir also vorerst zu dem, was wir haben. Kollege Kurz wird alles auf der Tafel festhalten. Flussdiagramm, das kennt ihr ja, zumindest aus den amerikanischen Krimis. Der Stand von gestern in Kurzform: Martin Hanser ist derzeit der einzige Name, den wir mit den nunmehr drei Morden in Verbindung bringen können. Er hängt in welcher Form auch immer mit drin, als Täter scheidet er zumindest im ersten Fall mit größter Wahrscheinlichkeit aus. Nun, was gibt es ..." Nein, du sagst jetzt nicht: Was gibt es Neues?, dachte ich, weil sonst erinnern sich die Alten gleich wieder an den Heinz Conrads und sein Singsang in dieser singenden klingenden Wochenplauderei, und sind abgelenkt und fangen an zu summen, man weiß ja nie, so wie ich es jetzt auch gern täte, der ich zwar nicht zu den Alten, zu den Jungen aber erst recht nicht zähle. „Wie sieht es aus mit dem gestohlenen Sushi-Messer?"

„Wir konnten den Tatzeitraum auf drei Abende eingrenzen", legte der Dienstälteste einer von zwei Dreiergruppen, die sich aus den Abteilungen Sitte, Betrug und Wirtschaft rekrutiert hatten, los. „Im Tokio herrschte wie immer volles Haus. Martin Hanser war an zwei Abenden da, einmal zugleich mit Frank Klausberger."

„Der Hanser geht mit dem Klausberger abendessen?", fragte ich erstaunt.

„Das habe ich nicht gesagt", erwiderte der Sprecher der betrügerischen Wirtschaftssitte. „Sie waren zugleich dort. Das war auch schon alles. Der Wirt hat die beiden möglichst weit auseinander gesetzt. Auf Wunsch vom Hanser."

„Vielleicht eine redaktionell motivierte Sozialphobie", tönte es aus dem Eck für sittlichen Wirtschaftsbetrug, begleitet von einem einsamen verrauchten Lachen.

„Ich fürchte, wir können deinem doppelbödig intellektuellen Humor nicht folgen, Herr Kollege", sagte ich mit belegter Stimme, als hätte ich soeben aufgestoßen.

„Ist doch ganz einfach", konterte er. „Du schreibst schlecht über einen anderen Menschen, der es womöglich auch verdient, hast aber nicht den Mumm in den Knochen, ihm dabei ins Gesicht zu sehen. Das passt zu dem Bild, das wir bei unseren Erhebungen von Martin Hanser gewonnen haben. In der Branche ist er verschrien wie das falsche Geld. Kein Ehrgefühl. Kein Rückgrat."

„Womöglich der Neid", kam es aus der diebischen Räuberecke. „Wir alle wissen doch, dass einem bei uns alles verziehen wird, nur nicht der Erfolg."

„Deshalb hast du ja auch keine Feinde", schallte es aus dem hintersten Eck, wo sich zweimal Zielfahndung und einmal Einbruch zu jenem nun aus tiefster Brust dröhnenden Trio verschworen hatten, das nach Dienstschluss gerne die Wirtshäuser rund ums Paulustor verunsicherten.

„Bitte, meine Herrschaften", ging ich dazwischen. Du musst

die Klötze gleich ein wenig zurechthobeln, dachte ich, ehe sie auf einander einschlagen, klackidiklack, ihnen, weil wir ja gerade von einem Messer reden, die Schneid abkaufen, und ihre Forschheit und Tatkraft, die sie gegen Ihresgleichen richten, wieder auf die Sache lenken. Mit dem Rauswurf aus der Sondereinheit zu drohen, bringt gar nix, da tust du manch einem den allergrößten Gefallen überhaupt. Ist ein neues Huhn im Stall, heißt es die balzenden Gockel an den Eiern zu packen, Ferri, überlegte ich weiter, und die sind bekanntlich die nächsten Verwandten des männlichen Stolzes. „Soll denn die junge Kollegin aus Wien gleich merken, dass sie in der Provinz ist?"

Betretenes Schweigen, von der betrügerischen Wirtschaftssitte durchbrochen: „Also, der Hanser war beide Male allein im Tokio. Nichts Ungewöhnliches, wie der Chefkellner versichert hat. Der Klausberger hingegen ..." Er machte eine gehaltvolle Pause. „... der Klausberger hingegen war mit dem Stocker dort, dem Chefredakteur der *Guten*. Wenn man bedenkt, dass der eine mit der Frau vom anderen ... na?"

„Vielleicht haben sie über den Preis geredet?" Dem Einwurf eines Kollegen der bis dahin schweigsamen Wirtschaftseinbruchsbetrugsecke folgte schallendes Gelächter, das in Wellen den Raum durchflutete, immer wieder aufbrandete und letztlich in heiterem Murren verebbte.

„Zur Erläuterung, Frau Kollegin", wandte ich mich an Bela Schmaus, die, um, wie ich dachte, nicht ganz humorlos zu erscheinen, mit dem eingefrorenem Mitlächeln eines Unwissenden dasaß, „Frank Klausberger, unser erstes Mordopfer, hatte eine Liaison mit Frau Stocker. So etwas erfährt man hierzulande auf Pressekonferenzen." Schmaus nickte mit sich lösender Miene.

„Gab es Streit?", fragte ich in Richtung Tokio-Experten.

„Nichts, was darauf schließen ließe. Etwas anderes ist jedoch bemerkenswert. Das Tokio wird beinahe ausschließlich von Stammgästen frequentiert. An einem der drei Abende kam ein älterer Mann ins Lokal. So gegen acht Uhr. ‚Für Laufkundschaften haben wir eigentlich keine Tische frei', hat der Kellner gesagt, hat er gesagt. Und wenn sie einmal nicht restlos ausreserviert sind, dann erst ab halb elf. Es könnten ja noch Stammgäste spontan hereinschauen."

„Und?"

„An diesem Abend war die Sache anders", fuhr er fort. „Der Alte hat darauf gedrängt, dass ihm der Chefkellner, weil die Hütte bummvoll war, das Dekorationstischchen neben der Bar freimacht und ihm ein sattes Trinkgeld zugesteckt. Das waren schnell verdiente zwanzig Euro."

„Name?"

„Nein. Auch keine Kreditkartenabrechnung. Er hat bar gezahlt. Und das nicht zu knapp. Er hat fürstlich diniert, mit keinem außer dem Personal gesprochen, ist fast vier Stunden geblieben und zum Schluss wollte er sich noch persönlich beim Küchenchef bedanken."

„Er war in der Küche?"

„So ist es. Und er hat sich alles zeigen lassen und auch noch über Gebühr bestaunt. Keine schlechte Gelegenheit für einen Diebstahl, nicht wahr?"

„In solchen Häusern gehört das zum Kundenservice." Ihre erste Wortmeldung zur Sache zog die Blicke aller Anwesenden auf die Neue. „Eine Runde durch die Küche, wenn es das Arbeitsaufkommen erlaubt, festigt die Bindung ans Haus", fuhr sie mit sicherer Stimme fort, als wäre sie seit jeher Teil der Einheit. „Die transparente Gastronomie. Ein Besuch in der Küche macht noch lange keinen Dieb."

„Wie eine Schwalbe keinen Sommer", sagte Kurz und presste ein gewiehertes Lachen hervor.

„Beschreibung?", fragte ich.

„Ganz brauchbar", gab die betrügerische Wirtschaftssitte zurück. „Um die Ende sechzig, graumeliert, groß, kräftig, toupetverdächtig, Schnauzbart, gepflegte Erscheinung, fast schon betontes Hochdeutsch, leicht gebückter Gang mit Stock."

„Vielleicht hat es auch nichts zu bedeuten", sagte ich, „aber festhalten wollen wir die Sache allemal. Bleiben wir beim Klausberger. Was ist mit seinen Jogginggewohnheiten? Wer hat davon gewusst?"

„Ob wir da weiterkommen, ist fraglich." Jetzt war das Konglomerat aus Sitte, Tatortgruppe und Diebstahl an der Reihe. „Bisher haben wir mehr als fünfzig Namen von Leuten, die Frank Klausberger öfters an der Murpromenade joggen gesehen haben. Jogger, Spaziergänger, sogar Schüler, quer durch die Bank, und es werden sicher noch mehr. Die halbe Stadt kennt sein Gesicht."

„Wo wir doch schon von Frau Stocker geredet haben. Was ist mit den klausbergerschen Affären?" Stillhofer massierte seinen roten Backenflaum mit sinnlicher Hingabe.

„Die Stocker und fünf weitere. Nicht alle so genannte Damen der Grazer Gesellschaft", so ein Kollege von der Sitte, der mit Betrug und Fahndung ein weiteres Dreigestirn der Sondereinheit bildete. „Aber sie haben eines gemeinsam: ein lückenloses Alibi."

„Gibt es Verbindungen zu Martin Hanser?", fragte ich. „Man weiß ja nie."

„Nach derzeitigem Stand bei keiner. Außer bei der Stocker. Aber nachdem ihr Mann der Chef vom Hanser ist …"

„Natürlich", erwiderte ich. „Bleiben wir beim Thema Liebschaften. Was ist mit der – wie hat Witwe Moser es gegenüber Kollegen Kurz formuliert? – mit der türkischen Hure?"

„Dass die Köchin und der Moser ein Pantscherl haben, war weithin bekannt", meldete sich die Abteilung für Weibergeschichten aufs Neue. „Herr und Frau Landesrat Moser haben eine Zweckehe geführt. Die Witwe hat keinen Hehl daraus gemacht. Kein Wunder bei der Menge Geld, um die es da geht. Im Prinzip ist es wie bei den Klausbergerischen. Die größte Hure von allen ist die Politik."

„So wie es aussieht, bringen uns die Weibergeschichten

nicht weiter", gab ich zu bedenken. „Mit einem Moralapostel in Sachen Treue haben wir es wohl kaum zu tun. Daher sollten wir diesen Strang zwar nicht gänzlich kappen, aber doch beiseite schieben." Einige murrten zustimmend, andere wieder verharrten in angedeutetem Kopfnicken. „Thema Geld", fuhr ich fort. „Wie sieht es mit den Beteiligungen vom Landesrat Moser in der Thermenregion aus, auf die unser Freund Hanser in seiner Kolumne Bezug nimmt?"

„Gut recherchiert", beschied der Sprecher des Wirtschaftseinbruchsecks, ein in die Jahre geratener, schmerbäuchiger Kollege mit akkurat onduliertem, an den Schläfen ergrautem Haar, in protokollarischem Tonfall. „Ein verwobenes Firmengeflecht, ein verwobenes, in dem der Moser an allen Ecken mitschneidet. Nicht zwingend kriminell, aber mit seiner politischen Funktion allemal unvereinbar, sag ich dir. Unvereinbar."

„Ein Mordmotiv?"

„Bei einer Einzeltat jederzeit. Wie bei den Weibergeschichten auch. So ein Firmengeflecht macht dich angreifbar, wenn die falschen Leute davon wissen. Vor allem ein Martin Hanser. Da wundert es mich nicht, dass der Herr Landesrat seine Gäste auf dem Empfang mir nix dir nix sitzen lässt. Die Gäste sind ja am nächsten Tag wieder weg. Aber die Probleme bleiben. Wenn du da nicht reagierst, bist du selber auch gleich weg. Na ja, das ist der Moser jetzt ja auch." Er starrte gebannt auf die blutleeren Spitzen seiner Finger, die er gespreizt und wie zu einem Zeltdach geformt aneinandergepresst hatte. „Bei einer Einzeltat", fuhr er sogleich fort, „hätte ich gesagt: Vielleicht ist es eine Erpressung, die ein wenig aus den Fugen geraten ist. Aber was haben Frank Klausberger und Lorenz Geier mit den Thermenschiebereien vom Moser zu tun? Frank Klausberger und Lorenz Geier?, frag ich dich."

„Natürlich", erwiderte ich. „Wir brauchen die gemeinsame Ebene. Nach den ersten beiden Morden schien die Sache relativ klar zu liegen: Politiker. Wir alle haben mit einem dritten Mord in diesem, sagen wir einmal: Milieu gerechnet. Und dafür den alten Geier serviert bekommen. Einen Lateinlehrer."

„Gab es auch bei der dritten Tat eine Handlung, die über die pragmatische des Tötens hinausgeht?" Ein zweites Mal zog die Neue alle Blicke auf sich.

Schön gesprochen, Frau Klug, dachte ich, bloß dass dich nicht alle verstehen werden in deiner akademischen Fabulierkunst, weil wir hier nicht im Lehrsaal sind, wo man sich der Theorie zu- und der Praxis abwendet, sondern bei der Kriminalpolizei in Graz in der Plauderkammer für angewandtes Morden, meine Liebe, wo noch mit Hirnschmalz und Bauchgefühl ans Werk gegangen wird und manchmal, nun ja, wenn mich Gefühl und Blick in die Runde nicht täuschen, mit mehr Bauchschmalz als Hirngefühl und sonst was.

„Ich meine eine ähnliche Handlung wie den Tritt in die Genitalien bei Fall eins und den Kugelschreiber im Auge bei Fall zwei", ergänzte Schmaus, als hätte sie meine Gedanken erraten. Schau einer an, die Schmaus, ein strebsames Wesen, dachte ich, das seine Hausaufgaben gemacht hat.

Michelin, der bis dahin beharrlich geschwiegen hatte, brachte sich ins Rennen. „Sein Körper war Teil einer Inszenierung, wenn ihr mich fragt. Wie er im Lehrersessel platziert war, und dazu die Hände, die über dem Klassenbuch gefaltet waren. Man könnte fast meinen, er sei im Sitzen gestorben." Wie beim Zabelnig in der Portierloge im Paulustor, schoss es mir ein, der in seiner Reglosigkeit aussieht, als säße er den ganzen Tag im Sterben, wären da nicht der Knopf für das automatische Tor und der Schokoladekuchen, die es wechselweise mit der Linken und Rechten zu bedienen gilt. „Und dazu die Namen im Klassenbuch. Von Almer bis Hanser waren sie ersichtlich, der Rest wurde von den gefalteten Händen verdeckt. Perfekt abgestimmt mit jenen auf der Tafel."

„Zur Erläuterung, Kollegen", sagte ich. „An der Tafel waren, wenn ich mich nicht verzählt habe, man weiß ja nie, zehn Namen untereinander aufgelistet. In akkurater Handschrift. Es beginnt bei Almer und endet mit Hanser. Womöglich die Klaue vom alten Geier, aber da fehlt uns noch eine Schriftprobe. Und daneben stand: LIBER kein LATINUS, das erste und das letzte Wort in Großbuchstaben. Wie es aussieht, die Handschrift unseres Mörders. Ob der Geier, wenn er es denn war, die Namen freiwillig hingeschrieben hat oder unter Zwang, ist unbekannt. Auch sind uns die näheren Umstände des Zusammentreffens von Opfer und Mörder unklar."

„Nicht ganz", rief Stillhofer, die Lippen zum Kussmund geformt und unter leisem Zungenschnalzen mit dem Zeigefinger der Linken hektisch hin und her wischend wie Scheibenwischer im Regensturzguss. „Ich war bei der Witwe Geier. Vorsorglich mit einem Doktor im Handgepäck. Aber die alte Dame war gefasster als vermutet."

„Hat sie sich denn keine ..."

„Natürlich hat sie sich Sorgen gemacht", unterbrach er mich. „Aber erst kurz bevor er gefunden wurde. Ein Kollege aus der Funkleitzentrale hat die alte Dame gegen Dreiviertelacht am Rohr gehabt. Bis dahin hat sie im Bett gelegen. Schlaftabletten, vom Hausarzt verordnet. Gegen die senile Bettflucht, bei ihr besonders stark ausgeprägt, wie sie sagt."

Ha, senile Bettflucht, dachte ich, schon wieder ein echter Klassiker. „Und?"

„Ihr Mann bekam kürzlich einen Anruf. Ein ehemaliger Schüler, wie er gesagt hat. Namen wusste sie keinen. Nur so viel, dass der Anrufer Klassensprecher war. Und ein Maturatreffen organisieren wollte. Deshalb ging der Alte am Sonntagabend ins Keplergymnasium. Vereinbart war um zehn Uhr. Laut Klassenbuch müsste das ein gewisser Alexander Weinberger sein. Wer kann das übernehmen?"

Die diebische Räuberecke konnte.

„Gibt es DNS-taugliche Spuren im Klassenzimmer, Willi?", wandte ich mich an Michelin.

„In der Theorie: ja", gab Fauler zurück. „Wir haben vorsorglich allen Staub rund um den Lehrerkatheder mit dem Mikrosauger konserviert. Aber nachdem der Notarzt und sein Team durchgetrampelt sind, habe ich nur wenig Hoffnung."

„Okay. Weiter im Kontext", sagte ich. „Bleiben wir noch bei Martin Hanser. Was wissen wir über ihn, sein Privatleben, Freunde, Kontakte zur Unterwelt, Zweitwohnsitz et cetera?"

„Kein Zweitwohnsitz, soweit bekannt", meldete sich das Sprachrohr des sittlichen Wirtschaftsbetruges erneut zur Wort. „Null Kontakte zur Unterwelt. Bei Freunden sieht es ebenfalls mager aus. Seit der Trennung von seiner langjährigen Partnerin vor ein paar Jahren hat er nur noch für die Arbeit gelebt. Wir haben seine Ex über Arbeitskollegen aufgetrieben. Sie hat uns ein paar Namen aus vergangenen Tagen genannt. Der eine ist ein verkappter Achtundsechziger. Völlig verkifft. Hat vom Hanser seit Jahren nix gehört. Dafür aber jetzt von der Drogenfahndung, hahaha. Ein anderer ist ein Studienkollege und jetzt Professor an der Juridischen. Der hat sich mit Martin Hanser in unregelmäßigen Abständen getroffen. Zuletzt immer seltener. Sie hatten sich ..." Er blätterte in seinen Unterlagen. „... ,unsere Ansichten waren mehr und mehr disloziert', hat er gesagt, was auch immer das heißen soll."

„Dislozieren heißt ...", blendete Bildungsbürger Kurz sich ein, „... das heißt so viel wie, nun ja, also Ansichten und disloziert, wenn die Meinungen ..."

„Danke, Kurt", sagte ich. „Wenn ich richtig liege, ist es das, was uns beide vereint: die unterschiedlichen Standpunkte."

Kurz sank schmollend in sich zusammen, als wäre der Kuckuck beim ersten Schrei des Mittagsrufes stimmbrüchig geworden.

„Habt ihr den Nachtportier bei der *Guten* erreicht, der im Dienst war, als die erste Kolumne in den Postkasten eingeworfen wurde?"

„Ja, aber Fehlanzeige", meldete sich der mörderische Erkennungsraub erstmals zu Wort. „Zwei, drei Pärchen, ein Wachdienstler auf Streifgang, ein paar Besoffene, das Übliche. Gesehen hat er nix. Welcher Nachtportier blickt denn schon die ganze Nacht auf seinen Überwachungsschirm."

„Ja, wer schon. Aber wenn ihr gerade auf Kolumnenjagd seid, dann fahrt zum Hauptpostamt beim Andreas-Hofer-Platz. Dort wurde heute früh die dritte Hanser-Kolumne per Fax an die *Gute* geschickt. Findet heraus, von wem. Ich will zumindest eine genaue Beschreibung."

Nicken aus dem Eck des mörderischen Erkennungsraubes.

„Was ist mit Hanser und seinen Kontakten in den sechsundneunzig Stunden vor seinem Verschwinden?", setzte ich nach, wieder ans Wirtschaftsbetrugseck gerichtet.

„Seine Kollegen brauchen sich nicht einmal hinter ihrem hoch gepriesenen Redaktionsgeheimnis zu verschanzen, die wissen nix. Der Hanser ist ein Einzelgänger. In seinen Stammlokalen war er in den vergangenen Tagen so regelmäßig und besoffen wie immer. Allein. Und was die Telefongespräche angeht ... du weißt doch, wie schwierig das in den letzten Jahren geworden ist, Ferri. Seit der Liberalisierung des Marktes. Die Kontakte zu den Anbietern sind auch nicht mehr die von früher. Die verweisen dich alle auf den Amtsweg. Und der Herr Untersuchungsrichter lässt sich gehörig bitten, was die Freigabe der Nummern angeht."

„Darum wird sich mit Sicherheit unser geschätzter Direktor kümmern", entgegnete ich, gell, mein lieber Kurzer, dachte ich, das ist deine Ebene, die Ebene der Geschniegelten und Gestriegelten.

„In einem Punkt waren wir allerdings auf kurzem Wege erfolgreich." Ein Anflug von Frohmut glitzerte mir aus dem Wirtschaftsbetrugseck entgegen. „Das Privathandy vom Landesrat Moser. Eine Liebschaft aus früheren Zeiten. Sie hat mir die Nummer gegeben, von der aus er auf dem Empfang im Schloss Eggenberg angerufen wurde. Eine Liebschaft, sag ich dir."

„Das sagst du erst jetzt!", rief ich erregt.

„Es ist nicht, was du dir erhoffst, Ferri. Kein Handy. Eine Telefonzelle in der Nähe der Kleinerwerke. Ein verdammt raffinierter Hund ist das, ein raffinierter, sag ich dir."

„Oder Hündin", sagte ich. Man weiß ja nie. „Spuren?"

„Der Tagdienst der Spurensicherung war bereits dort. Die Chancen stehen nicht schlecht, zumindest ein paar Hautschuppen oder Haare zu finden. Die Zelle wurde meiner Informantin zufolge seit Samstagabend, also seit diesem Anruf, nicht mehr benutzt. Zumindest nicht zum Telefonieren. Und Telefonzellen sind ja sowieso out. So was von out, sag ich dir."

„Sehr gut. Vielleicht gibt es Übereinstimmungen mit dem Material aus dem Klassenzimmer", erwiderte ich. „Das wäre ja zu schön."

„Ja, viel zu schön", hauchte der immer noch schmollende Kurz in abgesetzten und kaum vernehmbaren Worten.

„Auf dem Kugelschreiber, den sie auf der Gerichtsmedizin aus dem Moserauge geholt haben, sind übrigens wieder Fingerabdrücke vom Hanser drauf", sagte Michelin. „Aber das war fast schon zu erwarten bei der Penetranz, mit der wir jedes Mal auf den Namen Hanser stoßen. Gestoßen werden. Das stinkt ja zum Himmel. Verblüffend ist jedoch etwas anderes." Michelin legte eine Pause ein, wie um sich der ungeteilten Aufmerksamkeit aller Anwesenden ganz sicher zu sein. „Die Vorderseite des Monsterzettels, ihr wisst schon, der Fetzen Papier, der mit dem Kugelschreiber in seiner Visage fixiert war, ist gespickt mit Fingerabdrücken vom Hanser. Aber auf der Rückseite ist kein einziger."

„Also hat er den Zettel nicht in der Hand gehabt." Die Neue die dritte.

„Genau, Kollegin", rief Michelin erfreut und schenkte Bela Schmaus sein breitestes Hufeisenbartgrinsen. Ihn hat sie sich also schon eingekocht, die Frau Wuschelschnitt, dachte ich, sagt einmal spontan etwas, zugegeben, nicht gerade Blödes, und Freund Willi springt wie ein Batzen gestockter Hollermarmelade ins Einmachglas und lässt sich von einer einzigen Meldung wie mit Zellophan und Rexgummi luftdicht abpacken. „Er hat das Wort Monster geschrieben", setzte Michelin nach. „Das hat unser Haus- und Hofgraphologe bestätigt. Mit dem Kugelschreiber, wie der Tintenvergleich gezeigt hat. Aber er hat das Papier nicht in die Hand genommen. Ist doch merkwürdig, oder?"

„Mehr als das", kam es aus dem Wirtschaftsbetrugseck. „Sieht nach einem verdammt perfiden Spiel aus, einem perfiden, sage ich dir."

„Es ist ein Spiel", sagte die Neue. „Unser Mann, und davon gehe ich aus bei der Brutalität, mit der hier zu Werke gegangen wird", fuhr sie fort mit einem fast schon gütigen Lächeln in meine Richtung, „unser Mann spielt ein Spiel. Und er will, dass wir mitspielen. Nur kennen wir die Regeln noch nicht."

„Wir gehen derzeit von zumindest zwei Personen aus, die mit den Morden zu tun haben", sagte ich.

„Natürlich, Herr Oberstleutnant. Aber Martin Hanser scheint ja als, wenn ich so sagen darf, ausführendes Organ nicht in Frage zu kommen. Womit wir es hier zu tun haben, nennen wir in der Theorie Dispositionsmörder. Also einer, um es praxisgerecht zu formulieren, der die Wahl der Mittel nach Belieben wechselt. Einer, der jedes Mal nach anderem Muster zuschlägt. Wobei es kein für uns erkennbares Muster gibt. Er wählt seine Opfer nach Parametern, die wir nicht nachvollziehen können. Wie auch die Art und Weise des Tötens. Nicht unbedingt sexuell motiviert. Auch nicht in räuberischer Absicht. Bisher. Kann ja noch kommen. Täuschen und tarnen. Auch keine als solche erkennbare Auftragstat. Dagegen sprechen die Handlungen, die über das bloße Töten hinausgehen. Und auch die, wie es scheint, akribischen Vorbereitungen der Taten. Eine Kugel wäre doch viel einfacher. Stattdessen nimmt er mit jedem seiner Opfer beim Akt des Tötens Körperkontakt auf, wenn Sie so wollen. Und dass er aus rein ideologischer Gesinnung heraus agiert, ist derzeit auch nicht absehbar. Aber dafür wissen wir noch zu wenig über die Gemeinsamkeiten der drei Toten. Dispositionsmörder handeln ohne wiederkehrendes Motiv. Zwischen den Opfern gibt es keine Verbindung. Die schlimmste Form von Serienmörder überhaupt, der Alptraum des Kriminalisten."

„Ihre Theorie in Ehren, Frau Kollegin", erwiderte ich. „Über unseren Mörder steht derzeit recht wenig Information zur … äh, Disposition, wenn *ich* so sagen darf. Unsere Verbindung heißt daher Martin Hanser, so oder so."

„Tut sie das wirklich?" Sie zog die Brauen über ihren tabakbraunen Augen hoch und neigte den Kopf zur Seite, als wäre es die neckische Aufforderung eines Hundewelpen zum Stockspiel.

„Sollen wir also gleich einpacken und nach Hause gehen?", fragte ich gereizt.

„Nein", entgegnete Schmaus, die sich geradezu warmgeredet hatte. „Ich will nur, dass wir alle uns bewusst sind, mit welcher Art von Mensch wir es zu tun haben."

„Und wenn unser … Mann, wie Sie sagen, im Auftrag von Martin Hanser handelt? Als mordender Vasall? Und Hanser als Spielleiter bewusst seine Spuren einbringt?" Kurz war wieder da.

„Das wäre einzigartig in der österreichischen Kriminalgeschichte", konterte die Neue.

„Das ist dieser Fall jetzt auch schon."

„Ein Wodkasäufer, der täglich eine Flasche Absolut kippt, als Superhirn einer Mordserie? Fürs Kolumnenschreiben mag es ja noch reichen, aber dafür?", rief das sittliche Wirtschaftsbetrugssprachrohr.

„Absolut?", fragte Stillhofer. „Das hast du uns bisher verschwiegen. Sollten wir nicht bei seinem angestammten Greißler oder Supermarkt nachfragen, sofern er einen hat, wann er zuletzt Nachschub gekauft hat? Absolut gehört zur gehobenen Preisklasse, in rauen Mengen kauft den nicht jedermann."

„Ja, das sollten wir", sagte ich mit Blick ins sittliche Wirtschaftsbetrugseck. „Nachdem Martin Hanser verschwunden ist, müssen wir davon ausgehen, dass er sich womöglich außerhalb seiner gewohnten Umgebung aufhält. Er ist, wie wir aus verschiedenen Quellen wissen, Alkoholiker. Alkoholiker können nur klar denken und besonnen agieren, wenn sie Stoff haben, sobald sie Stoff brauchen. Hanser benötigt also Nachschub. Daher würde ich vorschlagen, ihr kontaktiert die Zentralen aller Supermarktketten in und um Graz. Vielleicht gibt es irgendeine Filiale, wo der Absolut-Verkauf sprunghaft angestiegen ist. Bis dahin aber keine Hirnakrobatik ohne Netzsicherung. Ich meine: Bleiben wir bei dem, was wir haben. Und spekulieren wir dann von neuem. Was gibt es an Fakten? Wir waren beim Privathandy vom Moser."

„Die Anrufe in letzter Zeit beschränken sich auf drei Nummern. Seine türkische Freundin, sein Büro und sein Pressesprecher. Die anderen Gespräche der vergangenen Tage sind über das Diensthandy gelaufen, das der Chauffeur immer bei sich hat, sagt der Sekretär vom Moser. Aber wer wie was wann wo, ihr wisst ja, der Untersuchungsrichter …"

„Ja, ja", ging Kurz unwirsch dazwischen. „Wir wissen."

„Dann nehmt einen Abschneider und den Chauffeur in die Mangel", rief ich. „Euch fällt schon etwas ein, nicht wahr?" Süffisantes Grinsen aus dem Eck des Wirtschaftsbetruges. „Kommen wir also zum Messerstich."

Michelin schnaufte aus tiefer Brust. „Wenn es kein Glückstreffer war, und davon gehe ich aus, gibt es zahlreiche Möglichkeiten. Sondereinheiten beim Heer lernen das geräuschlose Töten. Aber die würden in die Lunge stechen, da bleibt dem Opfer die Luft zum Schreien weg, und dann … ratsch, die Kehle durch. Oder ein Polizist. Oder ein Kollege der ehemaligen Gendarmerie. Jetzt auch Polizist. Was weiß ich. Oder ein Fleischhauer. Die sind Meister im Abstechen. Auch wenn es zumeist echte Schweine sind, und nicht …" Willi feixte. „Im Prinzip könnte es jeder tun, der über ein gerütteltes Maß an krimineller Energie und Basiswissen in Sachen Anatomie verfügt."

„Und zumindest über Grundkenntnisse der Knotentechnik", warf die Neue ein. „Unser Mann ..."

„Apropos. Wissen wir schon, woher das Seil stammt?", rief Kurz dazwischen.

„Billige Massenware." Die räuberische Drogensitte schien mit einem Mal aus ihrem Vormittagsschlaf erwacht. „Kriegst du in jedem Baumarkt. Aber wir bleiben dran."

„Grundkenntnisse der Knotentechnik also, wenn ich fortfahren darf, meine Herren." Die Stimme der Neuen vibrierte akademisch papriziert. „Unser Mann verrät uns mit jeder Tat sehr viel von sich. Wir müssen es nur richtig deuten. Er verhält sich, wenn ich so sagen darf, idealtypisch."

„Idealtypisch?", fragte Bildungsbürger Kurz.

„Idealtypisch", bekräftigte die Neue. „Er entspricht dem Muster, wie wir es von vielen Serienmördern kennen. Zum Beispiel darin, dass er sich von Mal zu Mal steigert."

„Erstechen. Aufhängen. Ersticken. Wo bleibt da die Steigerung, Frau Kollegin", fragte ich.

„Im Bühnenbild, Herr Kollege", hielt sie entgegen. „Beim ersten Mord ein einziger Stich und der Tritt in die Genitalien. Und aus. Beim zweiten der bewusst gewählte Schauplatz, die Vorbereitungen mit dem Seil, dazu der Zettel im Auge, ein kleines Schauspiel. Und dann erst der dritte Mord." (Du gerätst ja regelrecht ins Schwärmen, meine Liebe, dachte ich, weg vom Spröden der besserwisserischen Klugrednerin und hin zur blutig leidenschaftlichen Kriminalistin.) Bela Schmaus lächelte. „Der dritte Mord ist, wenn ich so sagen darf, ein Feuerwerk an theatralischer Symbolik. Die Sache mit dem Hofer-Sackerl. Dazu die Namen auf der Tafel. Der Liber-kein-Latinus-Spruch. Die Sitzposition des Toten. Und hinzu kommen die Tatorte. Eine Uferpromenade, ein Park, eine Schulklasse. Unser Mann möchte seine Opfer einer breiten Öffentlichkeit sichtbar machen, er möchte sie bloßstellen."

„Vielleicht will er bloß uns bloßstellen", raunte Stillhofer.

„Gute Theorie", sagte sie. „Vielleicht eine Art Begleitmotiv. Darüber sollten wir nachdenken. (Mir wird ganz übel, dachte ich, jetzt kocht sie sich den Stillhofer auch noch ein, da bleibt mir ja von meiner Stammtruppe nur der Kurz als Verbündeter.) Womit wir bei der Suche nach dem Motiv wären."

„Darüber wollte ich gerade mit euch reden", setzte ich energisch ein. „Ich habe hier eine Liste möglicher Motive ohne Anspruch auf Vollständigkeit, Ergänzungen erwünscht. Kollege Kurz führt Buch an der Tafel. Gehen wir nach dem Ausschlussverfahren vor. Einverstanden?"

Zustimmendes Murren.

„Materielle Vorteile? Erbschaften? Wohl kaum, oder?"

Schweigen.

„Politischer oder religiöser Fanatismus?"

Schweigen.

„Tötung, um ein anderes Verbrechen zu verdecken, sei es eine Veruntreuung oder was auch immer?"

Leises Murren, dann Rufe: „Blödsinn." „Weg damit!" „Streichen!"

„Denke ich auch. Dazu fehlt uns wohl der Zusammenhang der Opfer. Vor allem der Geier tanzt aus der Reihe. Angst vor Erpressung, mhhm? Was könnten die drei von Martin Hanser gewusst haben? Jeder dasselbe? Jeder etwas anderes?"

„Blödsinn!"

„Eben. Perverse sexuelle Motive?"

Schweigen.

„Pathologische Motive wie Verfolgungswahn? Zwangsvorstellungen? Ein Schizophrener mit Krampfzuständen und Wahnideen?"

„Weg damit!" „Streichen!"

„Jähzorn aus Rache?"

„Zu gut geplant."

„Richtig. Aber wie wäre es mit persönlichen Motiven wie etwa ...Vergeltung für erlittene Schmähungen?"

Stummes Nicken.

„Gut, kommt dazu." „Tötung auf Verlangen!" Gelächter. „Euthanasie!" Gebrüll.

„Bravo, Kollegen. Das oder Mitleid. Würde mir auch gefallen. Beim alten Geier stimmt es ja beinahe. Wie wäre es mit tiefer, jahrelanger Feindschaft?"

Murmeln. „Leicht möglich!" „Hanser kannte alle drei!" „Lateinlehrer sind Schweine!" „Die Kolumnen!"

„Richtig. Jahrelange Feindschaft bleibt im Rennen. Hass auf Politiker?"

Wieder Murren. „Wenn der alte Geier ein Ablenkungsmanöver ist, dann ja!"

„Wäre möglich. Bleibt also auch dabei. Ich weiß, wir hatten es schon. Aber wie sieht es aus mit Auftragsmord? Gesetzt den Fall, der Hanser hält sich einen Vasall, der für ihn tötet und seine Spuren anbringt. Sehr konstruiert, oder?"

„Ja, das ist Unsinn!" „Aber möglich!" „Warum nicht, alles ist irgendwann das erste Mal."

„Also gut. Sehr theoretisch, aber möglich. Vielleicht in Klammer. Was bleibt?"

„Machtdemonstration!"

„Richtig. Passt auf jeden Fall. Und?"

„Tötung ohne Motiv!"

„Gibt es nicht. Wer scheinbar ohne Motiv tötet, macht sich gerade das Fehlen des Motivs zum Motiv, nicht wahr? Außerdem haben wir die Kolumnen. Die wurden wohl kaum aus Jux und Tollerei geschrieben, oder? Also, was ...?"

„Apropos Kolumnen, Ferri", streute Michelin ein. „Mein Professor, du weißt schon, der Bekannte meiner Frau, sagt, sie könnten authentisch sein, allerdings hat er die jüngsten Hanserwerke erst mit drei oder vier älteren verglichen. Aber: Er hat noch einen Trumpf im Talon, eine Studentin, die eine Doktorarbeit bei ihm schreibt. *Glossen und Polemik im politischen Diskurs* oder so ähnlich, was weiß ich. Jedenfalls analysiert diese Studentin seit geraumer Zeit alle Hanser-Kolumnen auf Punkt und Beistrich. Herrlich, oder? Sie ist da dran, aber es dauert halt ein bisserl."

„Ja, ja. Polizei gegen Universität. Angewandte Schnelligkeit gegen akademische Verzögerung. Also, Kollegen, was fehlt noch?"

„Vernichtung von Gegenspielern!"

„Exakt. Dazu müssten wir aber wissen, inwieweit die Opfer Gegenspieler unseres Mörders sind. Da müsst ihr mehr rausholen."

„Nicht zu vergessen die Theorie von Kollege Stillhofer."

„Stimmt. Eine Blamage für die Polizei als innerer Antrieb. Reichlich absurd, aber bitte", sagte ich. „Könnte sein. Zumindest als – wie hat die Frau Kollegin so trefflich formuliert? – Begleitmotiv. Also, fassen wir zusammen: Hass auf Politiker mit dem Umweg über einen Lehrer; Vergeltung für erlittene Schmähungen; jahrelange Feindschaft; Vernichtung von Gegenspielern; Ausübung von Macht; Blamage für die Polizei; und in Klammer der Auftragsmord."

„Wir vergessen einen wichtigen Parameter, Kollegen." Bela Schmaus blickte herausfordernd durch ihre an filigranem Gestell fixierten schmalen Gläser.

„Der wäre?" Michelin musterte sie mit achtungsvoller Wissbegier.

„Wir gehen von zumindest zwei Personen aus, die involviert sind, richtig?"

Beipflichtendes Nicken.

„In welchem Verhältnis stehen die beiden zueinander? Ist Martin Hanser der Chef und der Zweite sein Vasall? Sind sie Partner? Oder ist der Unbekannte der Chef und Hanser sein Vasall? Oder, wer weiß, womöglich selbst Opfer?"

Ein heißer Strahl durchzuckte meinen Leib, als führe ein Blitz durch mich hindurch, alles Blut in weniger als einem Augenaufschlag in wallendes Brodeln versetzend. Verdammte Scheiße. Wie konnte ich das nur ... „Die Kollegin aus Wien", rief ich, „nimmt in etwas ungestümer, aber ihrem jugendlichen

Drang zuzuschreibender und daher verzeihbarer Eile vorweg, was als nächster Punkt ...", und dabei klopfte ich mit dem Handrücken der Rechten geräuschvoll zweimal gegen den nach oben abspringenden Zettel in der Linken, „...was also als nächster Punkt, nun ja, das haben wir jetzt ja schon." Dein Hemd, Ferri, es pickt, von innen heraus, als sprängen alle Poren zugleich auf, eine einzige Hautschleuse, ein Staudamm der Peinlichkeit, der birst und einen eben noch souveränen Körper hinwegschwemmt in einer einzigen Flut schlechten kriminalistischen Denkvermögens, dachte ich. Ein kapitaler Bock, den du dir da geschossen hast, ein kapitaler Selbstfaller vor versammelter Mannschaft, du hast deine Breitseite dargeboten und wirst niedergestreckt und erlegt durch den Plattschuss einer Neunmalklugen, aus Wien noch dazu, die vermutlich nicht einmal richtig angelegt hat, einfach drauf losgeballert, und der dämliche Leiter der Mord- und jetzt sogar Sonderkommission, Ferri Leimböck, springt ihr als Sechzehnender vor den Lauf und geradewegs in den Schuss.

„Ich wollte nicht vorgreifen, Herr Oberstleutnant. Verzeihung." Ein gütiges Zwinkern begleitete Bela Schmaus' Worte. „Mir sind die Abläufe noch nicht so ... geläufig."

Streifschuss, Ferri. Poren schließen. Abkühlung. Trockenlegen. „Wenn Sie erst einmal länger bei uns sind ..."

„Bestimmt", erwiderte sie.

„Ich denke, das genügt fürs Erste", sagte ich erleichtert und wieder ins Rund der Versammlung, „wir sehen einander morgen früh um neun. Bohrt überall nach. Kontakt zu mir nur bei elementaren Veränderungen der Situation. Und ich möchte, dass wir uns alle diese Punkte wieder und wieder vor Augen halten: die möglichen Motive und die möglichen Konstellationen. Brennt sie euch in die Festplatte. Betet sie euch vor, wenn es sein muss. Bis sie euch erleuchten. Oder die Sicherungen durchgehen. Ihr wisst ja. Man weiß nie."

*

„Ich möchte mir die Tatorte ansehen." Bela Schmaus hatte mich vor dem Abgang zum Innenhof des Paulustors abgefangen.

„Wenn Sie meinen. Die Adressen stehen im Akt", gab ich knapp zurück. „Ich gebe Ihnen einen Fahrer."

„Wenn Sie vielleicht so nett wären, Herr ... Leimböck? Ich denke, ich habe etwas gut bei Ihnen."

„Sie haben gar nichts ..." Sie hat Recht, unterbrach mich dieser mein Gedanke, sie hat hochgerissen, als ich ihr vor die Flinte gelaufen bin, sie hat in die Decke geknallt, und der Verputz ist auf ihr Pagenschnitthaupt gerieselt. „Sie haben gar nicht ... so lange gebraucht, um die Spielregeln im Paulustor zu durchschauen, Frau ... Schmaus. Mit ein bisschen gutem Willen könnte ich Ihnen direkt ... nun ja, direkt dankbar sein, dass Sie mir die Arbeit abgenommen haben, die fehlenden Punkte vorzutragen. Theoretisch."

„Natürlich. Theoretisch."

„In der Praxis hieße das dann ... kommen Sie. Wir fangen bei der Murpromenade an."

„Klausberger?", fragte sie.

„Klausberger."

Bibliothek, Montag später Nachmittag

Die Bibliothek, die mir mein Vater hinterlassen hat, gibt es heute noch. Ich habe sie genauso belassen, wie er sie verlassen hat. Das Buch, das er damals gelesen hat, liegt noch so da, wie er es hingelegt hat. Das Lesezeichen steckt dort, wo er zu lesen aufgehört hat. Ich habe nie nachgesehen, welche Passage in Umberto Ecos *Der Name der Rose* die letzte Lektüre seines Lebens war. Das Buch liegt auf dem Tischchen neben dem abgewetzten Lederlehnstuhl, in dem er immer saß, wenn er las. Ich habe es nie gewagt, mich auf den Stuhl zu setzen. Ich hatte es damals nicht gedurft, weil er es mir nie erlaubt hat, und ich darf es bis heute nicht. Seine Verbote gelten für mich auch nach seinem Tod. Den Rest des Hauses habe ich im Laufe der Zeit umgestaltet und modernisiert. Diese Bereiche hatten ihn nie wirklich interessiert. Nicht einmal das Schlafzimmer. Sein Heiligtum war immer die Bibliothek gewesen, hier hatte er die meiste Zeit verbracht, wenn er zu Hause war.

Der Augenblick, in dem ich erfuhr, dass er nicht mehr lebte, hat sich für immer in mein Hirn eingebrannt. Ich war im Garten und habe den Hasen gefüttert, den er mir aufgezwungen hatte. Ein Kind braucht ein Haustier, hatte er an meinem zwölften Geburtstag gesagt und mir das Vieh in die Hände gedrückt. Ich sollte damit lernen, Verantwortung für andere zu tragen. Der Hase hat mir nie etwas bedeutet. Er war nur Pflicht, und seine Fütterungen wurden zur lästigen Verpflichtung. Ich hätte ihn ohne mit der Wimper zu zucken verhungern lassen, wenn das möglich gewesen wäre. Auch an Gift hatte ich gedacht. Es hätte allerdings damals schon das perfekte Verbrechen sein müssen, denn mein Vater hätte mich mit Sicherheit entlarvt, hätte ich dabei auch nur den geringsten Fehler begangen. Die Konsequenzen wären fürchterlich gewesen. Was mir blieb, waren wüste Beschimpfungen, mit denen ich den Hasen bei jeder Fütterung eingedeckt habe. Auch Morddrohungen waren dabei. Manchmal, wenn ich mir sicher war, dass Vater mich nicht beobachten konnte, habe ich das Vieh an den Löffeln hochgehoben und in eine Ecke geworfen. Die Erkenntnis, dass ich der Einzige war, der ihm Futter bringt, war in der Kreatur aber stärker als die Angst vor den gelegentlichen Züchtigungen. Der Hase hat mich stets erwartungsvoll und zutraulich angeglotzt, wenn ich die Käfigtüre geöffnet habe. Das hat meine Verachtung für ihn nur noch gesteigert. Am Tag, an dem mein Vater starb, hat er sich kriecherisch gegen meine Hand geschmiegt, die das Futter in den Käfig gelegt hat. Ich wollte ihn gerade mit der zweiten Hand an den Löffeln packen, als ich ein Geräusch hinter mir hörte. Ich habe genau gewusst, dass es nicht mein Vater sein konnte, weil der um diese Zeit noch im Gericht war, bin daher hochgeschreckt und habe beide Hände rasch aus dem Käfig zurückgezogen. Es war ein Polizeibeamter in Uniform, und ich habe bis heute keine Ahnung, wie er in den Garten gelangen konnte, weil ich überzeugt war, alle Türen abgeschlossen zu haben. Es kam öfter vor, dass Polizisten ins Haus kamen, weil sie dem Richter etwas überbrachten oder ihm etwas Wichtiges mitzuteilen hatten. Deshalb habe ich mich damals rasch beruhigt und dem Mann mitgeteilt, dass mein Vater nicht zu Hause und wahrscheinlich noch bei Gericht sei. Seinen Gesichtsausdruck werde ich nie vergessen. Es war eine Mischung aus Mitleid und Schadenfreude, die mich angeblickt hatte. Mitleid, weil ich ja doch noch ein Kind war und Schadenfreude, weil das alte Scheusal endlich tot war. Er hat es mir knapp und schonungslos gesagt: Es ist leider meine Aufgabe, dir mitteilen zu müssen, dass Doktor Ferdinand Hofer vor etwa einer Stunde bei einem Autounfall ums Leben gekommen ist. Dann hat er mich nach meinen nächsten Verwandten gefragt, ich habe Tante Grete genannt, weil es sonst niemanden gegeben hat, und er ist wieder gegangen. Es war keine tiefe Trauer, die ich damals empfunden habe, eher eine Art Erleichterung. Ich war frei und konnte tun, was ich schon immer tun wollte. Zuerst habe ich den Hasen umgebracht. Ich habe ihn erwürgt und unter einer Ribiselstaude begraben. Die neue Freiheit hat sich aber nur auf den Garten beschränkt. Im Haus war Vater nach wie vor allgegenwärtig. Vor allem in der Bibliothek. Hier fühle ich mich heute noch von ihm beobachtet.

*

Nach dem Umweg eines kleinen Imbisses in der Paulustorkantine (die Neue nahm einen Salat mit Putenstreifen, das fördert das Denkvermögen, sagte sie, während ich dachte: Putenstreifen, das passt genau, und trügen wir beide Uniform, ginge ich nun mit einer Pute auf Streife, schmunzelte ich offenbar nicht nur in mich hinein, wie ihr fragender Blick verriet, entgegnete aber bloß, dass ich in punkto Denkvermögen nur zu bewahren gedenke, was ohnedies im Überfluss vorhanden sei, was niemand besser vermöge als der tote Paarhufer, und wählte das Tagesangebot: Schweinsbraten, Knödel, Krautsalat – die Kruste zu weich; das Fleisch zu faserig; der Knödel zu hart; der Salat recht unbekümmert zubereitet, aber ansonsten passabel), nach diesem Umweg also saßen wir schweigend in meinem Wagen, ganz ohne Ambros, dem Auf- und Abheulen des Motors bis an die Murpromenade folgend.

„Man kann einen Tatort eben nur einmal beurteilen", sagte ich ebendort mit spöttelndem Blick auf die Körperkonturen auf Asphalt und Betonbank, mahnendes Ende des letzten stadträtischen Dauerlaufs, in blasser, vom Wochenendregen verwaschener Kreide, an dem die routinierten Murpromenadengänger achtlos vorüberzogen, als wäre Frank Klausberger nie dagelegen, oder aber immer schon. Bis vor ein paar Tagen ein keuchender, nach Luft ringender Herzschrittmacherpatient, nun aber ein starr umrandeter Schatten, von dem sie auch zu Lebzeiten keine Notiz genommen hatten.

„Jeffrey Deaver, nicht wahr?", sagte sie und fügte rasch hinzu: „Glauben Sie den amerikanischen Unsinn, wo Menschen wie dieser Deaver das Versprechen vom Klappentext, die Geheimnisse des Profilings zu lüften, bis zur letzten von sechshundert Seiten und auch darüber hinaus beharrlich nicht einlösen – sich stattdessen über die eigene Unfehlbarkeit ausbreiten und dafür auch noch jede Menge Tantiemen einstreifen?"

„Neid auf Erfolg, Prominenz und hohe Auflagen, Frau Kollegin?"

„Neid? Enttäuschung, Herr Kollege. Enttäuschung. Enttäuschung darüber, dass eine noch so junge Disziplin wie die Kriminalpsychologie nicht heranreifen darf mit aller Behutsamkeit und Zeit, derer sie bedürfte, und stattdessen der Quote zum Fraß vorgeworfen wird. Auch, nein: gerade aus den eigenen Reihen. Das beste Beispiel dafür haben wir ja im eigenen Land. Nun ja ...". Sie sagte es mit einem Seufzer, als ließe sich damit alle Erinnerung an den beklemmenden Gedanken und ihren Auslöser löschen.

„Ich dachte, Sie wären auch eine von ..."

„Das denken sie alle", fiel sie mir spitz ins Wort. „Deshalb danke ich der Natur Tag für Tag, dass sie mir den letzten Rest jener Schönheit verwehrt hat, der es Menschen wie Ihnen, Herr Leimböck, unmöglich machen würde, mich ernst zu nehmen." Wo eben noch strahlende Sanftmut rundlicher Wangen war, herrschte nun backenknöchrige Scharfkantigkeit.

Ich schwieg.

Auch Bela Schmaus schwieg fortan. Sie umkreiste den Tatort mehrmals, stieg die wenigen Treppen zum Paddlerhaus empor, schlug ein ums andere Mal ihre Mappe auf, sprach leise in ein kleines, weißes Digitaldiktafon und musterte mich aus dem Augenwinkel, wie ich mich, am Murufer kauernd, dem Spiel der Wellen und jenem meiner einzigen Zeugen hingab. Der Entenmutter und ihrer Jungen von Samstagfrüh, die sich willfährig der unbändigen Kraft des Wassers überließen, um es im nächsten Augenblick, mühelos und wie von unsichtbarer Kraft gezogen, stromaufwärts zu durchpflügen.

Neunzig Minuten danach fuhren wir ins Keplergymnasium, wo der Klassenraum der IV B bis auf Widerruf gesperrt geblieben war. Bela Schmaus musterte, blätterte und schwieg, vom Flüstern mit ihrem technischen Freund abgesehen.

Als wir an diesem sonst so sonnigen Montagnachmittag kurz vor fünf, immer noch wortlos, vor der Erlebnisbrauerei Rudolf aus dem Wagen stiegen, die handvoll Schritte auf den Seiteneingang und weiter auf das Schloss Eggenberg zuhielten, grüßte der vom Sonntagsregen entstaubte, gesäuberte Wind mit merklicher Frische. Nicht so die Kassafrau, die, mit einem bärtigen Fünfziger in prall gefülltem Overall in Alltagstratschereien vertieft, uns und unsere Dienstmarken keines Blickes würdigte. Ich für meinen Teil grüßte die beiden Steinfiguren zur rechten Hand, die den Zutritt eines schotterigen Seitenarmes der Zugangsallee säumten und den Weg an einem Pavillon mit Cafébetrieb münden ließen. Ich grüßte sie ganz im Stillen, wie ich es immer tat, nur nicht gestern Mittag, als der erhängte Landesrat im hintersten Parkeck seine letzte Audienz gab und der Nebel den Blick auf alles und jeden trübte. Erst jetzt, gut siebzig Meter vor dem Schloss, gaben die Baumriesen zu beiden Seiten der Allee, von der stürmischen Kraft der Jahreszeit aus ihrem Blätterkleid gefegt, die Sicht auf die schlohweiße Schlossfassade in ihrem prachtvollsten Gewande frei. Dunkelbraune offene Läden an drei Reihen orangefarbener Fenster, vom frühabendlich seidigen Licht, wie das ziegelrotblasse Dach auch, jedes altschmutzigen Tons enthoben; auf der dem Graben vorgelagerten Mauer aus geschichtetem Stein einer meiner heimlichen Verbündeten im Kampf gegen Stinktiere und Kobras – ein weißer Pfau, der mit dem Kopf unablässig auf- und abwippte wie ein Periskop im Dauerbetrieb; verstorbenes Laub zu unseren Füßen sprang im Wirbel einer kleinen Bö munter auf, tänzelte um sich, wippte unrhythmisch dem Boden zu und formte den löchrigen Teppich aus Ockergelb bis Zyanrot an anderer Stelle neu; Knirschen und Knistern von Rollsplitt und welken Blättern unter unseren Tritten. Sonst nichts.

„Es ist dort hinten", durchbrach ich das Schweigen, am Schloss vorbei ins linke Parkeck deutend. „Die alte Eiche hinter den Weymouth Pinien. Mächtige Genossen, werden bis zu sechzig Meter hoch und fünfhundert Jahre alt."

Der erste von vier hellen Glockenturmschlägen zur vollen Stunde, gefolgt von fünf dumpfen. Jaaaaaak. Ein kräftiges, durchdringendes, nach unten abschwellendes Ziehen, Pfauenkammwackeln im Wind wie ein gefiedertes Lachen. „Pinus strobus", sagte Bela Schmaus. „Eine Kiefernart, von Lord Weymouth aus dem östlichen Nordamerika nach Europa gebracht. Wird bei uns als Zierbaum gepflanzt, dient aber auch als Zirbenersatz im Möbelbau."

Die Neunmalkluge macht einen auf Botanik, hätte ich jetzt gerne gedacht, sofort bereit, den Gedanken weiterzuspinnen mit allen Konsequenzen, wie eben der gute Kriminalist jeden Gedanken zu Ende denkt, mit allen erdenklichen Folgen, man weiß ja nie, ehe er ihn weiterverfolgt oder auch ad acta legt. Stattdessen wusste ich nicht, was zu denken war, und schon gar nicht, was zu sagen. Bela Schmaus schien die Situation einmal mehr überlauert zu haben: „Ich sollte Biologin werden und die Baumschule der Eltern übernehmen."

„Und?"

„Es ist sich nicht ausgegangen."

„Was es?"

„Die Zeit. Vorzeitige Betriebspleite."

„Na dann", murmelte ich gedankenlos.

Kurz danach erreichten wir den landesrätlichen Galgen. „Gute Wahl", sagte Schmaus. „Ich meine ... für die Inszenierung."

Ich nickte. Aufs Neue begann Schmaus zu umkreisen, mustern, blättern und flüstern. Ein monotones Klacken, wie Eisen auf Eisen, durch dünnen Gummi gedämpft, rückte näher. Die Metallnoppe einer verstellbaren Krücke, die bei jedem zweiten Schritt unter das Gewicht eines kleinen, gebückten Körpers geriet und am unteren Rand des ausgemergelten Lochs der Rasterung anschlug. Als uns die Alte erreichte, hob sie die zweite Krücke, die der rechten Hand mehr als moralische Stütze zugedacht schien, stocherte in der Luft gegen den Naturgalgen hin, wippte pfauenartig mit dem Kopf auf und nieder und verzog den spärlich bezahnten Mund zu einer hämischen Fratze. Dann humpelte sie davon.

„Er scheint sehr beliebt gewesen zu sein", sagte Schmaus.

„Politiker", erwiderte ich.

„Den Akten entnehme ich, dass er mit Blickrichtung Schloss hing", fuhr sie fort.

„Ja."

„Gut. Sehr gut", sagte sie beinahe kryptisch und lispelte erneut in ihr Gerät. „Serienmörder wachsen mit der Aufgabe. Genau darin liegt unsere Chance", ergänzte sie, wieder zu mir gewandt. „Je perfekter sie zu agieren glauben, desto anfälliger sind sie für Fehler."

Ich runzelte die Stirn und kniff die Augen zusammen, als hätte ich glasklaren Einblick in ihre Theorie, würde aber meine Zweifel daran hegen.

„Warum tötet er auf genau diese Art und nicht anders? Haben Sie darüber schon einmal nachgedacht?"

„Unaufhörlich", sagte ich. „Aber das ist es ja: Es macht keinen Sinn."

„Noch nicht, Herr Leimböck. Natürlich wäre es einfacher gewesen, den Landesrat Moser ebenfalls zu erstechen. Oder zu erschießen. Stattdessen nimmt er Stockerl und Seil mit in den Wald. Verhältnismäßig großer Aufwand, finden Sie nicht?"

„Natürlich. Was will er uns damit sagen?", überlegte ich laut.

„Wem gilt diese Aussage? Warum diese Orte? Warum so knapp hintereinander?" Warum wurden alle drei Morde genau so ausgeführt und nicht anders? Das sind die Fragen, die wir uns stellen müssen, Herr Leimböck. Warum legt der Mörder die Spuren? Und vor allem: Welche Bedürfnisse hat unser Mann?"

„Bedürfnis. Gutes Stichwort", sagte ich. „Die Sache mit dem Wodka geht mir nicht mehr aus dem Kopf."

„Wodka? Ach, Sie meinen Martin Hanser und seine Leidenschaft für ..."

„Absolut. Genau. Halten Sie es für denkbar, dass Hanser nicht als Anstifter oder Komplize mit drinhängt, sondern bloß als, wie haben Sie gesagt, Vasall oder gar Opfer? Damit wäre die Wodka-Sache womöglich hinfällig. Als Spur, meine ich."

„Keineswegs. Die Kolumnen sind doch von ihm, oder?"

„Sieht danach aus."

„Eben. Dann muss er zumindest so frisch und firm sein, sie zu schreiben. Ein Trinker auf Entzug schafft das niemals." Schmaus trat ein paar Schritte zurück und stand nun mit dem Rücken direkt an dem grünen Maschendrahtzaun, der den Park zur Ostseite hin gegen die Baiernstraße abgrenzt, den Blick auf die Seitenfront des Schlosses gewandt, die umstehenden, jeweils rund zehn Meter vom Mosergalgen entfernten Bäume und deren Umfang beäugend. Sie murmelte etwas wie *gutes Versteck im Dunkeln* ins Diktafon. „Außerdem, Herr Leimböck", hob die Neue aufs Neue an, „was ich für möglich halte und was nicht, ist unerheblich. Jemand etwas zuzutrauen, heißt, ihn zu verurteilen. Ich verurteile nicht, ich beurteile. Und zwar menschliches Verhalten. Das ist alles. Wahrscheinlichkeiten sind Ihr Kaffee."

„Natürlich", murmelte ich, bloß mit der Wahrscheinlichkeit, dachte ich, ist das so eine Sache, weil man ja, wie man weiß, nie weiß.

„Sie kennen doch die alte Rechnung mit Indizien und Wahrscheinlichkeiten, oder?"

„Alte Rechnung?"

Sie zog die Augenbrauen fast bis unter den feuerroten Haaransatz hoch, die Pupillen in Golfballgröße. „Das Beispiel aus dem Lehrbuch." Der immer noch lebhafte Wind trug einen Hauch von Entrüstung an mein Ohr. „Das klassische Fallbeispiel mit dem Einbruch: Stadt mittlerer Größe, eine Viertelmillion Einwohner. Ulrich Theodor dringt in ein Einfamilienhaus ein (Ulrich Theodor, da schau her, dachte ich, sie redet in meinem Jargon, damit ich ihr besser folgen kann, sagt also Ulrich Theodor, nicht U Te und schon gar nicht unbekannter Täter). Beute: unter anderem vierzehn Schweizer Franken in Münzgeld. Keine Spuren. Vorerst. Alles scheint bestens abgewischt. Später wird dann doch ein halber Fingerabdruck entdeckt. Und ein Schuhabdruck auf dem Parkettboden. Profilsohle, ohne individuelle orthopädische Merkmale." Bela Schmaus sprudelte aus sich heraus, als ginge es darum, ein Zwei plus doch noch in ein Eins minus umzuwandeln. „Da keiner der Bewohner, wie sich bald herausstellt, solche Schuhe trägt, muss der Abdruck vom Täter sein. Vermutlich hat nur jeder Hundertste Schuhe mit solchem Profil in solcher Größe. Aber, ganz vorsichtig geschätzt, sagen wir: jeder Dreißigste, einverstanden?"

„Natürlich."

„Interessant ist das daktyloskopische Fragment. Ein kompletter Fingerabdruck, in hundert kleine Quadrate unterteilt, weist in der Regel in sehr vielen die bekannten Merkmale auf – Papillarlinie endet nach oben, endet nach unten, gabelt sich nach oben, gabelt sich nach unten, dazu ein paar andere Besonderheiten, richtig?"

„Natürlich."

„Die Merkmale treten, wie man weiß, etwa gleich häufig auf, also mit einer Wahrscheinlichkeit von eins zu vier pro Quadrat. Voneinander unabhängig. Daher dürfen wir sie miteinander multiplizieren, richtig?"

„Natürlich."

„Haben wir zwei übereinstimmende Merkmale, ist die Wahrscheinlichkeit bereits eins zu sechzehn. Bei unserem Fingerabdruck haben wir sieben, also ein Viertel hoch sieben, macht eins zu sechzehntausend. Also hat nur jeder Sechzehntausendste diese Merkmale. Dazu die Stückelung des Geldes, noch dazu Schweizer Franken. Die trägt bei uns nicht jeder in der Hosentasche. Die Wahrscheinlichkeit hier: maximal eins zu hundert. Gehen wir, ganz grob gerechnet, von fünfzig Millionen Verdächtigen aus, teilen wir einmal durch sechzehntausend, dann durch hundert und dann durch dreißig. Wir dürfen ja teilen, weil die Merkmale von einander unabhängig sind, richtig?"

„Natürlich."

Macht eins Komma null irgendwas. Bei fünfzig Millionen Menschen gibt es also eins Komma null irgendwas Menschen, die diese Merkmale vereinen. Und genau die hat unser Mann, nämlich der Radfahrer, der von der Polizei erwischt wird. Schuhprofil, Schweizer Franken in spezieller Stückelung und die passenden Fingerabdruckmerkmale. Aber eigentlich wollte ich gar nicht von Dingen wie Wahrscheinlichkeiten reden. Ziemlich alte Schule, nicht wahr? Außerdem ... mein Job ist es ja nur, Verhalten zu beurteilen, und nicht Wahrscheinlichkeiten."

„Natürlich", murmelte ich einmal mehr in kürzester Zeit, dachte aber, dass das Wahrscheinliche eben oft nur zum Schein wahr ist, und da halte ich mich schon lieber ans Handfeste, wie die Kollegen mit den speisetellergroßen Handflächen im Verhör auch. Ganz alte Schule. „Ihrer Wahrscheinlichkeitsrechnung zufolge gibt es genau einen Menschen, theoretisch gesehen eins Komma null irgendwas, der für die Morde in Frage kommt. Brillant vorgetragen, Frau Kollegin, bloß hat die Sache einen kleinen Haken."

„Welchen?" Bela Schmaus wandte sich erstaunt um.

„Unser Mann – wir haben ihn nicht."

„Ich kann Ihnen nur sagen, wie der, den Sie nicht haben, ist, und warum er tut, was er tut. Räuber und Gendarm spielen müssen Sie schon selbst."

„Polizist."

„Polizist?"

„Es muss heißen: Räuber und Polizist. Sie wissen doch, Zusammenlegung der Wachkörper, Gendarmen sind Schnee von gestern."

Schmaus presste ihre Lippen blutleer und schüttelte den Kopf. „So kommen wir nicht weiter, Herr Kollege."

„Was schlagen Sie vor?"

„Es geht um die Bedürfnisse. Immer wieder die Bedürfnisse. Der innere Antrieb, die Motivation. Das müssen wir erforschen. Wir müssen auf seine Bedürfnisse eingehen und sehen, wie sie zu erfüllen sind."

„Sie wollen seine Bedürfnisse erfüllen?", fragte ich entgeistert. „Wollen Sie ihm einen Opferaltar errichten?"

„Unsinn", rief sie barsch. „Darauf einzugehen und zu sehen, wie sie zu erfüllen sind, heißt noch lange nicht, sie auch zu befriedigen. Aber wir müssen wissen, wie sie zu befriedigen wären. Das macht begangene Taten begreiflich und zukünftige womöglich vorhersehbar." Bela Schmaus hatte ein Bild des baumelnden Landesrates aus ihren Unterlagen hervorgekramt, betrachtete es eingehend, legte es, mit der Mappe als Unterlage, offen ins Laub und nahm nun, unter gelegentlichen Kontrollblicken auf die Vorlage, exakt jene Position ein, die auch der tote Landesrat bei seinem letzten Auftritt inne gehabt hatte. Das Kinn zur Brust hinab gesunken, die Hände schlaff an den Lenden entlang baumelnd, spielte sie toter Moser, bloß ohne Seil, ohne Kugelschreiber im Auge und um einen Meter tiefer.

„Ist das die Art, wie Kriminalpsychologen damit umgehen?", fragte ich. „Ich meine den Tod. Die einen saufen, die anderen reißen derbe Witze über die Opfer. Wiederum andere schlagen ihre Frauen, weil es sonst keiner tut."

Ich hatte einen Blick voller Verächtlichkeit erwartet. Stattdessen verharrte Schmaus in ihrer Toter-Moser-Position, als hätte sie ihr Profileryoga auf eine Metaebene gehievt. Erst nach einem unendlich scheinenden Moment der Reglosigkeit drehte sie den Kopf zu mir und sagte ohne Minenspiel und wechselnden Tonfall: „Opfer haben oftmals großen Einfluss auf ihren Tod."

„Was?", rief ich erregt. „Wollen Sie damit sagen, der Moser hat es sich quasi selbst zuzuschreiben, dass er erhängt wurde?"

„Natürlich nicht", entgegnete sie mit gleich bleibender Monotonie. „Aber die Reaktionen der Opfer bestimmen mitunter maßgeblich, dass eine Tat verläuft, wie sie eben verläuft. Und dabei womöglich ganz anders als geplant. Will ich die Bedürfnisse des Täters kennen, muss ich wissen, ob er seine Tat nach Plan umgesetzt hat oder nicht. Dazu muss ich alle möglichen Opferreaktionen in Betracht ziehen, verstehen Sie? Ich muss alles vom Opfer wissen, um auch über den Täter lernen zu können."

„Was ist, wenn unser Mann, wie Sie sagen (obwohl man ja nie weiß, dachte ich), seine Bedürfnisse bereits erfüllt hat? Wenn er sein Ziel erreicht hat?"

„Sie meinen, dass er aufhört?"

Ich nickte.

„Sehr unwahrscheinlich. Die meisten Serientäter hören erst auf, wenn sie gefasst oder tot sind. Aber selbst wenn – spielen wir die Szenerie durch. Was war dann sein Ziel? Warum tötet man zwei Politiker und einen Lehrer, jedes Mal auf ganz spezielle und teils doch recht perfide Weise? Welchen Einfluss haben diese Opfer auf den Täter gehabt, der sie letztlich zu Opfern gemacht hat? Ist es Rache? Wenn ja, wofür? Für eine Tat, die einen selbst betrifft? Oder andere? Oder geht es um Verhaltensweisen, die die Opfer gemeinsam haben? Etwa weil sie unehrlich sind? Weil sie betrügen? Weil sie machtbesessen sind? Weil sie als ein paar wenige über das Leben vieler bestimmen? Als Politiker ebenso wie als Lehrer? Töte ich drei Menschen, die Einfluss auf andere ausüben, stellvertretend für das Böse, das ihr Berufsstand symbolisiert, um dann plötzlich aufzuhören? Absurd, finden Sie nicht? Wo doch so viele der verhassten Spezies noch umherlaufen." Mein Schweigen war Bela Schmaus Reaktion genug. „Oder gibt es doch ganz persönliche Berührungspunkte?", fuhr sie fort. „Will unser Mann es bei den drei Morden belassen, so ist das Umfeld der Opfer mit all seinen Gemeinsamkeiten äußerst wichtig. Aber daran arbeiten Ihre Leute ja, richtig?"

„Richtig." Für einen langen Augenblick kehrte neuerliches Schweigen ein, vom stoßartigen Rascheln aufgeworfener Blätter sanft durchbrochen. „Wenn es also weitergeht...", setzte ich an, „...vielleicht ertränkt er dann beim nächsten Mal einen Bademeister, weil die immer so laut pfeifen, wenn einer vom Beckenrand reinköpfelt", sagte ich.

Bela Schmaus lachte hell auf. „Denkbar ist alles", sagte sie. „Was sich so in den Hirnen abspielt." Sie hielt kurz inne und musterte mich. „Ich meine, was im Hirn eines Serienmörders vorgeht, ist in der Regel viel komplexer als die Gedanken herkömmlicher Täter. Serienmörder haben so gut wie nie persönliche Beziehungen zu ihren Opfern. Vielleicht zu einem, aber niemals zu allen."

Da hat sie schon Recht, die Gute, dachte ich, weil das Morden früherer Tage noch in geordneten Bahnen verlaufen ist, da ist aus Wut erschlagen, aus Eifersucht vergiftet, aus Rache erdolcht, aus Neid erschossen worden, und aus Gier erst recht, da hat es noch Morde mit echten Motiven gegeben und neun von zehn geklärte Fälle. Aber heute?

„Es wird immer mehr an Unbekannten gemordet", fuhr sie fort. „Von normalen Empfindungen wie irgendwelchen übersteigerten Gefühlen sind Serientäter meist weit entfernt. Mitleid, Schuld oder Reue spielen keine Rolle. Wer solche Menschen überführen will, muss denken wie sie."

„Und Sie können das?" Der Tonfall, in dem mir diese Worte blitzartig, ungewollt und unbedacht entwischt waren, war nicht Fisch, nicht Fleisch, nicht Frage, nicht Feststellung, mehr schon fragende Feststellung oder auch feststellende Frage. Ein fünfsilbiges Gemisch aus Unglaube, Unwirschsein und Unsicherheit. Bela Schmaus' kleine, für solche Vibrationen speziell geschulte Seismographen, wie ich sie seit jeher in den Hörzellen einer jeden Frau vermutete, schlugen sofort an.

„Natürlich nicht. Wie sollte ich denn als ... Frau, als nicht einmal dreißigjähriges Dummerchen." Sie bückte sich mit elegantdrahtigem Elan in einem Anflug jugendhafter Dynamik, die sich mir bis dahin nicht erschlossen hatte, nahm Foto und Mappe an sich, verstaute das Bild mit hastigen Bewegungen zuoberst unter dem Deckel, wand den Gummizug mit lautem Schnalzen um den dünnen Karton, warf mir ein aufgesetztes Grinsen zu und stob mit einem *Es reicht für heute* festen Schrittes davon.

„*Geh Oide, heast, des kånnsd doch ned måchn*", rief ich und bereute es noch im selben Moment, einmal mehr auf Wolferl Ambros gehört zu haben.

Bela Schmaus verzögerte ihren Schritt wie das auslaufende Schwungrad einer Schnellzuglokomotive, dampfbetrieben, Baureihe fünfundachtzig, Nachbau, Jahrgang sechsundsiebzig, wie ich vermutete, und wandte sich in Zeitlupe um. „Was kann ... de Oide ned måchn?", sagte sie akzentuiert.

„Es ist ein Lied", hörte ich mich sagen. Ein Sagen wie ein Stammeln. „Ein Lied, mehr an mich als an sonst wen gerichtet."

„Dann sollten Sie es auch an sich richten anstatt andere zu richten", entgegnete Schmaus mit schlagfertiger Eloquenz. „Sie müssen es mir nicht ständig vor Augen führen."

„Was?"

„Dass ich nur als Beraterin hier bin. Ich habe keinerlei Befugnis. Ich weiß das. Aber ich komme auf Empfehlung, und das sollten Sie wissen, Herr Oberstleutnant. Eine Empfehlung, die darauf fußt, dass ich mein Hirn dort habe, wo Menschen wie Sie es bei Menschen wie mir nicht vermuten würden. Schräg oberhalb der Ohren und nicht schräg unterhalb der Nieren."

„Darf ich Sie zum Essen ..."

„Mein Magen hat noch genug zu verdauen", fuhr sie dazwischen, „was Sie dürfen, ist, mich bis morgen früh um neun in Ruhe zu lassen und darüber nachzudenken, wie Sie das wieder gutmachen wollen.

„Oder wenigstens zu ihrem Hotel ..."

„Ersparen Sie sich die Mühe. Und mir auch." Einen Augenaufschlag danach war das Schwungrad wieder auf Touren.

*

In der Küche, Montag später Nachmittag

Als kaufmännischer Lehrling bist du der letzte Dreck. Bei der Polizei war es anders. Da hat mir schon die Schule Spaß gemacht. Ich hatte von Anfang an das Gefühl, dass man mich hier zum Helden ausbildete. Zu einem, der später dazu bestimmt ist, Großes zu tun. Wenn die Sache mit der Lehre im Großkaufhaus wenigstens etwas mit Verkaufen zu tun gehabt hätte. Aber nein. Ich war in der Männerabteilung und meine Arbeit bestand hauptsächlich darin, Schachteln zu schleppen, Kleidungsstücke aufzuhängen oder sie abzunehmen und anderswo wieder aufzuhängen. Man ist das letzte Rädchen im Getriebe und den Launen des Vorletzten, der so den Frust über seine eigene unbefriedigende Tätigkeit loswerden will, ausgeliefert. Das vorletzte Rädchen ist dein Vorgesetzter und der hat freie Hand, dich nach Lust und Laune zu schikanieren.

Meiner hieß Waschinger, ein kleiner, gelbgesichtiger Wicht mit Spitznase und Halbglatze. Klar, dass wir Lehrlinge das W weggelassen haben, wenn wir in seiner Abwesenheit oder hinter seinem Rücken über ihn geredet haben. Für uns war er der Arschinger, der Name hat auch viel besser zu ihm gepasst. Was immer ich getan habe, er war nie zufrieden. Ein Anzug hing immer an der falschen Stelle, die Socken hätte ich aus den Cellophanhüllen nehmen sollen, bevor ich sie aufgelegt habe, einmal hat er sogar befunden, dass meine Haare zu lang seien und er hat mich auf meine Kosten zum Friseur geschickt, der seinen Laden im Kaufhaus hatte. Arschinger, oh wie ich ihn gehasst habe. Natürlich hat es in meinem Leben bis dahin auch andere Menschen gegeben, die mir zuwider waren. Einige Lehrer waren dabei, manchmal auch mein Vater. Aber wirklich tiefen

Hass hatte ich bis dahin noch niemandem gegenüber empfunden. Einen Hass, der so stark ist, dass man an Vernichtung denkt. Arschinger war der Erste.

Es ist ihm immer wieder gelungen, mich klein und unbedeutend zu machen, ein wertloses Stück Mensch, das nicht einmal gut genug war, andere bedienen zu dürfen. Und wenn ich es doch schaffen sollte, ein Verkäufer zu werden, dann würde ich stets ein Untergeordneter bleiben, keiner, dem es vergönnt ist, Bedeutendes, Heroisches zu vollbringen. Meine Zukunftsaussicht hieß Arschinger. Wenn meine Lehre zu Ende war, würde ich einer sein wie er. Ein Vorletzter, einer, dessen einziges Privileg es ist, Lehrlinge quälen zu dürfen. Mir graute davor. Aber so lange Tante Grete noch gelebt und mich das Gesetz zu ihrem Schutzbefohlenen gemacht hat, hatte ich keine Chance, aus dieser Hölle zu entkommen. Ich konnte mir die Hölle nur angenehmer machen. Und den Arschinger aus ihr entfernen. Damals ist in mir jenes Genie, mit dem ich nun meinen Plan ausführe, erstmals aufgeblitzt. Der perfekten Planung folgte die perfekte Ausführung. Nur mein Opfer hat am Ende gewusst, dass ich es war. Ich werde Arschingers Blick nie vergessen. Wut und Ohnmacht.

Ein paar Mal hat er ausgeholt, um mir etwas zu sagen, die Worte sind aber jedes Mal in seinem Hals steckengeblieben, am Ende hat er hilflos den Kopf geschüttelt und sich von den Polizisten abführen lassen. Er hatte das Schlimmste und Beschämendste getan, das man in seinem Beruf tun konnte. Arschinger war als Ladendieb entlarvt worden. Er, der scheinbar treue Bedienstete, seit zwei Jahrzehnten in der Firma, hatte seinen Dienstgeber bestohlen. Wer weiß, wie oft er das schon getan hatte, bevor man ihn endlich erwischt hat, haben alle danach gemunkelt. Und mir anerkennend auf die Schulter geklopft.

Ich war es, der den schamlosen Dieb entlarvt hatte. Es war einfach, die brillantbesetzte Krawattennadel aus der Vitrine der Männerschmuckabteilung im rechten Eck des Herren-Stockwerkes zu stehlen. Zu Mittag war nur eine ältere Verkäuferin dort und die wurde manchmal weggerufen, um anderswo auszuhelfen. Ich brauchte nur zu warten, bis das der Fall war, den Schlüssel für die Glasvitrine aus der Lade zu nehmen und aufzusperren. Keine fünf Sekunden, dann waren die Nadel in meiner Hosentasche und der Schlüssel wieder in der Lade. Ich war mir sicher, der Diebstahl würde nicht sofort entdeckt werden, trotzdem hatte ich keine Zeit verloren. Arschinger war stets mit einer alten, abgegriffenen Lederaktentasche zur Arbeit gekommen, in der er eine Thermosflasche, die mit irgendeinem Heilkräutertee gefüllt war, und seine beiden Jausenbrote mitgebracht hatte. Irgendetwas Kostbareres muss auch noch drinnen gewesen sein, denn er hatte sie nie im Aufenthaltsraum für Beschäftigte deponiert, sondern stets in die Abteilung mitgenommen und dort, wo er sich während der Arbeit meistens aufgehalten hatte, hinter einem Vorhang abgestellt. Da er sie nur selten aus den Augen gelassen hatte, war der nächste Schritt etwas schwieriger gewesen und hatte mehr Geduld erfordert.

Ich hatte die teuerste Seidenkrawatte unter mein Hemd gesteckt und einfach gewartet. Es hatte vor 14 Uhr geschehen müssen, denn das war die Zeit gewesen, in der einer der Kaufhausdetektive während seiner Runde bei uns vorbeigekommen war. Arschinger war kurz verschwunden und hatte mir damit die zweiten fünf Sekunden gegeben, die ich für mein Vorhaben gebraucht hatte. Ich hatte Krawatte und Nadel in seine Aktentasche gestopft und gewartet, bis der Detektiv auf der Rolltreppe aufgetaucht war. Dann war ich neben ihm zu Arschinger geschlendert und hatte diesen beiläufig gefragt, aber so laut, dass es der Detektiv hören konnte, ob es in Ordnung sei, wenn auch ich eine Krawatte einfach so, ohne sie vorher an der Kassa zu bezahlen, nach Hause mitnehmen würde, um zu sehen, ob sie zu meinem Anzug passte. Arschinger hatte mich entgeistert angeglotzt, die Hände in die Hüften gestemmt und mit beinahe kreischender Stimme festgestellt, dass ich nun total vertrottelt sei.

Der Detektiv war stehen geblieben und hatte zugehört. Dann darf ich es wohl deshalb nicht, weil ich nur ein Lehrling bin, hatte ich gesagt, solche Privilegien sind wohl nur großen Verkäufern, wie er einer sei, vorbehalten. Es lief genau nach Plan. Arschinger war ausgerastet, hatte gebrüllt wie ein Wilder, ich hatte dem Detektiv die Jausentasche gezeigt und er hatte Krawatte samt Brillantnadel gefunden. Kein Arschinger mehr, der Job wurde dadurch allerdings nur um Nuancen angenehmer. Aber ich hatte erstmals erkannt und auch bewiesen, dass man sich aus der Umklammerung scheinbar Mächtigerer befreien kann, wenn man mit Mut, Entschlossenheit und Intelligenz vorgeht. Die erfolgreiche Sache mit Arschinger hatte mich dann auch auf die Idee gebracht, aus meiner zweiten Hölle zu entkommen. Jene, die Tante Grete kontrolliert hatte.

*

„Der Schdogga haaat taatsächlich verschbrochen, kein Geschreibsel mehr von diesem Hanser abzu ... abzu ...?" Weiter kam Michelin nicht. Sein Kopf sank, einem zu Wasser gelassenen Handlot gleich, verzögert gegen die Platte meines Wohnzimmertisches. Kein leuchtendes Hufeneisenbartgesicht mehr, stattdessen eine schweißgetränkte Schädelplatte. Zu dünnen Spitzen verklebte Haare staken glänzend aus Stirn-, Scheitel- und Schläfengebein, kurz geschorene, perlende Haarpfähle, die vor ein paar Tagen noch straffe, rund ums Haupt abwärts gezogene Abspannseile eines Zirkuszeltes, oder einer Brücke, man weiß ja nie, gewesen wären, dachte ich. Aber seit Willi Fauler, wie er bekanntlich korrekt hieß, versuchte, seine Ehe zu retten, war alles anders. Da machte er auf Körper, brach mit mancher Leidenschaft und ließ sogar den Friseur seine zottigen Strähnen kappen. Michelin hatte sich auf der Tischplatte für die Nacht eingerichtet, gänzlich unbekümmert, Linde, seine Frau, wusste ja, wo er war.

Ganz im Gegensatz zu mir. Ich wusste schon lange nicht mehr, wo ich war. Wo ich stand. Nicht dass ich den Boden unter den Füßen gänzlich verloren hätte, nein, das nicht, aber er schwankt doch gehörig, überlegte ich nun, wie ein Luxusliner im Monsunsturm auf hoher See, und du trippelst ohne Unterlass von rechts nach lin ... von Steuerbord nach Backbord, und vom Achterdeck übers Hauptdeck, vorbei am Promenadendeck zum Vordeck und zurück, ein ewiges Pendeln zwischen Göschstock und Heckflaggenstock, wie die Fähnchen ganz vorne und ganz hinten heißen, also achtern, wie Willi mir ohne Unterlass eintrichtert. Willi ist Kapitän, kleine Zille auf kleinem See, aber immerhin, weil die Zille, sagt Willi, ist mein Dampfer. Und ab und zu musst du dann weg von den Schiffsplanken, die ja dein Leben sind, mein Lieber, mein Lieber, eine Philosophie ist das heute, musst weg von den Planken und hinauf in den Mastkorb und einen Blick hinunterwerfen auf dich selbst aus dieser Ausgucktonne, auch wenn es weh tut, weil nicht jeder Blick ein Blick auf das Libidodeck ist (oder heißt das Sonnendeck doch Lidodeck?, na ja, ist doch wurscht). Und dann siehst du, weil nur die Distanz den Überblick verschafft, um noch ein wenig tiefer in die Seefahrersprache hineinzukalauern, dachte ich, dass du nicht überall vor Anker gehen solltest, wo es dich gelüstet, und dass dort, wo es von Nutzen wäre, vor Anker zu gehen, deine Kette nicht reicht, mein Lieber, mein Lieber, eine Philosophie ist das heute, aber das hatten wir ja schon, oder dass ein Kettenstopper die Ankerwinde zum Stillstand bringt. Und der Kettenstopper ist deine Angst vor der Courage. Oder deine Angst vorm Fürchten. Oder dein Chef. Oder deine Frau. Die Seefahrersprache, hat Willi einmal gesagt, trennt die ... von der ... ja was denn wovon? Ist doch schon mehr als ein kleines Damenspitzerl, das ich mir da mit dem Michelin angezwitschert habe, dachte ich, geeicht sein hin, Eichenfass her, also die Seefahrersprache ... also die Ignoranz beginnt, wo die Sprache endet, so oder so ähnlich.

Muss das sein? Muss ich mir einen antrinken, um zu sehen, wo ich stehe? Ich linste auf Willis verschwitzte Schädelplatte und dachte an Rosa, die sich mir und mit ihr mir die Kinder entzogen hatte. Ich dachte an das Gespräch mit Mutter, die mich vor ein paar Stunden, als ich auf Michelin wartete, erstmals seit vielen Monaten angerufen hatte. Ich las gerade im geierschen Obduktionsbericht (kein Tritt in den Wurmfortsatz der Männlichkeit und auch sonst nichts, was uns weitergebracht hätte, aber auch das nur nebenbei) und sie mir sogleich die Leviten. Verschwörerische Frauenkraft, war mein erster Gedanke gewesen, weil Rosa mit Mutter gesprochen hatte, über sich, über mich, über uns. Ich hatte mich entrüstet gezeigt, naturgemäß entrüstet, aus Selbstschutz gegenüber dieser konspirativen Gewalt, feminin und geballt. Nur Arbeit, nur Pflanzen, nur Wolferl Ambros, keine Zeit, keine Zuneigung, keine Geduld, blablabla. Nur Arbeit, von wegen. Wer bringt denn das Geld nach Hau ... na ja, Rosa eigentlich auch mit ihrem Nebenjob, von zu Hause aus, Ei Ti Branche, irgendwas mit Computer halt, ha, sie bringt es, das Geld, dachte ich, von zuhause nachhause, oder heißt es von nachhause nach zuhause?, also gut, und nur Pflanzen, von wegen, die brauchen doch meine ... ja, die Zuneigung, also für die Kinder immer, vorlesen und all das, wenn ich einmal daheim bin ... wenn ich die Zeit dazu habe, und dann ist es oft nervig und vorbei mit der Geduld, ist doch kein Wunder bei dem Geplärre und Gewetze, oder?, *i glaub i geh jezd, es is Zeid, i woa scho vü zlång unda eich*, denk ich mir dann, dachte ich nun, ja, der Wolferl ... Wolferl?

Auf einmal fand ich mich im Mastkorb wieder. Mastkorb, ha, dachte ich, vielleicht auch Masturbierkorb, das eine oder andere Mal, wenn keiner raufblickt in die luftigen Höhen. Luftig? Ja, Fenster auf. Frischluft. Wie im ... ja, im Mastkorb also. Ganz ungewollt. Ohne ihn bestiegen zu haben. Und ich blickte auf meine Entrüstung Mutter gegenüber. Entrüstung aus Selbstschutz? Ja, Selbstschutz. Aber Schutz wovor? Vor Rosas Anwürfen, ausgesprochen über Mutters rechthaberischen Mund? Gewiss. Als durchschlüge eine Urkraft die Ziegelmauer um mich, meinen Kokon aus gebranntem Ton, und die Anwürfe schleuderten auf mich zu, jeder Anwurf ein Stein, der trifft, der Wunden schlägt, der schmerzt. Jeder Stein ein kleiner gelber Zettel, der erst im Flug zum Stein wird. Post-its. Ja, Mutters gelbe Zettelchen. Ein gelber Selbstkleber in jeder Lage für jede Lebenslage. Oder waren es gar keine Anwürfe, sondern vielmehr ... ja, was denn? Waren die Steine keine Ziegel, sondern bloß das, wonach sie klangen. Worte? Rufe? Rufe wonach? Nach Hilfe? Hilferufe? Eine Ziegelmauer aus lauter Steinen, die schützen, solange sie steht, und zu Hilferufen mutieren, wenn sie birst? Sprechende Schutzziegel? Schützende Ziegelsprache? Mein Lieber, mein Lieber, eine Philosophie ist das heute. Das muss der Zweitausender Merlot gewesen sein. Wie war das jetzt mit der Entrüstung? Und dem Selbstschutz? Entrüstung aus Schutz ... vor mir selbst? Man sollte nicht zu hoch hinaufsteigen. Scheiß Masturbierkorb. Gell, Michelin. Michelin?

In Rosis Gasthaus, Graz Andritz, Montagabend

Die 48 leeren und dienstfreien Stunden waren als eine Art Erholung gedacht. Kräfte sammeln, beobachten. Alles noch einmal durchdenken. Die Ruhe und Umsicht, die ich mir davon erwartet habe, kann ich jetzt aber nicht wirklich finden. Ich bin zu aufgewühlt. Das Schießen im Steinbruch hat mich zwar für ein paar Stunden abgelenkt, aber jetzt bin ich wieder in der Stadt und unter Menschen. Ich muss mich unauffällig geben, ganz normal sein. Der Hofer, wie sie ihn kennen. Aber ich bin nicht mehr der Normalfall Hofer. Ich bin mein eigener General und meine eigene Armee. Gemeinsam marschieren wir jetzt auf etwas Großes zu. Das wühlt mich auf, so sehr, dass ich daran zu zweifeln beginne, es so unterdrücken zu können, dass keiner es merkt.

Ich muss mich aber unter Menschen begeben, weil das zu meinem normalen Leben gehört und weil es auffallen könnte, wenn ich es nicht täte.

Wenn ich dienstfrei habe, esse ich am Abend meistens bei Rosi. Sie nennt ihr Gasthaus ein gutbürgerliches Lokal und serviert das, was man bei uns ein gutbürgerliches Essen nennt. Geröstete Leber zum Beispiel. Knödel mit Ei und gemischtem Salat. Bauernschmaus, Schweinsbraten, beides mit Sauerkraut und Semmelknödel, Wiener Schnitzel und Cordon Bleu, Tiroler Gröstl oder Blutwurst mit Röstkartoffeln. Spinat mit Spiegelei und den gleichen Röstkartoffeln. Das Hawaii-Kotelett mit der zu Gummi gerösteten Ananasscheibe hat sie Gott sei Dank von der Karte genommen, jetzt heißt es Schweinskotelett vom Grill mit Beilage nach Wahl.

Zwei der drei, die auch sonst immer da sind, sind heute da. Hannes Träufl, Automechaniker, seine riesigen Hände werden wohl nie mehr ganz sauber werden, und der Herr Scheiner, den jeder so nennt, weil er entweder keinen Vornamen besitzt oder als kleiner Bankkassier so großen Respekt genießt, dass das Erwähnen seines Vornamens eine Erniedrigung bedeuten könnte.

Die beiden sind heute mein Alibi und ich lasse geduldig mehrere müde Träufl-Witze über mich ergehen, während ich die Leberknödelsuppe auslöffle. Harmlose Trottel. Ich spiele schon seit Jahren ihr Spiel mit. Für sie habe ich keinen Namen, nicht einmal ein freundliches Lutz, ein amikales Schutz-Lutz oder ein respektvolles Herr Hofer bringen sie über die Lippen. Hier bin ich einfach der Nachtwächter. Angehöriger einer untergeordneten Berufsgruppe. Die Witze, die sie über mich und meinen Job machen, sind so dumm und abgedroschen, dass ich sogar selbst mitlachen kann. Mein Lachen gilt ihrer Dummheit, aber das wissen sie nicht.

Außer Rosi weiß keiner im Gasthaus, wer ich früher war. Sie sagt es niemandem, weil ich sie darum gebeten habe, und das ist gut so.

Als der afrikanische Zeitungsverkäufer ins Lokal kommt, lenke ich rasch die Rede auf Hanser, seine Kolumne und die Morde, die mit seinem Namen verbunden sind, weil ich wissen will, was die anderen mitbekommen haben und wie sie darüber denken. „Ich kenne ihn, das ist ein Zniachtl", sagt der Träufl. „Der Hanser ist ein versoffener Wichtigmacher, der stinkreich ist und es mit kleinen Buben treibt." Der Herr Scheiner nickt und ergänzt, dass er das von den Buben auch schon gehört hätte und dass er wisse, dass es gerade die Pädophilen seien, die zwar nach außen hin sanft wirkten, in Wirklichkeit über ein ungemein stark ausgeprägtes Gewaltpotenzial verfügten.

Für Träufl und Scheiner ist der Hanser der logische Täter. Es sei seine perverse Neigung, die sein Leben zum Kippen gebracht habe. Beide sind sich einig, dass das Schwein Hanser zwar schlau sei, dass es der Leimböck und seine Kripo-Leute aber bald schaffen würden, es dorthin zu bringen, wo Schweine wie er hingehörten. Nämlich in den Knast. Ich höre geduldig zu und steuere dann und wann ein zustimmendes Nicken bei. Das Urteil des Nachtwächters ist der Tischgesellschaft nicht so wichtig. Dass der Hanser schwul sein soll, ist mir neu. Ich werde ihn fragen.

In der Küche, Montagnacht

Die Geierkolumne ist nicht im Blatt. Zuerst habe ich gedacht, ich hätte sie überblättert, deshalb habe ich die Zeitung noch einmal von der ersten bis zur letzten Seite untersucht. Nichts. Keine Kolumne. Warum verzichten die auf einen solchen Schatz, den ultimativen Auflagenbringer? Irgendetwas stinkt da. Was wissen die? Zum Teufel. Wahrscheinlich steckt der Schleimböck dahinter. Nein, kann nicht sein. Oder doch? Was bezweckt er damit? Bezweckt er überhaupt etwas? Hat der Schleimböck überhaupt etwas damit zu tun? Oder waren es die Zeitungsfritzen, aus scheinheiligen, ethischen Gründen? Kaum. Schleimböck, ich weiß es jetzt genau. Du bist doch listiger, als ich vermutet habe. Oder du hast viel dazugelernt seit damals. Du hast es eingefädelt, weil du mich damit von der Rolle bringen willst. Du hoffst, dass mich die nicht erschienene Kolumne so verunsichern wird, dass ich, auf der Suche nach den Gründen, unvorsichtig werden und meine Nase etwas zu weit aus dem Fenster strecken könnte.

Halt, Pause. Was war das soeben? Nicht ich bin es, den du jagst, Schleimi, es ist der Hanser! Er ist der Killer, er hat alles eingefädelt, er hält sich versteckt, er hat die Kolumnen geschrieben, er ist der Verrückte, den du suchst! Klar? Nicht ich. Und doch habe ich im Zusammenhang mit dir und deiner Tätersuche soeben an mich gedacht und nicht an den Schreiberling. Irgendetwas ist da am Kochen, von dem ich noch keine Ahnung habe. Noch ist es keine Unsicherheit, nur ein Hauch von Unruhe. Ich weiß ja, dass ich alles richtig gemacht habe. Aber da ist ein Gefühl, das ich nur mit einem Vergleich beschreiben kann. Irgendwo, dort oben auf dem Berg, muss ich, ohne es selbst bemerkt zu haben, irgendwann einen Schneeball verloren haben. Noch liegt er dort und ist nichts anderes als ein Schneeball. Völlig harmlos. Aber es bedarf nur eines winzigen Stoßes, dann gerät er ins Rollen und wird zur Lawine. Ich habe meine Gefühle immer schon ernst genommen, jeder ist ein Narr, der das nicht tut. Ich muss reagieren. Der große Plan ist nach wie vor gut, aber da gibt es ein paar Details, an denen ich doch noch feilen sollte.

Der Schreiberling hockt auf seinem Bett und starrt vor sich hin. Seit ich wieder im Haus bin, hat er sich kaum bewegt. Muss wohl der Alkoholentzug sein. Ich habe immer geglaubt, dass Giftmangel einen Süffel rastlos machen würde. Demnach müsste Hanser auf und ab gehen. Nervös, Gehetzt. Tut er nicht. Ich bin da wohl einem Irrglauben aufgesessen. Oder mein Alkoholiker ist ein anderer. Ein Sucht-Außenseiter. Einer, der die Norm sprengt. Blödsinn. Wahrscheinlich hat ihm der Alkmangel die Sinne geraubt und er hat das Bewusstsein verloren. Zum Glück habe ich Nachschub mit. Zwei Flaschen Wodka für ein Ohr ...

Im Keller, Montagnacht

Aufwachen, Zeit fürs Abendessen. Was ist denn? Kein Hunger? Kein Durst? Schau her, ich hab dir was mitgebracht. Etwas, das dir absolut Freude bereiten wird. Die doppelte Dosis, weil du ja einiges aufzuholen hast.

Was ist denn ... spielen wir heute Abend das lustige Spielchen Ich-stell-mich-tot? Würde ich dir nicht raten. Denn abgesehen von einem exzellenten Mahl und so viel Schnaps, dass du darin baden könntest, bietet dir das Haus nach dem Dinner ein Unterhaltungsprogramm der Spitzenklasse. Unser heutiges Motto: Du wolltest es wissen – jetzt erfährst du es!

„Was werde ich erfahren?"

Na, er lebt ja doch noch, der Herr Professor. Bist du doch, ein echter Professor! Ehrentitel, von der Landesmutter persönlich verliehen. Für Verdienste um das Land. Unabhängiger, ehrlicher, mutiger Journalismus als Begründung. Ist noch gar nicht so lange her. Ich hab's in deiner Zeitung gelesen. Der Titel wurde dir gemeinsam mit einem Kabarettisten umgehängt, Moment mal, mir fällt sogar der Name ein, Bert Ditz heißt der Mann. Große Feier im Weißen Saal der Burg. Hallelujah. Der Ditz ist wenigstens ein komischer Kauz, nimmt in seinen Programmen sogar die Landeschefin schaumgebremst, aber immerhin, auf die Schaufel, aber du? Unabhängiger, ehrlicher Journalismus? Mein Arsch ist ehrlicher als du.

„Ich scheiß auf den Professor. Was werde ich heute erfahren?"

Überraschung. Wie wär's mit einem doppelten Absolut als Aperitif, dann würde ich die Frankfurter essen, bevor sie kalt werden.

„Was hättest du getan, wenn ich die blöde Kamera, dort oben im Ecke, abgedeckt oder zerschlagen hätte?"

Oh, der Herr Professor hat nachgedacht, gegrübelt. Überwachung, klar. Du hättest irgendetwas dazu gebraucht, weil die Kamera ja so hoch montiert ist, dass du sie mit den Händen nicht erreichen kannst, den Stuhl wahrscheinlich, oder den Tisch, sonst gibt es ja nichts in diesem Raum, das sich dazu eignet, aber du hättest einen von beiden zuerst vom Boden losschrauben müssen. Vielleicht hättest du das sogar geschafft. Irgendwie. Für mich wäre das Zuschauen ein Fernsehvergnügen gewesen. Ich hätte dich bis zur allerletzten Schraube schuften lassen, dann wäre ich gekommen. Sisyphusarbeit nennt man so etwas.

„Okay, okay, ich habe es ja nicht getan, aber der Gedanke daran hat mich beschäftigt. Stundenlang. Ich habe ja Zeit. Ich will hier raus und ich will weiterleben. Ja, ich will weiterleben. Ich habe nachgedacht. Wer du bist, was du tust, warum du mich wozu brauchst. Ich habe keine Antworten gefunden. Da sind ein paar Mosaiksteine, aber sie reichen nicht aus für ein Gesamtbild. Du hast mich bisher nicht umgebracht, weil du mich noch brauchst. Wozu du mich brauchst, ist mir klar, aber wann brauchst du mich nicht mehr? Wirst du mich umbringen? Wie wirst du mich umbringen? Was kann ich tun, damit du es nicht tust?

Gut geredet, darauf darfst du einen trinken. Du machst dir zu viele Sorgen, mein Freund. Deine vorläufige Aufgabe ist es einfach zu leben. Bestens behütet, gut bewirtet. Kein großes Grübeln. Alle Gedanken an die Zukunft sind Energievergeudung. Weil deine Zukunft mir gehört und ich über sie entscheide. Aber das weißt du ja längst. Denk weiter nach. Ich komme wieder.

In der Küche, Montagnacht

Es ist mir natürlich vollkommen bewusst, dass ich Menschen töte. Menschen haben immer schon Menschen getötet. Seit Kain und Abel. Menschen werden immer Menschen töten, solange es sie gibt. Das beginnt damit, dass wir mit unserer dünnen Haut und den so leicht zerbrechlichen Knochen ungemein verletzliche Lebewesen sind. Die verletzlichsten überhaupt.

Kein Panzer, wie die Schildkröten, keine dicken Schuppen, wie die Krokodile. Nicht einmal ein Haus, wie es die kleine Schnecke hat. Ein kräftiger Hieb auf den Schädel und weg ist der Mensch. Menschentöten ist eine einfache Angelegenheit. War es immer schon. Seit Urzeiten. Und weil es so einfach ist und in den frühen Tagen unserer Existenz im Übermaß praktiziert wurde, hat man auf dem Weg zur so genannten Zivilisation gleich mehrere Riegel vorgeschoben. Der eine heißt Moral. Es ist unmoralisch für einen Menschen, einen Artgenossen zu töten. Ein anderer liegt in den Religionen. Gott oder die Götter oder welche Macht auch immer, die der Mensch als spirituelles Schutzschild ersonnen hat, mögen es nicht, wenn Mensch Mensch tötet. Als ultimativen irdischen Schutz hat der Mensch schließlich das Gesetz geschaffen. Nichts wird darin härter bestraft als Menschen, die Menschen töten. Mord ist das ultimative Kapitalverbrechen. In manchen Ländern wird man dafür hingerichtet. Hinrichten heißt töten. Das Gesetz wird also selbst zum Mörder. Absurd. Und dann gibt es Menschen, die Menschen sogar in der Kunst des Mordens ausbilden. Diese Ausgebildeten heißen Soldaten, und niemand hat in der Geschichte der Menschheit mehr Menschen getötet als sie. Soldaten, die besonders viele andere Soldaten getötet haben, nennt man Helden. Sie werden von der Gesellschaft mit Orden ausgezeichnet und hoch geachtet.

Es gibt also zwei Arten des Menschentötens. Die legale und damit heldenhafte und die illegale, die verwerfliche, für die es drakonische Strafen setzt. Es ist die Gesellschaft, die entscheidet, in welche Kategorie eine Menschentötung fällt. Die Gesellschaft sind wir alle, und für die anderen gehöre natürlich auch ich dazu. Sie wissen nicht, dass ich mir die Freiheit genommen habe, meine Art des Menschentötens selbst zu bewerten. Jeder, der von mir hingerichtet wurde und hingerichtet wird, hat es meiner ganz persönlichen Einschätzung nach verdient, auf diese ultimative Art bestraft zu werden. Mein alter Herr würde sagen: ‚Ich habe mich für die Höchststrafe entschieden!' Natürlich weiß ich, dass die Gesellschaft mit meiner Bewertung nicht einverstanden ist und mich für den Rest meines Lebens wegsperren wird, wenn sie mich erwischt. Aber sie wird mich nicht kriegen.

Im Keller, Montagnacht

Der Vorhang geht auf, das Stück beginnt. Und du hast das Privileg, in der ersten Reihe sitzen zu dürfen. Noch ein Schluck aus der Flasche? Natürlich, tut ja gut, die Hände zittern nicht mehr, die Gedanken werden klarer. Der Schnaps vertreibt das Flattern aus dem Kopf, stimmt doch, oder?

„Warum weißt du das so genau? Säufst du selber? Bitte, da ist die Bottle, sie gehört dir. Saug daran, gib dir die Kraft. Vielleicht macht dich der Wodka so locker, dass du endlich diese verdammte Maske abnimmst. Warum verbirgst du dich vor mir? Du willst mich ohnehin umbringen, ich kann dich also nicht verraten. Oder bedeutet dein Mummenschanz, dass du mich doch freilässt?"

Geduld. Carpe diem. Es wird ein faszinierender Abend, ein magischer Abend, der Abend der Erkenntnis. Am Ende wirst du klar sehen und der Wahrheit begegnen. Die Antwort auf alle Fragen haben. Zuerst muss ich dich aber noch bitten, in deinem Sessel Platz zu nehmen. So ist's gut. Es ist ein fesselndes Stück, dem du beiwohnen darfst. Deshalb bitte ich dich auch, die Arme hinter dir um die Sessellehne zu legen, damit ich sie zusammenbinden kann. Nein, dir geschieht nichts. Ich schütze dich nur vor dir selbst. Die Aufregung könnte dich kopflos machen, zu unüberlegten Dummheiten verleiten. In diesem Fall müsste ich dir Schmerzen bereiten. Das wollen wir doch nicht. Richtig? Jetzt noch etwas Klebeband um die Beine, so ist's gut. Du liebst doch das Theater? Klar, das weiß ich. Der Herr Professor besitzt ein Abo im Schauspielhaus. Bei jeder Premiere dabei. Und dann ab ins Tokio. Kultur erduldet man zwar, weil man ja zu den Intellektuellen dieser Stadt zählt, aber sie ermüdet auch, und der strapazierte Geist schreit danach nach Stärkung. So ist es doch? Angesichts der besonders fesselnden Umstände muss dieses Ensemble heute leider auf ihren geklatschten Applaus verzichten, Herr Professor, aber wir geben uns auch mit enthusiastischen Bravorufen zufrieden.

„Bravo, bravo, großartig ... alles, was du willst. Bravissimo, Hallelujah. Du bist der Größte, der Beste, der Allwissende, der Allmächtige. Du kennst die Wahrheit, aber bitte, bitte, bitte ... bring dieses Schauspiel endlich zu seinem Ende. Sag es mir, sag es mir, verdammt noch mal, sag es mir! Warum? Ich will endlich wissen, warum!"

Eigentlich wollte ich dir jetzt ein Ohr abschneiden. Welches war es bei Van Gogh? Das rechte, ich glaube, es war das rechte. Oder doch das andere? Weißt du, welches Ohr sich Van Gogh abgeschnitten hat?

„Oh Gott, hast du mich deshalb gefesselt? Damit ich mich nicht wehren kann, wenn du mir ein Ohr abschneidest? Warum? Warum willst du mir ein Ohr abschneiden? Ich gehorche, wenn es das ist, was du willst. Was soll ich tun?"

Van Gogh, weißt du, welches Ohr es war?

„Nein, verdammt noch mal, nein. Ich habe keine Ahnung, welches Ohr sich der Van Gogh abgeschnitten hat. Du hast mir schon den Finger genommen, reicht das nicht? Lass mir das Ohr. Ich flehe dich an. Ich könnte es nicht ertragen, nein, ich könnte es nicht ertragen. Wahnsinn, wann ist dieser Wahnsinn endlich zu Ende?"

Wenn er Rechtshänder war, und ich glaube, das war er, dann war es wahrscheinlich das linke Ohr. Ja, er hat es mit der Linken vom Kopf weggezogen und mit der Rechten die Rasierklinge geführt. Das ist Geschichte, mein Freund, Kunstgeschichte. Der Mann hat für die Ewigkeit gemalt. Wenn man sie bewahren kann, wird man seine Bilder auch in tausend Jahren noch bewundern, und man wird auch dann noch sagen, siehst du, dieses Gemälde ist vom verrückten Van Gogh, der sich selbst ein Ohr abgeschnitten hat. Vielleicht würde man ihn heute gar nicht kennen, wenn nicht die Ohrensache gewesen wäre. Vielleicht war es nur ein genialer Werbegag.

„Ich brauche einen Schluck Wodka. Bitte. Mach die Flasche auf und halte sie mir an den Mund."

Natürlich, gut so? Das mit dem Ohr war ein Gedanke, der mich den ganzen Tag lang verfolgt hat. Kennst du das? Wenn aus einer anfangs nur flüchtigen Idee plötzlich eine fixe wird? So fix, dass man sie praktisch schon ausgeführt hat? Ich werde dem Hanser ein Ohr abschneiden! Weil er ein Arschloch ist und weil er es verdient. Weil er mir gehört und weil ich alles mit ihm tun kann. Weil ich das, was man Hemmungen nennt, aus meinem Leben geworfen habe. Weil es nichts und niemanden gibt, der mich daran hindern kann. Siehst du? Ich wollte es tun, und ich habe es im Kopf bereits getan. Jetzt will ich es nicht mehr tun. Das Blut, dein Gewinsel. Imaginär habe ich es bereits erlebt. Und genossen. Zwinge mich nicht dazu, es auch real erleben zu wollen. Bist du bereit für das Theaterstück?

„Danke, ich danke dir. Ja, natürlich, ich bin bereit!"

Vorhang auf, erster Akt. Der berühmte und allseits geachtete Zeitungskolumnist und Wahrheitsfanatiker Martin Hanser tritt vor den Vorhang und beglückt das Publikum mit dem Inhalt jenes Hanserwerkes, das am 27. März 1998 in der größten Tageszeitung des Landes abgedruckt und von Hunderttausenden Menschen gelesen wurde.

Der Titel: *„Richtersohn als gnadenloser Prügelpolizist!"*

Der Text: *Wer spricht endlich das Machtwort und hat den Mut, unsere Polizei von jenen untragbaren Elementen zu säu-*

bern, die alle Werte dieses ehrenwerten Berufsstandes zertrümmern, weil für sie nur eines zählt: Karriere um jeden Preis? – die Menschenwürde (der anderen) darf dabei ruhig auf der Strecke bleiben.

Richtig, der verehrte Leser weiß, wer in diesem Fall das „Element" ist. Wir haben an anderer Stelle ja bereits darüber berichtet. Nüchtern, korrekt und sachlich, wie es eben der Stil unseres Blattes ist. Von mir erfahren Sie mehr, ich habe mich über den Mann informiert und kann daher mit ruhigem Gewissen in seine düsteren Winkel hineinleuchten. Ludwig „Lutz" Hofer. Einziger Sohn des gefürchteten Justiz-Hardliners Dr. Ferdinand Hofer. Seine drakonischen Strafen (viele davon mussten vom Obersten Gerichtshof später korrigiert werden) sind Legende. Der Mann ist Gott sei Dank weg, dafür haben wir nun den Sohn. Auch ultrahart, aber kein Richter, obwohl er sich offenbar als solchen sieht. Blenden wir zurück. Freitag, 0.30 Uhr, Lendplatz, ein Torbogen, der in einen kleinen Hinterhof führt. Hofer (dienstfrei, in Zivilkleidung und zu Fuß unterwegs) sagt, er habe das Wimmern eines Kindes gehört, und im Torbogen einen älteren Mann ertappt, der ein siebenjähriges Mädchen sexuell belästigt habe. Der Rest ist bekannt: Hofer, der bis zu diesem Zeitpunkt neben dem verdienten Langzeitbeamten Ferdinand Leimböck als zweiter aussichtsreicher Kandidat für den Posten des Mordgruppenchefs gegolten hatte, nahm Mann und Kind in das nahe gelegene Wachzimmer Lend mit und prügelte dort „wie von Sinnen" (Aussage eines Beamten vom Nachtdienst) auf den Mann ein, der bis zu diesem Zeitpunkt keine Chance gehabt hatte, seine Identität bekannt zu geben. Erst als mehrere Uniformierte des Postens das brutale Verhör gestoppt hatten, stellte sich heraus, dass es sich bei Hofers Prügelopfer um den Präsidenten des steiermärkischen Landtages, Dipl. Ing. Dr. Hugo Mauerhofer, handelte. Weiters war bald klar, dass es sich bei dem Kind um eine Enkelin des Präsidenten handelte, dass das Kind zuvor bei den Großeltern war, dort übernachten sollte, aber plötzlich Albträume bekam und der

Opa gerade dabei war, das Kind zu Fuß zur nahen Elternwohnung zu bringen. Die Kleine befand sich noch immer in einer Art Halbschlaf, deshalb auch das Stöhnen.

Hofer, der offenbar wusste, um wen es sich bei seinem Opfer handelte, hatte natürlich nichts anderes im Sinn, als einen prominenten Namen zur eigenen Profilierung zu nutzen. Er sah wahrscheinlich die Schlagzeile bereits vor sich: „Landtagspräsident als Kinderschänder – mutiger Polizist deckt den Skandal auf!" Stimmt, es ist ein Skandal. Aber dieser Skandal trägt nur einen Namen: Ludwig Hofer! Unsere Polizisten riskieren Tag für Tag ihr Leben, um uns zu schützen und zu helfen. Mein Wunsch an die Herren am Paulustor: Man sollte Hofers so innig, brutal und rücksichtslos angestrebten Wunsch erfüllen und ihn befördern – und zwar in hohem Bogen raus aus dem Polizeidienst!

Wo bleibt der Applaus vom Publikum, die versprochenen Bravorufe? Was ist, Hanser, habe ich beim Lesen genuschelt, die Worte nicht deutlich genug ausgesprochen? Erster Akt, Ende!

„Mein Gott ... Hofer, du bist der Hofer."

Richtig vermutet, verehrtes Publikum. Das Ensemble nimmt an dieser Stelle die Maske ab, wir zeigen unser wahres Gesicht. Hier ist es ... erinnerst du dich noch daran? Oder war die Sache damals für dich so bedeutungslos, dass ich nicht einmal einen deiner Blicke wert war? Ich war für dich nur eine Kolumne, nicht mehr. Richtig? Und der Hofer war keine Gestalt, kein Mensch, kein Gesicht, lediglich Kolumnenstoff. Hier ist es, das Gesicht. Hässlich, abstoßend, ekelig? Vielleicht. Schau es dir ganz genau an, es ist das letzte Gesicht, das du sehen wirst. Hier ... die Augen, die Nase ... und der Mund mit den Zähnen. Zwei Ohren sind dran, wie bei dir. Noch. Es ist mein Gesicht. Und ich werde es noch sehr lange haben. Es ist ein unbedeutendes Gesicht, das Gesicht eines Nachtwächters. Du hast es dazu gemacht. Schau genau her, zum Teufel, so sieht ein verdammtes Nachtwächtergesicht aus.

„Nein, nein, ich erinnere mich an dich. Dein Vater ... ich war, es ist schon lange her, dreißig Jahre, mindestens, ich war ja auch Gerichtsreporter. Ja, in jungen Jahren, da habe ich ihn erlebt. Unglaubliche Erscheinung. Richter Gnadenlos haben wir ihn genannt, aber das weißt du ja. Dann du, der Polizist. Alle haben nur darauf gewartet, dass du so wirst wie er. Kommissar Gnadenlos. Das Recht bin ich! So war es doch?"

Nein, nein, nein, Irrtum ... ich war nie wie er. Das Gegenteil, ich wollte immer nur das Gegenteil von ihm sein. Er war das Recht, ich wollte die Gerechtigkeit sein. Aber das ist bedeutungslos. Wir befinden uns im Theater und kommen jetzt zu Akt Nummer zwei. Titel: Die Wahrheit

Das Kind hat gewimmert, bitte, Opa, bitte, Opa, hör auf, es tut weh, es tut so weh. Das Schwein hat den Finger drinnen gehabt und gestöhnt. ‚Schatzi, Schatzi, dein Opi liebt dich ja so, kriegst auch ein schönes Geschenk.' Ich bin im Dunklen gestanden und hab's gehört. Jedes Wort. Sieben Jahre war sie alt, sieben Jahre. Die Kleine hat in diesen Minuten das Kindsein verloren. Ich habe gewusst, dass es der liebe Opi wieder tun würde und immer wieder. Selbst wenn das Kind reden würde, keiner würde ihm glauben. Nur ein Geständnis des Opa-Schweines konnte dem Mädchen helfen. In dieser Nacht habe ich nichts in meinem Polizistenleben mehr gewollt als dieses Geständnis. Die Kleine war geschockt, ich habe für ärztliche Betreuung gesorgt und die Eltern verständigt.

Den Alten habe ich in einem Zimmer auf dem Posten eingesperrt. Zuerst war nur ein Beamter da, später sollen es drei oder mehr gewesen sein. Der Diensthabende hat wohl gewusst, um wen es sich bei meinem Gefangenen gehandelt hat, er hat auch meine Wut gesehen und deshalb sofort Verstärkung angefordert. Ja, ich habe ihn geprügelt. Das überhebliche ‚Sie wissen wohl nicht, wer ich bin?' und dazu das dreckige, präpotente Grinsen. ‚Ein Arschloch bist du', habe ich gebrüllt. Er hat nicht einmal aus der Nase geblutet, als sein Anwalt gekommen ist.

Keine ernsthaften Verletzungen. Es war ein Meisterwerk. Ich habe ihm körperliche Schmerzen zugefügt, ohne auf dem Körper Spuren zu hinterlassen. Er war überzeugt davon, die Wirkung meiner Schläge medizinisch bestätigt zu bekommen und hat am nächsten Morgen die Welt informiert, dass er zu Unrecht festgenommen und von mir beim darauf folgenden Verhör massiv misshandelt und unflätig beschimpft worden sei.

Es gab nie ein ärztliches Attest. Aussage stand gegen Aussage. Das Kind hat, von Psychologinnen befragt, natürlich sagen müssen, dass absolut nichts geschehen sei. Das Mädchen hat angegeben, es habe den Großvater gebeten, es hochzuheben und zu tragen, weil es so müde gewesen sei. Der Opa habe das Kind dann hochgehoben, dabei aber etwas zu fest zugegriffen. Was ich gehört habe, seien nur die Bitten der Kleinen gewesen, diesen Griff zu lockern. Vielleicht hätten sie mich trotz allem befördert, wahrscheinlich aber nicht. Ich werde es nie wissen.

Man hat jedenfalls in der Chefetage zunächst keinen Grund gefunden, mich zu entlassen. Bis ein gewisser Herr Leimböck auf eine geniale Idee gekommen ist – er hat seinen Kumpel angerufen, einen einflussreichen Kolumnisten bei der größten Zeitung des Landes und ihn um einen Gefallen gebeten, der gleichzeitig auch eine Bombenstory für den Mistkerl war. Richtersohn als gnadenloser Prügelpolizist. Hat auch politisch zur Blattlinie gepasst, weil der Mauerhofer und der Herausgeber dieses Schmierblattes der konservativeren Reichshälfte angehören und diese immer schon für Law and Order eingetreten ist. Nicht ganz unbedeutend war auch die Tatsache, dass der Präsident und der Chefredakteur gut befreundet sind. Du hast also Feuer frei gehabt – und den entscheidenden Schuss abgefeuert. Mitten ins Schwarze. Gnadenlos Junior hatte endlich den großen Fehler gemacht, auf den alle gewartet hatten. Der Schleimi muss sich tagelang die Hände gerieben haben. Hände hoch – Päng – tot! Akt Ende, der Vorhang fällt. Vielleicht sollte ich dir doch ein Ohr abschneiden.

„Um Himmels Willen ... ich hab das alles nie gewusst. Der Mauerhofer war ein feiner Herr, untadelig, eine Ausnahmeerscheinung unter dem Politikergesindel."

Und ich? Ich war der Sohn von Richter Gnadenlos! Zum Abschuss freigegeben. Wenn ihr schon den verhassten Alten nie erwischen konntet, dann wenigstens den Jungen. Hofer bleibt Hofer. Ich bin euch ins offene Messer gelaufen. Weil ich damals noch viel zu naiv war, um den wahren Hintergrund erkennen zu können. Es ging nicht um ein Dienstvergehen oder um Amtsmissbrauch. Und ob der Alte die Kleine tatsächlich sexuell missbraucht hat, war euch vollkommen egal. Ich war zu gut für den beschissenen Dilettantenhaufen am Paulustor. Wenn man mich an die Spitze gesetzt hätte, wäre der Wind, der jedem ins Gesicht geblasen hätte, zu kalt geworden. Darum ist es gegangen.

Alles sollte so bleiben, wie es war, und der Schleimböck war der Garant dafür, dass weiterhin dumpf dahingedämmert werden durfte. Was haben sie dir als Gegenleistung für deine Schmiererei geboten? Klar, Exklusivstorys. War auch Geld dabei? Ich bin überzeugt, dass bei einer Kollekte zur Verhinderung von Kommissar Gnadenlos einiges hereingekommen wäre. Ich erinnere mich nicht, dass du mich jemals angerufen hättest. Audiatur ad altera pars, so heißt es doch. Höre dir auch die Gegenseite an. Ich war für dich die Gegenseite, aber du hast mich nie gefragt. Das ist schlimm, das ist ein journalistisches Kapitalverbrechen. Du hast es begangen, und deshalb bist du da. Hier bist du der Angeklagte.

„Nein, so war es nicht. Es hat nie eine Hofer-Vernichtungskampagne bei der Polizei gegeben. Keiner von denen hat mir die Geschichte gesteckt. Das schwöre ich. Der Mauerhofer war bei mir. Samt Tochter und Enkelin. Ein Gentleman, untadelig, integer bis in die Knochen. Die Kleine ist auf seinem Schoß gesessen. Opas Liebling. Da war Zuneigung, keine Angst. Und seine Tochter ist beinahe hysterisch geworden, als von dir die Rede war. Schwein, Scheusal, ich weiß nicht, wie sie dich sonst noch genannt hat. Ich hätte dich natürlich anrufen und befragen können, aber ich hätte dir ohnehin kein Wort geglaubt. Es war so, wie es mir diese drei Menschen geschildert hatten. Es gab nichts, aber auch gar nichts, das mich damals von meiner Meinung hätte abbringen können. Das Kind ... wenn es so war, wie du sagst, dann war es eine fast außerirdische Schauspielleistung."

Es war so. Und du lügst, mein Freund. Natürlich bist du vom Schleimböck mit allen Details gefüttert worden. Und von einigen anderen Paulustorratten dazu. Ich habe das Kind in dieser Nacht gesehen. Die großen Augen, der Schock, die Angst. Es hat am ganzen Leib gezittert. Wahrscheinlich zittert es heute noch, nur sieht man es nicht mehr. Dieses Kind hätte sich nie und nimmer ein paar Tage später auf den Schoß des alten Schweines gesetzt. Lüge, Herr Redakteur. Warum lügst du? Noch dazu völlig sinnlos. Auch ein Geständnis wäre in deinem Fall kein Milderungsgrund. Das Verfahren ist nämlich längst abgeschlossen, auf dich wartet nur noch die Urteilsverkündung.

*

Ich hatte geträumt.

Von einem chinesischen Wunderheiler namens Aegidius, der mir jedes Haar einzeln gerissen hatte. Mitsamt der Wurzel. Und die Wurzel in heißes Eisen getaucht und exakt an jener Stelle reimplantiert, wo er sie zuvor ausgezupft hatte. Kleine, spitzige Nadeln mit roten Köpfen. Eine Kopfhaut aus nach innen hin glühenden Haarwurzeln.

Und von einer Schlange. Einer schwitzenden Schlange. Einer schwitzenden Riesenkobra, einer Naja naja, um genau zu sein. Die vom Ast einer Weymouth-Pinie baumelte und mit gespaltener Zunge ... nein, nein, das nicht, die mit gespaltener Zunge sich selbst Frischluft zufächerte, sieben oder acht schmale, unendlich lange Zungenwedel, die alles vermochten, nur nicht dieses: nämlich die Fliege zu verscheuchen, die es sich unter ihrer Brille auf der linken Hornhaut gemütlich gemacht hatte und sie in einem fort kitzelte. Mit einer Pfauenfedernspitze. Obwohl die Brille doch auf dem geweiteten Rückenschild des Vorderkörpers der Naja naja sein sollte ... na ja. Wimpernklimpern? Hätte geholfen, zweifelsohne. Spielt es aber nicht bei einem starren Kobraauge. Daher also das Wedeln und Fächern, das den Staub zu ihren Beinen – Beinen? – aufwirbelte, nicht aber die leidige Fliege vom Brillenschlangengesicht. Bis es der schwitzenden Riesenkobra zu bunt wurde, sie ihren muskulösen Leib selbst zur Feder verspannte (bei weitem kräftiger als jene zwischen den Beinchen der Fliege, nur ohne Federkiel, aber auch das nur nebenbei), die Feder, ihren Körper also, mit einem blitzartigen Ruck schnellen ließ und die Fliege mit der Schwanzspitze erschlug. Und sich selbst dazu. Und vom Baum fiel.

Ich hatte geträumt.

Von sechs, sieben achtlos zertretenen russischen Reiseparadeisern. Zertreten unter einem Damenschuh.

*

"Ist das Ihre Variante eines Blumengrußes?", fragte Bela Schmaus. Ich hatte sie vor dem Abgang zum Innenhof des Paulustors abgefangen. Nun stand sie vor mir, brach eine Spalte aus einem von drei Reiseparadeisern, die ich ihr mit feierlicher Beiläufigkeit überreicht hatte, schob sie in den Mund und kaute prüfend darauf herum. "Sie haben guten Geschmack."

"Danke", sagte ich erfreut.

"Die Paradeiser", sagte sie und lächelte verschmitzt.

"Was halten Sie davon", fragte ich.

"Habe ich das nicht eben gesagt?"

"Ich meine die Ergebnisse", entgegnete ich. "Die Ergebnisse der Besprechung."

Erste Strahlen der kraftlosen Oktobermittagssonne brachen über das Dach in den vierstöckigen Paulustorinnenhof. Es war kurz vor zwölf Uhr.

"Die Sache mit dem Hauptpostamt...", hob sie zögerlich an, "ich meine ... äh, also das mit der Küchenrunde im Tokio, Sie wissen noch?"

Ich nickte.

"Was ich da gesagt habe, war Unsinn. Natürlich ist es verdächtig, wenn sich ein Unbekannter unter einem Vorwand Zutritt zu einer Restaurantküche verschafft und ein Sushi-Messer verschwindet, das später im Rücken eines Stadtrates auftaucht. Noch dazu, wenn danach ein Mann, auf den dieselbe Beschreibung passt, bei der Post erscheint und ein Fax abschickt. Einen Brief, der beim Chefredakteur der *Guten* landet und sich als Kolumne des Mordverdächtigen Martin Hanser entpuppt."

"Vielleicht war es nur ein wenig verallgemeinernd?", warf ich das Versöhnungsholz mit beschwichtigender Geste. SMS, e-Mail und all der Kram, da wird nicht mehr viel gefaxt, hat die Dame vom Hauptpostamt gesagt, hatte der Kollege vom mörderischen Erkennungsraub berichtet, dachte ich, und wenn dann ein alter verschrobener Knacker hereinschneit bei der Türe, alt schon, aber kräftig, außergewöhnlich kräftig, ungewöhnlich außergewöhnlich kräftig, dass du dir denkst, der braucht seinen silberbeknauften Stock bestenfalls, um sich den Weg zum Schalter freizuschlagen, hatte sie weiter ausgeführt, dann, ja dann schaltet die gute alte Waltraud, hatte sie zum Kollegen gesagt, ihr Hirn auf Speichern. Da macht es klick im Oberstübchen der alten Waltraud, weil es bei der Post ohnedies nicht mehr allzu viele Gelegenheiten gibt, wo es klick macht, heutzutage, hatte die Waltraud zum Kollegen gesagt, memorierte ich.

„Nein", rief sie. „Es war Unsinn. Ich bestehe auf meinem Unsinn. Man muss darauf bestehen, dass Unsinn Unsinn ist und Unsinn Unsinn bleibt, verstehen Sie? All diese Schönrederei rund um eigene Fehlbarkeiten und Versäumnisse."

Ehe ich antworten konnte, sprach mein Leib mit einem dumpfen Knurren zu mir. „Apropos Versäumnis, Frau Kollegin, wir sollten es nicht verpassen, unserem Körper Gutes zu tun", sagte ich, presste Daumen gegen Zeigefinger und durchschnitt in der Luft ein imaginäres Stück Schweinsbraten.

Schmaus ließ die rechte Hand über ihren Magen kreisen, wie um den Inhalt per Echolot zu bestimmen. „Ich habe heute noch gar nichts zu verdauen", sagte sie, ließ mich im Unklaren, ob nun das positive Resümee unseres Gesprächs oder ordinärer Hunger gemeint war, und warf mir einen herausfordernden Stirnfaltenblick zu. „Wollen wir …?"

*

Nein, Wolferl, *ka Gulasch und ka Seidl Bier*, sonst fang ich noch zu singen an, das wäre wohl zu banal, dachte ich, und warf die Speisekarte mit einem Schnalzen zu, das dem Kellner als Aufforderung zugedacht war. „Salat Pute?"

„Gulasch und einen Pfiff Bier", sagte Bela.

„Für mich die tote Sau. Zwei Knödel." Und an Bela gerichtet: „Nicht gerade Schonkost, ich weiß. Aber Fett ist der Geschmacksträger."

Bela, wohlgemerkt. Auf der Fahrt zum Meinhart in Wenisbuch, dem Wirt meines Vertrauens an der kürzesten Verbindung der nördlichen Grazer Stadtteile Andritz und Mariatrost, hatte sie mich gefragt, ob ich es denn für denkbar und vernünftig hielte, einem Menschen das einmal angetragene oder auch von selbst gewachsene und praktizierte Du-Wort zu entziehen, ganz wie der Sohn eines Wiener Staatsoperndirektors auch. Der Sohn *eines* Staatsoperndirektors, hatte sie gesagt, der nach acht Gymnasiumsklassen und Erreichen der so genannten mittleren Reife sich seinen Kameraden, Ex-Kameraden, wieder zum Herrn gemacht hatte. Schriftlich. Sie selbst, hatte Schmaus ausgeführt, habe diese Option (das sei doch besser, als die Leute zu beschimpfen) das eine oder andre Mal in Erwägung gezogen, nicht aber in die Tat umgesetzt. Jeder Mensch, hatte sie des Weiteren gesagt, müsse die Chance bekommen, sich den anderen wieder zur Frau (oder Mann, man weiß ja nie, hatte ich gedacht) zu machen oder auch gemacht zu werden. Seitdem waren wir per Bela und Ferri. Bis auf Widerruf.

Das Essen kam rasch und mit Volldampf und verhüllte das Kellnergesicht in einer wohlriechenden Schwade. „Was hältst du von den Intervallen?", sagte ich nach einer Weile des Schweigens und Kauens. „Vierzehn Stunden zwischen erstem und zweitem Mord, vierundzwanzig zwischen zweitem und drittem. Seit dem Moser sind fast siebenunddreißig Stunden vergangen."

„Ausgezeichnet", sagte Bela und wischte ihren Tellerrand genussvoll mit einem Salzstangerl vom überschwappenden, dunkelrotbraunen Gulaschsaft blank. „Ich glaube nicht, dass es ein Muster gibt. Was die Intervalle der Morde angeht. Eher, dass er uns massiv unter Druck setzen will. Drei Tote binnen achtunddreißig Stunden. Das gibt einiges aufzulösen."

Ich nickte stumm und schnitt den zweiten Semmelknödel an.

„Bemerkenswert", fuhr sie fort, „ist diese Telefonzellengeschichte. Dass es sieben Stück gibt, die näher zum Schloss Eggenberg liegen als jene bei den Kleinerwerken, die unser Täter vor dem Mosermord benutzt hat. Wissen Sie ... weißt du, Ferri, was ich meine?"

„Mmhhm."

„Das heißt doch, dass unser Mann irgendeine Beziehung zu der Umgebung der Kleinerwerke haben muss, oder?"

„Sicher", sagte ich mit halb leer geschlucktem Mund. „Das Zeit-Weg-Diagramm der Kollegen hat ergeben, dass man mit dem Auto am Abend bei wenig Verkehr knapp acht Minuten braucht. Von der Telefonzelle bis zum Parkplatz vor dem Schloss. Bei normalem Tempo. Denn wer solches im Schild führt, wird kaum wollen, dass ihn Inspektor Zufall wegen Raserei aus dem Verkehr zieht, bevor er ans Werk gehen kann." Belas Schweigen war Aufmunterung genug fortzufahren. „Da der Landesrat Moser laut seinem Sekretär wenige Minuten nach dem Anruf den Empfang verlassen hat und in den Schlosspark marschiert ist, ist davon auszugehen, dass die Zeitspanne bis zum vereinbarten Treffen kurz war. Vielleicht fünfzehn, maximal zwanzig Minuten, würde ich schätzen."

„Vermutlich", sagte Schmaus. „Warum hat er also diese Zelle gewählt und nicht eine, die näher liegt? Eine, von der aus der Park schneller und stressfreier erreichbar ist? Er dürfte wenig Zeit gehabt haben. Richtig?"

„Richtig."

„Zumindest für den Hinweg", fuhr sie fort. „Wie wir vom Sekretär wissen, hat sich der Landesrat sofort in den Park aufgemacht. Hätte unser Mörder eine x-beliebige Telefonzelle wählen können, hätte er mit Sicherheit eine andere genommen. Eine, die strategisch günstiger liegt."

„Richtig", sagte ich. „Was darauf schließen lässt, dass er nahe den Kleinerwerken etwas zu tun gehabt hat, was ihn zeitlich bis kurz vor dem Anruf gebunden hat. Vielleicht wohnt er dort und hatte späten Besuch, den er erst loswerden musste?"

„Vielleicht. Oder er war selbst bei jemand zu Gast."

„Wohl kaum", entgegnete ich. „Plane ich einen Landesrat aufzuknüpfen, warte ich nicht bis zum letzten Abdruck, oder? Da gehe ich eben früher."

„Warum? Das wäre doch fast so etwas wie ein Alibi. Immerhin kennen wir den genauen Zeitpunkt des Treffens nicht. Wir wissen nur, wann der Landesrat den Empfang verlassen hat. Außerdem kann er den Zeitpunkt des Anrufes selbst bestimmen. Zumindest solange sein Opfer auf dem Empfang verweilt. Wie auch immer. Vielleicht arbeitet unser Mann abends. Vielleicht hat er eine Pause eingelegt. Den Weg vom Schlosstor bis zum Baum und das Aufknüpfen des Landesrates einberechnet, sind das mindestens dreißig bis vierzig Minuten."

„Mag sein", sagte ich. „Aber wir wissen nicht, um welche Art von Job es sich handelt. Wenn überhaupt. Und ob sein Zeitmanagement kontrolliert wird. Aber einen Versuch ist es allemal wert."

„Wie viele Menschen wohnen in der Gegend rund um die Kleinerwerke?"

„Zehntausend sicher."

„Dann sollten wir wohl besser im Kleinen anfangen", meinte Bela.

„Im Kleinen?"

„Ja, bei den Jobs und den Menschen, die diese Jobs um diese Zeit in dieser Gegend ausüben."

„Stimmt", erwiderte ich. „Auf die Bewohner ausweiten können wir allemal, wenn es nix bringt. Ich lasse das überprüfen ... welche Jobs in Frage kommen könnten. Auch wenn die Suppe recht dünn ist. Dessert?"

Bela winkte ab. „Was dagegen?" Warum sollte ich, wollte ich schon sagen (wenn die Figur verweigert, was der Körper verlangt), als ich bemerkte, wie sie mit flinkem Griff ein Päckchen aus ihrer Tasche fingerte, es mit der Rechten ein paar Mal gegen die offene Linke schlug und aufbrach. „Zigarette?", fragte sie und hielt mir das Päckchen entgegen. „Oder sollst du nicht wollen?", fügte sie schnell hinzu, als sie die verräterische Mienenmelange aus Dürfen-Wollen und Nicht-wollen-Sollen in meinem Antlitz entschlüsselte.

Ausgebuffte, rotgelockte Psychohexe, dachte ich, lächelte und griff zu. „Sie ist gerade ein paar Tage nicht da. Mit den Kindern."

„Urlaub?", fragte Bela.

Ich schwieg. Bela blickte mich forschend an, blies ein paar Rauchkringel unter die Tischlampe und schwieg ebenfalls.

In der Küche, Dienstagmittag

Mein Plan, alles verläuft auch weiterhin nach meinem Plan. Sammeln, sammeln, sammeln. Informationen, immer wieder Informationen. Informationen. Darum geht es. Nur wer alle Informationen besitzt, kann die Schalthebel der Macht betätigen. Informieren und beobachten. Alles genau beobachten. Analysieren, das Geschehene immer wieder ablaufen lassen. In allen Details. Ich habe ein fotografisches Erinnerungsvermögen, alles ist in mir gespeichert und ich kann es auf Knopfdruck abrufen. Nein, ich habe keinen Fehler gemacht. Schleimböck hat nichts, gar nichts. Er hat nur Hanser. Den habe ich ihm auf dem Silbertablett serviert. Deutlich. Vielleicht zu deutlich? Doch ein Fehler? Nein. Schleimböck war nie der große Schlaumeier, nur ein harter Arbeiter. Gewissenhaft, auf seine Art auch ein Sammler wie ich. Bieder. Zu bieder für gewagte Spekulationen. Fakten. Einer wie Schleimböck braucht Fakten. Die hat er. Ihm fehlt nur noch der Täter, und den wird er kriegen. Von mir. Ich diktiere das Spiel, alle handelnden Personen sind Figuren, die von mir bewegt werden. Ich könnte zufrieden sein, wenn da nicht etwas wäre, das mir zunehmend zu schaffen macht. Ich weiß, dass es in dieser Phase unvernünftig ist und ein unnötiges Risiko darstellen würde. In meinem Plan kommt es nicht vor, ich muss dafür einen eigenen Plan erstellen.

Es geht um eine Begegnung mit Schleimböck. Das Optische als Überzeugung. Ich muss sein Gesicht sehen und ich muss dabei seine Ahnungslosigkeit spüren können. Teils zu meiner Beruhigung, teils um meinen Triumph, sagen wir als eine erste Rate, jetzt schon auskosten zu können. Der Entschluss, es doch und im Grunde genommen wider jede Vernunft zu tun, steht fest, seit ich den Sportteil der heutigen Zeitung gelesen habe. Sturm Graz gegen Rapid Wien im Schwarzenegger-Stadion. Mittwoch, 19 Uhr. Schleimböck ist dort, das weiß ich. Weil Schleimböck seit Jahren kein Heimspiel der Schwarzweißen versäumt hat. Ich war früher auch Stammgast im Stadion, in letzter Zeit aber kaum noch. Trotzdem wird es nicht auffallen, wenn ich jetzt plötzlich wieder dort auftauche. Wenn es gegen Rapid geht, hat die schwarzweiße Fan-Armada immer schon alle Kräfte mobil gemacht, da kommen auch solche, die nicht immer kommen. Sturm ist das Einzige, das er und ich gemeinsam haben, vereint hat es uns aber nie. Smalltalk, nur etwas Smalltalk. Und sein Gesicht. Die absolute Ahnungslosigkeit. Ich muss sie live erleben, und ich kann es kaum erwarten.

*

Mittwoch. Mittagszeit. Mahlzeit.

„Fällt das unter den Begriff Déjà-vu, wenn ich gestern mit dem geistigen Auge gesehen habe, was ich mit wem heute und hier esse?", fragte ich und schnitt in den faschierten Braten, den besten, der zu kriegen ist, außer vielleicht beim Bertl in der Theaterstubn, aber der ist ja mehr für in der Nacht, wenn ihn die Vögel heimsuchen nach einer frischen Leiche. Daher bleibt also, um diese Zeit, nur der Meinhart in Wenisbuch. Einmal mehr.

Bela lachte ihr erfrischendes Psychohexenlachen. „Er ist in Lauerposition", sagte sie. „Erst der Dreifachschlag binnen eineinhalb Tagen und jetzt seit ... seit ... lass mich nachrechnen ... seit dreiundsechzig Stunden nichts. Gar nichts. Die Geschichte mit dem Klassensprecher, diesem Alexander Weinberger ... der reinste Reinfall. Der alte Geier hat keinen Kontakt zu seinen Exschülern gehabt. Sonst hätte er wohl erkannt, dass nicht der echte Weinberger vor ihm steht."

„Wer sich per Autounfall verabschiedet und seit acht Jahren tot in der Kiste liegt, hat ein lückenloses Alibi."

„Eben. Aber wer weiß, ob ihn die Erkenntnis vor seinem Schicksal bewahrt hätte. Wir treten auf der Stelle. Das war kaum zu übersehen bei der Morgenbesprechung, findest du nicht?"

Ich schnitt, kaute und brummte zustimmend.

„Was auch immer das Motiv sein mag, Ferri", hob sie erneut an. „Hass auf Politiker, die Abrechnung einer jahrelangen Feindschaft, erlittene Schmähungen, die Vernichtung von Gegenspielern, egal, die Sache mit der Blamage für die Polizei spielt da mit rein. Serienmörder wollen sich durch ihre Untaten erhöhen. Dazu gehört auch, dass sie jede Quelle nutzen, um über sich selbst etwas zu erfahren." Sie spürte das Fragen meiner Augen. „Zeitungen, Fernsehen, Radio, Internet", setzte sie nach. „Solche Menschen beobachten sehr genau. Auch, oder: gerade die Ermittlungen der Polizei. Sie suhlen sich in unserem Unwissen. Ich kann mir nicht helfen: Diese Morde sind auch gegen uns gerichtet."

„Gegen dich persönlich wohl kaum", sagte ich.

„Gegen mich persönlich nicht", spann sie den Gedanken mit langsamen Worten wie einen roten Wollfaden, den es behutsam zu entwirren galt, fort. „Aber wie wäre es mit ... einem von euch?"

„Theoretisch."

„Natürlich. Theoretisch."

„Sollte man mal andenken", sagte ich. „Ich werd mit den Kollegen darüber reden. Heute Abend treffe ich die meisten ohnehin im Kieberersektor."

„Kieberersektor?"

„Fußball", sagte ich. „Die Schwarzweißen gegen die Grünweißen. Pflichttermin. Sturm Graz gegen Rapid im Schwarzenegger Stadion. Morde hin, Morde her. Da gehen fast alle hin. Heut gibt's Prügel für die Wiener. Auf dem Rasen natürlich."

„Männerspielchen", sagte Bela und setzte ein wissendes, erhabenes Lächeln auf, als habe sie den Fußball im Allgemeinen und dessen Freunde im Speziellen schon unzählige Male durch ihre Gedankenmühle gedreht. „Heute bezahle ich. Keine Widerrede."

*

In der Küche, Mittwochvormittag

Schlaf, ich brauche kaum noch Schlaf. Der Beruf des Nachtwächters verwandelt den Menschen. Zu Beginn dieser Tätigkeit hatte ich Mühe, meine Augen eine ganze Nacht lang offen zu halten. Ich weiß noch, dass ich manchmal im Auto eingenickt bin und aus Angst, dadurch den Job zu verlieren, sogar einen Wecker auf dem Beifahrersitz liegen hatte, den ich stets so gestellt habe, dass er stündlich klingelte. Im Laufe der Zeit bin ich aber zu einem nachtaktiven Wesen mutiert. Ich hatte das Gefühl, eine Fledermaus zu sein. Hellwache und aktive Nächte. Selbst wenn ich gewollt hätte, wäre es mir nicht mehr möglich gewesen im Dienst einzuschlafen. Das habe ich dafür bei Tag umso tiefer getan. Ich habe bis weit in den Nachmittag hinein geschlafen, dann meine Einkäufe getätigt und mich dabei schon auf die Nachtstunden gefreut, während der mein Gehirn immer klarer wurde.

Seither habe ich nachts mein ganzes Leben durch die Gedankenmühle gejagt, versucht, mich an die wesentlichen Details zu erinnern und plötzlich war ich in der Lage, Zusammenhänge zu erkennen, die jetzt bisher Unverstandenes oder nie Gedachtes verständlich machen. Heute weiß ich, welche Rolle mein Vater für mich tatsächlich gespielt hat, wie sehr er in mein Leben eingegriffen hat, ohne dass ich es bemerkt habe. Vielleicht war er der Teufel und ich bin sein Sohn. Vielleicht tu ich das, was ich tue, weil er mein Vater war und ich es daher einfach tun muss. Es gibt keinen Beweis dafür, nur das Ergebnis meiner Erkenntnisse. Ich sammle sie, Nacht für Nacht, vielleicht werden sie eines Tages ausreichen, um mich zur Wahrheit über meine Person zu führen.

Wahrscheinlich werde ich sie nie erfahren, und das wird das Teuflische in meinem Leben sein. Die Nächte gehören weiterhin meinen Gedanken, aber der Schlaf raubt mir die Tage nicht mehr. Ich brauche ihn kaum noch. Drei bis vier Stunden reichen aus. Manchmal auch weniger. Das ist wider die menschliche Natur und für mich eine Bestätigung mehr, dass ich mich zu einem anderen Wesen entwickelt habe. Welches ich bin, weiß ich noch nicht. Ich weiß nur, warum ich bin und welche Aufgaben damit verbunden sind.

Bis zum Anpfiff im Arnold Schwarzenegger-Stadion sind es noch vier Stunden.

Ich könnte sie mir mit meinem Gast im Keller vertreiben, aber ich entscheide mich dagegen. Er weiß nicht, dass er nur noch eine Aufgabe in seinem miserablen Leben hat, und er soll es auch nicht erfahren, bis es soweit ist. Seine Gegenwart verleitet mich zu einer Geschwätzigkeit, die ich nicht will, deshalb ist es besser, seine Gesellschaft zu diesem Zeitpunkt zu meiden. Nicht, dass mir die Geschwätzigkeit schaden könnte, sie besteht ja nur zwischen ihm und mir und er wird keine Gelegenheit haben, mein Geschwätz weiterzugeben. Es ist so, weil ich Geschwätzigkeit generell hasse. Bei anderen und vor allem bei mir selbst. Gerade jetzt will ich aber keine Zeit opfern, um mich selbst zu hassen.

Es ist seltsam, dass das Stadion, in dem meine Mannschaft spielt, nach jenem Mann benannt ist, den ich nicht wegen seiner Muskel-, sondern wegen seiner Willenskraft bewundere. Die Muskeln, für deren Aufbau Arnold Schwarzenegger erstmals seine Willenskraft eingesetzt hat, waren von Beginn an nur Mittel zum Zweck. Er hat sich damit aufgeblasen, wie es ein Kugelfisch tut, der eben noch ein völlig unscheinbares Meereswesen war, plötzlich aber groß und gewaltig ist und von allen bemerkt und beachtet werden will. Den unscheinbaren Gendarmensohn aus einem der hinteren Winkel Europas hätte keiner bemerkt, die eitle Filmwelt schon gar nicht, wenn er sich nicht aufgeblasen hätte. Das hat er getan, viel besser als alle anderen. Aber das war nur der Beginn seines Lebensplanes, der ideale und in seiner Lage einzig mögliche Startschuss zu einem Lauf in eine völlig andere Richtung. Hollywood, dann der kalifornische Gouverneurssessel und am Ende das Weiße Haus.

Eines Tages wird der mächtigste Mann der Welt Schwarzenegger heißen, davon bin ich felsenfest überzeugt. Ich bin auch überzeugt davon, dass das Außergewöhnliche, das in ihm steckt, etwas mit dem Ort zu tun hat, in dem er geboren wurde und aufgewachsen ist. Der befindet sich nur wenige Kilometer außerhalb von Graz. Zu meinem Glück. Man könnte fast sagen, dass das Dorf Thal ein Vorort von Graz ist. Vielleicht gibt es einige, die ähnlich empfinden wie ich, im Grunde genommen ist mir das aber völlig egal. Seit mir die Erfolgsgeschichte Schwarzeneggers bewusst wurde, liegt für mich mein Kraftort in Thal. Ich weiß, wo sein Elternhaus steht, aber das Haus ist unbedeutend. Es ist der See, eine ganz bestimmte Stelle am Ufer.

Aus Zeitungsberichten und Fernsehdokumentationen weiß ich, dass hier die starken Männer von Graz in den Sechzigerjahren des vorigen Jahrhunderts trainiert haben. Eigentlich haben sie nur ihre muskulösen Körper zur Schau gestellt, um die Mädchen anzulocken. Ob sie denen wirklich imponiert haben, weiß ich nicht, ich weiß nur, dass sie den 14-jährigen Schwarzenegger damit auf seine Lebensidee gebracht haben. Nach hartnäckigem Betteln ließen sie den Kleinen gnädig mittrainieren. Geräte gab es natürlich keine. Nur die Natur. Die Wiese für Liegestütze, die Bäume für Klimmzüge. Immer wieder, bis alle Muskeln brannten. Die Wiese und die Bäume gibt es heute noch. Und sie sind auch mein Kraftort geworden. Nein, keine Liegestütze und keine Klimmzüge. Ich sitze nur da und lasse den Platz auf mich einwirken. Er stärkt meine Gedanken, gibt mir Entschlusskraft, wenn ich sie gerade suche, und schenkt mir kurzfristig Zufriedenheit und Wohlbefinden.

Am Thalersee, Mittwochvormittag

Blutwurst mit Sauerkraut und Röstkartoffeln, dazu ein Krügel Gösser. Stefan, der Kellner des Seerestaurants, kennt mich. Ich bin ja öfter hier und meistens verbinde ich den Ausflug nach Thal mit einem Mittagessen. Die Blutwurst ist hier besonders gut, muss wohl von einem speziellen Fleischhauer geliefert werden. Mein Interesse an dessen Identität war bisher aber nie groß genug, dass ich danach gefragt hätte. Heute ist ein guter Tag, ich fühle mich schon vor der Begegnung mit meinem Kraftort wohl und heute frage ich auch erstmals wegen der Blutwurst. Stefan sagt, er wisse es nicht genau, Fleischbestellungen seien Chefsache. Er vermute aber, dass die Blutwurst, wie alles andere vom Tier, vom Fleischhauer Scherzer aus Gratkorn käme. Gute Ware, sage ich und nicke. Stefan nickt zurück. Smalltalk nennt man das, wohl eine amerikanische Erfindung, weil es ja kein deutsches Wort dafür gibt, und ich hasse so etwas normalerweise. Weil es nichts anderes als Geschwätzigkeit ist.

Zeitverschwendung. Aber heute macht es mir Spaß. Stefan hebt die Augenbrauen und wundert sich. Er versucht sogar ein vorsichtiges Lächeln, aber ich lächle nicht zurück. Man soll nichts übertreiben. Zum Glück ist die Bank unter der Linde an meinem Kraftort frei. Eigentlich ist sie meistens frei, wenn ich komme. Auch wenn der Tag schön ist und es viele Menschen an den See zieht. Ich habe schon beobachtet, dass Leute rasch aufgestanden und weggegangen sind, wenn ich mich der Bank genähert habe. Irgendetwas muss es geben, das den Platz für mich reserviert. Von diesem Ort hast du keine Ahnung, Schleimi. Für solche, wie du es bist, ist er auch nicht bestimmt. Du könntest hundertmal hierher kommen und du würdest nichts spüren. Absolut gar nichts. Wahrscheinlich würdest du dir nur einen Sonnenbrand holen. Oder einen Schnupfen, wenn du im Herbst hier säßest. Dein Kraftort ist der Fußballplatz. Tausende kreischende Nullen und du. Die große Sturm-Graz-Familie. Das ist deine Geborgenheit. Dort fühlst du dich wohl.

Ich gebe zu, dass ich früher auch dabei war. Nicht so fanatisch wie du, Schleimi, aber die Sportplatzbesuche haben auch mir das Gefühl gegeben, irgendwo dazuzugehören. Damals habe ich noch geglaubt, dass man nur in der Masse stark sein kann. Jetzt weiß ich: Genau das Gegenteil ist der Fall. Wirklich stark kann man nur sein, wenn man alleine ist. Wenn man sich nur auf einen einzigen Menschen verlassen kann – sich selbst. Ich freue mich schon auf dich, Schleimi. Du wirst überrascht sein, mich zu sehen, und ich werde dir einen Hofer vorgaukeln, mit dem du wahrscheinlich sogar Mitleid haben wirst. Resignation statt Ehrgeiz. Trauer über das Verlorene, aber kein Hass mehr. Ein Schweifwedler, der angehechelt kommt, um wieder in die Sturmfamilie aufgenommen zu werden. Und irgendwann wirst du reden, mir über deinen großen Fall berichten. Ich werde es dir ganz leicht machen, den Überlegenen zu spielen. Du wirst singen wie eine Nachtigall und ich werde nicht müde werden, deinen Gesang zu loben.

Ruine Gösting, Mittwochmittag

Ein anderer Platz, den ich immer wieder gerne besuche, ist die Ruine Gösting. Am Rande von Graz gelegen und von der Straße, die nach Thal führt, nach einem kurzen Fußmarsch zu erreichen. Kein Kraftort, wie die Wiese am Schwarzeneggersee, aber doch ein Platz zum Nachdenken. Hier, hoch oben über der Stadt, sind in früheren Zeiten Soldaten gestanden und haben nach Feinden Ausschau gehalten, die das Leben der Grazer vernichten wollten. Bis zum Match sind es noch zweieinhalb Stunden, genügend Zeit für den kurzen Aufstieg. Schnelle Schritte, kurzer Atem.

Der Schweiß. Das Hemd klebt am Rücken, die Haare sind patschnass. Nachts bin ich die Straße schon hochgefahren. Ganz langsam, ohne Licht. Es ist eine Privatstraße und sie ist für den öffentlichen Verkehr gesperrt. Man muss nur an den wenigen bewohnten Häusern am Fuße des Berges unbemerkt vorbeikommen, weiter oben wohnt keiner mehr. Wenn du den Motor nicht aufheulen lässt oder versehentlich auf die Hupe drückst oder die Scheinwerfer aufblitzen lässt, bemerkt dich niemand. Das nächtliche Hochfahren hat keinen wirklichen Zweck gehabt. Das bisschen Nervenkitzel vielleicht, das mit dem Verbotenen verbunden war. Und den Blick auf die Lichter von Graz.

Die Ruhe, die absolute Ruhe. Nur das Rauschen des Windes in den Blättern. So kurz ist der Weg nach oben gar nicht, wenn man zu Fuß unterwegs ist. Vor allem, wenn der Tag heiß und man nicht wirklich in Form ist. Vor der Taverne stehen ein paar Tische und an den Tischen sitzen zwei Gäste. Ein älteres Paar in Wanderausrüstung. Festes Schuhwerk, kurze Hosen, karierte Hemden. Die Rucksäcke haben sie an die Tischbeine gelehnt.

Die Wirtin tritt aus der Türe, als sie mich bemerkt. Wir grüßen einander höflich, auch das Wandererpaar nickt mir zu. Ich setze mich an den Nebentisch, die Wirtin bringt mir die bestellte Weißweinmischung. Heiß, sagt sie, während ich mit dem Handrücken den Schweiß von der Stirne wische. Statt zu antworten greife ich nach dem Glas und beginne zu trinken. Hoffentlich ist es übermorgen kühler, sagt sie, als ich das halbleere Glas absetze. Sie wartet auf meine Frage, aber ich blicke sie nur fragend an. Na, wissen Sie es nicht, drängt sie. Ich schüttle den Kopf. Übermorgen ist unser großer Tag, fährt sie fort. Ruinenfest! Klickt es jetzt bei Ihnen? Großes Ruinenfest, sagen Sie bloß, Sie haben nichts darüber in den Zeitungen gelesen. Im Fernsehen ist's auch schon ein paar Mal angekündigt worden. Der Reinerlös geht an die Kinderkrebshilfe. Sogar die Landeshauptfrau kommt. Eröffnet um neun Uhr höchstpersönlich das Fest. Jetzt wissen Sie's, hab ich Recht? Natürlich weiß ich es, aber warum soll sie wissen, dass ich es weiß. Keine Ahnung sage ich. Sie gibt auf und geht kopfschüttelnd weg.

Ich hasse neugierige Menschen. Und überfreundliche erst recht. Das Wandererpaar, das alles mitgehört hat, beginnt in meine Richtung zu lächeln. Bevor es zu einer weiteren nichts sagenden Tratscherei kommen kann, lege ich die Zwei-Euro-Münze für die Weinmischung auf den Tisch, leere im Aufstehen das Glas und mache mich aus dem Staub. Ein paar Minuten später habe ich das obere Ende des Jungfernsprunges erreicht. Ein kleiner, von einem Geländer umrahmter Platz, von dem aus eine steile, zerklüftete Felswand ins Tal fällt. Von hier aus soll sich irgendwann im Mittelalter die Tochter eines Burgbesitzers wegen einer unglücklichen Liebesgeschichte in den Tod gestürzt haben. Es ist ein idealer Ort für einen Selbstmord. Ein Schritt über die Kante genügt und man fällt, bis man zerschellt.

Im Laufe der Jahrhunderte haben mehrere Dutzend Grazerinnen und Grazer hier auf eigenen Wunsch mit dem Leben Schluss gemacht. Erst vor kurzem stand in den Zeitungen zu lesen, dass ein 15-jähriger Schüler nach der Zeugnisverteilung hierher gekommen und gesprungen war. Erfolgreich. Man könnte sagen, dass der Göstinger Jungfernsprung den meistbenutzten Selbstmordort der Stadt darstellt. Sich hier umzubringen hat Klasse und Tradition. Und es kostet nichts. Gar nichts. Nicht einmal den Preis eines Strickes. Nur Schweiß, wenn man, wie ich, zu Fuß kommt, und die Überwindung, die aus einem Selbstmordkandidaten einen erfolgreichen Selbstmörder macht. Aber die wird ja gratis geliefert, wenn die Verzweiflung groß genug ist. Als Bonus kriegt man sogar noch ein paar Sekunden Luftfahrt geschenkt, während der man das verpfuschte Leben an sich vorbeiziehen lassen kann. Blöd ist es nur, wenn man in diesen Augenblicken erkennt, dass es eigentlich doch nicht wirklich verpfuscht war. Umdrehen geht nicht mehr, der Jungfernsprung ist eine Einbahnstraße in den Tod.

Im Stadion, Mittwochnachmittag

Der Kieberersektor, so haben wir ihn früher immer genannt. Ihr tut das sicher auch heute noch. Zu wenig Fantasie, um einen neuen Namen zu finden. Aber warum auch? Der alte passt perfekt. Diese Ecke im Grazer Arnold-Schwarzenegger-Stadion gehört der Polizei. Nein, nicht jener in Uniform, die draußen und drinnen und drüben und überhaupt überall als Brandlöscher für überschäumende Fanstimmung im Einsatz ist, sondern der zivilen, privaten. Ein beträchtlicher Teil der Sturmfans im Kieberersektor war einmal bei der Grazer Polizei und genießt jetzt den Ruhestand, die meisten sind aber noch aktiv und schaffen es, wie durch ein Wunder, Heimmatch für Heimmatch, nicht dienstlich, wie die armen Hunde, für die Helme, Schilde und Tränengas bereitstehen, sondern in ihrer Freizeit, ganz normal, als biedere Matchbesucher, im Stadion sein zu dürfen.

Du, Schleimi, warst immer schon das Zentrum des Kieberersektors. Dessen Leuchtturm. Wahrscheinlich warst du bis heute immer da, bei jedem einzelnen Heimmatch, und die anderen haben sich, wie wir es damals taten, auch weiterhin um dich geschart. Damals, als ich noch ein regelmäßiger Matchbesucher war, konnte sich jedenfalls keiner im Kieberersektor vorstellen, dass ein Match angepfiffen werden konnte, bevor Du nicht an deinem angestammten Platz gestanden bist. Dir vor Spielbeginn die Hand zu schütteln war wie ein Siegesschwur. Heute packen wir es, heute vernichten wir sie!

Das war deine lockere Seite und ich habe sie wirklich geschätzt. Ich habe dich dafür geachtet, vielleicht sogar ein klein wenig bewundert. Genauso, wie ich deinen Gartenwahn belächelt und in Weinfragen stets deinen Rat gesucht habe. Wir waren Kollegen und wahrscheinlich hätten wir uns als Kriminalisten perfekt ergänzt. Du mit deiner Akribie und mein Genie. Aber du wolltest es ja nie. Für dich war ich nichts anderes als Konkurrenz. Dabei wäre ich für dich in Ausübung des Dienstes gestorben, wenn du ein ehrlicher Partner gewesen wärest. Stattdessen hast du mich gekillt. Mies und heimtückisch hast du mich mit Hilfe anderer Mieslinge brutal aus deiner dienstlichen Gefahrenzone entfernen lassen.

Das erste bekannte Gesicht. Rotwangig und schnapsnasig, Luis Tulb, damals Kommandant des Wachzimmers in der Wienerstraße. Jetzt Pensionist. Ja, der Hofer, sagt er und grinst. Irgendwie mitleidig. Schon lange nicht am Platz gewesen, sagt der andere, sein Name fällt mir nicht sofort ein. Unwichtig. Nachdenken ist Zeitverschwendung. Ich nicke ihm trotzdem zu. Es ist mein Auftritt und ich kontrolliere das Geschehen. Für sie will ich heute der Idiot sein, der reumütige Heimkehrer in die Sturmfamilie. Tulb, sage ich, altes Haus, wie schmeckt dir der Ruhestand? Großartig, sagt er, ich habe ein Segelboot am Neusiedlersee, bin von der Alten geschieden und das, was von der Pension übrig bleibt, reicht für Speis, Trank und eine dicke Burgenländerin, die herrlich kocht.

Versoffenes Arschloch, denke ich.

Ich bin jetzt beim Journaldienst, sagt der andere, ruhiger Job, weißt es ja. Zwei Jahre noch, dann ist der Franzi dankbarer Pensionsempfänger. Franzi wer? Ich weiß es noch immer nicht. Und du?, fragt Tulb, ich habe gehört, du schützt die Welt vor nächtlichem Gelichter. Langweilig, stelle ich mir vor. Oder hast du auch schon Action erlebt? Was zahlen die denn? Wahrscheinlich mehr als der Staat uns gibt. Habe ich Recht? Wir sind ja immer die Idioten. Nächstes Mal, sage ich, bringe ich dir meinen Gehaltszettel mit, wirst staunen, dass ein Mensch mit so wenig Cash überleben kann. Die Mitleidsmasche zieht immer, lass sie überlegen sein und höhnisch auf den armen Hofer-Trottel herabblicken.

Viel zu tun, sage ich zu Franzi Namenlos. Er weiß sofort, was ich meine. In Zeiten wie diesen meinen alle, die von einem Grazer Polizisten wissen wollen, ob er viel zu tun habe, nur das eine. Franzi Namenlos rollt die Augen und stöhnt. Klar, sagt er, wenn du einen irren Serienkiller in der Stadt hast.

Schon eine heiße Spur, frage ich. Er zuckt die Schultern. Musst den da drüben fragen, deinen alten Kumpel, den Leimböck, sagt er mit dick aufgetragener Häme und deutet nach vor, mitten in den Kiebrererektor hinein. Dort steht er, der Leuchtturm. Er bemerkt mich nicht. Nicht einmal, als ich unmittelbar neben ihm stehe. Da sind Leute, die ich kenne, aber ich mache mir nicht die Mühe, sie zu identifizieren. Es ist nur er, an dem ich interessiert bin, sonst keiner.

Unten laufen die Spieler ein. Die Rapidler in Grünweiß, wir in Schwarzweiß. Der Pöbel tobt, vor allem die Idioten, die aus Wien angereist gekommen sind. Die Rapidfans waren schon immer die größten Proleten. Aber unsere stehen ihnen um nicht viel nach. Schleimböck brüllt nicht, das hat er nie getan. Aber er beherrscht den weltschrillsten Pfiff mit zwei Fingern. Jetzt steht er neben mir und pfeift wie ein Irrer. Es dröhnt in meinen Ohren und ich hebe die Hände, um sie zuzuhalten. Er muss es aus den Augenwinkeln gesehen haben. Als der Platzsprecher die Vorstellung der Rapidmannschaft beendet hat und Schleimböck vorläufig keine Notwendigkeit zum Pfeifen mehr sieht, nimmt er die Finger aus dem Mund und dreht sich zu mir her. Der Blick ist ein erstaunter. Vielleicht sogar ein verblüffter. Hofer, sagt er und reißt die Augenbrauen in die Höhe. Ja, antworte ich verlegen und mache mich klein, ich bin's. Wieder einmal. Ich hab's ohne Sturm versucht, aber es geht wohl nicht. Macht irgendwie süchtig, der Klub. Bin halt wieder da. Habe die Ehre!

Der Leuchtturm dreht sich zu seinem Nachbarn um und rüttelt ihn an der Schulter. He, sagt er, schau wer da ist! Jetzt erkenne ich ihn. Willi Fauler, auch Michelin genannt. Der dicke Spurentechniker. Einer von den Stillen im Paulustor. Könnte ein Superstar sein, wenn er extrovertierter wäre. Ganz sicher ist auch er ein Schleimböck-Opfer. Zu gut, um sich wirklich entfalten zu dürfen. Arbeitet brav und gewissenhaft im Hintergrund und Schleimi schöpft den Rahm ab. Servus Hofer, sagt der Dicke, er ist verlegen und ich spüre es. Die Begegnung ist ihm peinlich. Er sagt nur, Servus Hofer, dann dreht er sich wieder weg. Der Dicke weiß, wie übel man mir mitgespielt hat. Weil er ganz genau weiß, wie übel man ihm selbst mitspielt. Wehre dich doch, schreit es in mir. Wehre dich, du fette, feige Sau. Er hätte ein Verbündeter sein können, aber ich empfinde in diesem Augenblick nur Verachtung für ihn. Er hat mir damals nicht geholfen, und ich werde ihm jetzt nicht helfen. Wenn ich mit der ganzen Sache fertig bin, könnte er dort sitzen, wo der Schleimböck jetzt sitzt. Aber er wird es nicht. Weil es andere geben wird, die ihm auf den Kopf scheißen. Es wird immer wieder Schleimböcks geben, Ratten vermehren sich, die sterben nie aus.

Leimböck, sage ich und lege die Hand auf seine Schulter, ist verdammt lange her. Er zuckt zusammen. Ich spüre es in meiner Hand und es tut mir wohl. Mieses Arschloch!

*

„Die mit dem Längsten sind nicht unbedingt die besten", sagte ich. „Es ist eine Frage der Technik, weißt du? Faul, du grüne Sau!" Meinem Schrei folgte ein prüfender Blick, der unverwandt auf mir lag. Unverwandt, dachte ich, darüber sollte ich auch einmal nachdenken, ob denn der unverwandte Blick das Gegenteil des verwandten ist und dabei der unverwandte der beziehungslose und der verwandte der beziehungsreiche? Oder ist doch das Unverwandte das Beziehungsstiftende und das Verwandte das Ende aller Beziehung? Wenn ich da an meine Schwager denke, nun ja. „Die grüne Sau", setzte ich zur Erläuterung nach, „ist der mit dem grünweißen Trikot und der Nummer acht auf dem Rücken, der dem Schwarzweißen, der jetzt am Boden liegt, mit den Stollen seiner Schuhe das Gemächte massiert hat. Die schwarze Sau hingegen ist der in der Mitte, ohne Rückennummer und mit der Pfeife im Mund."

„Und wann ist die schwarze Sau eine besonders schwarze Sau?"

„Im Prinzip immer", sagte ich. „Vor allem aber dann, wenn sie nicht pfeift, so wie jetzt. Oder wenn sie zu oft pfeift. Oder falsch."

„Soso."

„Ja. Aber wir waren bei der Technik, nicht wahr? Also: Die Besten sind die, die ihre Finger richtig einzusetzen wissen. Die Stellung ist entscheidend. Frag Michelin, der will es mir seit Jahren nachmachen und bringt es nicht hin. Stimmt's, Michelin?"

Bela Schmaus schien nicht zu wissen, was sie mehr amüsierte: das farblose Spiel der Schwarzweißen dort unten auf dem Rasen, die unbeherrschten Flüche, die aus allen Ecken des Kieberersektors auf dem Weg zum Spielfeld auf ihrem Wiener Vorstadttrommelfell zwischenlandeten, oder meine Ausführungen, was die beste Technik betraf. Die beste Technik für den besten, weil schrillsten Fanpfiff im Fußballstadion.

„Der echte Fan", fuhr ich an Bela gerichtet fort, „ist der, den der schrille Pfiff nicht abschreckt, sondern motiviert, es noch schriller zu tun. Nicht so wie die Pfeife da links hinter mir, die sich die Ohren zuhält." Von irgendwo kenne ich die Visage dieser Pfeife doch, dachte ich, und drehte den Kopf ein wenig zur Seite, das ist doch ... da schau her, der Hofer. „Hofer?!"

„Ja", sagte er. Er wirkte gedämpft wie eine Scheibe pochierter Lachs. „Ich bin's. Wieder einmal. Ich hab's ohne Sturm versucht, aber es geht wohl nicht. Macht irgendwie süchtig, der Klub. Bin halt wieder da. Habe die Ehre."

„He!", rief ich und zupfte Michelin am Arm. „Schau, wer da ist!"

„Servus Hofer", sagt Michelin und wandte sich prompt wieder dem Spiel zu. Merkwürdig, dachte ich, dass dem Michelin ein alter Kollege, der sich seit Jahren nicht mehr auf dem Platz hat blicken lassen, nicht mehr wert ist als ein schlichtes Servus.

„Leimböck", sagte Hofer und legte die Hand auf meine Schulter. „Ist verdammt lange her, dass wir uns gesehen haben."

„Kann man wohl sagen", sagte ich. Warum zucke ich denn zusammen, dachte ich, wenn mir der Hofer auf die Schulter greift? „Hab dich größer in Erinnerung, Hofer. Liegt das an dir oder bin ich weiter gewachsen?"

Hofer machte eine unwissende Geste.

„Eierkopf! Nicht du, Hofer, der da unten, der Neue. Wie heißt er noch mal?"

„Mich darfst nicht fragen, Leimböck", sagte Hofer. „Weißt eh, bin ein bisserl weg vom Schuss. Ich muss erst wieder reinfinden in die Mannschaft. Aber wenn's gegen Rapid geht ..."

„Das ist der Schutz-Lutz", wandte ich mich wieder an Bela.

„Schutz-Lutz?"

„Eigentlich heißt er Ludwig. Ex-Kollege. Jetzt Nachtwächter. Aber wer will schon Ludwig gerufen werden. Nicht einmal der Hofer, gell, Hofer?" Der reagiert nicht, dachte ich, dabei hat den Lutz der Ludwig früher immer auf die Palme gebracht. So wie mich der Ferdinand heute noch. Da muss einiges passiert sein, seit er weg ist von uns, überlegte ich weiter, er wirkt ja auch ganz reduziert, der gute alte Hofer, aber das hat er sich schon selbst zuzuschreiben, wie der Suppenfond, der sich auch mehr und mehr reduziert, je länger er erhitzt wird. Nur dass der Suppenfond beim Sich-Reduzieren an Qualität zulegt.

„Ex-Kollege?", fragte Bela.

„Die Türsteher lassen ihn immer noch rein. Kieberer bleibt Kieberer. Kennen die Leute dein Polizistengesicht erst einmal, brauchst keinen Ausweis mehr."

„Mag sein. Aber warum ex?"

„Erbkrankheit", sagte ich und lächelte. „Zu starker Sinn für Gerechtigkeit. Prügelbulle. Er hat den Falschen verdroschen. Einen mit der direkten Leitung nach oben. Wer auf zu heiße Drähte greift, steht rasch unter Strom."

Bela nickte. Für einen Augenblick war mir, als hätte sich das hofersche Gesicht ein klein wenig verändert. Ein Blitzen und Funkeln wie in alten Tagen. Jedoch: Der Augenwinkel trügt, dachte ich, und dazu das Flutlicht, da wirft die Pupille Reflexe wider, die gar nicht da sind, wie der Wein auch, wenn die falsche Beleuchtung Kraft und Tiefe vorspiegelt, wo nur schales Brackwasser ist.

„Kollegin aus Wien", sagte ich schräg nach hinten mit einem Kopfdeuten zur Rechten. „Kriminalpsychologin. Wir entwickeln uns ständig weiter. Im Gegensatz zu anderen." Wie du zum Beispiel, mein Lieber, dachte ich, wenn ich dich so anschaue in deiner Gedrücktheit und Erbärmlichkeit. Was das unfreiwillige Ausscheiden aus dem Staatsdienst ausmacht, wenn einer einen richtigen Bock schießt. Den Landtagspräsidenten verprügeln, wie der Hofer, das kommt nicht gut an, so sehr er es verdient haben mag, der Kinderbefummler, da wirst du rasch abgefertigt, und als Beamter gleich ohne Abfertigung, aber dafür wird dir, wenn ich mir den Hofer ansehe, vergolten, was es zu vergelten gibt. Als Nachtwächter zum Beispiel – da brauchst du nicht darauf zu warten, dein schlechtes Karma erst im nächsten Leben aufzuarbeiten. Das ist angewandter Turbobuddhismus, dachte ich. Dann lachte ich (leise) und stupste Bela leicht an. „Neben der schwarzen und der grünen Sau gibt es noch eine dritte Kategorie."

„Die wäre?"

„Arme Sau", sagte ich und drehte die Augen in Richtung Hofer.

Hofer schwieg. Schwarzweiß stümperte dahin. Grünweiß spielte groß auf.

„Und?", sagte er nach einer Weile.

„Was und?", antwortete ich.

„Na was und. Habt's euren Mörder schon? Es redet ja die ganze Stadt von nix anderem mehr."

„Bist neugierig, Hofer?"

„No na. Einmal Kriminalist, immer Kriminalist. Das steckt in einem drin, Leimböck, oder?"

„Sicher. Hast schon Recht. Wir haben ihn bald, wirst sehen. Der hat die Panik, weil wir ihm auf den Fersen sind. Siehst eh, dass seit Tagen nix mehr passiert."

„Arschloch!", schrie er auf einmal, meinte aber sicher nicht mich. Der Schiedsrichter hatte auf Elfmeter für Rapid entschieden. „Klassische Stürmerschwalbe!"

„Wie soll denn ein Vogel, der eigentlich eine Sau ist, erkennen, was eine Schwalbe ist. Für den Vogel ist der andere Vogel nur ein Vogel, und sonst nix", sagte ich und fuhr eine Ladung zweifelnder Blicke von links und rechts ein. „Komplette Fehlentscheidung."

„Absolut."

„Absolut? Bist unter die Säufer gegangen, Hofer? War doch früher nicht dein Stil, oder?"

„Säufer?" Hofer wirkte verunsichert.

„Weil du Absolut gesagt hast. Das ist doch eine Wodkamarke. Der Hanser säuft die ja auch in rauen Mengen."

„Hanser?"

„Jetzt stell dich nicht so deppert an, Hofer." Ich klopfte ihm zwischen die Schulterblätter. Hofer zuckte zusammen. „Martin Hanser, unser Mörder. Der Journalist, den das ganze Land sucht. Steht doch in allen Zeitungen. Ich hab gedacht, du interessierst dich für den Fall", sagte ich, überlegte aber: Alles binde ich dir auch nicht auf die Nase, mein Lieber, nämlich dass es der Hanser gar nicht gewesen sein kann, zumindest nicht allein, auch wenn du ein Ex-Kollege und eine arme Sau bist.

„Ach der", murmelte Hofer. „Sicher interessiert mich der Fall, Leimböck, wen denn nicht. Aber weißt eh, mit Namen hab ich es nie so gehabt."

„Stimmt", hielt ich dagegen. „War nie deine Stärke."

Hofer schwieg. Der Tormann sprang ins linke Eck. Der Stürmer schoss ins rechte. Die Sturmgemeinde pfiff. Die Rapidgemeinde sang. Null zu eins. Und das so kurz vor der Pause.

*

„Bereust du es?", fragte ich, als ich nach endlosem Schlangestehen mit zwei übereinander geschichteten Käsekrainer (einmal mit Bohnenpfefferoni, endlich wieder die von Hengstenberg) in der Linken und zwei Pappbecherbieren, mit Daumen und Zeigefinger der Rechten an den Innenrändern tief unterhalb der Schaumkrone zusammengepresst, vom Stadionbuffet in den Kieberersektor zurückkehrte. „Dass du mitgegangen bist, meine ich."

Belas Haar wippte im Abendwind, der durch die Ränge fuhr, und sie blickte mich von unten heraus an, während sie die unter der prallen Haut eitrig glänzende Wurst fachfraulich inspizierte und am Becher zu nippen begann. Ihr Kopf wogte leicht hin und her. „Dieser Schutz-Lutz", sagte sie, „dein Freund war der nicht gerade, oder?"

„Wie kommst du darauf?"

„Weil er dich in einem fort mustert", sagte sie. „Er beobachtet dich. Mehr als das Spiel da unten."

„Alte Hassliebe", sagte ich. „Er wollte immer den Job, den ich jetzt habe. Aber er hätte nicht dazu getaugt. In mancher

Hinsicht hatte er zuviel Biss. Da bringst du es nicht weit bei der Polizei. Außerdem: Soll er mich ruhig anschauen. Da unten gibt's ja eh nix zu sehen."

„Der erste Biss entscheidet", sagte Bela und fügte, als ich die Augenbrauen zum Zirkumflex hochzog, mit Blick auf die Käsekrainer postwendend hinzu: „Beim ersten Biss wird ein Großteil der Spannung abgebaut. Bei der gekochten Variante, nicht bei der vom Grill. Da fällt die Entscheidung, ob der Käse nur auf deine Brille oder auch ins Gesicht deines Gegenübers spritzt. Wichtig ist, mit offenem Visier zu kämpfen. Mit gefletschten Zähnen. Ohne Schutzschild. Also die Wurst ja nicht mit den Lippen abschirmen. Alte Würstelstandphilosophie." Dann ließ sie die Haut herzhaft krachen.

Mit dem Anpfiff zur zweiten Halbzeit waren alle wieder auf ihren Plätzen. Die Schwarzweißen, die zwölf Kollegen der Sondereinheit, die sonst auch immer da waren, wenn es im Schwarzenegger Stadion was zu schreien und fluchen gab, die grünen Säue, die schwarze Sau und der Hofer, die arme Sau.

„In deiner Haut möchte ich nicht stecken", raunte Hofer schräg von hinten.

„Meinst du die Wurst oder mich?", fragte ich.

„Beide." Hofer grinste verlegen, als ich mich ihm zuwandte. „Der Druck muss doch enorm sein, oder?"

„Du musst ihn nur gut verteilen, Hofer. Und so zubeißen, dass es die Richtigen erwischt." Warum sage ich denn ständig Hofer und nicht Lutz, dachte ich, wo doch der Hofer immer der Lutz war, und manchmal, wenn er auf die Palme steigen sollte, war der Lutz eben der Ludwig, Herr Ludwig, bis der Lutz (Ludwig) auf einmal der Schutz-Lutz war. Da war es dann vorbei mit dem Lutz, und was übrig blieb, war der Hofer.

„Du wirst das schon machen, Leimböck. Akribie und Intuition sind doch deine Stärken."

Da schau her, dachte ich, der Hofer in später Einsicht. Das hätte uns beiden in früheren Tagen einiges erspart. „Ja", sagte ich, „aber mit der Intuition allein kommst auch nicht weit. Für den Richter zählt nur, was in den Akten steht. Du kennst das doch: Quid non est in acto non est in mundus."

Hofer verzog das Gesicht. „Das kann man so nicht sagen."

„Was kann man so nicht sagen?"

„Heißt es nicht: Quod non est in actis non est in mundo? War ein Leibspruch meines Alten."

„Jessas, der alte Hofer. Richter Gnadenlos", rief ich. „Hätte ich fast vergessen. Na ja, Latein war noch nie meine Sache."

Großer Jubel umlief die Ränge im Oval. Die schwarze Sau hatte endlich einmal gegen eine grüne Sau zur Pfeife gegriffen. Torraub. Rote Karte. Elfmeter. Das Stadion ein einziger Hexenkessel. Und ... verschossen. Stümperhaft vernebelt. Stürmerhaft stümperhaft. Sturmgrazhaft eben. Und als hätte einer den Stöpsel herausgezogen, floss der ganze schöne große Jubel aus dem Hexenkessel ab. In den schmalen Siphon. In die Kurve schräg gegenüber. In die Kurve der Grünweißen aus Wien. In den Ausguss also.

„Scheiß Partie", rief ich. Die gute Laune war wie verflogen. Und der Hofer auf einmal auch. Klassischer Opportunist, dachte ich, der hält einem nur die Stange, wenn es gut läuft. Da hat sich nichts geändert.

*

In der Küche, Mittwochnacht

Ein Philosoph. Ja, ein Philosoph. Das wollte der Schleimböck stets sein. Kluge Phrasen dreschen, damit hat er die armen Würmer am Paulustor immer schon beeindrucken können. Halbweisheiten. Meistens nicht einmal das. Quid non es in acto non est in mundus. Einfach lächerlich. Wenn man schon zitiert, dann sollte man es richtig tun. Nicht wichtig wie du, du Wichtigmacher. Einfach widerlich. War er damals schon und ist er jetzt erst recht. Dabei steht ihm das Wasser bis zum Hals. Den Druck richtig verteilen, damit hat er zugegeben, dass er da ist, der Druck. Massiv und schwer wie eine Stahltraverse. Richtig verteilen, das hast du nie gekonnt. Alles war dein Job, nur deiner. Du hast auch früher schon immer wieder nur von dir und deinen Ermittlungen geredet, nie von der Erfolgen anderer. Teilen? Nein lieber Schleimböck, teilen tust du gar nichts. Alles lastet auf deinen Schultern. So willst du's doch, oder?

Und dann diese Tussi an deiner Seite. Kollegin. Kriminalpolizistin. Die hat man dir vor die Nase gesetzt, mein Lieber, und es ist dir gar nicht recht. Ich kann heute noch in deinem Gesicht lesen. Du bist stinksauer auf sie, machst aber total auf verständnisvoll und kooperativ. Schleimig eben. Du schleimst dich mit deiner ekelhaften Art von Charme an, schaffst damit zumindest den Eindruck, dass zwischen euch beiden Frieden herrscht und du die Situation so akzeptierst, wie sie ist. Das arme Weib wird dir vertrauen, dich in alle Geheimnisse ihrer Arbeit und die Ergebnisse ihrer Ermittlungen einweihen, von dir aber nur mit Brotkrumen gefüttert werden. Du glaubst, dass du ihre Arbeit für dich verwenden kannst und am Ende um den einen Schritt vorne sein wirst, der den Unterschied zwischen dem erfolgreichen Aufklärer und einem Mitläufer ausmacht. Du bist der Starkriminalist, sie die Mitläuferin. Das ist für dich kristallklar.

Die Präpotenz, mit der du mich im Stadion behandelt hast, hat mich nicht aufgeregt. Im Gegenteil, sie hat mich belustigt. Mit meiner Erniedrigung wolltest du bei ihr Punkte sammeln. Ein wahrer Mann, echte Führungspersönlichkeit. Der Gockelhahn. Wahrscheinlich denkst du ständig daran, wie du sie vernaschen könntest. Dein pfarrerhaftes Gehabe, die vertrottelte Gärtnerei, ja genau, Eipeldauer haben wir dich früher genannt, das Gefasel vom intakten Familienleben. Stimmt ja alles nicht, Schleimi. In Wirklichkeit bist du ein alter Geilspecht, der gerne besser aussehen würde, mit einer erfrischenderen Art und Ausstrahlung gesegnet wäre, um mehr Erfolg bei den Weibern zu haben. Sie gehen dir nicht und nicht auf den Leim, Herr Leimböck. Diese wird es auch nicht. Auch sie wird dich unter deiner unerfüllten Geilheit leiden lassen. Deshalb hast du immer die echte Erfüllung in deinem Berufsleben gesucht. Koste es, was es wolle. Da geht man über Leichen, stimmt's, Herr Schleimböck? Und ganz besonders gerne sind Sie über meine gegangen. Was du nicht weißt, ist, dass diese Leiche wiederauferstanden ist und dich dorthin jagt, wo du hingehörst. In den Abgrund.

Bald brauche ich Hanser bewusstlos. Ich könnte es natürlich mit Drogen machen. Ganz leicht. Ich müsste sie nur in den Wodka mischen. Das wäre aber mit Sicherheit das Blödeste, was ich tun könnte. Jeder Gerichtsmediziner würde sofort Alarm schreien. Deshalb hab ich mich mit diesem Gedanken auch gar nicht beschäftigt. Ich könnte ihn mit einem Polster oder einem Tuch ersticken. Das würde keine Spuren hinterlassen. Aber ich brauche ihn lebend. Noch. Ich habe viele Möglichkeiten erwogen, wahrscheinlich alle, die in Frage kommen, am Ende ist nur die simpelste übrig geblieben, weil sie die einzig anwendbare ist.

Bis vier Uhr früh muss ich mir die Zeit noch totschlagen.

Ich habe mir schon überlegt, ob ich zu einer Hure gehen sollte. Ein Zeitvertreib, den ich schon lange nicht gehabt habe. Frauen haben nie eine wirkliche Rolle in meinem Leben gespielt. Irgendwie, nicht durch das Aussehen, aber durch eine Geste, ein Wort oder die völlig verdrehte Logik, mit der einen die Weiber immer wieder verblüffen, hat mich jede an Tante Grete erinnert und früher oder später angewidert. Bei den Huren ist es anders. Die reden meistens nicht viel und wollen so rasch wie möglich zum Geschäft kommen. Ein Geschäft, mehr ist Sex nie gewesen. Mir kann keiner erzählen, dass er nur aus Liebe heiratet. Da ist auf beiden Seiten viel Berechnung dabei. Und der Geschlechtsakt selbst ist auch nichts anderes als ein Geschäft. Wenn du mich befriedigst, befriedige ich dich auch. Ich weiß nicht, wie's bei den Schwulen ist, damit habe ich mich nie beschäftigt. Aber zwischen Männern und Frauen ist es so. Da ist die Sache mit den Huren viel ehrlicher. Ich werde sie mir aber doch bis später aufheben. Wenn alles vorbei ist. Als Belohung sozusagen. Jetzt brauche ich noch die volle Konzentration.

Ich könnte mich natürlich auch mit meinem Gefangenen vergnügen. Ihn vor dem großen Finale noch leiden lassen. Auch das will ich nicht. Ich werde ihm nur noch einmal begegnen und dann so kurz wie möglich. Das große Finale. Der Gedanke daran erregt mich. Das Kribbeln in der Magengegend ist schon seit Stunden da. Erst wenn alles vorbei ist, werde ich wissen, ob ich wirklich perfekt gearbeitet habe. Ich bin zwar überzeugt, dass es nichts gibt, das meinen Erfolg verhindern kann, trotzdem ist eine Spannung da, die ich in dieser Intensität noch nie gespürt habe. So müssen Napoleon, Alexander der Große, Hannibal, Julius Cäsar und wie sie alle heißen, vor einer siegreichen Schlacht empfunden haben.

Die Spannung wächst und das ist mir gar nicht recht. Ich muss sie abbauen. Für das, was ich vorhabe, brauche ich die optimale innere Ruhe, ich muss zur totalen Gelassenheit finden und mir selbst gegenüber kälter werden. Sonst schaffe ich es nicht. Mein Hirn muss wie ein Computer arbeiten. Da sind einige Phasen dabei, die mir gefährlich werden könnten. Ich kann zwar das meiste selbst steuern, aber der Zufallsfaktor ist von nun an wesentlich höher als bei den anderen Hanser-Morden.

Ich werde mich doch ins Bett legen. Und das tun, wovor ich mich bisher stets gescheut habe. Ich werde Vaters Eco aus der Bibliothek holen und darin zu lesen beginnen. Ich werde dort einsteigen, wo mein Vater aufgehört hat und das Buch endlich für ihn zu Ende lesen. Er kennt die erste Hälfte, ich die zweite. Damit ergänzen wir uns. Werden gemeinsam zum Namen der Rose. Bisher war ich stets zu klein dafür. Jetzt habe ich bewiesen, dass ich in der Lage bin, Großes zu leisten. Das hat mich würdig dazu gemacht, Vater! Du kannst stolz auf mich sein. Und mir etwas von deiner Kraft geben. Ich werde sie brauchen können.

Hurra, bald ist der Keller wieder leer und ich kann Kartoffel und Winteräpfel hier lagern. Was ich mit der Kamera machen werde, weiß ich noch nicht. Verkaufen werde ich sie aus Vorsichtsgründen jedenfalls nicht so bald, obwohl ich das Geld brauchen könnte. Im Grunde bin ich arm wie eine Kirchenmaus und ich hätte mein Potenzial auch nutzen können, um mir Geld zu beschaffen. Viel Geld. Aber ich habe es nicht getan, und das müssten auch Kritiker meiner Taten, die es nie geben wird, anerkennen. Ich habe nichts aus Profitgier getan, alles aus Überzeugung. Ich habe Böses vergolten und Gutes daraus gemacht.

Im Keller, Mittwochnacht

Ich stehe vor der Kellertüre und sperre sie noch nicht auf. Ich lasse die Geschehnisse der nächsten Sekunden noch einmal vor mir ablaufen. Keine Fehler, Hofer. Keine Fehler. Jetzt nicht mehr, wo alles beinahe überstanden ist. Jetzt muss alles glatt abgehen. Wie ein perfekt einstudiertes Theaterstück. Ich habe alles dabei. Den Overall und meinen alten Polizeiknüppel. Ich öffne jetzt die Türe und knipse das Licht an. Er liegt in seinem Bett und schreckt hoch.

Steh auf! Die Sache ist zu Ende. Los, aufstehen und anziehen, du darfst nach Hause gehen.

„Bist du verrückt? Was, wo ... Hofer?"

Aufstehen, habe ich gesagt, sonst überlege ich es mir noch und du kannst weiter in diesem Loch bleiben. Und zieh dein stinkendes Gewand aus, ich hab dir neues mitgebracht. So lasse ich dich nicht hinaus.

„Was, neues Gewand? Hinaus? Ein übler Scherz, stimmt's? Du willst mich wieder einmal auf den Arm nehmen. Psychoterror, ich weiß. Wie spät ist es?"

Vier Uhr früh. Du wirst doch nicht im Ernst meinen, ich würde dich am helllichten Tag freilassen. Ich werde dir auch die Augen verbinden, dann fahren wir eine Weile im Auto, bevor ich dich irgendwo hinauswerfe. Ja, so ist's gut. Und jetzt zieh endlich den Overall an.

„Ich mach mit. Ich mach ja mit. Auch wenn ich genau weiß, dass du lügst. Ich kenne dich jetzt doch, ich weiß, wer du bist und ich werde dich verpfeifen, sobald ich wieder unter Menschen bin. Das weißt du ganz genau und deshalb wirst du mich nicht freilassen."

Oh, doch. Weil du mir jetzt versprechen musst, es nicht zu tun. Und du wirst es nicht tun, weil ich dich, ganz egal, wo du dich versteckst, erwische, bevor mich die Polizei erwischt.

„Die werden im ganzen Land nach dir fahnden, du hast keine Chance."

Fahnden heißt suchen. Und suchen können sie. Sie werden viele Spuren finden, aber die werden alle vom alten Hofer stammen. Da gibt es dann aber schon längst den neuen Hofer. Einen, den sie nicht kennen, einen, von dem sie überhaupt nichts wissen. Einer, der nicht wie der Hofer ist und nicht wie der Hofer ausschaut. Und der wird dich finden, das garantiere ich dir. Du kannst dir die Todesart jetzt schon aussuchen. Ein Spezialservice von mir. Erhängen, erschießen, erwürgen, ertränken. Was bevorzugst du?

„Schluss mit dem Blödsinn. Ja, ich wäre ja ein Vollidiot, wenn ich es tun würde. Ja, ich verspreche dir, dich nicht zu verraten."

Außerdem sollte Herr Professor bedenken, dass ihn die Welt dort draußen für einen brutalen Dreifachmörder hält und er mit Sicherheit sofort hinter Gittern landet, wenn man ihn entdeckt. Ich schlage Flucht vor. Verstecken.

„Spar dir deinen Sarkasmus. Ich werde mit Sicherheit das Richtige machen."

Und das wäre? Die Wahrheit erzählen? Kein Mensch wird sie dir glauben. Man wird deine Geschichte für das irre Phantasieprodukt eines wahnsinnig gewordenen Killers halten. So, jetzt sind wir fertig. Dreh dich um, ich werde dir die Augen verbinden.

„Ich glaube, du meinst es ernst. Du lässt mich tatsächlich frei."

Natürlich, mein Freund. Willkommen in der ewigen Dunkelheit. Die ist ja auch eine Art von Freiheit. Unglaublich, wie wenig Kraft man braucht um mit diesen Knüppeln jemanden auszuknocken.

Graz, Gösting, Donnerstagmorgen

Es ist das einzige Auto, das ich jemals gestohlen habe. Ein schwarzer VW-Passat. Die Vorgehensweise habe ich hundertmal an meinem eigenen Auto geübt. Immer wieder. Mit dem Blechstreifen die Verriegelung geöffnet, dann kurzgeschlossen.

Es war ein zum Verkauf ausgestellter Gebrauchtwagen, der auf dem Firmenparkplatz abgestellt war. Die Kennzeichen habe ich von einem anderen Auto abmontiert. Alles zusammen hat eine halbe Stunde gedauert. Die Straße zur Ruine Gösting ist steil und gewunden. Bis etwa zur halben Höhe des Berges stehen links und recht von ihr Einfamilienhäuser. In keinem brennt Licht. Ich fahre mit dem ersten Gang beinahe im Schritttempo und versuche das Motorengeräusch so leise wie möglich zu halten. Kein Licht wird in einem der Häuser angeknipst. Gut, das hatte ich auch erhofft. Nein, nicht erhofft, erwartet. Der gerade Weg bis zum Ziel, keine Hindernisse mehr. Alles klappt. Gründlichkeit macht sich bezahlt.

Ich stelle den Wagen auf dem Parkplatz vor der Ruine ab und bleibe mindestens zehn Minuten lang ganz ruhig sitzen. Nichts geschieht. Die Nacht gehört mir allein.

Ich trenne mich nur ungern von diesem Jagdgewehr. Es ist das zweitbeste, das ich habe. Das beste steht daheim im Schrank. Es hat meinem Vater gehört, der früher auch Jäger war. Ich selbst habe diese Zeiten nicht mehr miterlebt, weil er plötzlich von der Jagd genug gehabt hat. Oder von den Jägern, die heutzutage in unseren Wäldern herumlaufen. Er hat mir oft von seinen Jagdzeiten erzählt. Es waren abschreckende Geschichten und deshalb hat mich die Jagd auch nie interessiert. Waffen schon, die faszinieren mich immer noch. Dieses Jagdgewehr gehört zu meinen Lieblingsstücken. Natürlich habe ich es nicht gekauft. Ich habe es gesammelt. Ein herrenloses Stück. Sollte es irgendwann einmal Verwendung finden, wie es jetzt bald der Fall sein wird, dann kann man es nur bis zu seinem Vorbesitzer zurückverfolgen. Nicht zu mir. Kein Mensch weiß, dass ich es besitze. Sammeln. Ich habe immer schon gesammelt. Auch scheinbar sinnlose Sachen. Wie oft ist es schon geschehen, dass Sinnloses plötzlich sinnvoll wurde, und dann ist man froh, wenn man es hat.

Es ist ruhig. Der Mond ist fast voll und die Nacht ist dadurch so hell, dass ich ohne Taschenlampe auskommen werde. Ich stecke sie trotzdem in die rechte obere Brusttasche meines dunkelblauen Overalls. Es ist der gleiche wie ihn auch Hanser angezogen hat. Da wir annähernd gleich groß sind, könnte man uns für Zwillinge halten. Nur dass er still und bewusstlos ist und bald tot sein wird und ich hellwach und voll konzentriert bin.

Er ist nicht so schwer wie ich befürchtet habe. Sein zusammengeklappter Körper liegt wie ein langer Sack auf meiner Schulter. Auf der anderen Schulter hängt das Gewehr und in der Linken trage ich den Plastiksack. Vollbeladen, könnte man sagen. Wie ein Esel. Der erste Teil ist einfach, da geht es leicht bergab. Aber der Anstieg über die Stufen zum Jungfernsprung macht mir doch einigermaßen zu schaffen. Obwohl die Nacht kühl ist, schwitze ich wie ein Schwein. Schwitzen Schweine überhaupt? Wenn nicht, dann schwitze ich eben wie ein Eunuch. Die sind dick und kahlköpfig und die schwitzen immer.

Oben lege ich Hanser auf den Boden. Er rührt sich immer noch nicht, aber er ist nicht tot, ich kann seinen Puls fühlen. Vom Murtal, das sich unter mir ausbreitet, blitzen Lichter hoch. Einige bewegen sich sogar, das sind die Autos auf der Autobahn.

Dorthin darfst du fliegen, den Lichtern entgegen, denke ich, als ich ihn wieder hochhebe. Jetzt kommt er mir schwerer vor. Es dauert eine Weile, bis ich ihn bis auf Brusthöhe und über das Geländer des Zaunes heben kann. Er plumpst auf der anderen Seite auf den Boden. Ich lasse ihn vorläufig dort liegen. Selbst wenn er zu Bewusstsein käme, könnte er sich nicht bewegen. Ich habe Hände und Füße mit Seidenschals umwickelt, da wird man später keine Fesselungsspuren feststellen können. Den Mund habe ich ihm nicht verklebt. Ein Seidentuch als Knebel, ein anderes um den Mund gewickelt.

Noch ist einiges zu tun. Zunächst spanne ich dort, wo der Anstieg zum Jungfernsprung beginnt, zwischen zwei Bäumen ein Plastikabsperrband und hänge den beschrifteten Karton drauf. Achtung Steinschlaggefahr. Zugang verboten! Es sieht so offiziell aus, dass es mit Sicherheit keiner der braven Bürger wagen wird, dagegen zu verstoßen. Der Turm der Ruine hebt sich schwarz vom Grau des Nachthimmels ab. Es ist knapp vor fünf. Eine Stunde hatte ich eingeplant und eine Stunde lang hat es auch gedauert.

Ich klettere über den Zaun und taste mich bis zum Eisenkreuz vor, das in einen Felsen betoniert wurde, der ein paar Meter tiefer liegt als die Aussichtsplattform. Alles genau ausgekundschaftet. Jetzt ein kurzer Abstieg, Vorsicht, ich kann es mir nicht leisten, den Knöchel zu verknacksen. Jetzt nicht. Hier, zwischen den Bäumen, kann mich keiner sehen, wenn es hell wird. Jetzt krieche ich wieder hoch und schleppe Hanser zu meinem Platz. Bis es zu dämmern beginnt, muss ich ihn noch am Leben erhalten. Er darf erst sterben, wenn die Zeit dafür gekommen ist. Am besten unmittelbar vor dem Schuss. Aber das wird nicht gehen, weil es dann schon zu hell ist und man mich möglicherweise von der Ruine aus sehen kann. Ich muss den Zeitpunkt klug wählen. Keine Fehler, Hofer. Früher nicht und jetzt schon gar nicht. Er liegt neben mir und ist immer noch bewusstlos. Ich checke die Waffe noch einmal durch. Dann nehme ich die Patronenschachtel aus dem Plastiksack und lade sie. Noch vier Stunden und es ist kühl. Zum Glück trage ich unter dem Overall meine Thermounterwäsche, Jeans und den dicken Pullover.

Die Nachbesprechung der blamablen Vorstellung der Schwarzweißen gegen die Grünweißen mit den Kollegen aus dem Kieberersektor widerspricht der Theorie, dass Dienst Dienst und Schnaps Schnaps sei, da der Dienst, dort der Schnaps, dachte ich in diesen kopfbrummenden Donnerstagmorgen hinein, weil doch zwischen jedem Dienst auch ein wenig Schnaps und vice versa sein kann. Da ein bisschen Dienst (dienstlicher Palaver), dort ein bisschen Schnaps, jeder für sich, aber nicht getrennt, eine fruchtende Wechselbeziehung, die mit Fortdauer des Abends, wie auch den roten Nasenspitzen der Kollegenschaft anzusehen war, sehr persönlich wurde, überlegte ich weiter, was gut war, weil es doch auch etwas Persönliches, etwas polizeilich Persönliches sein musste, das unseren Mörder morden ließ. Diese Morde sind auch gegen uns gerichtet, hat sie gesagt, hatte ich den Kollegen gesagt, nicht gerade gegen sie, Bela, aber womöglich gegen uns alle oder auch nur den einen oder den anderen. Oder gegen beide: den einen und den anderen. Die Blamage der Polizei als *Begleitmotiv*.

Und dann war da die Sache mit der Telefonzelle bei den Kleinerwerken. Und mit dem Zeitwegdiagramm, dass er, der Mörder, es recht eilig gehabt haben musste, weil er doch sonst eine andere, dem Schloss Eggenberg nähere Zelle genommen hätte, um den Landesrat Moser in die Strickfalle zu locken, woraus wir, Bela und ich, geschlossen hätten, hatte ich den Kollegen kommuniziert, überlegte ich, dass er dort zu tun hatte, und wenn es nicht privat war, dann beruflich, wo es für ihn, den Mörder also, galt, um zehn Uhr abends, an einem Sonntagabend wohlgemerkt, sich eine halbe Stunde von der Arbeit zu verdrücken, mindestens eine halbe Stunde, am besten in einer festgesetzten Pause. Die Frage musste demnach lauten: Wer arbeitet wo genau (aber jedenfalls rund um die Kleinerwerke) an einem Sonntagabend? Das Resultat lag nun vor mir, in Griffweite der Bettkante, festgeschrieben und mit fetten Punkten markiert auf einem Bierblockzettel mit dem Aufdruck Gösser Spezial.

Arzt, Eisenbahner (Lokführer, Verschub, Zugbegleiter ...), Portier, Koch, Musiker, Bauchredner, Imbissverkäufer, Kellner, Berufskraftfahrer, Biersieder, Botenfahrer, Kühlhauswärter, Bühnenpersonal aller Art (v. Bühnenarbeiter, Fernsehen, Film), Küchenhilfe, Bus- und Straßenbahnfahrer, Call-Center-Assistent, Dompteur, Hebamme, Empfangschef, Taxifahrer (rund um die Uhr), Inspizient, Clown, Bäcker, Journalist, Kabarettist, Kartenkontrolleur (Kino, Theater, ...), Bürojobs (mit spätem Dienstschluss), Polizist, Drucker, Komparse, Lagerarbeiter (Schichtdienst), Masseur, Bestatter, Nachtmanager (Hotel), Pflegepersonal (Spital, Altersheim ...), Privatdetektiv, Tankwart (22 Uhr Schluss), Toningenieur, Wachebeamter, Zirkusartist, Badewart, Illusionist, Zusteller, Croupier, Bühnentänzer.

Ruine Gösting, Donnerstagmorgen

Die Schuhe sind die Schwachstelle. Es sind nur billige Joggingschuhe, von denen ich zwei Paar beim Interspar in der Wienerstraße gekauft habe. Selbes Modell, selbe Größe. Das eine trägt Hanser, das andere schützt mich nur schlecht von der Kühle der Nacht. Ich wollte es mir zwischen den Bäumen bequem machen, mich einfach hinknotzen und warten. Ich habe es anfangs auch versucht, es aber bald aufgegeben, weil die Muskeln zu kalt wurden und ich von den Zehen an am ganzen Körper zu frieren begonnen habe. Natürlich friert auch Hanser, aber der merkt es noch nicht. Ich weiß, dass er irgendwann einmal aufwachen wird. Vielleicht durch die Kälte. Für diesen Fall habe ich mir einen runden, faustgroßen Stein zurechtgelegt, mit dem ich ihn wieder träumen lassen werde. Es ist jetzt hell genug, um schon mit den Vorbereitungen für meine Flucht beginnen zu können.

Ich nehme das Seil aus dem Plastiksack und entrolle es. Dann krieche ich auf allen Vieren hinauf zum Zaun, lege ein Ende um den Pfosten und nehme es beim Abwärtsrutschen mit. An meinem alten Standplatz angelangt, halte ich beide Enden in der Hand und verknote sie. Um das Seil vom Pfosten zu lösen, brauche ich später nur den Knoten zu öffnen und an einem Ende zu ziehen. Den Plastiksack, der jetzt bis auf die Patronenschachtel leer ist, stopfe ich in eine Overalltasche. Außer den Spuren von Hansers Schuhen und etwas zerdrücktem Gras werde ich hier nichts zurücklassen, wenn alles vorbei ist. Das Auto natürlich auch. Aber nichts an ihm oder in ihm, absolut nichts weist auf mich hin. Auf Hanser schon. Ich habe seine Finger vor dem Weggehen gegen Türe und Lenkrad gedrückt.

Auch der Schlüssel, den ich in seinem Overall verstaut habe, trägt seine Fingerabdrücke. Selbstverständlich auch das Gewehr. Ich selbst trage schwarze Seidenhandschuhe.

Als Nachtwächter weiß ich, dass Nachtstunden im Wachzustand langsamer vergehen als Tagstunden. In der Dunkelheit oder einer Düsternis, wie sie mich jetzt umgibt, bleibt nur die Zeit. Das Auge findet kaum etwas, das es beschäftigt, und das Denken und Empfinden, wie dies bei Tageslicht der Fall ist, von der Zeit ablenkt. Wenn man will, dass nachts die Zeit rascher vergeht, muss man Hirn und Körper ständig beschäftigen. Der Flecken, auf dem ich mich bewegen kann, ohne in die Tiefe zu stürzen, ist genau sieben Schritte lang. Ich gehe diese sieben Schritte immer wieder. Auf und ab und ab und auf. Dabei lasse ich die Ereignisse der letzten Tage ablaufen, wie einen Film. Manchmal halte ich den Film an, spule ihn zurück und betrachte einzelne Szenen in Zeitlupe. Nein, Schleimböck, du hast nichts. Gar nichts. Nur eine einzige Chance, deinen Hals aus der Schlinge zu ziehen. Hanser ist dein Täter! Stell dich neben seine Leiche, ein Fuß auf dem Brustkorb, zeige ihnen dein Siegergesicht und lass dich mit deiner Beute fotografieren. Wahrscheinlich werden sie dich sogar feiern, obwohl du zur Aufklärung nichts beigetragen hast. Alles ist so geschehen, wie ich es gewollt habe, und du warst ebenso mein Instrument, wie es die Kreatur ist, die neben mir im Gras liegt und meinen Overall und meine Schuhe trägt.

Es wird heller und ich muss mich in Position begeben. Hanser beginnt sich jetzt zu rühren. Zeit für seinen letzten Auftritt. Ich beuge mich zu seinem Gesicht hinab und sehe wie er die Augen aufschlägt. Sie sind groß und da ist Angst. Natürlich fürchtet er sich. Er soll sich auch fürchten. Das Adrenalin soll noch einmal in ihm zu brodeln beginnen. Aufregung, das wird man später bei der Obduktion feststellen können. Es ist ja auch aufregend, was er vorhat. Der finale Schuss und dann ab ins Jenseits. Das lässt keinen kalt.

Er versucht etwas zu sagen, aber es wird durch den Knebel nur ein dumpfes Würgen. Ich schenke ihm ein mildes Lächeln, dann hebe ich den Stein und erlöse ihn endgültig von allen Überlegungen. Es ist jetzt so hell geworden, dass mir nur noch ein paar Sekunden bleiben, bevor es für mich zu gefährlich wird. Ich nehme ihm Fesseln und Knebel ab, hebe den wieder schlaff gewordenen Körper hoch und trage ihn die paar Schritte bis zum Beginn des Jungfernsprungfelsens. Dort lass ich ihn einfach fallen. Ich schaue dem Körper nach und sehe, wie er weit unten auf einen Felsvorsprung prallt, weggeschleudert wird und aus meinem Blickfeld verschwindet. Hanser, Ende! Er tut mir nicht Leid, er hat es verdient.

Höchste Zeit. Ich nehme jetzt das Gewehr und arbeite mich bis zur Plattform hoch. Das Seil ist grün und man sieht es nur, wenn man ganz in seiner Nähe ist. Aber es kommt ja niemand hierher, weil es unten die Absperrung gibt. Ich klettere über den Zaun und dann auf die etwa fünf Meter hohe Felsnase auf der gegenüberliegenden Seite der Plattform. Hier gibt es eine Nische, in der ich bequem Platz habe und von allen Seiten gegen Blicke geschützt bin. Die Ruine und ihr Turm heben sich jetzt klar vom heller werdenden Morgenhimmel ab. Die weißgrüne Steiermarkfahne, eigens für den hohen Gast aufzogen, hängt schlaff vom Mast. Es ist windstill und das macht meine Arbeit als Schütze noch einfacher. Nicht, dass ich ein so großes Ziel wie einen menschlichen Kopf auf diese Entfernung, kaum hundertfünfzig Meter, verfehlen könnte, wenn es windig wäre. Bloß – die Windstille macht aus einer neunundneunzigprozentigen Wahrscheinlichkeit die hundertprozentige Sicherheit.

Oben, hinter den Zinnen, tauchen die ersten Köpfe auf. Ich kann die Gesichter durch das Zielfernrohr sehen, aber ich erkenne keines davon. Irgendwelche Hofschranzen, die alles für den großen Auftritt der alten Dame vorbereiten. Die Vögel sind wach geworden und machen drüben im Wald, der sich unter der Ruine ausbreitet, einen Höllenlärm. Es ist nicht mehr kalt, nur noch kühl, der Himmel beginnt sich blau einzufärben, kein Wölkchen ist zu sehen. Es wird ein herrlicher Tag. Ziemlich warm. Und ich werde unter meinem Overall bald saftig zu schwitzen beginnen. Gehört dazu. Der Preis für den Erfolg. Bald wird alles vorbei sein, ich kann mir sogar Zeit lassen, wenn ich mich durch den Wald bis Gösting durchschlage, denn die Meute wird sich auf den Jungfernsprung konzentrieren und es wird eine Weile dauern, bis sie die zerschmetterten Hanser-Reste finden. Bis dahin habe ich längst den Overall ausgezogen und mein Auto erreicht, das ich gestern hier abgestellt habe.

Um halb neun beginnt drüben eine Blaskapelle den Morgenfrieden zu zerstören. Humptata, humtatata, wie ich diese primitiven Radaubrüder hasse. Ich richte das Zielfernrohr dorthin, wo es später gebraucht werden wird. Ich sehe einen Kopf, nehme ihn ins Visier und sage halblaut päng. Sein Besitzer wäre nicht mehr unter uns, wenn ich jetzt abgedrückt hätte. Dann die Fanfaren. Es ist seltsam und es wird auch vielen anderen so gehen. Immer wenn ich Fanfaren höre, steigt in mir die innere Spannung. Fanfaren kündigen etwas Bedeutendes an, sie signalisieren, dass es noch nicht ganz da ist, aber demnächst kommen wird. Meine Nerven sind zwar nicht zum Zerreißen gespannt, aber sie sind angespannter, als es mir lieb ist. Ruhig, Hofer, ganz ruhig. In einigen Minuten ist alles vorbei und dann darfst du den Satz sagen, den du dir schon so lange für diesen Augenblick aufgespart hast. Den großen, den zweitausend Jahre alten Satz.

Die Fanfaren verstummen und dann geht alles ganz rasch. Ein paar Köpfe tauchen auf, aber es sind die falschen. Endlich habe ich den richtigen im Visier. Ich weiß, dass er lange an dieser Stelle bleiben wird, weil sein Besitzer eine Ansprache hält. Ich lasse mir Zeit und ziele ganz genau. Die Kugel wird über dem linken Auge in die Schläfe einschlagen und sofort tödlich sein. Mein Finger streichelt den Abzug, der Druck wird ganz langsam stärker, dann löst sich der Schuss. Der Knall zerreißt die Geräusche des Waldes. Der Vogellärm verstummt. Oben, hinter den Zinnen, kümmern sich wohl die meisten um die Gestürzte, aber einige Köpfe blicken dorthin, wo es geknallt hat. In meine Richtung. Genau nach Plan.

Ich klettere rasch hinunter zur Plattform und mache mich dabei so groß, dass mich dort oben alle sehen können, dann werfe ich das Gewehr in weitem Bogen weg. Ich kann ihre Schreie hören und nehme an, dass auf den Zinnen heftig gestikuliert und in meine Richtung gedeutet wird.

Ich klettere auf den Zaun richte mich nochmals hoch auf und brülle dann, so laut ich kann, meinen Satz: ES IST VOLLBRACHT! Ich hoffe, dass ihn die dort oben hören können. Für sie ist es Hansers letzter Satz. Dann springe ich.

Für die Beobachter in der Ruine kann es keinen Zweifel geben. Der Schütze hat sein Lebenswerk getan und ist soeben in den Tod gesprungen!

Zuerst lande ich auf der Wiese neben dem Kreuzfelsen, dann greife ich nach dem Seil und lasse mich daran tiefer in den Wald hinein gleiten. Jetzt bin ich für alle anderen tatsächlich unsichtbar. Ich löse das Seil, schlinge es, so wie um den Zaunpfosten, um einen Baum und verschwinde ganz. Adieu, Schleimi!

*

Der erste Gedanke soll der beste sein, weil der erste Gedanke der reine ist, der unbeeinflusste, der unbefleckte, jener, vor dem es keinen gegeben hat, eine unbefleckte Eingebung frei von Suggestion. Aber dass die Eingebung etwas mit Genialität zu tun haben könnte, muss ich seit soeben entschieden zurückweisen, dachte ich. Mein erster Gedanke nach dem Anruf aus der Funkleitzentrale, meine Eingebung, wenn Sie so wollen, galt Chefredakteur Stocker. Was also, frage ich, hat das mit Genialität zu tun? Chefredakteur Stocker und seine vor Monaten *für alle Fälle* (man weiß ja nie) vorgefertigte Titelseite mit der toten Landeshauptfrau in Händen, und die fetten Lettern, aus denen die aufgesetzte Anteilnahme triefte: Die Steiermark versinkt in Trauer. Unsere Landesmutter ist tot. Sollte der Stocker womöglich doch mit drinhängen? Ein von langer, chefredaktioneller Hand geplantes Komplott? Und der Hanser als operativer Mittelsmann? Absurd, oder?

Ich peitschte meinen Wagen der Auffahrt der Burgruine Gösting zu, verschnürt in ein Bündel wirrer Gedanken, das mich sogar vergessen ließ, den Hofer zu singen. Nicht ein Tönchen des griffigen Refrains kam über meine Lippen. Ein Attentat auf die Landeshauptfrau? Kopfschuss? Tot? Und ein Mörder, der nach seiner Bluttat das Gewehr von sich geschleudert hat und schreiend und vor aller Augen über die Felswand in den Tod gesprungen ist? Mehr war da nicht an erster Information. Stattdessen ein Kopfsummen und Kopfbrummen wie im Bienenhaus. Und ein Ferri Leimböck mit dem Bleifuß, den er sonst nicht hat.

Auf die Idee, einen Anrainer zu schlagen, käme ich niemals. Präziser sollte es heißen: Auf die Idee, einen Anrainer zu schlagen, wäre ich niemals gekommen. („Wie sind Sie bloß auf die Idee gekommen, einen Anrainer zu schlagen? Einen *Anrainer*!", sollte der Kurze Stunden später schnauben, unschlüssig, ob er mich nun ins Disziplinarverfahren schicken oder belobigen solle für das, was da jetzt noch kommt. So betrachtet, war auch das unbestreitbare Faktum, dass ich dem Anrainer eine gegeben hatte, eine Art von Eingebung, wenn Sie so wollen. Ausgerechnet einem *Anrainer*. Als wäre der Anrainer eine schützenswerte, vom Aussterben bedrohte Spezies. Dass der Anrainer nicht mehr als ein Grenznachbar ist, war mir erst viel später in den Sinn gekommen, ein Grenznachbar wie jeder andere auch, einer, der sich zu seinem Nachbarn hin abgrenzt, und das tut ja wohl ein jeder. So betrachtet, hatte ich später überlegt, ist der Anrainer ein Jedermann. Und der altbekannten Alles-ist-nichts-Philosophie zufolge ist ein Jedermann zugleich auch ein Niemand. Die Hand, aus einer dienstlichen Notwendigkeit heraus, gegen einen Niemand zu erheben, ist da ja wohl von anderer, von minderer, strafmindernder Qualität, nicht wahr?)

So stand er also da, der als Anrainer getarnte Jedermann (Niemand). Grimmig, unbeugsam, die Hand zum Stoppschild erhoben und im Weg. Was baut er sich auch dorthin, wo der geteerte Teil der Zufahrtstraße zur Ruine in den schotterigen, unbefestigten übergeht?

„DA IST FAHRVERBOT", schrie er. Und schleuderte mir aus hochrotem Gesicht Dinge ins Gesicht wie *Lärmbelästigung, Staublawine, falsches Ziel für Betriebsausflüge*. „Geht doch zu Fuß, ihr faules Kiebererpack!" Dabei stützte er sich auf eine zementbepulverte Schaufel und auf die Erfahrung, dass keine Stunde zuvor der gesamte Regierungstross und landesmütterliche Hofstaat vorbeigerollt und Augenblicke vor mir die gehetzte Kollegenmeute auch schon durchgebraust war.

„DAS IST EIN POLIZEIEINSATZ!", hielt ich, ebenso schreiend, dagegen. Und Dinge wie *im Namen des Gesetzes* (ja, das habe ich tatsächlich gesagt), *Straße frei*, und dazu (gestützt auf die allmächtige Staatsgewalt und mit Blick auf die noch laufende Mischmaschine, den Rohzubau und die beiden Hackler, die es nicht geschafft hatten, sich dem Auge des Gesetzes, also meinem, zu entziehen): *Schwarzarbeiter, Baugenehmigung, behördliches Verfahren* und: „I zag di an!"

Kurzum: ein Knäuel loser Satzfragmente und Wortenden, das sich da zu verwirbeln und ineinander zu verflechten begann. Um dieses Netzwerk zu entwirren, braucht es eine Portion spontaner Geradlinigkeit, war es mir eingeschossen, hatte ich als Rechtfertigung vorgebracht, dachte ich sehr viel später, und diese Geradlinigkeit war, wenn Sie so wollen, die Gerade, die ich diesem Jedermann (Niemand) verpasste. Wer konnte denn ahnen, dass die zwei Polen legal im Land und an der Arbeit waren? Und der Zubau genehmigt? Und was, frage ich, hätte das an der Verfahrenheit der Situation geändert?

Wirf deinen Abfall nicht hierher, nimm ihn gleich mit, er ist nicht schwer. Aktion „Saubere Steiermark". Die weißen Lettern auf grünem Schild an der Böschung unterhalb der Burganlage waren das Erste, was ich nach den Schreien des sich im Straßengraben windenden Jedermanns (Niemands) bewusst aufnahm. Dann, neben dem kurzen Treppenaufgang zum schmiedeeisernen Zugangsgitter, einen Rettungswagen, in dessen transparentem Teil des Sichtfensters über dem Milchglas Sanitäterköpfe geschäftig hin- und herwischten. Und nach dem flachen Aufgang aus Steintreppen, wie starre Schuppen eines Panzertieres vorwärts verlaufend übereinander geschichtet und an die Außenmauer des kleinen Innenhofes geduckt, gut vier Dutzend knarrender Holzstufen, die sich im Bergfried auf die Plattform hochschraubten. Und hernach, als ich atemlos und blinzelnd aus dem Bretterüberbau auf den Turmvorplatz ins gleißende Morgenlicht hinaustrat, ein Bild, das sich dir in die Festplatte brennt und das du, besser als jede digitale Fotografie, dreidimensional behältst, wann immer abrufen und in beliebige perspektivische Winkel drehen und wenden kannst. Ein Bild, vom Faktischen des Augenblicks genährt und um die Phantasie des Geistes zur unauslöschlichen Sequenz bereichert: der aufgeplatzte Schädel unserer Landeshauptfrau.

„Was wissen wir bisher?"

Der Kommandierende der Uniformierten hob mit gespielter Beiläufigkeit die Hand zum Gruß, als wollte er eine lästige Haarsträhne hinters Ohr wischen. „Geschossen wurde von dort drüben, Herr Oberstleutnant." Er wies über die brusthohe Steinmauer in nördliche Richtung zur tief unten verlaufenden Mur hin. „Von der Aussichtsplattform beim Jungfernsprung. Gut und gerne hundertfünfzig Meter. Ein meisterhafter Schuss, wenn ich so sagen darf."

„Die verirrte Kugel eines Taubenjägers wird es ja wohl kaum sein, oder?"

„Natürlich nicht."

„Was ist mit dem Schützen?"

„Der liegt zerschmettert auf einem Felsvorsprung. Tot. Vom Roten Kreuz bestätigt. Die sind aus der Luft mit dem Seil zu ihm runter. Unser Hubschrauber mit den Kollegen vom Mobilen Einsatzkommando müsste ebenfalls gleich da sein. Die holen ihn dann raus."

„Ist einer unserer Männer unten?"

„Noch nicht. Ohne Sicherung da runter zu gehen, ist Wahnsinn. Sie wissen doch, der Jungfernsprung."

Natürlich. Der Jungfernsprung. Kaum ein Platz ist so beliebt bei den Grazer Selbstmördern, dachte ich, ja was heißt denn *Grazer*, die kommen von überall her, als hätte Freund Hein an der Wand einen Magneten ausgelegt. Ein kleiner Schritt über die Kante und ein Freiflug (mit etwas Geschick und Glück einhundert Meter und mehr) in die Gewissheit absoluter Todesgarantie.

„Ich brauche den präzisen Ablauf in allen Einzelheiten. Wer war noch auf dem Turm, als es passiert ist?", sagte ich.

„Ein paar Dutzend Leute" entgegnete er. „Dicht gedrängt. Im Umkreis der Landeshauptfrau standen vier Sicherheitsleute aus ihrem Mitarbeiterstab. Und drei Kollegen von uns. Dann ein paar Verantwortliche von der Burgverwaltung und jede Menge Geladene."

„Drei Polizisten waren abgestellt? Nicht mehr? Das nennt

sich Personenschutz? Inmitten einer Mordserie? Inmitten dieser Mordserie?"

Ein Ruck ging durch den Kommandeur. „Wir sind nur Ausführende", sprach er mit trotzigzorniger Stimme. „Fünf Mann, hat der Befehl gelautet. Drei heroben, zwei unten. Das zu entscheiden, liegt außerhalb meiner Befugnis."

„Wer hat das denn entschieden?"

„Der Herr Polizeidirektor. Nach dem Mord an dem Lateinlehrer schien die Gefahr für Politiker nicht mehr so groß, hieß es. Und außerdem: Sie wissen so gut wie ich, was Überstunden in *der* Menge auf Dauer kosten."

„Na dann. Bravo. Und die Plattform da drüben? Wurde die überprüft heute früh?"

Ein Anflug von Verlegenheit beschattete sein Gesicht. „Ich denke nicht."

„Ich denke nicht!?", wiederholte ich energisch. „Das sehe ich, dass hier nicht gedacht wird."

„Der Bereich ist gesperrt."

„Was soll das heißen: Der Bereich ist gesperrt."

„An der Gabelung der Zufahrtstraße mit dem Pfad, der nach hinten zum Jungfernsprung führt, ist eine Tafel samt Absperrband angebracht. Achtung Steinschlaggefahr! Zugang verboten!"

„Ah ja, das hält einen potenziellen Attentäter natürlich ab, nicht wahr?"

„Ich dachte ..."

„Eben nicht. Wer hat den Schützen gesehen?"

„Der Kollege da drüben. Er stand neben der Frau Landeshauptmann, als der Schuss fiel." Er wies ins südwestliche Eck des Turmes, wo ein junger Beamter mit gedrungenem Körper zu einem uniformierten Stock erstarrt an der Mauer lehnte. Da schau her, dachte ich, ein alter Bekannter. Der Herr Kollege vom Klausbergermord. Der mit der frühmorgendlichen Vorwitzigkeit. Der Insektenkopf. Heute einmal ganz blass und schweigsam. Seine Augen flackerten unablässig zwischen der Toten und der weißgrünen Burgfahne hin und her, die ihm nach jedem neuerlichen Blick auf das blutverkrustete Haupt als Auffangkissen und Ruhepol seines innewohnenden Schreckens zu dienen schien. Als er bemerkte, dass wir über ihn sprachen, weiteten sich seine Pupillen ums Doppelte. Er starrte durch mich hindurch, als läge der Fluchtpunkt seines Blicks weit jenseits der Mur, und sein Körper begann mit rasch steigender Intensität zu vibrieren.

Auch der Notarzt, der soeben mit einem verschwitzten, fluchenden Michelin im Gefolge durch den Holzvorbau ins Freie trat, um die Reste seiner Ausrüstung rund um die Tote einzusammeln, wurde auf den schlotternden Kollegen aufmerksam. Er sprach mit gedämpfter Stimme beruhigend auf ihn ein, packte ihn behutsam an beiden Oberarmen und zwang ihn mit sanftem Druck in eine sitzende Position. Als ich mich anschickte, ein paar Schritte auf ihn und seinen Patienten zuzutun, um die eine oder andere Frage zu stellen, winkte er ab. „Später." Dann griff er zum Funkgerät und beorderte einen Sanitäter zu sich.

„Wer liegt in dem Krankenwagen da unten?", fragte ich den Kommandeur der Uniformierten.

„Einer von den Sicherheitsleuten der Frau Landeshauptmann." Und noch ehe ich meinen fragenden Blick akustisch hinterlegen konnte, fuhr er fort: „Nein, nein, es wurde nur einmal geschossen. Er wollte in halsbrecherischer Manier die Stufen hinunter und rüber zur Plattform. Das ist ihm auch gelungen."

„Was?"

„Das Halsbrecherische." Er machte eine Kopfbewegung in Richtung Notarzt. „Verdammt steile Angelegenheit, der Treppenabgang. Er ist kopfüber runter. Spürt seine Beine nicht mehr. Verdacht auf Querschnitt, sagt der Doktor."

Bedrücktes Schweigen reihum, nur durchbrochen vom Klicken der Schnallen, als Michelin den Deckel seines Koffers neben der Toten aufschlug und nach prüfendem Blick auf seine Patientin das geeignete Stück des Instrumentariums wählte. Und vom leisen Murmeln des gemächlich aufkommenden Windes, der über die breiten Zinnen hinwegstrich und ein paar Haarsträhnen der Ermordeten, die der klebrigen Wirkung erst verspritzten und dann stockenden Blutes entronnen waren, bauschte. Mir war, als wollte sie ein letztes Mal die Stimme erheben. Mitleid keimte in mir auf. Sie hat nichts für uns getan, dachte ich. Aber sie hat auch niemandem etwas getan. Ein unrühmliches Ende wie dieses, mit einer Kugel im Kopf auf dem Turm einer alten Burgruine zu liegen, hat selbst die unfähigste aller Politikerinnen nicht verdient.

„Wenn Sie einen anderen Zeugen wollen, Herr Oberstleutnant ..." Der Kommandeur deutete auf einen elegant gekleideten Mittdreißiger, der mir bisher nicht aufgefallen war. Ein Kollege des verunglückten Sicherheitsmannes der Landesregierung. Er stand in dem gegen Nordosten ausgerichteten Turmeck. Wie beim Boxen, dachte ich, zur Linken der Insektenkopf mit dem Notarzt und zur Rechten sein Kontrahent mit schwarzen Spiegelglassonnenbrillen, zwei schwer angeschlagene Gegner, die in den gegenüberliegenden Ecken in den Seilen hängen und sich laben lassen. Bloß dass dieser hier seinen Betreuer in einer Zigarette gefunden hatte, an der er mit tiefen, gierigen Zügen sog. Er schien bedeutend gefasster zu sein als sein Schrägvisavis.

Da sei ein peitschender Knall gewesen, Schreie auf dem Turm, einige, die in Deckung gesprungen, andere, die wie paralysiert stehen geblieben seien, eine Frau, an die erinnere er sich besonders gut, sagte er, sei kreischend auf und ab gelaufen, die Hände wieder und wieder vors Gesicht schlagend; da sei die Landeshauptfrau gewesen, die über dem Rednerpult zusammengesackt und zu Boden gesunken sei; da sei das Blut gewesen, das in heftigen Schüben aus der klaffenden Kopfwunde gepulst habe; da seien ein paar, darunter auch er, gewesen, die instinktiv an die Brüstung gestürzt seien und aus der Distanz einen Mann in blauem Overall gesehen hätten, der über die Absperrung der Plattform geklettert sei, sein Gewehr von sich geschleudert und einen Schrei losgelassen habe. Etwas wie: Es ist vollbracht. Oder so ähnlich. Es sei gewesen, fügte er hinzu, als habe er gewartet, bis Publikum vorhanden sei. Erst dann sei er in die Tiefe gesprungen.

Eine Mischung aus Wut und Ohnmacht stieg in mir hoch. Vier Menschen hat dieser Irre auf dem Gewissen, überlegte ich, vier Menschen hat er hingerichtet und wir konnten es nicht verhindern. Ein Verrückter, der nach Belieben mordet, über das Schicksal anderer bestimmt, als treffe er im Wirtshaus die Menüauswahl. 1 x Beuschel für 1x Herzstich; 1 x Rindsbraten, gut abgehangen, für 1 x Aufknüpfen; 1 x Lungenbraten für 1 x Ersticken; 1 x Hirn mit Ei für 1 x ausgehöhlte Landeshauptfraubirne. Ganz nach Belieben. Nach Lust und nach Laune. Ein Herrscher über Leben und Tod. Einer, dem es Vergnügen bereiten muss, Angst und Schrecken zu verbreiten, seine Macht zu demonstrieren und der gesamten Grazer Polizei auf der Nasenspitze herumzutanzen. Das Schlagen von Rotorblättern riss mich aus meinen Überlegungen. Der Hubschrauber stand dicht am Fels, ein schwarzer Schatten huschte aus der offenen Seitentüre, balancierte auf der rechten Kufe, wand die Hände um das Seil, das um seine Hüfte gegürtet und mittels Karabiner gesichert war, und glitt langsam abwärts. Dann ein zweiter Schatten mit derselben Abfolge. Das musste die Stelle sein, wo der Körper des Schützen lag. Es ist vorbei, sagte ich mir erleichtert, ohne in diesem Moment weiter darüber nachzudenken. Aus und vorbei. Ein selbst ernannter Richter, der sich letztlich auch selbst gerichtet hat. Es ist vorbei. Ich ahnte nicht, wie sehr ich mich täuschen sollte. Denn der Instinkt ist mitunter trügerisch und ein schlechter Berater der Hoffnung.

Ich wandte mich wieder der toten Landeshauptfrau zu und sah Bela, wie sie hinter Michelin stand und ihm wie im magnetischen Wechselspiel aus Anziehung und Abstoßung über die

Schulter linste. Sie wirkte frisch und vom kurzen, aber steilen Treppenanstieg keinesfalls beansprucht. Michelin keuchte immer noch. Sie wechselten ein paar Worte, die vom Wind als unverständliches Gemurmel in gegenläufiger Richtung fortgetragen wurden, mitten hinein in die hoch aufragenden, den Bergfried im Halbkreis umkränzenden Mischwaldkronen. Als Bela mich erblickte, lächelte sie mir kurz und etwas verbittert zu und zog die Brauen zu einer Miene aus fragender Ratlosigkeit und wutentbrannter Resignation hoch. Was hat sie bloß?, dachte ich, immer noch gefangen in der eindimensionalen Wirkung des Glaubens, dass es vorbei sei.

Auf mein Stirnrunzeln hin tat sie ein paar Schritte auf mich zu. „Michelin ist meiner Meinung."

„Deiner Meinung worüber?"

„Nenn es, wie du willst. Ein flaues, nicht näher definierbares Gefühl. Wenn es sein muss, weibliche Intuition."

„Was denn jetzt?"

„Ich wette, dass dort unten nicht unser Mörder liegt."

„Du wettest also, dass dort unten nicht unser Mörder liegt."

„Genau."

Du wettest also, habe ich soeben gesagt, dachte ich. *Also*. Ein kleines unbedeutendes *Also*. Und doch zog es die Tragweite ihres flauen, nicht näher definierbaren Gefühls, ihrer (wenn es sein muss) weiblichen Intuition, wie Bela gesagt hatte, in Zweifel. Aber war es das allein? War es bloßer Zweifel an einer ... ja, auch an einer Art von Eingebung, wenn man so will, dachte ich, die sich der jungen Kollegin offenbart hatte? Einer jungen Kollegin, deren Auftauchen und Auftreten ein Wechselbad der Stimmungen über mir ausgegossen hatte? Ein Wechselbad der Empfindungen, dessen Zutaten und Wirkung ich nicht analysieren konnte. Nicht analysieren wollte. Schwang in diesem *Also* nicht auch Zweifel an mir selbst mit? Zweifel an der Trägheit meines Geistes? Begnügte ich mich womöglich viel zu leicht mit einer vorschnellen Lösung? Mit einem zerschmetterten Körper im Fels? Bloß weil er da und greifbar war? Weil ich mich seiner bedienen konnte? Weil es letztlich bequem war, den gordischen Knoten, den unser Mörder aus vier Toten geflochten hatte, mit einer fünften Leiche zu durchschlagen? Ich schloss die Augen, knipste das Morgenlicht aus und nahm Platz. Erste Reihe fußfrei. Gedankenkino. Da warst du schon lange nicht mehr, Ferri. Ordne deine Gedanken in eine Abfolge von Bildern, sagte ich mir, eine logische Abfolge von Bildern, die dir hilft, die Wirrnis der Geschehnisse zu bündeln, zu bändigen, zu zähmen. Projiziere diese Bilder auf die rötliche Leinwand deiner Liderinnenseite und bewerte sie. Szenen der vergangenen Tage stiegen empor: das Sushi-Messer im stadträtlichen Rücken; der Henkersknoten am landesrätlichen Hals; der weit aufgerissene Schnabel des alten Lehrers Geier und das Hofer-Sackerl am Boden; der von einem kleinen Stück Metall zerschmetterte Schädel der Landeshauptfrau. Bildabfolgen, durchwoben von nicht fassbaren Szenen, wie beliebig dazwischen geworfene Streulichter, zu kurz und zu verschwommen, als dass das Bewusstsein sie erfassen könnte. Dazu das monotone Surren des Projektors. Drossle die Frequenz des Surrens, sagte ich mir, je geringer die Hertzzahl, desto größer die Chance, die Streulichter zu verwertbaren Bildern einzufrieren. Ich drosselte und drosselte, aber die Verworrenheit der Streulichter blieb.

Der Einsatzleiter der Uniformierten trat heran. „Die Kollegen haben über Funk angefragt, ob sie den Toten nur sichern oder raufholen sollen?"

Ich tippte Michelin, der immer noch neben dem Kopf der Landeshauptfrau kniete, auf die Schulter. „Was meinst du?"

„Ich bin keine Gämse. Du kennst doch mein Credo, Ferri: Wirtshäuser von innen, Kirchen von außen, Berge von unten. Also raufholen! Was soll ich da unten mit ihm. Außerdem ... wenn es Spuren gibt, dann heroben."

„Sie haben es gehört: raufholen!"

Der Kommandeur drehte in gebückter Haltung sein Gesicht ins Lee des immer stärker aufbrandenden Windes und sprach ein paar Worte in sein Funkgerät. Ein auf- und abschwellendes Knarren kam zurück, ein Redeschwall geradezu, viel länger als ein schlichtes „Verstanden", das zur Bestätigung eines Befehls genügt hätte. Dann wandte er sich erneut um. „Sie sagen, dass der Tote mit hoher Wahrscheinlichkeit mit dem Fahndungsbild übereinstimmt. Soweit die Verletzungen eine solche Bestimmung zulassen."

„Martin Hanser?", fragte ich mit erregtem Unterton.

Er nickte.

„Das muss ich sehen. Sie sollen ihn auf der Aussichtsplattform zwischenlagern. Michelin, wie lange brauchst du hier noch?"

„Fünfzehn Minuten. Aber ein paar von meinen Leuten müssten schon drüben sein."

„Gut, dann komm nach." Ohne es zu wollen, ergriff ich Belas linke Hand und zog sie daran unter dem Bretterüberbau hindurch und die unter der Last meiner Schritte ächzenden und der ihres Trippelns jubilierenden Stufen hinab. Sie ließ es geschehen und mir war, als erwiderte sie das eine oder andere Mal den Druck meiner klammen Finger.

Als wir durch den Steinbogen auf den Vorplatz des Bergfrieds hinaustraten, löste ich den Griff intuitiv gerade rechtzeitig. Eine Blitzlichtflut brach über uns herein. Die Vögel mit ihren Kameras, angereichert durch einen aufgeregten Redakteurshaufen, der wie wild drauflosredete und einen nicht enden wollenden Fragenhagel auf uns niederprasseln ließ. Kurz hatte die Meute bis dahin recht gut unter Kontrolle gehabt. Ich nahm ihn beiseite, flüsterte ihm ein „Lass dir was einfallen und halt sie mir bitte vom Leib, Kurt" ins Ohr und warf ihm das beidäugige Sie-machen-das-schon-Leimböck-Zwinkern zu, das ich mir vom Kurzen abgeschaut hatte. Dann hob ich die Hände. Die Rufe verstummten blitzartig. „Mein Stellvertreter,

Oberleutnant Kurz, ist über alles im Bilde. Er wird ihre Fragen beantworten. Ich selbst stehe Ihnen in Kürze zur Verfügung."

Kurt war über nichts im Bilde. Er wusste das und ich wusste das. Aber zu protestieren wagte er dann doch nicht. Als wir ein gutes Stück entfernt waren, grinste ich Bela an. „Sonst reden sie immer, auch wenn sie von nichts eine Ahnung haben. Aber wenn sie etwas von dir wollen ... auf einmal wird es mucksmäuschenstill. Das Schweigen der Belämmerten (ich weiß, liebe Leute, auch das ist banal, aber wenn es doch so ist). Du musst ihnen das Gefühl geben, dass sie zu fressen bekommen. Das reicht. Fürs Erste."

„Was sollte der ganze Aufmarsch eigentlich?"

„Welcher Aufmarsch, Bela?"

„Die Landeshauptfrau und das ganze Brimborium. Ist heute ein besonderer Tag?"

„Wenn es bisher noch keiner war, dann spätestens seit einer Stunde", gab ich zurück.

Bela Schmaus warf mir von der Seite einen verworrenen Blick zu und schüttelte den Kopf. „Du bist respektlos, Ferri."

„Hat dich Michelin aufgehetzt? Der sagt mir das unentwegt."

Sie überging die Frage mit unveränderter Miene und reckte das Kinn. In ihren Augen lag ein erwartungsvoller, fordernder Blick, als wollte sie das lose Band, das sich, wie ich meinte, zwischen uns zu flechten begonnen hatte, bei einer falschen, jedenfalls aber nicht zufrieden stellenden Antwort kappen.

„Also? Was hat es mit dem Aufmarsch auf sich?"

„Heute ist Ruinenfest. Wie jedes Jahr. Bloß dass wir heuer zwei Jubiläen begehen. Achtzig Jahre Burgverein und vierzig Jahre Burgsanierung. Ist seit Tagen groß in den Medien. Am Vormittag der offizielle Teil mit Prominenz und am Nachmittag der gemütliche Teil mit jeder Menge ... nun ja, Showprogramm, wenn man so will. Vor allem für die Kinder. Stelzenzauber, Greifvogelschau, Bogenschießen, Hexenwerkstatt,

Burggrabensackhüpfen, Ritterschlag, Ritterfräuleinschminken, was weiß ich. Und zur musikalischen Untermalung die Joculatores und Hofjodler. Und Turmbläser."

Bela blickte erstaunt. „Du weißt gut Bescheid."

„Ferri, mein Ältester, ist ein Ritterfreak. Schleppt mich jedes Jahr hier herauf. Der weiß mehr über die Ruine als die meisten anderen. Erst vor ein paar Tagen habe ich ihm einen Wälzer über Heraldik gekauft." Ich stockte und hielt inne. Das Ruinenfest. Ferri würde maßlos enttäuscht sein, dass er nicht da sein konnte. Das Fest war seit Jahren der Höhepunkt rund um seinen Ge … burtstag. Ferris elfter Geburtstag. Der war gestern, dachte ich, und du hast ihn nicht angerufen. Nicht einmal angerufen. Auch auf die Gefahr hin, von Rosas Familie am Telefon beschimpft zu werden. Selbst wenn, dachte ich, du hättest ihnen diesen Triumph gönnen müssen. Es war nicht der Tag wütender Onkel und keifender Tanten. Auch nicht der Tag beleidigter Väter ohne Mumm. Es war Ferris Tag und ich hatte ihn versaut.

Bela blieb mein plötzlicher Stimmungswandel nicht verborgen. „Wo drückt der Schuh, Ferri?"

„Lieber nicht", murmelte ich. „Lieber nicht reden. Vielleicht später."

Wir erreichten die Weggabelung mit dem Pfad, der zum Jungfernsprung führt. Ein Uniformierter stand an der Absperrung. „Sieht echt aus", sagte ich.

„Gehen Sie näher ran", antwortete der Beamte. „Mit dieser Tafel stimmt etwas nicht. Die Farbe ist unregelmäßig aufgebracht, und die Schrift auch. Wenn Sie genau hinsehen …"

Er hatte Recht. „Gut beobachtet, Herr Kollege. Sehen Sie zu, dass das niemand anfasst."

Bela und ich wanden uns soeben unter dem Absperrband durch, als wir den Ruf vernahmen. „Herr Leimböck!"

Das wohlvertraute Gurren und Gurgeln. „Herr Hochauer. Ich hab Sie vermisst da oben im Kollegenrudel. Ohne Sie ist die Reportertruppe doch führerlos."

„Ich hasse Rudel", gurgelte er. „Ich bin ein Alphawolf. Ein Alphawolf auf Abwegen. Ich beschreite eigene, einsame Pfade, Sie verstehen?" Hochauer lachte einmal mehr sein kehligstes Lachen. „Apropos Pfad." Er machte eine Geste in Verlaufsrichtung des Jungfernsprungpfades. „Darf ich?"

Bela zuckte zusammen, als ich nicht blitzartig verneinte. „Ich hab vergessen, euch bekannt zu machen. Bela Schmaus, Kriminalpsychologin aus Wien mit genialen Ansätzen. Helmut Hochauer, einziger Grazer Journalist, dem du nicht ständig misstrauen musst." Bela lächelte unsicher, als Hochauer ihr seine fleischige Rechte mit einem unterwürfigen „Küss die Hände" hinstreckte, schlug aber letztlich doch ein. „Es ist gegen jede Regel", sagte ich und fügte hinzu, als Hochauer, sichtlich enttäuscht, die Lippen zum Pseudoverständnis aufeinander presste: „Es sei denn, Sie gehen als Zeuge mit."

„Als Zeuge?" Bela blickte mich mit durchdringender Irritiertheit an.

„Wir kennen bloß ein altes Foto. Die bleiben ja alle ewig jung, die Damen und Herren Kolumnenschreiber, jahrzehntelang dieselbe Visage in der Zeitung, bis sie auf einmal steinalt sind. Du weißt nicht, wie er in Natura aussieht. Und ich auch nicht. Wenn also einer einen vermutlich verunstalteten Martin Hanser identifizieren kann, so auf kurzem Wege, meine ich, dann jemand, der jahrein jahraus mit ihm zusammengearbeitet hat, bis zuletzt, nicht wahr, Herr Hochauer? Als Zeuge!"

„Natürlich! Natürlich! Als Zeuge!" Hochauer gurrte geschäftig. „Aber ... was ist mit dem Hanser?"

„Er hat Burgfräulein gespielt", sagte ich.

„Oh!" Hochauer verstand.

„Burgfräulein?" Bela verstand nicht.

„Richtig. Burgfräulein. Das Ritterfräulein Anna von Gösting soll sich der Legende nach irgendwann im zwölften Jahrhundert von diesem Felsen gestürzt haben, als sie vom Tod ihres Freundes erfuhr. Daher der Name Jungfernsprung. Sofern sie eine war. Wie auch immer. Ihren Vater, Wulfing von Gösting, traf daraufhin der Schlag. Fazit des munteren Sterbens: Das Geschlecht der alten Göstinger starb aus."

„Und?", fragte Bela.

„Was und?"

„Was war dann?"

„Was – was war dann?"

„Die Burg", insistierte Bela. „Was war damit?"

„Sie ist verfallen. Nun ja, nicht sofort, aber doch. Von der Burg Gösting aus wurde damals nicht nur die Straße, sondern auch die Mur kontrolliert. Vorerst wurde sie ausgebaut auf ihre heutige Ausdehnung von mehr als hundertachtzig Meter Länge. Sie überstand sogar die Türken. Damals war das noch recht einfach. Aber mit ihrer Bedeutung als landesfürstliche Sperrfestung war es irgendwann einmal vorbei. Und dann kam die große Katastrophe."

„Ja?"

„Eine mächtige Explosion. Die Grazer hatten nach dem Dreißigjährigen Krieg ihre Munitionsvorräte lange Zeit hier heroben eingelagert. Bis ein Blitzschlag 1723 das Ende einläutete. Die gesamte Anlage wurde vernichtet. Mit Ausnahme der Kapelle und des Bergfrieds."

„Hat man denn nie daran gedacht, die Burg wieder aufzubauen?"

„Offenbar nicht. Mit der Bewohnbarkeit war es ja nach dem Brand aus und vorbei."

„Und der Turm?"

„Der Bergfried? Wozu der gedient hat, weiß man auch heute nicht genau. Jedenfalls nicht als Wohnturm. Das waren Bergfriede nie. Eher ein Statussymbol des Burgherren. Irgendwann haben sie begonnen, die Nordwand des großen Palas abzutragen, weil sie Material für den Bau der Südbahn gebraucht haben. Mitte des neunzehnten Jahrhunderts, glaube ich. Das war's dann endgültig. Bis sich der Burgverein konstituiert hat. Vor achtzig Jahren."

Hochauer blies hörbar aus. „Respekt, Herr Oberstleutnant, Respekt."

Da schau her, dachte ich, da weißt du einmal ein bisschen was (eigentlich der Herr Ferri junior, der einen ständig damit bombardiert, bis du gar nicht anders kannst, als es dir zu merken), und schon opfert der Hochauer unsere verschwörerische Vertrautheit wieder dem Oberstleutnant. „Gratulieren Sie meinem Sohn."

„Verstehe. Verstehe", gurrte Hochauer pflichtschuldig, ohne zu verstehen. Bela lächelte und verstand.

Als wir um die letzte Windung des in Stein geschlagenen Pfades bogen, stieg ein monotones Knattern die Felsstürze empor. Augenblicke danach schwebte ein Mann der Sondereinheit am Seil über der Plattform, mit dem gefüllten schwarzen Bergesack als Bauchladen, und ließ sich von einem von Michelins Männern einen Platz für seine leblose Fracht zuweisen.

„Ich muss Ihnen wohl nicht sagen, Herr Hochauer, dass das kein schöner Anblick werden wird", sagte ich und begann, den Reißverschluss des Bergesacks bis zur Mitte zurückzuziehen.

„Glauben Sie, dass der Hanser das jemals war? Der kann nur gewinnen."

Bela drückte den Kopf zwischen die Schultern und verzog das Gesicht zu einer Das-ist-Kollegenliebe-Miene. Als der Sack einen Spaltbreit offen war und ein deformierter, blutiger Fleischklumpen als Kopf und am Halsansatz der schmale Kragen eines blauen Arbeitsoveralls hervorlugten, kniff sie die Augen zusammen. Ihre rechte fasste meine linke Hand und presste sie. „Auf Fotos sind die Toten immer so weit weg", flüsterte sie. „Aber die hier, die Landeshauptfrau und der Hanser, die sind so nah. So echt."

Auch mich erfasste ein Schaudern. Der Kopf des Toten war von zahllosen klaffenden Wunden übersät. Kein Wunder, dachte ich, bei der Wucht, mit der sein Körper mehrmals auf dem Fels aufgeschlagen haben musste. Dennoch lag in der Gesamtheit seines Gesichtsausdruckes etwas Irritierendes. Bloß was?

Bela schien ebenso durcheinander. „Ich versuche mir auszumalen, wie es mir ginge, würde ich mich von einem Felsen stürzen. Vor allem der Moment vor dem Aufprall, sofern ich noch bei Bewusstsein bin. Aber wahrscheinlich bin ich das. Soweit nach unten geht es dann auch wieder nicht."

„Und?"

„Ich würde schreien. Oder zumindest intuitiv das Gesicht verziehen. Aber der hier wirkt fast ... fast schon friedvoll, findest du nicht?"

Friedvoll. Das war es. Friedvoll. „Genau so, Bela. Als hätte ihn der nahe Tod nicht gekümmert", sagte ich. „Als wäre er im freien Fall eingeschlafen."

Bela blickte verwirrt. Helmut Hochauer ebenso. Er starrte nach wie vor reglos auf die blutige Kopfmasse. „Ich hätte nicht gedacht", hob er endlich an, „dass ich das einmal sagen würde: Aber der Hanser hat schon besser ausgesehen."

„Sind Sie sicher?"

„Dass es der Hanser ist? Ja. Absolut sicher. Er hat unverkennbar markante Züge in seiner Visage. Die kann auch ein Hundertmetersturz nicht kaschieren. Kennen Sie den Spruch von diesem bayerischen Kabarettisten? Was die Natur verschissen hat, lässt sich durch Prügel nicht korrigieren. Na ja, war eigentlich im Original auf das Verhältnis Mann Frau bezogen, aber im übertragenen Sinn ..." Hochauer lachte, als wollte er den Schauer der Szenerie von sich schütteln. Ein komischer Vogel, dieser Hochauer, dachte ich, reißt im Augenblick des größten Entsetzens die makabersten Witze. Aber ... tun wir das nicht alle?

Während Hochauer auf das friedvolle Hanser-Blutgesicht stierte, schob ich Bela ein paar Schritte beiseite. „Ich verstehe gar nichts mehr", raunte ich ihr zu. „Vor allem das Verhältnis zwischen Hanser und unserem großen Unbekannten. Erst wird mit Hansers DNS gemordet, ohne dass er die Taten selbst begeht, und dann, beim großen Finale quasi, legt er selbst Hand an? Und belohnt sich mit einem Hundert-Meter-Freiflug in die Ewigkeit? Macht das Sinn?"

„Irgendwie ja."

„Irgendwie ja?"

„Ja. Ich wälze unentwegt die Akten in meinem Kopf. Vor allem den Teil, der Martin Hanser und seine Lebensumstände betrifft. Es fehlt etwas Entscheidendes." Belas sonst so freundlichrosiger Teint war der blutleeren Blässe der Ernsthaftigkeit gewichen. „Etwas Entscheidendes, Ferri. Es gibt nicht den geringsten Hinweis, dass er eine Affinität zu Waffen hat. Keine Waffenbesitzkarte, kein Waffenschein, kein Mitgliedsausweis in einem Schützenverein, kein Ölzeug, und schon gar keine Waffe, nichts. Kein Indiz, dass einer wie er imstande ist, aus hundertfünfzig Meter Entfernung einem Menschen in die linke Schläfe zu feuern. Wie viele Menschen können das?"

„Die wenigsten."

„Eben. Warum, frage ich dich, sollte er solche Spuren verwischen, wenn seine Lebensplanung darin besteht, im großen Finale, wie du es nennst, einen Abgang zu machen? Ich sage dir, warum: Weil er keine Ahnung hatte, dass man ihm solche Fähigkeiten zuschreiben würde. Jede Wette, Ferri, dass wir auf der Waffe, die vermutlich irgendwo da unten liegt, seine Fingerabdrücke finden. Jede Wette, dass seine Spuren sonst wo auftauchen. Vielleicht steht dort oben ja ein Wagen, in dem Martin Hanser einmal mehr seine genetische Visitkarte hinterlassen hat. Erinnerst du dich daran, als wir von den vier möglichen Varianten sprachen? Den vier Beziehungsvarianten zwischen Martin Hanser und dem großen Unbekannten?"

Ich nickte stumm, dachte aber: Wie könnte ich nicht? Das war doch jener Moment, als ich dir vor allen Kollegen in den Schuss gelaufen bin, und du die Flinte hochgerissen und in die Decke gefeuert hast.

„Wenn wir nun diese vier Varianten wie einen Raster über

alle Klarheiten und Unklarheiten legen, Ferri, dann schließt sich der Kreis. Damit gelangen wir wieder zu Hansers Gesichtsausdruck, der so gar nicht verbissen, so gar nicht verbittert, so gar nicht verhärmt ist. Stattdessen friedvoll gelöst. Wie hast du gesagt? Als wäre er im freien Fall eingeschlafen. Vielleicht hat er geschlafen. Ich gehe jede Wette ein, dass Martin Hanser gar nicht gewusst hat, dass er springen wird. Oder sollte ich sagen: gesprungen wird?"

Mein Gott, ja, dachte ich, damit schließt sich der Kreis tatsächlich. Auch wenn das friedvolle Hanser-Gesicht, wie mir nun einfiel, davon rührte, dass Gesichtsmuskel nach Eintritt des Todes erschlaffen. Todesängste hin, schlafen her. „Die vier Varianten, was das Verhältnis von Hanser und dem zweiten Mann angeht ...", hob ich an.

„Ja?" In Belas Stimme lag etwas Erwartungsvolles.

„Willst du damit sagen, dass aus den vier Möglichkeiten eine geworden ist?"

Bela wollte etwas erwidern, wandte stattdessen den Kopf blitzartig zur Seite und setzte ihr gewinnendes Psychohexenlächeln auf. „Vielen Dank für Ihre Hilfe, Herr Hochauer. Seien Sie bitte nicht ungehalten, wenn wir Sie nicht zurück begleiten, aber wir werden hier noch gebraucht."

Hochauer stand nach wie vor mit dem Rücken zu uns, jedoch deutlich näher als zuvor. Er hatte sich unbemerkt herangepirscht, den Blick unablässig auf den toten Hanser im Bergesack gerichtet, die Ohren aber auf unsere angeregte Unterhaltung gespitzt. Er drehte sich abrupt um und in seinen Augen lag eine Entrücktheit, als hätte Bela ihn aus einer Totenandacht gerissen. Nun aber stand er im entlarvenden Widerschein ihres unwiderstehlich bestimmenden Lächelns. „Natürlich, natürlich", gurrte er, „ich war nur gerade ... ja."

„Einem Journalisten vertrauen?" Bela sah mich fragend an, während Hochauer um die erste Biegung des Jungfernsprungpfades entschwand.

„Einer, dem du nicht ständig misstrauen musst, habe ich gesagt", sagte ich. „Ich an seiner Stelle hätte es ebenso versucht."

„Auch wieder wahr. Du warst bei den vier Varianten."

„Richtig, die vier Varianten. Variante eins: Hanser ist der Chef, lässt in seinem Auftrag und mit seiner DNS erstechen, aufhängen und ersticken, schreitet bei Anschlag vier selbst zur Tat, greift zur Waffe, obwohl nichts darauf hinweist, dass er jemals auch nur ein Gewehr in der Hand gehabt hat, dafür aber jede Menge Wodkaflaschen, und feuert der Landeshauptfrau im Stil eines Meisterschützen aus großer Distanz in den Kopf. Er wartet, bis genügend Zeugen von den Zinnen zu ihm herüber starren, ruft etwas wie ‚Es ist vollbracht' und richtet sich selbst, während sein mordender Vasall ungeschoren davonkommt. Was hältst du davon?"

„Es ist vollbracht? Die letzten Worte Jesu?"

„Die letzten Worte Jesu?", wiederholte ich ungläubig.

„Wo warst du im Religionsunterricht, Herr Kollege?" Bela schlug mir vor die Brust. „Der ans Kreuz genagelte Gottessohn klagt über Durst. Die Soldaten tauchen einen Schwamm in einen Krug mit Essigwasser, stecken ihn auf einen Stab und beträufeln das blutende Haupt und die Lippen des Sterbenden. Sie erweisen ihm zum Schein einen letzten Dienst und wollen ihn doch nur quälen. Dann ruft Jesus: ‚Es ist vollbracht', lässt den Kopf sinken und stirbt. Martin Hanser auf den Spuren Jesu als mutierter Heiland, der vier Menschen im Namen welcher Gerechtigkeit auch immer tötet und nach vollendetem Werk sein Heil im Freitod sucht? Ich bitte dich, das ist doch Schwachsinn. Menschen, die solche Taten begehen, wollen ihren Triumph auskosten und nicht als zerschmettertes Bündel Fleisch auf einem Felsvorsprung landen."

„Gut. Kommen wir also zu Variante zwei: Hanser und der zweite Mann sind Partner. Partnerschaft impliziert Gleichberechtigung. Zumindest dort, wo Menschen nicht zusammen wohnen müssen, richtig?"

„Richtig", sagte Bela. „Gehen wir also davon aus, dass zwei Menschen sich die Ermordung von vier Menschen teilen. Frei nach dem Timesharing-Prinzip. Der Erste darf dreimal, der Zweite nur einmal. Wo bleibt da die Gleichberechtigung in der Partnerschaft? Oder muss jeder das tun, was er eigentlich gar nicht kann? Was für Martin Hanser bedeutet, aus hundertfünfzig Meter auf den Kopf der Landeshauptfrau zu feuern? Eine Art Kick, ob er es mit einem einzigen Versuch schafft? Schwachsinn, Ferri. Schwachsinn!"

„Es ist eine Gleichberechtigung, die sich nach einem bestimmten, vorgegebenen Kräfteverhältnis ausrichtet", konterte ich. „Nach einer Werteskala. Das ist wie beim Zweierschnapsen. Kannst du zweierschnapsen, Bela?"

„Zweierschnapsen? Das Spiel mit zwanzig Karten, oder?" Ich setzte zu einem ermunternden Kopfnicken an, doch sie bremste meine Erwartungen jäh: „Damit erschöpft sich mein Wissen."

„Also gut, pass auf. Die Grundzüge sind einfach: Es gibt vier Farben – Herz, Karo, Pik und Treff. Jede Farbe hat in absteigender Punktewertung fünf Figuren – die Sau, also das Ass, den Zehner, den König, den Ober, auch Dame genannt, und den Unter, auch Bub genannt. Vom nominellen Wert her ergeben zwei Könige und ein Ober eine Sau."

„Wie bitte?"

„Ja. Der eine Spieler hat neben allerlei Beiwerk drei Tote im Blatt, genau genommen in den Stichen zu verbuchen: zwei Könige, die stehen für den erstochenen Stadtrat und den erhängten Landesrat, und einen Ober, der steht für den erstickten Lateinlehrer. Der König zählt vier Punkte, der Ober drei. Ein gewisser Unterschied muss sein. Zweimal vier plus drei macht elf. Elf Punkte. Der zweite Spieler hat nur eine Karte gestochen, aber das ist die erschossene Landeshauptfrau. Die höchste im Spiel. Also die Sau. Und die zählt ... ebenfalls elf. Elf zu elf. Damit ist der Gleichstand hergestellt. Die Gleichberechtigung."

„Das ist Unsinn, Ferri. Und du weißt das. Warum sollten

die ersten drei Taten, jene des ersten Spielers also, gleichsam im Namen des zweiten Spielers begangen werden, der ohnehin die Landeshauptfrau – wie sagt man? – stechen darf? Diese Art von Gleichberechtigung ist zweifelhaft, weil sie nur nach innen hin besteht. In einem geschlossenen Kreislauf ohne jede Anbindung an die Außenwelt. Aber genau darum geht es doch, um die Außenwelt. Um die Wirkung der Morde auf die Außenwelt. Deiner Theorie zufolge dürfte nur einer der beiden offiziell, wenn du so willst, für alle vier Taten verantwortlich zeichnen. Und ausgerechnet der stirbt."

„Ja eben", rief ich. „Das ist der Preis. Er wählt den Ruhm und muss dafür sterben."

„Er muss sterben. Das hat schon eher etwas, das Sterbenmüssen. Womit wir auch schon bei Variante drei und vier sind."

„Mag sein, dass es nach Unsinn aussieht. Das tun Ansätze genialer Theorien immer."

„Variante drei, Ferri!" Belas Stimme hatte mit einem Mal etwas nachdrücklich Forderndes. „Und hör auf, so dämlich zu grinsen!"

„Also gut. Variante drei: Hanser als Vasall."

„Welchen Zweck erfüllt ein Vasall, der nie persönlich in Erscheinung tritt außer mit seiner DNS?", fragte Bela. „Einer, der offenbar nichts tut, außer seinen Namen und sein genetisches Erbmaterial zur Verfügung zu stellen. Der Chef muss jedes Mal selbst Hand anlegen, die Schmutzarbeit erledigen, und das unter dem Namen seines untätigen Vasallen, der seinerseits die Lorbeeren erntet? Absurd, oder?"

„Sehr absurd", sagte ich. „Bleibt also nur Variante vier."

„Variante vier", wiederholte Bela. „Martin Hanser als Opfer. Womit sich auch die Offensichtlichkeit der gelegten Spuren erklären ließe. Ich schiebe jemandem die Schuld in die Schuhe und weide mich daran. Wie auch an der Hilflosigkeit der Polizei."

„Die gehbehinderte Nachbarin ...", sagte ich.

„Was ist mir ihr?"

„Der Abend, an dem Martin Hanser verschwunden ist. Ansatzlos. Spurlos. Sie hat Motorengeräusche gehört. Und Autotüren auf- und zugehen. Wir gingen bisher davon aus, dass Hanser erwartet und abgeholt wurde. Aber wir hatten nie daran gedacht, dass er nicht freiwillig mitgegangen sein könnte."

„Manche nennen es Entführung", sagte Bela. „Was die eine oder andere Ungereimtheit mit einem Mal gereimt erscheinen lässt. Das Sushi-Messer zum Beispiel."

„Du meinst die falsche Stellung der Fingerabdrücke?"

„Ja. Wie auch die fehlenden Abdrücke auf der Rückseite des Blattes mit dem Monsterschriftzug. Da sind Dinge unter Zwang passiert."

„Es sind auch Fehler passiert", sagte ich. „Zu viele Fehler, verstehst du? Die vier Morde sehen aus wie minutiös geplant. Mit dem Anspruch auf absolute Perfektion. Und dann unterlaufen dem Täter solche Lapsus?"

„Jeder Anlauf zur Perfektion scheitert am Anspruch an ihre Absolutheit, Ferri. Bedenke, dass wir es trotz allem mit einem Irren zu tun haben. Ein wirrer Geist, der alle Energie darauf verwendet, seinen krankhaften Trieb zu befriedigen. Und der sich mit jedem Verbrechen, für das er ungeschoren davonkommt, in seiner vermeintlichen Perfektion bestätigt sieht und daran wächst. Ein trügerischer Irrglaube, wie wir wissen. Gäbe es nur perfekte Verbrecher, könnten wir einpacken, denkst du nicht auch?"

„Mag sein." Unweigerlich musste ich auf die blutige Gesichtsmasse blicken. „Hanser wird als einzelgängerischer Querkopf beschrieben. Glaubst du, dass einer wie er Kolumnen verfasst, die er gar nicht verfassen will?"

„Alles eine Frage der Leidensfähigkeit", erwiderte Bela. „Du solltest deinen Freund, den Herren Gerichtsmediziner, bitten, Martin Hanser auf jedwede Spur von Folter zu untersuchen. Aber das dürfte ja auch bei euch in Graz Standard sein, oder?"

Ich nickte. Apropos Leidensfähigkeit, dachte ich, als ich im

Augenwinkel einen schnaufenden Michelin auf die Plattform zusteuern sah. „Ein Scheißtag", schnaubte er. Dann streifte er ohne Umschweife ein neues Paar Einweghandschuhe und seinen Mundschutz über, zog den Reißverschluss des Bergesackes mit einem Ruck nach unten und legte den geschundenen Körper frei. Kerntemperatur messen. Todeszeitpunkt und Todesursache abschätzen. Augenmerk auf Auffälligkeiten aller Art richten. Das ganze Standardprogramm. Während Michelin wie in Trance seine über die Jahre automatisierten Bewegungsabläufe abspulte, gaben wir ihm eine Kurzfassung unserer Überlegungen zum Besten. Er nickte immerzu und schwieg. Dann ließ er den Blick über jenen Teil des Metallgeländers schweifen, der dem Schützen den Zeugenaussagen zufolge als Absprungbasis gedient hatte, und zog die Maske von den Lippen. „Abrieb", sagte er knapp. „Vielleicht ein Seil." Er beschrieb mit dem Finger eine ovale Form in Richtung seiner Mitarbeiter. Einer stand gebeugt über einem Meterstab, den er neben zwei klar strukturierten Schuhabdrucken in Verlaufsrichtung der Spitzen zum Geländer hin ausgerichtet hatte, und fotografierte planparallel. Der andere bepinselte den Handlauf des Geländers mit Magna Brush. Der mit dem Pinsel nickte kurz. Der erste wiederum drückte den Auslöser seiner Kamera und bedeutete Michelin mit kurzer Handbewegung zu ihm zu kommen. Eine Zeitlang kauerten beide über den Abdrücken, dann kehrte Michelin zum toten Hanser zurück, musterte die Sohle seiner Schuhe und schüttelte entschieden den Kopf. „Nagelneu", sagte er. „Kein Sand im Profil. Gar nichts."

„Sieht aus, als wäre unser Freund Hanser hergetragen worden", sagte er. „Die einzig brauchbaren Schuhabdrucke sind die beiden da drüben. Auf dem trockenen schottrigsandigen Untergrund kein Wunder. Normalgewichtige hinterlassen auf diesem Boden kaum Spuren. Zwei Normalgewichtige mit nur einem Paar Schuhe aber sehr wohl."

„Oder einer wie ..."

„Halts Maul, Ferri!" Michelin warf mir einen strafenden Blick zu, strich seinen zerzausten Hufeisenbart zurecht, sah Bela an, klopfte mit beiden Handflächen seinen massigen Leib ab und begann unvermutet zu lächeln. „Ich habe eine erfüllte Existenz. Jeder trägt einen Zweiten mit sich herum. Nur tragen ihn nicht alle so offen zur Schau."

Einen Zweiten. Der Zweite. Der zweite Mann. Natürlich. Bela und ich waren so sehr in Martin Hansers Rolle in dem Streifen vertieft gewesen, dass wir über alledem auf ihn vergessen hatten. Auf den Regisseur. Auf den Zweiten, der, sofern unsere Theorie stimmte, zweifelsohne da gewesen und auch von hier geflohen sein musste, dachte ich, indem er vor aller Augen vermeintlich in den Tod sprang. Mit blauem Arbeitsoverall. Getarnt als Martin Hanser. So könnte es gewesen sein. Der Sicherheitsmann der Landeshauptfrau, unser Kollege, der Insektenkopf, und ein paar andere, sie alle waren nach dem tödlichen Schuss binnen Sekunden an die Bergfriedzinnen gestürzt. Zu schnell, als dass einer ungesehen über den Pfad hätte entkommen können. Stattdessen sahen sie den inszenierten Todessprung, der keiner war. Der wahre Todessprung, dachte ich, war jener Martin Hansers, vermutlich erst kurz zuvor, um seinen Körper nicht vor der Zeit auskühlen zu lassen. Der starke Blutverlust aus den zahllosen Wunden seines leck geschlagenen Körpers sprach dafür, dass er noch am Leben war, als er da runter musste. Ein totes Herz pumpt nicht. Martin Hansers Abgang erfolgte nicht vor der Zeit. *Vor der Zeit*. Zeit, die ihm eingeräumt worden war, um seine Schuldigkeit zu tun. *Vor der Zeit*. Jene Zeit, die wir brauchen würden, um ihn zu orten, zu bergen, zu untersuchen. Michelins intuitive Fähigkeit zur raschen Analyse hatte ihn einmal mehr auf die richtige Fährte geführt und nach Abriebspuren eines Seils fragen lassen. Wie sonst hätte der Schütze den Abstieg über die Felsstürze bewältigt, wenn nicht gesichert? So könnte es tatsächlich gewesen sein. Nein, so musste es gewesen sein.

„Für Martin Hanser ist es vorbei. Für uns noch nicht." Belas Gedanken waren im Gleichklang zu meinen verlaufen.

„Ja", sagte ich. „Der Mohr hat seine Schuldigkeit getan. Der Mohr kann gehen."

Michelin hob den Kopf. „Wieder irgend so ein Dichter?"

Eine Verschwörung, dachte ich, soweit ich mich besinnen konnte, war es eine Verschwörung. Die Verschwörung des Sowieso in Sowieso. Palermo oder Genua? Goethe oder Schiller? Irgendwas mit einem Desaster hat es zu tun. Einem Fiasko. Oder einem Fresko? Und hieß es im Original statt Schuldigkeit nicht Arbeit? Kann schon sein, überlegte ich weiter, aber Schuldigkeit passt jedenfalls besser. Gearbeitet hat Mohr Hanser in unserem Stück bestimmt nicht allzu viel.

Ohne auf die Antwort zu warten, fuhr Michelin mit seiner Beschau fort und schälte die Hände des Toten aus den Seitenmulden des Bergesacks. „Wenn es noch eines Beweises seiner Opferrolle bedurft hätte ..." Er hielt uns die bandagierte, schlaffe Linke Hansers entgegen. „Kein professioneller Verband für einen, wie ich vermutete, erst kürzlich amputierten Daumen. Jedes Wesen mit einem Batzen Hirn geht damit ins Spital. Es sei denn, etwas oder jemand hindert es daran."

„Ein abgetrennter Daumen? Das ist ja ekelig." Bela schüttelte sich demonstrativ ab.

Michelin fuhr in professioneller Unbeirrtheit fort. „Ein Gewehrlauf ließe sich eventuell auch zwischen Zeigefinger und Mittelfinger spreizen. Aber wer opfert freiwillig seinen Daumen, wenn er plant, jemandem ein Loch in den Kopf zu schießen? Und wenn er ihn zum Tippen braucht?"

Ein echter Michelin. Er spricht aus, was andere zum Denken bringt. Ich zog mein Handy aus der Tasche und aktivierte den Nummernspeicher. Die Leitung stand nach wenigen Sekunden. „Herr Hochauer?", sagte ich fragend. „Nach welchem System hat Martin Hanser seine Kolumnen verfasst? Nicht geistig. Schreibtechnisch, meine ich. Adler such oder zehn

Finger?" Als ich, auf die Antwort meines überraschten Gesprächpartners wartend, zur Seite blickte, sah ich Bela, wie sie ihre Mundwinkel nach außen verspannte und bei kurzem, seitlichem Kopfvibrieren ein entsetztes „Nicht!" zischelte. Auch Michelin blickte irritiert. Ich schloss die Augen, schürzte die Lippen, hob die freie Hand zur beschwichtigenden Geste und beendete das Telefonat mit einem raschen „Danke!" und einem noch rascheren Druck auf die rote Taste.

„Bist du verrückt, Ferri?" Bela war außer sich.

„Beruhige dich. Er kann sich keinen Reim darauf machen, und uns hilft es weiter. Eine zusätzliche Bestätigung, wenn du so willst. Hochauer sagt, dass es nichts gab, was an Martin Hanser bewundernswert war. Außer seinem Gehaltszettel und der Fähigkeit, mit zehn, wohlgemerkt zehn Fingern in die Tasten seiner alten mechanischen Schreibmaschine zu klopfen. Schneller als jeder andere auf dem Computer."

„Ich sollte dich nicht unterschätzen." Bela lächelte ihr Psychohexenlächeln.

Ich lächelte zurück. „Oft kopiert und nie erreicht." Ein Klassiker.

Michelin ließ seine Augen zwischen uns hin und herwandern, schüttelte den Kopf und wandte sich wieder Martin Hanser zu. „Übrigens", sagte er ohne noch einmal aufzublicken, „das Projektil, mit dem die Frau Landeshauptmann erlegt wurde ..."

„Was ist damit?"

„Burenwurst."

„Du sprichst in Rätseln, Willi", sagte Bela.

„Interner Sprachgebrauch, Bela. Sagt Michelin Burenwurst, meint er nicht wirklich die Wurst." Michelin nickte. „In einer Munitionsfabrik nahe Bombay wurde vor mehr als hundert Jahren für die britischen Kolonialtruppen eine Patrone mit Teilmantelgeschoss gefertigt und erstmals im Burenkrieg eingesetzt. Ein Projektil, bei dem ein Teil der Geschossspitze frei liegt. Richtig?"

„Es war Kalkutta", murrte Michelin. „Die Fabrik stand in der Ortschaft Dum-Dum. Daher der Name der Geschosse. Kennst du die Wirkung, Bela?"

„Nur in Grundzügen aus der Waffenkunde."

Michelin schnaufte. „Eine bösartige Innovation, laut Haager Landkriegsordnung verboten. Aber was interessieren dich schon Konventionen, wenn du damit auf den Kopf der steirischen Landeshauptfrau feuerst. Ein Kupfermantel umschließt den Geschoßkörper und schützt den Lauf der Waffe vor Verbleiung, also dem Abrieb des Hartbleikerns. Was sich sehr wohl abreibt, wenn er aufschlägt, ist der weiche freiliegende Bleikern, der eigentliche Satan. Das Projektil pilzt auf, verstehst du? Es geht auf wie ein Schwammerl und reißt hässlich große Löcher."

Bela schluckte sichtbar und ihre Augen wanderten an Michelin vorbei in eine Leere, in der sie vom Abbild des aufgeplatzten Landesmutterkopfes erwartet zu werden schien. Ihre Pupillen weiteten sich mehr und mehr.

„Die Deformationen", fuhr Michelin fort, „waren jedoch schwächer als üblich. Bei dieser Art von Munition. Daher ..." Er hielt inne und dachte angestrengt nach. „Ja, genau. Es könnte ein Hohlspitzgeschoß gewesen sein. Vermutlich sogar. Die Geschoßspitze ist ausgehöhlt, der Bleikern liegt an der Innenseite frei. Bei manchen ist der Hohlraum auch mit einem Kunststoffkeil gefüllt. Mal sehen, was unser Freund Sargo in der Prosektur zutage fördert. Wie auch immer. Die Aushöhlung bewirkt, dass die Deformation schneller eintritt. Dafür nicht ganz so heftig wie beim Verwandten aus Dum-Dum. Weiterer Vorteil dieser Munition: Der Schwerpunkt verlagert sich zum Geschoßboden hin, ein Plus an ballistischen Eigenschaften. Und es gibt kaum Querschläger."

Bela besann sich mit einem Ruck und fixierte Michelin. „Worauf willst du hinaus, Willi?"

„Ich will damit sagen: Wir sollten nach Menschen suchen, die so etwas mit Vorliebe verwenden. Und sich ihrer Sache unglaublich sicher sind, wenn sie aus hundertfünfzig Meter auf einen Kopf anlegen. Ein Ziel, das nicht größer ist als ein Fußball. Oder ein Teller. Eine Tellerscheibe. Eine Schützenscheibe. Wir sollten nach einem Sportschützen suchen. Einem exzellenten Sportschützen."

Ich musterte Bela von der Seite. Sie starrte Michelin an, der mit dem Rücken zu ihr an der Seite des toten Hanser kauerte. Die Art ihrer Reglosigkeit verriet tiefen Respekt. Dann vibrierte und klingelte es in meiner Hemdtasche. Der Kurze. Ich solle kommen. Rasch. Nein. Sofort.

*

Aegidius Weißengärber stand ungewohnt stramm an der Schmalseite des schweren Eichentisches, als ich sein Drohnenbüro im Paulustor betrat. Der Polizeidirektor nimmt Haltung an, wenn ein Leimböck den Raum betritt, dachte ich erheitert.

„Dass ich das noch erleben darf", rief ich und lachte verhalten.

„Dass Sie was noch erleben dürfen?" Eine sonore ruhige Stimme aus der ledergepolsterten Sitzecke rechts hinter der Türe. Der wahre und einzige Anlass der Strammheit des lieben Kurzen.

„Den verehrten Herrn Generaldirektor für Öffentliche Sicherheit kennen Sie ja, Leimböck, oder?"

„Aus Funk und Fernsehen, jawohl!"

Der Kurze blinzelte hektisch zwischen uns hin und her. Der Generaldirektor lächelte übergütig. „Sparen Sie sich und uns die Formalismen und nehmen Sie Platz, Herr Oberstleutnant. Und Sie auch, Herr Direktor." Aegidius Schweinehund gehorchte aufs Wort und setzte sich gespreizt auf die Kante der Polsterung, als wollte er in erlesener Damenrunde mit pikiertem Griff nach Tee und Plätzchen langen.

„Wann bekommen wir Ihren Abschlussbericht der Sonderkommission?" Der Generaldirektor lächelte erneut gütig.

„Abschlussbericht? Ich fürchte, ich verstehe nicht ganz."

„Da kann es ja wohl keine Sprachprobleme geben, Leimböck, oder?", krächzte der Kurze. „Abschlussbericht. Der Herr Generaldirektor ist per Hubschrauber im Auftrag der hochgeschätzten Frau Ministerin angereist und fragt Sie nach dem Abschlussbericht. Die Sonderkommission ist ab sofort aufgelöst."

„Aufgelöst? Aber unser Mörder ist doch ..."

„Tot! Jawohl, Leimböck. Tot! Ihr Stellvertreter, Oberleutnant Kurz, hat mich in kurzen Zügen informiert. Hahaha, Kurz und kurze Züge. Wenn das nicht doppelbödig witzig ist, oder? Über den toten Hanser. Die Waffe wurde inzwischen auch gefunden, während Sie auf dem Weg hierher waren. Und das Auto des Mörders. Ein gestohlener VW Passat. Auf dem Parkplatz bei der Taverne der Ruine Gösting. Die Fingerabdrücke sind, wie's aussieht, nur noch Formsache. Um das festzustellen, brauchen wir nicht dreißig Mann rund um die Uhr zu bezahlen. Um dreizehn Uhr ist Pressekonferenz. Bis dahin muss alles soweit klar sein. Und verraten Sie mir eines: Wie sind Sie bloß auf die Idee gekommen, einen Anrainer zu schlagen? Einen *Anrainer*!"

Der Generaldirektor nickte und lächelte stumm.

Der Kurz hat dich informiert?, dachte ich, was weiß denn der Kurz schon? Der war doch gar nicht dabei auf der Plattform, der weiß doch so gut wie gar nichts. Bela, Michelin und ich, sonst niemand. Und außerdem: Was muss klar sein? „Also der Anrainer ...", hob ich an.

„Ach was, der Anrainer", fuhr der Kurze dazwischen. „Sie sind ein Heißsporn, Leimböck, aber in Anbetracht des Gesamterfolges ... nun ja, wir regeln das."

„Des Gesamterfolges?", sagte ich. „Wir sind mitten in den Ermittlungen. Wir wissen jetzt mit absoluter Sicherheit, dass der Hanser nicht unser Mann ist. Nicht sein kann! Es gibt zu viele Unklarheiten. Zu viele Unstimmigkeiten und Ungereimtheiten!" Ein Anflug von Vehemenz lag in meiner Stimme.

„WAS?" Der Kurze sprang auf. „DER HANSER SOLL ES NICHT SEIN?!" Und schaumgebremster, aber mit der Schärfe eines rotierenden Sägeblattes: „Seit Tagen liegen Sie mir in den Ohren mit Ihrem Hanser. Hausdurchsuchung hier, Chefredakteursbeschimpfung da. Sie strapazieren unser gutes Verhältnis zur Presse über Gebühr – und wenn ich sage Presse, dann meine ich die einzige und wahre Presse in diesem Land, die *Gute*, Leimböck –, und nun wollen Sie mir erklären, dass er es nicht war? Wegen ein paar Unstimmigkeiten? Ein paar Unklarheiten? Ein paar lächerlicher Ungereimtheiten? Absolute Gewissheit haben wir nie, Leimböck. Aber was wir haben, sind jede Menge Beweise. Fingerabdrücke, DNS-Spuren, dazu die Kolumnen, das volle Programm, mehr als in den meisten anderen Fällen. Und da kommen Sie daher mit ein paar lächerlichen Ungereimtheiten?!"

Der Generaldirektor nickte und lächelte stumm.

„Aber wir können doch nicht …"

„WAS KÖNNEN WIR NICHT, LEIMBÖCK?! Ich sage Ihnen, was wir nicht können. Wir können der Frau Ministerin nicht erklären, dass wir zwar einen toten Mörder, leider Gottes aber auch einen offenbar überarbeiteten Leiter der Mordkommission haben, der wegen ein paar zweifelhafter Zweifel, hahaha, zweifelhafte Zweifel, dreißig Kriminalbeamte damit beschäftigen will, einen Heuhaufen nach einer nicht existenten Nadel zu durchwühlen, Leimböck. Was glauben Sie denn, was mir die Frau Ministerin erzählt, wenn ich ihr das erzähle, hhhmmmmh?"

Der Generaldirektor spitzte die Lippen anerkennend, nickte und lächelte stumm.

Das alte Spiel, dachte ich, böser Chef und guter Chef, der klassische Zangenangriff. Ja, die Zange. Die Heiß-kalt-Dusche, wie beim Flaschenhals, wenn es gilt, vom ganz Edlen und ganz Alten zu nehmen, dem erlesenen Rebensafttröpfchen aus früheren Tagen, wo der alte, poröse Kork nicht mehr aus der

Flasche will und sie zur glühendheißen Zange greifen, dem Degollador, wie der Spanier sagt, dem Entkehler, der die Kehle absprengt. Der Kurze als die glühendheiße Zange also, die sich für ewig lange dreißig Sekunden um dich, den Flaschenhals, schließt und dich in Wallungen bringt, dich brodeln lässt, und dann der Generaldirektor, das eisigfreundlich lächelnde Wasser, die Abkühlung, die dir den Rest gibt. Glühendlodernde Hitze und eisigfreundliche Kälte im Wechselguss, bis der Hals birst und frei gibt, was er bewahrt. „Viele Einzelheiten waren bis vor ein paar Stunden noch nicht bekannt, Herr Direktor."

„Einzelheiten?" Aegidius Weißengärber dampfte im Vollbetrieb. „Wen interessieren schon Einzelheiten! Hören Sie lieber auf damit, Ihre so genannten Einzelheiten überzuinterpretieren, Leimböck! Für jeden Zweifel gibt es eine Lösung, an die noch keiner gedacht hat, Herr Kollege, haben Sie das schon vergessen? Wir haben jede Menge Spuren und Beweise, und Sie kommen mir mit ein paar vagen Vermutungen? Vermutungen, nicht mehr, Leimböck. Mutmaßungen. Der Name Hanser hat sich in den Köpfen der Leute einzementiert als jener Name, der für Selbstjustiz des Bürgertums steht. Für einen Volkstribun. Aber auch für Vierfachmord, vergessen Sie das nicht. Vierfachmord. Darunter drei Politiker dieses Landes, Leimböck. Einzementiert in den Köpfen der Öffentlichkeit. Eine Öffentlichkeit, die keine Einzelheiten will. Sondern Erfolge, mein Lieber. Erfolge."

„Martin Hanser wurde nur vorgeschoben", erwiderte ich. „Er ist selbst Opfer."

„Na na, Herr Kollege, wer wird denn." Der Generaldirektor hatte aufgehört zu nicken und still zu lächeln. In seiner Stimme, die nun noch sonorer im Raum lag, schwang bedrohliche Beruhigung, als würde der Tierarzt dem zotteligen Straßenköter durchs krause Fell fahren und ihm beschwichtigend zureden, bloß um ihn Augenblicke danach mit der Giftspritze seiner unnützen Existenz zu berauben. „Was in den Köpfen der Menschen steckt, lässt sich nicht mir nix dir nix auslöschen, nicht wahr? Das verunsichert bestenfalls, Herr Kollege, und ein offenkundiger Mangel an Sicherheit ist wohl das Allerletzte, was wir in Tagen wie diesen gebrauchen können, Herr Oberst."

„Oberstleutnant", sagte ich.

„Vergessen Sie diesen Unsinn, Oberst Leimböck. Na, wie klingt das? Oberst Leimböck! Das wäre doch was, oder? Sie ziehen morgen Vormittag ihre Ausgehuniform an, bereiten Ihre Gattin darauf vor, dass sie bald neue Distinktionen an den Schultern ihrer Jacke annähen darf, und schütteln dem Herrn Direktor und mir kräftig die Hand. Dazu ein kleines Blitzlichtgewitter der versammelten Presse, ein Dekret von der Frau Ministerin, ein dreifaches Hoch auf den Chefermittler Leimböck, und jedes Monat ein paar Euro mehr auf dem Gehaltskonto. Frei nach dem Motto: Schweigen ist Gold, Reden ist Kieselstein, Sie verstehen, Herr Kollege?"

Der Zangenangriff. Finale. „Der Herr Direktor", fuhr er fort, „hat es soeben so brillant formuliert" (er nickte dem Kurzen mit aufgesetzter Güte zu): „Details spielen keine Rolle. Das Ganze zählt, Oberst Leimböck. Das ist – übrigens ein wunderbarer Vergleich meiner Frau – wie beim Kuchenbacken, wissen Sie? Es kommt nicht darauf an, was im Kuchen drin ist. Wer will das schon wissen. Was zählt, ist der Geschmack. Die Gesamtkomposition. Unser Kuchen, Herr Oberst, ist das Verlangen der Öffentlichkeit nach Sühne und Sicherheit. Nach einer Lösung ohne Zweifel, ohne Bitterstoffe. Die zuckersüße Lösung mit dem Namen Sicherheit ist es, woran sich die Leute laben wollen. Das Gefühl im Mund ist entscheidend, Herr Kollege, und unsere Aufgabe ist es, den Gaumen des Volkes mit diesem wohlschmeckenden Sicherheitskuchen zu stopfen. Wir sind die Zuckerbäcker der Nation, und nicht dieser ... wie hieß er doch gleich, dieser kleine Wicht? Na, helfen Sie mir, der Fall Lucona. Der kleine Dicke, der sich dann in der Zelle erhängt hat. Na ja ... egal."

„Udo Proksch", sagte ich.

„Ja, richtig, der schöne Udo. Der hat ja Gott und die Welt gekannt, quer durch die Regierung bis hin zu einflussreichen Verlegern. Ja, die Verleger, die Presse ... gerade vom Journalismus können wir noch viel lernen, Oberst Leimböck. Es gibt da diesen berühmten Spruch von diesem berühmten Journalisten, na, wie heißt er doch gleich ... helfen Sie mir, na ja ... egal. Also, das Motto lautet: Lass dir deine Geschichte nicht durch Fakten zerstören. Was will uns das sagen, mmmhhhm? Der Weg, den wir einmal eingeschlagen haben, ist zu Ende zu gehen. Und unser Weg heißt Hanser. Das ist die Stärke unseres Staates. Drauf bleiben, Oberst Leimböck, draufbleiben!"

Ja, draufbleiben, auch wenn es weh tut, dachte ich, draufbleiben, genau das habe ich auch vor, mein Lieber, aber auf andere Art und Weise, als du und der liebe Kurze sich das vorstellen, wollte ich erwidern, sah aber nur noch einen aufspringenden Generaldirektor, der einmal mehr gütig lächelte, mir die Hand entgegenstreckte und mit einem *Bleiben Sie sitzen. Also dann bis morgen um zehn* entschwand.

„Leimböck!" Der Kurze pflanzte seinen kleinen Leib vor mir auf. „Sie haben es gehört: Vergessen Sie die Suche nach irgendeinem Hirngespinst. Hanser ist als Vierfachmörder einzementiert und wird als solcher auch begraben. In einer schönen Holzkiste und in der Erinnerung. Sie wissen ja: Gnade Ihnen Gott und meine Frau, wenn Sie Unsinn anstellen. Und dabei möchte ich Sie vor allem vor meiner Frau warnen, sollten Sie es wagen, den Namen Weißengärber mit Ihrer nichtsnutzen Widerspenstigkeit zu besudeln. Stellen Sie sich vor, Sie wären ein heißer Erdapfel, Leimböck. Fallengelassen, zertreten und verrottet. HABEN SIE VERSTANDEN? ABTRETEN!"

*

In der Küche, Donnerstagabend

Das Gefühl. Ich versuche, es zurückzukriegen. Die Stunde im Wald. Äste, die nach mir gegriffen haben, tiefer, moosiger Boden, dann wieder spitze Steine. Mein Körper hat gekämpft, aber mein Geist war frei, ist geflogen. Es war Euphorie. Ein unendlich großes Gefühl, wie ich es noch nie zuvor empfunden habe. Der Feldherr hat gerade seine größte Schlacht gewonnen. Ich habe den Knall des Schusses mit hinuntergetragen. Sonst habe ich nichts gehört. Nicht einmal meinen eigenen Atem. Mein Körper ist gestolpert, gestürzt, aber es hat mir nichts ausgemacht. Im Gegenteil. Es war Teil des Szenarios. Des letzten Aktes. Kein Schmerz, nur Genugtuung und eine tiefe Zufriedenheit. Applaus, Applaus. Der kleine Nachtwächter hat es allen gezeigt. Vor allem dem großen Ermittler. Der Applaus war tosend, als ich unten im Tal in mein Auto gestiegen bin. Und er hat während der gesamten Heimfahrt angehalten.

Dann ist das Gefühl immer schwächer geworden. Ich habe versucht, die Szene am Berg nachzuleben, aber es ist mir nicht gelungen. Ich habe nach den Empfindungen gesucht, die ich dort oben hatte, aber ich habe sie nicht mehr gefunden. Emotionen wie diese lassen sich nicht konservieren. Große Momente erlebt man nur einmal, dann sind sie nur noch Erinnerung. Man kann die Fakten speichern, nicht aber die Gefühle. Nicht einmal große Dichter können sie so niederschreiben, wie sie sie tatsächlich erlebt haben.

Was geblieben ist, ist die Zufriedenheit. Exakter und sorgfältiger kann man nicht arbeiten. Sammeln, sammeln, sammeln. Ich habe alles gesammelt und dann umsichtig verteilt. Auch die dort draußen haben gesammelt, aber nur das, was ich ihnen gegeben habe.

*

Michelin war sprachlos und bekam das Hufeisenbartzucken, Bela verlor Gesichtsfarbe und Fassung, nicht aber den Drang zum Wort. Es müsse doch Möglichkeiten geben, rief sie mit aller jugendlichen Erregtheit und Aufgebrachtheit einer Junggedienten ins Mittagsgrau meines Paulustorbüros hinein, den Kurzen auf dem Instanzenweg zu überspringen. Nicht zum Schmiedl, sondern gleich zum Schmied zu gehen, zur obersten Dienerin, zur Frau Minister, und wenn es gar nicht anders gehe, zu den roten Brüdern, den Genossen der Gewerkschaft, die stets darauf bedacht seien, der schwarzen Liese eins überzubraten, auch wenn sie bei Feiern wie dieser (der *triumphalen Aufklärung der spektakulärsten Mordserie des Landes überhaupt*, wie sie sagen würden) selbst gerne in der ersten Reihe stünden. Beim Menschenschmuggel wegschauen und die Hand aufhalten, Strafgelder ins eigene Uniformtäschchen kassieren, einem Strizzi Liebesdienste seiner Damen abpressen, auf dass ihm *von Amts wegen* nicht das Rotlicht ausgeknipst werde, kleine und große Aufmerksamkeiten für Visa, kleine und große Geldkoffer von Drogenbaronen, all das und vieles mehr sei ja vorgekommen und, wenn schon nicht verständlich, so doch nachvollziehbar, aber es könne doch nicht sein, sagte sie, dass sich die Polizei selber schmiere und mit einem kleinen Sprung in der Gehaltsklasse und einem großen Machtwort der Politik das Schweigen der eigenen Reihen erkaufe. Bloß um den öffentlichen Druck nach einem raschen Fahndungserfolg von sich zu nehmen. Bis Michelin, der bis dahin beharrlich stillgehalten hatte, knurrte: „Vergiss es. Wenn der Schmied das Eisen fallen lässt, ist die Glut im Arsch."

Das war mein Dilemma. Den Schwindel nicht mitzumachen und dem Hochauer, oder wem auch immer, man weiß ja nie, sagte ich, den entscheidenden Tipp zufließen zu lassen, in der Hoffnung, dass die Presse vom Kurzen aufwärts alles niederreißen würde, was sowohl Rang als auch Namen hatte und seine Hände in Schuld wusch, das gleiche der Chance, einen Sumpf mit Wasser trockenzulegen. Der Sumpf, hörte ich mich rufen, sei wie der Nebel, der durch alle Ritzen und Poren dringe (ein Scheißvergleich), weil letztlich doch eine Hand am allerliebsten die andere wasche und nur selten vor dem Blick in den Spiegel das dreckverschmierte Gesicht. Es sei denn, ich könnte den wahren Mörder liefern. Konnte ich das?

„Wir machen weiter", sagte Michelin. „Hinter den Kulissen, im Rahmen des normalen Dienstbetriebes. Mit ein paar Vertrauenswürdigen."

Ich nickte und lächelte. Bela fand ihren Teint wieder und lächelte ebenso. „Morgen ist ohnehin schon Freitag", sagte sie, „ich bleibe übers Wochenende. Rein privat natürlich."

Ich lächelte einmal mehr. Als Bela und Michelin gegangen waren, tat ich endlich, was ich längst hätte tun sollen, hätte tun müssen und aus ... ja, aus Feigheit, muss ich jetzt und hier und nur Ihnen gegenüber gestehen, unterlassen hatte. Je länger du die Dinge vor dir herschiebst, desto kürzer die Momente des Mutes, sie abzuwickeln, Ferri, sagte ich mir, und wo der Mut fehlt, ist es zum Unmut nicht weit, dachte ich ferner, wählte die Nummer von Rosas Elternhaus, vernahm eine dumpfe männliche Stimme und entgegen allen Erwartungen, als ich mich (nach endlosem Schweigen) zu erkennen gab, ein bloßes Hinknallen des Hörers. Ein wortloses Abgehen frei von Schimpfkanonaden also, und nach einer Ewigkeit des Nichts (wie lange mussten ihm in seiner sich ständig erneuernden jungen Welt erst zwei Tage erschienen sein, wenn mich schon ein paar Minuten in unerträglicher Ungeduld zappeln ließen?) vernahm ich Ferris dünne Stimme und ein zaghaftes, fast schon ungläubiges „Papa?"

*

In der Küche, später

Das Haus habe ich seither nicht mehr verlassen. Zuerst habe ich den Keller gesäubert und alle Spuren verwischt. Nichts weist jetzt mehr darauf hin, dass dort unten ein Mensch gehaust hat. Wer sucht, wird nur nutzloses Gerümpel aller Art finden. Die Kamera und die leeren Wodkaflaschen habe ich im Garten vergraben. Hanser war nie hier. Ich kann mich auch kaum noch an ihn erinnern. Fernsehen, Radio und die Zeitung haben mich bestens informiert. Kein Mensch zweifelt daran, dass es Hanser war. Fast widerlich, wie sie ihren Erfolg feiern. Als ob es eine große Tat des Ermittlers gewesen wäre. Das Widerliche war jedoch mein Wille, und ich sehe mit Genugtuung zu, wie sie vor dem Schlussvorhang stehen und sich feiern lassen. Genießt den Applaus, so lange ihr noch könnt, Freunde. Dieses Spiel ist zwar aus, aber der Autor schreibt gerade an der Fortsetzung des Themas. Es wird ein Zwei-Personen-Stück, ein kurzes Schauspiel, nur ein Akt. Es wird keine Zuseher geben, und es wird mit der endgültigen Vernichtung eines der beiden Darsteller enden.

Ich esse kaum und halte mich fast nur in der Bibliothek auf. Vater, ich weiß, dass noch irgendetwas von dir da ist. Du hast dich hier in irgendeiner Form niedergelassen. Verewigt vielleicht. Den *Namen der Rose* habe ich noch nicht berührt. Irgendwie bin ich noch nicht vollkommen würdig dafür. In einigen Tagen werde ich es aber sein. Das schwöre ich dir, Vater.

Den ganzen Tag lang läuft das Radiogerät. In allen Nachrichtensendungen ist davon die Rede, in der Früh lese ich es in der Zeitung. Und am Abend ist es Topthema in „Steiermark heute", natürlich läuft es auch in der „Zeit im Bild".

So war es gestern und so ist es heute auch.

Ich sehe Leimböcks Gesicht, nicht stolz, mehr verärgert, dabei drückt man ihm gerade einen Orden an die Brust. Zum Oberst hat man ihn auch befördert. Für seine maßgebliche Mithilfe an der Klärung des Falles Hanser. Ein triumphaler Augenblick für mich. Auf den ich gehofft habe. Denn er macht den letzten Teil meines Planes für mich noch attraktiver. Je höher man steigt, desto tiefer fällt man. Übermorgen wird sich dein Leben nochmals drastisch ändern, Leimböck. Ich rate dir, die Montagsausgabe der *Guten* zu besorgen. Aber keine Sorge. Auch wenn du es nicht tust, wird dich die Nachricht bald erreichen.

*

Kommt es, wie es kommt, dann meist, weil es kommen musste, wie es eben kam, und dann kommt es ja recht oft recht knüppeldick, dachte ich und stieß als sechsundzwanzig Stunden alter Oberst die Türe zum Meinhart in Wenisbuch auf. Michelin und Bela saßen bereits bei Tisch und unterhielten sich angeregt. Es kam also, wie es ohnedies hatte kommen müssen, was (Michelins Ergebnisse und Worte zusammengefasst) hieß: Fingerabdrücke von Martin Hanser im gestohlenen Passat, hansersche Fingerabdrücke auf der Tatwaffe, DNS-Spuren (Haare, Hautschuppen et cetera) noch unbekannter Herkunft im Wageninneren („vermutlich aber von Hanser, von wem denn sonst, Herr Fauler?", hatte Michelin mit Stimmimitat des Kurzen gezischelt), und ein paar Ungereimtheiten mehr, die seit kurzem (so gut wie) niemanden mehr zu interessieren schienen.

„Welche Ungereimtheiten, Willi?", fragte Bela, die sich über den Teller beugte und das Kinn reckte, als wollte sie ihre zarte Halshaut im Knödeldampfbad verjüngen.

„Ich gehe davon aus", schmatzte er, den Anstich seines faschierten Bratens wechselseitig kauend, „dass unser Mörder so gut wie keinerlei Spuren hinterlassen hat, was die eigene Person betrifft. Wie bisher. Daher müsste ich mich als Polizeidirektor oder als Öffentlichkeit fragen ... würden mich denn Einzelheiten interessieren ..., wie Martin Hanser das Auto gelenkt haben könnte."

„Rein theoretisch", warf Bela ein.

„Rein theoretisch", bestätigte Michelin. „Ich meine, wie schafft es einer, während der Fahrt seine DNS, sprich: Haare gerade dort in rauer Menge zu verlieren, wo sie wenig verloren haben? Verlieren und verloren, witzig, gell?"

„Ja, Michelin, sehr witzig", sagte ich. „Und weiter?"

„Zum Beispiel auf der Sitzfläche. Auf der Kopfstütze ... natürlich. An den seitlichen Rändern der Sportsitze ... meinetwegen. Aber Kopfhaare, wo der Arsch ruht? Das schaffst du nur, wenn du waagrecht mit den Beinen voraus aussteigst, verstehst du? Wenn dein Hinterkopf die Polsterung streift und du es gar nicht merkst. Weil du getragen wirst und womöglich nicht bei Sinnen bist."

Bela und ich nickten.

„Auch würde ich mich fragen", fuhr Michelin fort, „warum einer im Kofferraum sitzt anstatt im Fahrgastraum und dort ebenfalls Haare lässt. Wenn es Hansers Haare sind, doch davon gehe ich aus. Ich würde mich fragen, wie einer ohne Handschuhe ein Jagdgewehr abfeuert, ohne Schmauchspuren an Fingern und Ärmel abzubekommen? Und ich würde mich fragen, ob es zum Berufsbild eines Journalisten passt, Autos professionell kurzzuschließen."

Das und einiges mehr würden Michelin und der eine oder andere versprengte Interessent, man weiß ja nie, sich fragen. Jede Menge offener Fragen also, dazu aber auch gesichertes Wissen, was den Mörder betraf, von Bela, Michelin und mir, drei dieser versprengten, mutmaßlichen Interessenten, gestellt und aufgelistet, unterteilt in die Kategorien WISSEN (bei gewissen Charakteristika in ( ) die Wahrscheinlichkeit des Auftretens in der Bevölkerung, sehr vorsichtig geschätzt und miteinander multiplizierbar, sofern voneinander unabhängig) und WISSEN WOLLEN, beide unterstrichen, wiederum auf einem (fünf) Bierblockzettel (doppelseitig beschrieben, kleine Schrift, blauer geborgter Kellnerkuli), nicht bereinigt, nicht beschönigt, daher unverfälscht und zu Ihrer Ansicht original, da es sonst, weil man ja weiß, dass man nie weiß, wieder heißt, die Polizei bereinigt und beschönigt, dieses Mal auf Puntigamer Pils.

WISSEN

- Brillanter Sportschütze, verwendet Hohlspitzgeschosse, sehr selbstsicher → Büchse mit Kipplauf, nur ein Schuss, bei Fehlschuss nachladen!!! (1:1000)
- Kenntnisse der Knotentechnik (1:10)

- Tötung durch einen einzigen Messerstich, ohne Spezialtechnik (Lunge) von Sondereinheiten (1:5)
- Großes Gewaltpotenzial – Kuli im Aug; Tritt in die Eier; Ersticken mit Plastiksack; Kopfschuss; Entführen, Foltern, Daumenabschneiden u. Mensch-über-Felsen-Werfen; (1:3) (so viele???(© Bela))
- Gewisses Naheverhältnis zu Martin Hanser, nur Graz und Umgebung (1:100) (Warum NUR?)
- Kennt persönlich oder weiß von Lehrer Geier → unwahrscheinlich, dass Kenntnisse über Geier (↔ Kolumne) erst von M.H. abgepresst, weil lange vorbereitet (© Michelin); Dispositionsmörder, bewusstes Agieren, Opfer (auch Hanser) bewusst und gezielt gewählt, keine Willkürlichkeit der Opfer (© Bela) wie sonst oft bei Serienmördern, bei Dispo-Mördern kaum Vergleichszahlen, auch unklar, wie lange sie vorausplanen (1:100)
- DNS-Grundkenntnisse, vermutl. über normales Fernsehkonsumentenmaß (C.S.I., Autopsie, ... etc) hinaus (1:10)
- Lateinkenntnisse (1:2) (so viele???(wieder © Bela))
- Kann private Handynummern von Politikern ausfindig machen (1:5)
- Kenntnis aller Tatorte, nur auf Steirer bezogen (wieso nur??? © Michelin) (1:3)
- Experte für Verkleidung und Beschattung ↔ Ausspionieren der Opfer; alter Mann in Restaurant und Postamt, mein © (1:20)
- Älter als 25 Jahre ↔ Statistik/Serienmörder © Bela (ohne Zahl, bei statist. Zentralamt checken!!!)
- Passt vermutl. in eine der Berufsgruppen → Gösser Spezial (o.Z.)

WISSEN WOLLEN:

- Wo Absolut-Wodka gekauft? Kein merklicher Anstieg in irgendeiner Filiale in Graz u.U. → vermutl. Barzahler, bei Bankomat- und Kundenkarte jeder Einkauf über Kassensystem nachvollziehbar („der ist ein Fuchs", © Michelin)
- Symbolik der Tötungsarten (wer womit warum)
- Wem gilt welche Aussage → Bedürfnisse des Täters?
- Warum genau diese zeitlichen Abstände (ev. wg. Arbeitszeiten des Täters???), © Bela
- „Es ist vollbracht"-Ruf ↔ hört er jetzt auf? (wenn ja: was hat er damit erreicht??? Serienmörder hören nur auf, wenn gefasst oder tot (© Bela, hatten wir schon); oder nur Ablenkung? ← kaum (© Michelin), weil: bisher in eigenen Augen perfekt gemordet ↔ warum also uns in Sicherheit wiegen? Macht ihm Spaß, Polizei und Bevölk. in Angst und Schrecken versetzen
- Hass auf Polizei ??? ↔ amtsbekannter Täter; Ermittlungsopfer; (Ex-) Mitarbeiter →
- Entlassungen der Ex-Kollegen (fünf Jahre) überprüft → alle negativ. Weiter zurück gehen??? Würde Mörder so weit vorausplanen? (Frage an Bela („Muss darüber nachdenken"))
- Wer hat sich über M. Hanser erkundigt (Gewohnheiten etc.) → Hansers Kollegen bei der Guten nochmals befragen, Portier, …

*

„Wie endet das Lied, Ferri?"

Neunundzwanzig weitere Stunden waren seit der Präzisierung (Puntigamer Pils) unserer Ermittlungen vergangen. Recht erfolglose neunundzwanzig Stunden einer recht erfolglosen Rumpfmannschaft. Wir traten auf der Stelle. Auch Bela und ich traten auf der Stelle, und der Gedanke, dass sie in wenigen

Minuten in den Zug nach Wien steigen und ich womöglich wieder zu Ambros und Daniels heimkehren würde, ließ mich frösteln. „Welches Lied?"

„Schloss Eggenberg, erinnerst du dich? Das Lied mit der *Oidn, die irgendetwas ned måchn kån*." Sie blickte zu mir empor, und über ihr das Eingangshallenrund des Grazer Hauptbahnhofes. Was soll das mit dem Bahnhofsrund?, könnten Sie sagen. Zu Recht. Wäre nicht der Grazer Hauptbahnhofeingangshallenhimmel ein feuerroter Himmel, von weißgrauen mäandernden Bahnen durchwoben, die sich als tosende Gischt in Belas feuerroten Haupthaarhimmel ergossen. Mmhhhmm.

„*Es gibd a ungeschriebenes Gesetz, und wånn s' a no so midn Zaunpfåhl winken, na Oide, heasd, i såg des ned per Hetz, du kånnsd doch beim Heirign ka Cola drinkn*", sagte ich. „Es ist eben nur ein Lied."

„Es ist auch unpassend", sagte Bela.

„Was ist unpassend?"

„Cola beim Heurigen." Sie lächelte, legte ihre Fingerspitzen an die Öffnungen meiner mit Händen gefüllten Jackentaschen und fixierte meine Augen. „Deine Familie ist der Heurige und ich bin das Cola. Das ist unpassend. Wir sollten per e-Mail verkehren. Das ist passend. Vielleicht kann ich dir ja noch ein wenig helfen. Halt mich auf dem Laufenden." Sie schluckte, schlang die Arme um meinen Hals und drückte mir einen innigen Kuss auf die Wange. „Um Missverständnissen vorzubeugen, Ferri ... wisch ihn dir besser ab. Auch wenn ich, wie du sicher bemerkt hast, keinen Lippenstift trage."

Als die Lautsprecherstimme die Abfahrt des Zuges auf Bahnsteig sowieso um neunzehn Uhr sowieso verkündete, stand ich immer noch unter dem glühenden Hauptbahnhofeingangshallenhimmel und hielt die Hand auf der Wange, unschlüssig, ob ich sie für den Rest dieses frühen Sonntagabends dort belassen oder mit einer schnellen Bewegung nach unten wischen sollte.

*

Michelins an diesem Abend doppelt provokantes Hufeisenbartgrinsen strahlte schon aus der Ferne durch die Regenschlieren am Seitenfenster meines Wagens auf dem Bahnhofsvorplatz. „Wollen wir?", fragte ich knapp. Michelin nickte. *Fallanalyseabend* nannten wir diese Art von Beisltour immer, wenn es galt, der häuslichen Nähe unserer Frauen zu entfliehen und das mittelstädtische Weite zu suchen. Bloß dass ich dieses Mal nicht auf der Flucht war.

Als mein Schlüssel Stunden später nach mehrmaligen Versuchen und nur dank meiner tatkräftigen, entschlossenen Mithilfe widerspenstig die Haustüre endlich aufboxte, war die Erkenntnis in mir gereift, dass ein Übermaß vom Klaren alle Klarheit raubt. Die Verschwommenheit des Korridors sagte mir, dass hier ein paar Schuhe standen, die am Morgen noch nicht hier gestanden hatten, kleine wie große, ein wenig schluderig hingeworfen und somit fern der aufsteigenden Ordnung des Orgelpfeifenprinzips, aber – sie waren da. Ich wusste, dass ich mich freute, versagte aber darin, es mir überzeugend zu zeigen und sank, anstatt zur Seite meiner heimgekehrten Frau, auf dem zerknitterten Überwurf der Couch in den verbleibenden Rest der Nacht.

*

So muss es einem Arbeiter im Straßenbau gehen, war mein erster Gedanke, einem, der den ganzen Tag auf dampfend heißem Asphalt an der Rüttelplatte steht, ständig rhythmisch gebeutelt und erst dann aus seinem über die Jahre antrainierten Gleichmut zu bringen, wenn es ihn ganz plötzlich und so richtig herreißt. Wie etwa durch jene kräftigen und doch zarten Hände, die mich an den Schultern aus meinem Tiefschlafbauarbeitertum schüttelten. In Rosas Augen und Mimik lag von allem etwas: Güte, Sorge, Traurigkeit, aber auch ein Funke hoffnungsvoller Zuversicht.

„Ich bin froh, dass wir wieder da sind. Dass *ich* wieder da bin, Ferri", sagte sie. Ich versuchte etwas zu erwidern, doch sie legte mir den Finger über den Mund. „Wir müssen über vieles reden. Vorher brauchst du allerdings eine Dusche, eine Zahnbürste und einen starken Kaffee. Und alle Kraft. Auch meine." Rosa stand auf, nahm die aufgeschlagene *Gute* vom Couchtisch, drückte sie mir in die Hand und ging in Richtung Küche. „Zuallererst solltest du aber das hier lesen. Kannst du mir sagen, was das zu bedeuten hat?"

Ich nahm die Zeitung, und mit jeder Zeile verspannten sich alle Muskeln in mir und mein Oberkörper richtete sich wie von selbst weiter und weiter auf, bis er völlig aufrecht und starr war. Starr wie mein Entsetzen auch.

Brief aus dem Jenseits

Ich darf mich den allgemeinen Gratulationen anschließen: Herzlichen und aufrichtigen Glückwunsch, Herr Oberstleutnant, pardon: Oberst Ferdinand Leimböck. Sie sind für biedere, aber beharrliche Polizeiarbeit und armseligen Kriminalinstinkt zu Recht ausgezeichnet worden. Zwar haben Sie den Fall nicht geklärt – vielmehr wurde er trotz Ihnen aufgeklärt. Durch meine Hilfe! Mich wird man höchstens damit ehren, dass man mich in einer kalten Erdgrube versenkt. Aber was soll's.

Bevor ich jedoch endgültig abtrete, möchte ich einiges hier zurücklassen, das der Öffentlichkeit bisher vorenthalten worden ist und vielleicht die Antwort auf viele Eurer Fragen sein könnte:

Warum gerade die Landesmutter? Ganz einfach, weil sie da war. Ja, richtig. Freilich gäbe es genügend politische Sünden, die sie als Opfer qualifizieren würden, bloß – das war es nicht. Sie war die Hauptdarstellerin in meinem letzten Akt. Gemeinsam mit mir, natürlich. Ein Stück, das längst geschrieben war. Jeder hatte seine Rolle, ihre war jene des Opfers.

Sie hat sie brillant gespielt. Brillant. Und deshalb war auch das Beste gerade gut genug für sie. Ein erlesenes Jagdgewehr für den Jäger und die Gejagte. Marke Blaser, Modell Baronesse. Baronesse – ist das nicht wunderbar? Eine Baronesse erlegt die Fürstin. Eine Baronesse mit achtkantigem Kipplauf, einschüssig, mit hoher Präzision, etwas für Profis, denen eine einzige Kugel genügt. Dazu elegante Linienführung, das vordere Schaftende aus Ebenholz, ein goldfarbener Abzug, der Verschlussblock mit Titan beschichtet. Und ein Hohlspitzprojektil der allerbesten Güte. Wie gesagt, das Beste ist gerade gut genug. Waffenadel verpflichtet. Sie werden sie inzwischen wohl gefunden haben, die Waffe, oder etwa nicht, Oberstleutnant, pardon: Oberst Leimböck?

Oberst Leimböck bekam den Part des Ermittlers zugeteilt. Auch er hat ihn blendend verkörpert, mich bis an den Fuß des Jungfernsprunges verfolgt und dort gestellt. Ich habe mich – wie sagt man doch? – widerstandslos ergeben. Flüchten hätte ich mit diesem zerschmetterten Körper nicht mehr können. Ich nehme es Ihnen nicht übel, im Gegenteil, ich will Sie sogar mit einigen Geheimnissen belohnen. Fakten, die Ihren unbeholfenen Ermittlungsversuchen entwischt sind. Wussten Sie etwa, dass ich dem geschätzten Stadtrat Frank Klausberger saftig in die Eier getreten habe? Natürlich nachdem er nicht mehr unter den Lebenden war. Sonst hätte er sich ja wehren können. Und dass ich das Sushi-Messer dem Koch im Tokio gestohlen habe? Ich habe es so sehr geschärft, dass ich mir damit nach dem Genuss zweier Flaschen Absolut selbst den Daumen abgeschnitten habe. Tut verteufelt weh, aber es ist der Schmerz, der einem ständig bewusst macht, dass man noch lebt.

Natürlich, ich habe gelebt. Nicht schlecht sogar. Das verbale Dreckschleudern war ein einträgliches Geschäft. Eine lokale Berühmtheit war ich. Aber eben nur eine lokale. Kein Hahn hätte nach meiner letzten Kolumne nach mir gekräht. Habe ich Recht? Daher war es die Unsterblichkeit, die ich immer angestrebt habe. Unsterblich wird man nur durch außer-

gewöhnliche Taten. Ich habe eine solche vollbracht. Die Welt, zumindest jene, in der große Kriminalfälle eine Rolle spielen, wird mich nicht vergessen. Vielleicht wird man Bücher über mich schreiben. Oder gar mein Leben verfilmen. Hanser als Hauptdarsteller. Aber da war doch noch etwas – ein Regisseur. Einer, der im Schatten stand, meine Unsterblichkeit gemanagt und mich in euer Scheinwerferlicht gezerrt hat. Vielleicht war auch ich nur eine Puppe in der Hand eines viel größeren Spielers. Des wahrhaft Unsterblichen. Des subtilen Drahtziehers, des Meisters der Verschleierung. Mein letztes Rätsel ... denkt darüber nach!

Es war schön mit Euch. Aber ohne Euch ist's noch viel schöner ...

Ich stemmte mich hoch, begann wie automatisiert zu torkeln. Kam das von gestern oder von dieser Ungeheuerlichkeit in der *Guten*, diesem ... diesem abgekarteten Spiel, nach dem es aussah. Abgekartet, ja, aber wer teilt die Karten aus? Wer schlägt mir da Trumpf-Sau und Vierziger um die Ohren, im entscheidenden Spiel, im Spiel um den Schuster, dachte ich, den Retourschneider, die allerhöchste Schmach überhaupt? Dann schwankte ich in die Küche, wo Rosa konzentrierter als nötig in ihre Frühstücksverrichtungen vertieft war. „Ich ... ich ...", hob ich an. „Ich muss unter die Dusche", stammelte ich, machte kehrt, kam aber nur bis in den Vorraum, wo das gewohnte Schnurren des Telefons zum fauchenden Gebrüll mutiert war.

„Leimböck", sagte ich beinahe tonlos.

„KÖNNEN SIE MIR SAGEN, WAS DAS ZU BEDEUTEN HAT?" Das hatte ich doch schon einmal gehört, ein „Déjà-voui", wenn Sie so wollen, bloß nicht mit der stimmlichen Sanftmut meiner Frau Rosa, dafür mit dem hysterischen Kehlkopftrampeln meines Chefs, des Kurzen, und ohne den Funken einer Chance, zu sagen, was das zu bedeuten haben könnte. „VERDAMMTE SCHEISSE, LEIMBÖCK! WISSEN SIE

ES NOCH? DER ERDAPFEL! DAS SIND SIE! SOEBEN FALLEN GELASSEN UND ZERTRETEN! UND ICH, LEIMBÖCK, ICH BIN DER FUSS!" Tuuuuuut.

*

Wie gut und geduldig Rosa es verstand zuzuhören, erstaunte mich. Ich erzählte und erzählte, nicht alles, aber von allem das Meiste, zusehends verblüfft, bis ich erkannte, dass der beste Zuhörer jener ist, der einen hat, der redet. Das hatte ich bisher nicht getan. Rosa wiegte den Kopf hin und her, schüttelte ihn, nickte, seufzte, blies aus, lächelte, zog die Stirn kraus, litt mit, spitzte die Lippen und war einfach da. Sie nahm die Fälle in sich auf, die Spuren, die Irrläufer, die Erkenntnisse und das Ende des Martin Hanser, das zugleich auch das Ende der Sonderkommission bedeutete, vom Kurzen aufwärts eingeläutet, und wir kauten bei Kaffe und Somlauer Nockerl („die schickt dir meine Mutter, sie mag dich immer noch") zweimündig durch, was ich auch mit Michelin und Bela schon durchgekaut hatte, was denn dieses abrupte Ende für wen mit welcher Konsequenz zur Folge hatte. Nein, nach dieser Kolumne muss gesagt werden – gehabt hätte: das anfängliche Jubeln und spätere Schweigen der Medien etwa, weil sie es nicht besser wussten, allen voran Chefredakteur Stocker, der selbst reichlich Dreck am Stecken hatte; Reporter Helmut Hochauer, der, auch wenn er es womöglich ein klein wenig besser wusste, kein Interesse daran hatte, das (zu Unrecht) besudelte Ansehen eines (zu Recht) verhassten Kollegen zu korrigieren; der Kurze zweimal nicht, der sich und sein vorausschauendes Gespür für die Spur und am Rande auch uns über den berühmten grünen Klee gelobt und alle Ungereimtheiten, Unklarheiten und Unstimmigkeiten in den Wind eines raschen Erfolges geschrieben hatte; und mein Stellvertreter Kurt Kurz schon gar nicht, weil er als Zweiäugiger unter den Einäugigen der Blinde war. Und schließlich, hatte sie gesagt, sei die Medienträchtigkeit des Falles doch auch die Chance (gewesen), mit einem toten Martin Hanser als Mörder abseits einer auf Erfolge und Sicherheit drückenden Öffentlichkeit zu operieren. Auch die plötzliche Wende vom scheinbaren Erfolg hin zum echten Erfolg (sofern es einen gebe) sei ein Erfolg, Hauptsache, dass Martin Hanser tot sei, weil noch schlimmer als der Mord, wie sie einmal im Interview eines Strafverteidigers gelesen habe, sei der bloße Mordversuch, denn da könne das Opfer vor Gericht reden. So war es für ein paar Tage und so hätte es fürderhin sein können.

Aber nicht nach dieser Kolumne.

*

Wenn Menschen in Korridoren plötzlich und unvermutet die Gegenrichtung einschlagen oder stehen bleiben, sich abwenden und nachdenklich am Kopf kratzen, oder den Kopf einziehen und sich an die Wand drücken oder erstmals das Visier nach oben klappen und im Vorübergehen hämisch grinsen, dann ist es, weil sie soeben einem dampfend heißen Erdapfel begegnet sind.

Im Vorzimmer des Drohnenbüros war Endstation.

„Ich soll ... ich muss dir das übergeben, Ferri. Es tut mir Leid." Die Chefsekretärin drückte mir ein Kuvert in die Hand, schluckte, rang nach Worten und wandte den Kopf ab. Sie wollte nicht erst warten, bis meine heiße Erdapfeldampfaura ihre Tränen auftrocknete. Die Alte vom Alten, wie wir das Urgestein nannten, hatte vier Polizeidirektoren überdauert, Tyrannen wie Weicheier, allesamt unbeschadet, nun aber schien sie ernsthaft angeschlagen.

Ich öffnete den Umschlag, überflog die paar Zeilen, die sich wie ein amtliches Pamphlet lasen und über denen ein einziges, alles beherrschendes Wort prangte: Suspendierung. Zeit zum Taumeln blieb gar nicht, denn in diesem Moment ging die Türe des Kurzen auf. Ein zufälliges, ein ungewolltes Aufeinandertreffen, das mich ebenso überraschte, wie es ihn peinlich berührte. Weißengärber wollte wortlos an mir vorüber, lief mir jedoch schnurstracks in den seitlichen Ausfallschritt, starrte mit ängstlicher Entsetztheit in die hasserfüllte Entsetztheit meiner Augen empor, besann sich seiner Position und brüllte los: „SIE UND IHRE SELBSTGEFÄLLIGEN ERMITTLUNGEN, SIE UND IHRE BILLIGEN WÜNSCHE NACH EINEM SCHNELLEN ERFOLG, SIE RELIKT NACHLÄSSIGER POLIZEIARBEIT AUS FRÜHEREN TAGEN, SIE ... SIE HABEN JA SCHON LÄNGST ENTSORGT GEHÖRT, LEIMBÖCK. URTEIL, VOLLSTRECKUNG UND ERST DANN DER PROZESS. SO MUSS MAN MIT QUERTREIBERN IHRES SCHLAGES VERFAHREN. SIE MACHEN ALLES NUR MADIG, LEIMBÖCK. DIE POLIZEI IST DER APFEL UND SIE SIND DER WURM." Dann presste er sich unter meiner Achsel hindurch und entwischte auf den Gang.

Wie ich bis in mein Büro kam? Keine Ahnung, ganz ehrlich. Ich rief Rosa an. Ich rief Michelin an. Ich schickte Bela eine e-Mail. Rosa hob ab. Michelin hob ab. Bela antwortete nicht. Ich verrichtete Dinge, die unverrichtet ebenso unbemerkt geblieben wären: Bleistiftspitzen, Schreibunterlage und Block am Tischkantenverlauf ausrichten, ein Gespräch mit der Korkenzieherhasel, Dienstmarke putzen und Waffe suchen (beides noch nicht abgegeben), den Blick wieder und wieder auf das Wort Suspendierung im offenen Amtsblattpapier geheftet, getrieben von der Hoffnung, das Blatt könne die Halbwertszeit eines halben Vormittags unterschreiten und sich vor meinen Augen in ein unbeschriebenes und gar nicht ausgehändigtes Nichts auflösen. Der Vormittag ging. Das Papier blieb. Bis ich wusste, dass der Kurze keinen Augenblick gezögert hatte und in die Offensive geprescht war und womöglich dem Kurz den Auftrag dazu erteilt hatte. Bis *es* also draußen war und sie *es* an die Spitze ihrer Mittagsnachrichten setzten: *der Leiter der Mordkommission vom Dienst suspendiert*, nicht frei von jeder Häme, wie mir die Stimme des Sprechers zu verraten schien, weil *das* doch das Mindeste sei, würden sie denken, dachte ich, die Aufregung über die Kolumne in der *Guten* war zu *der* Erregung dieses Nachrichtentages angeschwollen, ein Raunen und Jaulen und Kläffen durch den Radioäther, und auch das Rauschen, das durch den Blätterwald der kommenden Tage ziehen würde, war darin schon zu vernehmen.

Bis das Telefon anschlug und die Überraschungen kein Ende nahmen.

*

In der Küche, irgendwann danach

Klar, dass sie dich gefeuert haben, Leimböck. Wundert es dich? Du hast doch wirklich große Scheiße gebaut. Den armen Hanser zum Täter gemacht. Abscheulich. Und dich dafür auch noch ehren und befördern lassen. Jetzt hast du nichts mehr und musst das Entwürdigendste erleiden, das einen Polizisten treffen kann. Die Suspendierung. Da ist ja ein Nachtwächterjob noch besser.

Noch schlimmer als das ist aber das Unwissen um den wahren Täter. Du hast keine Ahnung, nicht wahr? Absolut keine Ahnung. Du wirst von dieser Ahnungslosigkeit stürzen und sehr hart aufschlagen, Schleimi. Und das wird das Finale des Einakters sein.

Brillanz gegen Ignoranz, Intelligenz gegen Präpotenz. Nur zwei Darsteller.

Ich erinnere mich noch sehr genau an unser letztes Kartenspiel. Du hast es abgebrochen, weil dich irgendein wichtiges Telefonat erreicht hatte und man dich dringend brauchte. Am nächsten Tag bin ich rausgeflogen. Ich habe immer wieder versucht, mir dein damaliges Gesicht vorzustellen. Du hast die Karten hingelegt und gesagt: „Ein Notfall. Ich muss rein ins Paulustor. Ein andermal wieder, Herr Ludwig. Kannst auf mich aufschreiben lassen." Und dazu ein siegreiches Grinsen. Das weiß ich heute noch ganz genau. Ein Grinsen, das gesagt hat: „Lege dich nicht mit mir an, ich gewinne immer". Stimmt nicht, lieber Schleimi, es war nur ein Teilerfolg. Denn das Spiel ist weitergegangen und endet erst jetzt.

Wir werden das Spiel von damals zu Ende spielen. Ich werde mir am Ende deinen Gesichtsausdruck einprägen und ihn mir für immer merken.

Servus, Herr Neoexoberst, hat er gesagt, dachte ich, *Neoexoberst*, eine Nachricht wie ein Lauffeuer und der Kurz und der Kurze als Brandbeschleuniger. *Wie schaut's aus bei dir heute Abend mit einem Spielchen oben beim Meinhart? Du weißt doch, unsere alte Partie, die noch offen ist. Jetzt hast ja Zeit genug, als Neoexoberst, oder?* Und dazu ein hämisches, unverhaltenes Lachen am Telefon, als wäre es das reinste Vergnügen, einen Ex-Kollegen und beinahe Ex-Freund (wenn es seinerzeit zum Freund gereicht hätte) schmoren zu sehen, an den Pranger gestellt, an den Pfahl gebunden, verdammt dazu, jede Marter zu erdulden. Das funkelnde Augenpaar des beinahe Ex-Freundes und die Augenpaare der im Vollkreis Umstehenden auch, deren Blicke, scharf und spitzig wie Speere, das Fleisch des weidwunden Freiwildes am Strang glühend durchbohrten, ein unaufhörliches Stochern und Wiederzurückziehen aus mehr und mehr klaffenden Wunden, und bei alledem kein leises Knistern, kein dünnes Aufflackern einer ersten zarten Flamme auf dem Scheiterhaufen, die ein baldiges Ende der Pein versprochen hätte. Nein, stattdessen ein höfisches Tanzritual um Pfahl und Angepfählten, um ein menschliches Häufchen des Scheiterns, Triumphgeheul bei Gigue und Sarabande im Wechselschritt, und mittendrin der Ex-Kollege des *Herrn Neoexoberst*, der Hofer, der ja selbst auch einmal am Pfahl gestanden war, weil er den Landtagspräsidenten vermöbelt und aufpoliert hatte, den Kinderficker. Eine durch und durch gute Tat, überlegte ich nun, in der Rechten den Hörer, aus dem ein monotones Tuten drang, in der Linken den Suspendierungswisch, der immer noch unverändert verharrte, als wäre er der Ewigkeit bestimmt, eine gute Tat, hätte nicht der Kinderficker den heißen Draht zur Macht zum Glühen gebracht, und dieser Draht hieß ... richtig, Martin Hanser, einmal mehr Martin Hanser, entsann ich mich, das war doch der Hanser, der den Hofer abgeschminkt und aus der Uniform geschrieben hat. Fünfzig Zeilen mit Spott, könnte man sagen, welch Ironie des Zufalls, dass ausgerechnet der Hanser, um den sich jetzt alles dreht, den Hofer aus der Polizeijacke hinaus und in die Nachtwächterkluft hineinbefördert hat, nun ja, nicht direkt hinein, aber zumindest nach ganz unten, wo ich nun ja auch war, und von dort ist es zum Wachdienstler nicht mehr weit. Und dass mich der Hofer nach so langer Zeit anruft. Erst das Treffen im Stadion vor ein paar Tagen und jetzt der Anruf. Welch Ironie des ... Zufalls.

Zufalls? Denken, Ferri, DENKEN, die Zettel, Ferri, die sind im andern Sakko, zuhause, erinnere dich, Ferri, die fünf Puntigamer-Pils-Zettel, WISSEN und WISSEN WOLLEN, vor allem das WISSEN, die Beziehung zu Hanser als ein Punkt. Dann weiter, denk nach, Ferri, wer noch ... ja, der Geier, war nicht der Hofer auch ein paar Jahre? ..., bis sein Alter, der Richter Gnadenlos, abgekratzt ist. Richtig, richtig, das hat er doch erzählt, oder?, der Hofer, dass er zur Tante und in die Lehre musste, weil sein Alter ihn nicht mehr schützen und protegieren konnte im ... im Keplergymnasium, ja, genau, er hat ihn also gekannt, vielleicht sogar unter ihm gelitten, unter dem alten Geier. Der Hanser? Der Geier? Ein Zufall? Was noch, was noch?, Ferri, überlegen, richtig, richtig, der brillante Schütze, Chance eins zu tausend, glaube ich, und der Hofer ... der Hofer war der Beste von allen. Wie hat er immer geprotzt, der Hofer? Denk an das Märchen, das du den Kindern so oft vorliest, Ferri, *Sieben gingen um die Welt*, hat er selbst gesagt, der Hofer, *Sieben gingen um die Welt*, dachte ich, und ich bin der Jäger, Leimböck, der Jäger, der einer Fliege auf zwei Meilen das linke Hinterbein wegfegt, oder war es das Auge? Was ist denn da schon der Plutzer der Landeshauptfrau aus hundertfünfzig Metern?, dachte ich, Hanser, Geier, Schütze, das allein macht doch schon, wenn ich mich recht entsinne, eins zu einer oder zehn Millionen, weiter, weiter, denk weiter, Ferri. Messerstich und Gewaltpotenzial, beim Hofer allemal, bloß, das lässt sich nicht mir nix dir nix mit hineinmultiplizieren, da ist er ja einer von vielen, der Eiertreter. Eiertreter? Hat er nicht auch den Kinderficker in die ... ?, erst der Landtagspräsident und jetzt womöglich der Stadtrat?, der Klausberger? Weiter, Ferri, weiter ... DNS-Kenntnisse, als Ex-Bulle kein Wunder, Ex-Bulle? Natürlich, die Berufsgruppen auf dem Gösser-Spezial-Zettel, Ex-Bulle und Nachtwächter, beides drauf ... weiter, weiter ... Latein? Ja, wenn er im Kepler war, dann sicher, zumindest ein bisschen LIBER kein LATINUS, der Geier, erstickt unter einem, wie hat der Fehrmann ohne Ä gesagt, der Herr Direktor, erstickt ... *unter dem Plastiksack eines Diskonters noch dazu, wenn ich nicht irre*, nein, mein lieber Fährmann mit E, du irrst nicht, der Diskontersack, ein Hofer-Sackerl ... welch Ironie des ... Zufalls?, und weiter, was noch, was noch ... private Handynummern von Politikern, kein Problem als Ex-Bulle, und die Kenntnisse der Tatorte ... und der Alte, das Tokio, die Post, der Alte im Restaurant und in der Post beim ... beim Andreas-Hofer-Platz, mein Gott, ja, der Hofer, ein Experte in Sachen Observation. Aber wir haben doch alle entlassenen Ex-Kollegen überprüft, lange zurück, wie lange?, vier, nein: fünf Jahre ... und beim Hofer sind's doch erst ... wie alt ist Ferri jetzt? ... der war damals noch nicht in der Schule, gerade noch nicht in der Schule, das sind dann also doch zumindest sechs, sieben ...

Ich fand mich auf dem Boden sitzend wieder, gefangen im Dauersurren des Telefons, das wie eine Klangkuppel über mir schwebte, ein akustischer Raumfahrerhelm als brummendes Kopfkorsett, und als Grundton von alledem zwei Silben im Sprechgesang, die den Namen Hofer ergaben. Eins zu ... sehr viel, auf jeden Fall, viel zu viel, um ein bloßer Zufall zu sein, die alte Rechnung, kennst du sie nicht, Ferri?, danke Bela, die alte Rechnung aus dem Lehrbuch, Indizien, aber die Beweise, Ferri, wo sind die Beweise? Wie hat Michelin gesagt?, dachte ich, *einmal mehr keinerlei Spuren, was den Täter betrifft*, keine Spuren, kein Gramm Beweislast, nur Indizien, und der Hofer weiß das, keine Beweise, zum Aus-der-Haut-Fahren!, keine Beweise, zum Wahnsinnigwerden!, *eine Blamage der Polizei als Begleitmotiv*, hat Bela gesagt, angeregt durch den Stillhofer, überlegte ich weiter, gegen die Polizei, nicht gegen dich, Bela, aber, wie hat sie gesagt, *womöglich gegen einen von euch?*, einen von uns, ja, und der war ... wie konnte ich das nicht erkennen? ..., der war ich selbst. In den Wahnsinn treiben, das will er mich, und dazu lädt er mich auch noch ein zum Kartenspielen, weil er will, dass ich es weiß. Das Kartenspiel, die Partie von damals, der letzte Strich unter der offenen Rechnung, ein Wissen ohne Beweise, der Alptraum des Kriminalisten, geträumt und ausgelebt vom Ex-Kriminalisten Ludwig Lutz Hofer, mein Gott ja, und alles, was ich gegen ihn habe, ist die Beweislosigkeit. Die Beweislosigkeit als finaler Triumph, bloß ... das Finale folgt erst, wird erst ausgespielt, das Fünkchen, das dem Hofer noch fehlt zum absoluten Triumph, eben der *letzte Beweis*, ohne den alles nichts ist, der fehlt dir noch, mein Lieber, und wenn du den nicht hast, ist alles eben wirklich nichts, der letzte Beweis heute Abend, andernfalls herrscht Beweislosigkeit gegen Beweislosigkeit, wenn man so will. Der Hofer richtet den Spieß der Beweislosigkeit gegen mich, ein letzter Stich genügt ihm. Ein letzter Stich, ha, gerade beim Schnapsen ist der letzte der wichtige. Ein letzter Stich mit dem Spieß auf dem Weg in den Wahnsinn, und du, Ferri, musst den Spieß umdrehen. Du musst gewappnet sein. Kein Gramm Beweislast. Beweislast? Ohne Beweis also keine Last. Frei von jeder Last. Bin ich das jetzt nicht auch? Frei von Last? Als *Neoexoberst*? Vier Stunden bis zum Treffen. Zeit genug, um ein paar Vorbereitungen zu treffen. Um vielleicht die ... eine oder andere kleine Last mitzubringen. Und um rechtzeitig dort zu sein. Vielleicht sogar etwas früher, man weiß ja nie. Etwas vor der Zeit und die Lage sondieren, oben beim Meinhart. Den Spieß umdrehen, Ferri. Wie war das beim Columbo?, hörte ich mich sagen, halblaut in die Stille meines Büros, der ist ja der Einzige, der etwas draufhat, wie hat er gesagt?

Den Karren vors Pferd spannen, hat er gesagt. Richtig. Richtig. Sitzt der Kutscher vorne, müssen die Pferde eben schieben, dachte ich. Wer kann denn schieben? Wer würde mich denn schieben? Den suspendierten *Neoexoberst*? Ein paar gibt es schon. Michelin, der hat Zugang zur Asservatenkammer. Und Raul Sargo auch ... der könnte mir doch ... Zwei kleine Lasten nur, keine Beweise, nur Lasten. Und zwei schnelle Anrufe. Fragt mich nicht warum, Raul, Michelin, sagt einfach Ja.

Dann warf ich den Computer an. Zutritt verwehrt? Die haben schnell reagiert. Nun gut, dann eben per SMS. Neue Mitteilung. Kurzmitteilung. Empfänger hinzufügen. Wählen. Schmaus Bela. Text. *Alte Rechnungen gehen auf, wie aus dem Lehrbuch*. Senden? Ja.

*

(Gasthaus Meinhart in Graz-Wenisbuch. Ferdinand Leimböck betritt die holzgetäfelte Gaststube und blickt um sich. Nur wenige Tische sind unter spärlichem Licht besetzt. Dezentes Montagabendwirtshausgemurmel. Es ist kurz vor neunzehn Uhr. Leimböck wechselt ein paar Worte mit Kellner Walter F. Der nickt. Leimböck lehnt seitlich an der Bar, den Rücken zum Eingang, und knöpft den Mantel auf. Staubmantel, Modell Columbo, etwas kühl für nach Mitte Oktober. Was soll's, könnte er denken. Aber man weiß ja nie. Sakko und schwarzweiß gewürfelte Krawatte, Modell Sturm Graz (doppelter Windsorknoten), blitzen hervor. Kellner Walter F. zieht den Zapfhahn, lässt Bier in zwei Gläser, schöne Schaumkrone, stellt sie auf ein Tablett. Dazu zwei Schnapsgläser, noch leer. Und ein kleines cellophaniertes Päckchen, das er aus einer Lade nimmt. Aus der Küche gedämpftes Brutzeln von Frittierfett. Wiener Schnitzel mit Pommes. Dann, von allen unbemerkt, ein türblattfüllender Schatten im Zwischenkorridor von äußerer und innerer Glastür. Ludwig Hofer tritt ein. Wattierte Jacke, Modell Bomber. Kurzhaarschnitt, Modell Radikal. Schaftstiefel, Modell Volksfeind. Er blickt um sich, tritt seitlich an Leimböck heran. Er mustert ihn und lächelt diabolisch. Leimböck wirkt entrückt. Es dauert ein paar Augenblicke, bis er den Neuankömmling bemerkt. Er zuckt merklich zusammen und wendet sich ihm zu.)

Der ... gute ... alte ... Hofer ... erst sieben Jahre gar nix und dann der Doppelschlag. Gleich zwei Treffen hintereinander. Der Zufall gibt's, und der Zufall nimmt's, gell?

Zufall? Na ja, so würde ich es nun auch wieder nicht nennen. Höhere Gewalt vielleicht. Höhere, gesteuerte Gewalt. Auf jeden Fall ... es ist mir ein Vergnügen, Herr Oberst. Gratuliere übrigens dazu ... du bist es doch noch, oder? Eine Suspendierung hat heutzutage ja nix mehr mit einer Degradierung zu tun. Das war früher so, beim alten Kaiser, glaube ich. Setzen wir uns?

Neoexoberst, um dich zu zitieren. Extrazimmer? Oder sollen alle hören, was wir uns zu sagen haben. In alter ... Feindschaft.

Extrazimmer. Natürlich. Dort haben wir ja auch unser letztes Spielchen abgebrochen. Erinnerst du dich? Damals bist du aufgesprungen, wie von der Tarantel gestochen ... und am nächsten Tag war ich weg. Erst suspendiert und dann gefeuert. Ich weiß sogar den Stand von damals noch genau. Du auch?

Da schau her, der Hofer hat den alten Bierzettel aufgehoben. Du warst mit Sicherheit auf Luft. Alles andere wäre ein Wunder.

Herr Leimböck beginnt schon jetzt mit der psychologischen Kriegsführung. Das klappt nicht, Herr Oberst. Die Ruhe in Person, das war ich, und das bin ich auch heute noch. Jeder ein Bummerl und vier zu drei für mich im letzten, entscheidenden. Best of three ... so sagt man heutzutage doch dazu. Um was spielen wir? Um die Zeche, wie damals?

Sind wir denn im Krieg, mein lieber Herr Ludwig? Bist du denn immer noch im Krieg, mein lieber ... Herr ... Ludwig? So wie damals? In deinem Krieg für die so genannte Gerechtigkeit? Oder das, was die Hoferischen dafür halten? Du und der alte Richter Gnadenlos. Vater und Sohn, die Herren von und zu Gerechtigkeit. Ich spiel mit dir um jede Zeche, die Hauptsache ist, dass du bezahlst. Und wenn es das Letzte ist, was ich für mich tue.

Oh nein, kein Krieg, mein lieber ... Herr ... Ferdinand. So hat man dich doch seinerzeit getauft, richtig? Ferdinand Leimböck. Der Name, aus dem Helden gemacht sind. Nicht ich ... du warst immer im Krieg. Gegen die bösen Buben dort draußen, gegen die Kollegen, gegen den armen Hanser, den du in den Tod getrieben hast. Richter Gnadenlos? Du warst gnadenlos ... hast dich auf einen Schuldlosen gestürzt, dich mit der dir angeborenen, beamtenhaften Akribie in ihn verkrallt. Gnadenlos, wahrlich gnadenlos, Herr Oberst. Gratuliere nochmals, Herr Oberst ... war eine Heldentat!

Der Herr Ferdinand gegen den Herrn Ludwig. Ein Kaffeehausklassiker. Nur dass wir hier nicht bei Melange und Topfenstrudel sitzen, mein Lieber. Und von Klasse oder einem Klassiker bist du weit entfernt. Außerdem ... was heißt denn in den Tod getrieben? Da schau her, der Herr Ober, Auftritt ohne Aufruf, aber gerade recht. Ich war ja wie immer ein bisserl früher zur Stelle als du, mein lieber Herr Ludwig. Da hat sich wenig geändert. Daher hab ich mir erlaubt, zwei Halbe Bier zu bestellen. Dazu Schnapskarten, ungezinkt und original verpackt, damit du auf keine Ideen kommst. Und damit dir auch ohne Ideen das eine oder andere einfällt ... einen Doppelten vom Klaren, deine *absolute* Lieblingsmarke, oder?

Da täuschst du dich, mein Lieber. Es war immer ein Seidel Bier, kein Krügerl. Wennst ein Krügerl nicht rasch austrinkst, wird der Saft schal und schmeckt abgestanden. Kein Schaum mehr, nur pissfarbene Brühe. Also nur ein Seidel, und dann noch eines und vielleicht noch eines. Das sind meine ... absoluten ... Trinkgewohnheiten. Die Karten, ganz gleich wie damals. Wie lange der Piatnik die Doppeldeutschen wohl schon so macht? Jedenfalls freut es mich, lieber Sch ... ah ... Leimi, dass wir wieder einmal so gemütlich beisammensitzen. Wie hat doch der alte Bockerer gesagt: Ihr Blatt, Herr Rosenblatt! Oh, hab ich vergessen ... das hörst du wahrscheinlich nicht gerne. Mit den Juden hast du doch früher ... oder etwa auch jetzt noch? ... so deine Probleme gehabt. Damals Haider-Wähler, hab ich Recht? Ziemlich weit rechts, der Herr Oberst. Hat der Karriere früher zweifellos gedient, aber jetzt würde ich anfangen, mich neu zu orientieren. Also: Ihr Blatt, Herr Rosenblatt!

Und ich hab schon gedacht, du hättest dich gesteigert. Wenigstens beim Bier. Bist halt doch noch der Alte. Ludwig Hofer, zweiter Sieger. Im echten Leben und beim Zweierschnapsen. Weil das ist das echte Leben, mein Lieber. Drei für dich, drei für mich, eine auf, Herz Zehner, na, Herr Ludwig, hast was in der Hinterhand? Zwei für dich und zwei für mich. Auf geht's.

383

Weißt eh noch, die alte Regel: Was liegt, das pickt. Zurückziehen gibt es nicht. Das ist wie beim Jungfernsprung. Wer springt, ist unterwegs. Oder sollte ich sagen: gesprungen wird?

Hat dir schon einmal jemand gesagt, dass du eine ungute Art hast? Provokant könnte man sagen, wenn sie geistreich wäre. Aber für die Dodeln dort oben im Paulustor reicht's allemal. Die ganz Dummen, und davon gibt's ja einige, sollst du damit sogar schon beeindruckt haben. Aber andere durchschauen dich. Alles Schall und Rauch. Wenn du damit an den Falschen gerätst, könnte es sein, dass man dir kräftig in die Eier tritt ... oder dass man dir mit einem ... Sushi-Messer gar ein Fingerlein abtrennt. Soll doch schon vorgekommen sein, oder? Aber jetzt ist Schluss mit der Blödelei, der Ernst des Schnapsens wartet. Pik Zwanzig.

Zeitung lesen kannst auf jeden Fall. Dafür haben die paar Jahre Keplergymnasium gerade noch gereicht, oder ...? Pik Zwanziger sagst du ... sollst leben, da hast an Buben. Gilt schon. Apropos gelten: Die alte Leimböck hat immer mit Zwanzigerfassln gespielt. Spielen s' das bei den Nachtwächtern auch so? Mit den Fassln? Wer den Zwanziger oder Vierziger ansagt, stellt das Fassl mit der entsprechenden Farbe neben sich. Damit's der andere nachher nicht abstreiten kann. Aber Fassl haben wir da keines ... dann nehmen wir halt einen ... ja, was hab ich denn da in meinem Sakko? ... ja, dann nimm halt den Daumen. Den braucht sowieso keiner mehr. Abheben und ausspielen, und nicht blöd dreinschauen, hoppauf!

Woher hast du ... warum hast du einen Daumen eingesteckt? Vom letzten Fasching übrig geblieben? Ha! Schaut verdammt echt aus, das Ding. Unglaublich, was die heutzutage alles auf den Markt bringen. Gummidaumen, die wie frisch abgefetzt aussehen. Oder ist er vielleicht sogar echt? Hast ihn von deinem schrulligen Pathologenkumpel ausgeborgt? Nur: Was meinst du damit? Statt dem Fassl ... keine Ahnung. Leimböck-Humor, krank wie ein Afrikanerdorf im Ebolafieber. Aber das war ja immer schon so. Vielleicht würde die Landeshauptfrau darüber lachen, wenn sie nicht ein Dum-Dum-Loch in der linken Schläfe hätte. Schauen wir einmal ... eingetragen sind wir schon, jetzt sagen wir den Karo Zwanziger dazu an und machen aus fünfundzwanzig mit einem Schlag fünfundvierzig. Bitte sehr, Ihr Blatt, Herr Rosenblatt!

Dum-Dum? Der Herr Ex-Kollege scheint schlecht informiert zu sein. Oder ist Dum-Dum euer Hausname auf dem Familienwappen?

Lassen wir doch bitte die Familie aus dem Spiel. Meine geht dich einen feuchten Dreck an und deine interessiert mich nicht. Oder ... ist dir deine Frau endlich davongelaufen?

Fünfundvierzig, mein lieber Herr Ludwig, und kein bisschen Sieger. Habe ich dir das schon einmal gesagt? Zum Schnapsen gehören Jahre ... Jahre und sechsundsechzig, und davon bist du noch meilenweit entfernt. Von der alten seligen Leimböck hättest noch was lernen können. Karo ist meine Leibspeise. Sau frisst Dame. Wie im echten Leben, gell? Zeit zum Luftholen, Herr Ludwig. Mit dem Buben tauschen wir den Trumpfzehner aus. Weißt was, da hast ihn gleich. Stich oder stirb!

Brauchen wir nicht, weil wir ja noch einiges an Munition in der Hinterhand gesammelt haben. Sammeln, sammeln, sammeln ... das ist das Geheimnis eines erfolgreichen Lebens, mein lieber Herr Oberst. Nur wer sammelt, wird am Ende Sieger sein. Kommen ... ich warte!

Ein König als Morgengabe? Respekt. Der Zehner schmeckt dem werten Herren nicht? Oder sollten wir gar ein wenig ... brustschwach sein? Das mit der Brustschwäche war bei dir ja immer schon so eine Sache, nicht wahr, mein lieber Herr Ludwig? Die Brust und deine Schwäche für die Brust ... wie die von deiner geliebten ... Tante ... Grete, oder?

Verdammte Lüge. Gottverdammter Lügner. Ich hab dir schon einmal gesagt, dass du meine Familie aus dem Spiel lassen sollst. Ich sag's jetzt noch einmal. Zum letzten Mal.

Da ein bisserl gemeinsam beten, dort sich ein bisserl gemeinsam betten. Der kleine Kaufhaus-Lehrling und die alte

Tante, da hätte man eben ein wenig weniger plaudern sollen in der guten alten Zeit, als der Herr Ludwig und der Herr Ferdinand noch an einem Strang gezogen haben, gell? Ja, mit dem Strang ist das überhaupt so eine Sache. Achtundzwanzig hab ich schon, mein Lieber. Und das Trumpf-Ass zum Nachspielen. Die Trumpf-Sau. Abschlagen und schauen, was nachkommt. Die hohe Schule, Herr Ludwig. Die hohe Schule.

Kein Mensch hat mit dir jemals über diese Frau gesprochen. Niemals. Den Namen hast du wohl von irgendeinem verdammten Polizeispitzel. Klar, ihr habt damals in meinem Leben gekramt, hinter meinem Rücken, und Dreck verschüttet, wo es nie Dreck gegeben hat. Aber wenn du glaubst, dass du mich damit aus der Fassung bringen kannst, dann hast du dich gewaltig getäuscht. Beweise, Beweise, Beweise ... das ist es, was dir immer gefehlt hat. Zum Erfolg gehört nicht nur sammeln, sammeln, sammeln, sondern auch Beweise, Beweise, Beweise ... hörst du? Beweise! Der Fall Hanser bricht dir das Genick, weil du keine Beweise hast und nie haben wirst. Alles was dir gehört, sind die verdammte Trumpf-Sau und mein Kreuz-Bub.

Macht einundvierzig, Herr Ludwig. Draußen sind wir schon. Einundvierzig und ein paar dicke blaue Adern auf der geröteten Birne. Wer braucht schon Beweise? Das müsstest du doch am allerbesten wissen, oder? Damals, die Sache mit dem Kinderficker, dem Herrn Landtagspräsidenten. Wer hat da schon von Beweisen gesprochen? Indizien waren es, die zur Verurteilung geführt haben. Zu deiner Verurteilung. Zu deiner ... ersten ... Verurteilung, wenn ich so sagen darf. Jö, jetzt ist mir auch noch der Vierziger aufg'standen. Eins bei mir, Herr Ludwig. Vier beide. Du gibst. Wo waren wir geblieben? Ach ja, die Indizien.

Kinderficker, ja, das war das Schwein ... jetzt sagst du es selbst, damals seid ihr mir alle in den Rücken gefallen. Alle. Und du warst ganz vorne, der Anführer der Bagage, und hast dreckig gegrinst ... so wie jetzt ... ich werde dir das verdammte Grinsen aus dem Gesicht reißen. Gib her die verdammten Karten. Mit Sau,

Zehner und Vierziger nur einen Einser schreiben ... schwach, schwächer, Leimböck! Ein Glücksschwein bist du ... und auch sonst eines. Aber deine Strafe ist ja schon erfolgt. Die Gerechtigkeit siegt immer. Du stehst am Rande eines tiefen, schwarzen Loches und du wirst hineinfallen und nie mehr herauskommen. Und nur du wirst wissen, welchen Namen die Gerechtigkeit hat. Nur du.

Gerechtigkeit? Lass mich abheben, Hofer! Was regst dich denn gleich so auf? Schrei doch nicht so. Gerechtigkeit tut nichts zur Sache. Die Indizien sind es. Die sprechen auch jetzt eine deutliche Sprache. Ganz ohne Beweise. Ganz ohne Gerechtigkeit. Exzellenter Schütze; Kenntnisse der Knotentechnik; Experte in Sachen Beschattung und Verkleidung; darüber hinaus ein Hang zur Brutalität; das Wissen, wie ein Herzstich zu setzen ist; die Bekanntschaft mit dem alten Lehrer Geier; und erst die Beziehung zu Martin Hanser. Deinem wahren Richter. Viel gnadenloser als der Richter Gnadenlos, auf dessen Grab wir Kieberer getanzt haben. Dass womöglich du selbst der verhinderte Kinderficker gewesen bist, war nie vom Tisch, mein Lieber, man weiß ja nie. Und bei dir schon doppelt nicht. Und dazu Lateinkenntnisse, wenn auch bescheidene. All das vereint in einer Person. Weißt du, wie hoch die Wahrscheinlichkeit ist, das anzutreffen? Weißt .... du ... es? Eins zu mehr als einer Milliarde. Und erst das Hofer-Sackerl. Und die Post beim Andreas-Hofer-Platz. Ganz zu schweigen vom Ex-Job. Sehr pfiffig, mein Lieber, sehr pfiffig. Jede Wette, dass du beim Mosermord irgendwo rund um die Kleinerwerke warst. Jede Wette, dass auf deinem Dienstwagen acht Kilometer drauf sind, für die es im Fahrtenbuch keine Erklärung gibt. Die Nummer mit den Kilometern hat der Columbo auch schon einmal abgezogen. Daher heute auch mein Staubmantel, mein Lieber. Eine Reminiszenz, wenn du so willst. Anderswo hängen s' dich dafür. Bei uns reicht es für einen lebenslangen Dauerauftrag zum Knödelrollen in der Gefängnisküche in der Karlau. Du weißt doch, was sie dort machen mit einem, der sich an Kindern ...

an kleinen, wehrlosen Kindern, noch dazu einer, der die eigene Tante ... hhhmmmmhh?

Gerechtigkeit? Du verleugnest die Gerechtigkeit? Und faselst vollkommenen Unsinn daher. Nur die Beweise sind es, die zählen. Ohne Beweise ist die Polizeiarbeit Schwachsinn, hörst du ... Schwachsinn! Du bist ein Schwachsinniger, der nur meine Zeit vergeudet. Da, der Karo-Zehner ist aufgeschlagen. Karo ist Trumpf. Gib zu, dass du verloren hast, dass du vor einer Wand stehst und nicht mehr weiter nach vorne kannst. Und hinter dir ist die Schande. Der Spott. Sie lachen dich aus, Schleimböck, hörst du es nicht, sie lachen, wie ich ... hi ... hi ... hi ... hi. Hinter deinem Rücken haben sie immer schon Schleimböck zu dir gesagt. Damals schon. Alle haben dich mitleidig belächelt, verspottet ... und alle haben gewusst, dass ich der Bessere war. Ich bin es noch immer, das hast du hoffentlich erkannt. Erkennen müssen. Ich habe gewonnen, Schleimböck, ich bin der Sieger. Genau wie da beim Schnapsen. Du spielst aus. Was willst denn mit dem Kreuz-Buben? I stich mit der Kreuz-Sau. Und jetzt is zuadraht, du Arschloch. Pik-Sau und dann der Vierziger!

Pik Sau? I hab kein Pik, Herr Ludwig. Aber dafür hab ich einen kleinen Trumpf, den Buben, und ein Sushi-Messer, mit der ich deine Pik-Sau einkassiere. Hast mich? Da, erkennst du es? Neunundzwanzig Zentimeter die Klinge. Minus eins für den Zentimeter, der jetzt in der Pik-Sau und der Tischplatte steckt. Stammt aus der Meisterschmiede des Keijiro Doi. Japanischer Altmeister. Der ist, was du nie sein wirst: alt und meisterhaft. Und jetzt heißt es Farbe bekennen, mein lieber Herr Ludwig, weil nach dem Zudrehen ist es finster, wie die alte Leimböck gesagt hat, verstehst? Trumpf is g'spielt, den Vierziger zerreißen und schön brav zugeben auf meine Sau. Jawohl. Und verhungern. Sechsundsechzig werden das nie und nimmer. Gnadenlos verhungert, jawohl! Die echte, die einzig wahre Gnadenlosigkeit, Herr Ludwig. Da könntet ihr euch noch was abschauen, du und dein seliger Alter. Drei bei mir. Das Bummerl sitzt. Und aus. Ein für alle Mal. Ludwig Hofer. Als Verlierer geboren, als Verlierer gelebt, mit der Pik-Sau gekreuzigt und gestorben und hinab gestiegen in das Reich der mit der Pik-Sau Gekreuzigten. Amen. Hahahahahaha.

Du Schwein, das ist Betrug, wie immer betrügst du alle ... du weißt ganz genau, dass ich der Gewinner bin, lass das dreckige Grinsen, du hast nichts zu grinsen, du bist der verdammte Verlierer. Weil ich es so geplant habe. Jahrelang gesammelt, gesammelt, gesammelt ... grins mich nicht so an, habe ich gesagt ... aufhören, aufhören ... hast du gehört, du sollt mit dem verdammten Grinsen aufhören und mir mit Ehrfurcht begegnen. Ich habe es verdient, keiner arbeitet so perfekt wie ich. Keine Beweise, hörst du, keine Beweise ... lass das Grinsen, lass das dreckige Grinsen....ich muss es dir aus dem Gesicht schneiden, ich werde es wegtun, mit einem Schnitt, das Messer habe ich selbst geschärft, perfekt geschärft ... lasst mich los, verdammt noch mal, LASST MICH LOS ... was tut der scheiß Kellner hier, verschwinde, ich habe hier noch eine Arbeit zu erledigen, ein Grinsen muss weggeschnitten werden, ein verdammtes, dreckiges Grinsen. SCHNEIDEN ... SCHNEIDEN ... SCHNEIIIIIIIIIDEEEEN!!!

Die Gute, Dienstag, 21. Oktober 2005, Morgenausgabe

Nach Suspendierung: Polizeioberst in Gasthausschlägerei verwickelt!

Zu einem Aufsehen erregenden Zwischenfall kam es Montagabend im Gasthaus Meinhart im Grazer Stadtteil Wenisbuch: Wenige Stunden nachdem der Leiter der Mordkommission, Oberst Ferdinand Leimböck, aufgrund der dramatischen Wende bei den Ermittlungen in der Grazer Mordserie, deren jüngste Opfer die steirische Landeshauptfrau und der *Gute*-Journalist Martin Hanser wurden, suspendiert worden war, war Leimböck in eine wüste Wirtshausschlägerei verwickelt, die beinahe tödlich geendet hätte.

Lesern der *Guten* ist die dramatische Wende hinlänglich bekannt: Wie ausführlich berichtet, war seitens der Grazer Polizei bis zuletzt der anerkannte *Gute*-Journalist Martin Hanser verdächtigt worden, mit den bestialischen Morden an Stadtrat Frank Klausberger, Landesrat Leopold Moser, dem pensionierten Lateinlehrer Lorenz Geier und der steirischen Landeshauptfrau etwas zu tun zu haben. In ihrer Montagausgabe hat die *Gute* jedoch aufgedeckt, dass Martin Hanser selbst Opfer dieser ungeheuerlichen Verschwörung geworden und ermordet worden war. In einem entlarvenden Brief, den der wahre Mörder, auf dessen Gewissen nunmehr bereits fünf Menschenleben gehen, vergangenes Wochenende an die *Gute* gesandt hat und den wir einzig und allein aus Gründen der Wahrheitsfindung abgedruckt haben, werden Details offenkundig, die nur der Täter selbst kennen kann. Logische Folge dieses Skandals: Oberst Ferdinand Leimböck, Chef der Mordkommission und Leiter der Sonderkommission „Soko Politis", wurde wenige Tage nachdem er sich, vermutlich wider besseres Wissen, für die vermeintliche Klärung der

Mordserie befördern und einen Orden an die Brust hatte heften lassen, mit sofortiger Wirkung vom Dienst suspendiert.

Leimböck war für eine Stellungnahme nicht erreichbar. Dafür aber, wie es scheint, für den 51-jährigen Ludwig H., Mitarbeiter des Grazer Wachdienstes „Aufgepasst", mit dem sich Leimböck Montagabend im Gasthaus Meinhart in Wenisbuch traf – um mit ihm eine Partie Zweierschnapsen zu spielen, wie Zeugen zu berichten wissen. Walter F. (34), Kellner des Gasthauses, zur *Guten*: „Die beiden haben das Extrazimmer verlangt, um ungestört zu sein. Wir sind dem Wunsch gerne nachgekommen, weil Herr Leimböck bei uns als Stammgast bestens bekannt ist. Ich bin ein- zweimal drinnen gewesen, um ihnen Bier und Wodka zu bringen, als die zwei auf einmal zu streiten begonnen haben. Worum es gegangen ist, kann ich nicht sagen. Eine Mordsschreierei war es jedenfalls. Als mein Chef und ich und zwei Gäste aus dem Schankraum ins Extrazimmer gekommen sind, ist der andere Herr auf dem Herrn Oberst gekniet und hat versucht, ihm mit einem Messer mit sehr langer Klinge das Gesicht zu zerschneiden. Von uns stammt das Messer mit Sicherheit nicht, das muss einer der beiden mitgebracht haben", so Walter F. weiter. Und: „Wir sind gerade noch dazwischen gegangen und haben den Tobenden von hinten gepackt."

Oberst Leimböck kam mit leichten Verletzungen davon, sein Kontrahent Ludwig H. wurde überwältigt, bis zum Eintreffen der alarmierten Uniformierten festgehalten und auf Anweisung des hinzugezogenen Amtsarztes vorübergehend in die Landesnervenklinik eingeliefert, da er sich nicht zu beruhigen schien und unentwegt, so Kellner Walter F., „wirres Zeug geschrieen hat".

Seitens der Polizeidirektion hieß es Montagabend zu den Vorfällen in Wenisbuch nur knapp: „Es sieht nach einer privaten Angelegenheit von Oberst Leimböck aus. Ansonsten kein Kommentar!" Auch nicht dazu, wie es nun bei den Ermittlungen der Mordserie weitergehen soll …

In den Iden des März 2006

„Wissen Sie, Herr Oberst ...", sagte der honorig wirkende Mann um die Fünfzig, graumelierter Haarkranz, onduliert, das Barthaar akkurat auf Linie frisiert, bunt gestreifte Hornbrille und perfekt gewundener Krawattenknopf, der unter dem Revers seines Arztkittels hervorblitzte, Doppelknoten, ein doppelter Windsor, um genau zu sein, der sich vom einfachen und dabei doch schon recht symmetrischen Windsor (im Gegensatz zum asymmetrischen kompakten Four-in-Hand) durch perfekte Dreiecksform abhebt, wohingegen der gemeine klassische American gerade mal gleichmäßig und der Free American überhaupt nur fest ist (wie der Kreuzknoten auch), aber das nun wirklich nur ganz nebenbei ... „es ist schon merkwürdig: Jedes Mal, wenn Sie da sind, ist er tagelang fast nicht zu bändigen und schreit sich die Seele aus dem Leib. Da helfen nur Zwangsjacke und volle Medikation. Wir hatten ja schon allerlei Größen hier bei uns, sogar einen Hitler und einen Bonaparte. Aber noch nie einen, der behauptet, er sei ein Fünffachmörder, den keiner bestrafen will. Und kaum hat er sich halbwegs beruhigt, verlangt er immer wieder nur nach Ihnen. Sonst spricht er mit keinem von außerhalb. Verstehen Sie das?"

„Ja", sagte ich, „das verstehe ich. Weil es tatsächlich *da Hǫfa wǫa*." Nur die Sache mit dem Buch wollte mir seit geraumer Zeit nicht eingehen: Warum einer den *Namen der Rose* aus der Anstaltsbibliothek borgt und anstatt zu lesen in tausend Stücke reißt. Ja, ja, in tausend Stücke. Wie der Kurze die Erklärung auch in tausend Stücke zerrissen hat, dachte ich, eine Kopie meiner von Hand geschriebenen Erklärung, die ich ihm damals unter die Nase geschoben habe, im Innenhof des Paulustors, als ich ihn vor seinem Auto abgepasst und die Sache mit der Suspendierung nochmals aufs Tapet gebracht habe. Wer nichts zu verlieren hat, Herr Direktor, nicht einmal ein so hässliches Gesicht, hatte ich mit wechselndem Blick auf die Papierfetzen und seine Visage gesagt, dachte ich nun, ist auf der Straße der Sieger. Der steht mit dem Rücken zur Wand und kann getrost nach vorne blicken, wohin denn sonst?, Herr Direktor, hatte ich gesagt, in die nahe Zukunft blicken und dort womöglich böse dräuende Wolken sich auftürmen sehen. Dräuende Wolken – dass etwa wichtige Teile der Ermittlungsakte einmal zu oft kopiert worden sein könnten. Sie wissen doch, Herr Direktor, hatte ich gesagt, überlegte ich weiter, die Sache mit der Indiskretion im Hause haben wir noch immer nicht in den Griff gekriegt. Wichtige Akten also seien einmal zu oft kopiert worden, welche die Unschuld des Martin Hanser eindeutig belegen. Eindeutig belegt haben. Schon damals, als ich es ihm und dem still lächelnden Herrn Generaldirektor für Öffentliche Sicherheit in unserem Sechs-Ohren-Gespräch mitzuteilen versucht hatte. Und dass nun alles daran gesetzt werden müsse, diese Akten nicht außer Haus und schon gar nicht in falsche Hände gelangen zu lassen, weiß Gott in jene des von ihm, dem Herrn Direktor, sonst so geschätzten Herrn Hochauer von der *Guten*. Und dass neben dem kleinen Oberst-Leimböck-Kopf auch der eine oder andere größere Kopf ins Rollen geraten könne, man wisse ja nie. Und dass sich ein Oberst Leimböck durchaus dafür einsetzen könne, die Akten zurückzuhalten. Ein Oberst im Dienst, wohlgemerkt. Entschuldigung? Nein, nein, das sei nicht nötig. Eine kleine öffentliche Erklärung genüge, den Text hatte ich vorsorglich in Ablichtung ein zweites Mal mitgebracht, ein paar schlichte Worte an die Presse, dass er, der Herr Direktor, unter dem öffentlichen Druck beugsam geworden sei und ein wenig vorschnell gehandelt habe und dass ich, Oberst Leimböck, doch gar nicht habe wissen können, dass der Hanser unschuldig sei. Zum damaligen Zeitpunkt der Ermittlungen. Kein Grund zur Besorgnis also, weil doch so gut wie niemand davon wisse (ausgenommen Michelin und Bela, hatte ich gedacht, aber die behielt ich mir in der Hinterhand, man weiß ja nie) – niemand also gewusst habe von diesen Ungereimtheiten bei den Ermittlungen, und das auch so bleiben könne, solange nur, ja solange nur die Akten im Paulustor blieben. Ja, und dass seine (des Herrn Polizeidirektors, Anm. Ferri Leimböck) Angst durch und durch unbegründet sei, unser Mörder laufe noch frei herum und könne womöglich wieder zuschlagen. Es sei davon auszugehen, dass unser Mörder keinerlei Anstalten mehr mache und der Akt geschlossen werden könne. Vielmehr sei es nun ein Akt der geschlossenen Anstalt. Das hat dich dann, mein lieber Kurzer, doch reichlich verwirrt zurückgelassen. Prinzipiell weiß man ja nie, Herr Direktor, habe ich zum Schluss noch gesagt, dachte ich nun, aber manchmal weiß man eben doch.

Ich lächelte, befühlte die Dienstmarke in meiner Hemdbrusttasche, stemmte die schwere Schwingtüre der Nervenheilanstalt in die steife Spätwinterbrise, schlang die Jacke eng um mich, ließ den Ring des Schlüsselbundes um den emporgereckten Zeigefinger kreisen, schürzte die Lippen einmal mehr zum gepfiffenen Ambros-Liedchen und schlenderte gemächlich dem Wagen zu.

--- ENDE ---

Kulinarolog & Schnapsolog

Ein guter Krimi, der heutzutage auf sich und auf Verkaufszahlen hält, liefert wenigstens ein Kochrezept mit. Dem wollen wir uns nicht verschließen. Daher hier die **Somlauer Nockerl** (beinahe Magerkost), eine Spezialität von Ferri Leimböcks Schwiegermutter aus dem mittleren Osten (Burgenland):

Zutaten: 8 Eier, 140 g Mehl, 160 g Zucker, 20 g Kakao, Zitronenschale (unbehandelt und gerieben),
 Für die **Creme**: 4 Eigelb, ¾ l Milch, 80 g Mehl, 2. Pck. Vanille-Zucker
Schokoladensauce: 100 g Zucker, 1 dl Wasser, 50 g in Rum eingelegte Rosinen, 2 EL Kakao, 250 g Schlagobers(t)
Sirup: 200 g Zucker, 2 dl Wasser, 1 dl Rum (Inländer, 80 %)

Zubereitung:
Biskuitteig herstellen, dabei einer Hälfte das Kakao-Pulver hinzufügen, ca. 1 cm dick auf ein befettetes Backblech streichen und backen.
 Für die **Creme** alle Zutaten vermengen, zum Kochen bringen und wieder erkalten lassen. Dabei ab und zu umrühren
Für den **Sirup** das Wasser mit dem Zucker aufkochen, erkalten lassen und den Rum einrühren. Für den **Überguss** ebenso verfahren.
 Nun in eine emaillierte Pfanne eine Lage Biskuit geben, mit Sirup bestreichen, Creme darauf geben, mit einer Lage dunklem Biskuit abschließen. Vorgang wiederholen, bis alle Zutaten verbraucht sind. Die Mehlspeise muss nun einige Stun-

den im Kühlschrank stehen, danach mit dem Löffel Nockerl ausstechen, auf einem Teller anrichten, mit Schokoladensauce übergießen und mit Schlagobers verzieren.

*

Ein noch besserer Krimi, der noch viel mehr auf sich und auf Verkaufszahlen hält, lehrt seine Leser auch das **Zweierschnapsen**, streng orientiert an international gültigen Vorgaben, frei interpretiert und erweitert nach Leimböck:

Allgemeines
Schnapsen ist Lebensphilosophie und Kartenspiel zugleich. Ein Spiel zu zweit mit 20 Karten (doppeldeutsche oder französische). Ziel ist es, 66 Augen (Punkte) zu erreichen oder, sofern dies keinem Spieler gelingt, den letzten Stich zu machen.

Ausgeteilt werden zu Beginn, nach kräftigem Mischen und Abheben des Gegners, nur zehn Karten (verdeckt), fünf für jeden, üblicherweise zweimal drei, dann wird eine Karte aufgedeckt auf den Tisch gelegt, sie kennzeichnet die *Farbe* als *Trumpf*. Danach werden noch je zwei Karten im Stück an die Spieler verteilt. Der Rest wird quer über die aufgedeckte Karte als *Talon* abgelegt. Es gibt auch die Variante, erst je fünf Karten (drei und drei, zwei und zwei) auszuteilen und dann die unterste Karte des verbleibenden Päckchens als Trumpf aufzudrehen. In Österreich unüblich.

Spielverlauf
Derjenige, der die Karten austeilt, lässt den Gegner also abheben und beginnt mit dem Austeilen (s. o.). Danach fängt der Spieler, der nicht ausgeteilt hat, mit dem Ausspielen an. Der Austeiler kann nun seinerseits auf die ausgespielte Karte eine seiner Karten ausspielen. Nachdem der Spieler, der den *Stich* gemacht hat, die ausgespielten Karten aufgenommen hat, hebt

dieser die oberste Karte vom Talon ab. Jetzt wartet er ab, bis der andere Spieler seinerseits eine Karte abgehoben hat und spielt wieder eine Karte aus. Es können beliebige Karten zugegeben werden, Stichzwang und Trumpfzwang herrschen erst, wenn der Talon aufgebraucht ist (oder einer der beiden Spieler *zudreht* (*zuadraht*)).

Stechen
Die Karte mit der höheren Augenanzahl sticht jeweils die vom Wert her darunter liegenden Karten. Bei gleicher Augenzahl sticht die Karte, die zuerst ausgespielt wurde, es sei denn, die zuletzt ausgespielte Karte ist Trumpf. Ein Trumpf sticht weiters alle Karten, die nicht Trumpf sind, sowie jene Trumpfkarten, die eine geringere Augenanzahl besitzen.

Spielziel
Der Spieler, der zuerst eine Augensumme von 66 erreicht oder den letzten Stich macht, gewinnt das Spiel. Dabei werden die gewonnenen Stiche (Augenzahl der Karten) zusammengezählt. Zusätzlich zu den Augen der Karten können noch Kartenkombinationen angesagt werden: Diese werden als Paare (oder Heirat, Marriage) bezeichnet und bestehen aus Dame und König der gleichen Farbe. Ein Paar zählt 20 (Zwanziger) bzw. 40 (Vierziger), wenn die Farbe Trumpf ist.

Begriffserklärung
Abheben: Nach dem Mischen lässt man den Gegner mindestens drei Karten abheben („keine seichten G'schichten, Leimböck") und legt darauf den restlichen Kartenstapel. Ist dies geschehen, kann mit dem Austeilen begonnen werden.
Atout: siehe Trumpf
Auf Luft: Trifft auf jenen Spieler zu, der bei Fortdauer eines Bummerls noch keinen Zähler angeschrieben hat, also für sich verbuchen kann.

Augen: Bezeichnet den Wert der einzelnen Karten, die da wären:
- Ass (Sau) 11
- Zehner 10
- König 4
- Dame (Ober) 3
- Bube (Unter) 2

Blatt: Summe der Karten, die ein Spieler in der Hand hält (dazu auch: *Scheiß-Blatt*).
Bummerl: Eine Partie wird auf 7 Zähler gespielt. Jener Spieler, der als erster bei null Zählern angelangt ist, hat gewonnen. Der geschlagene Gegner bekommt damit allerdings ein Bummerl.
Draußen sein: Siehe Zähler
Farbe: Der Überbegriff für Herz, Karo (Schelle), Pik (Laub) und Kreuz (Treff).
Farbzwang: Besagt, dass auf eine ausgespielte Karte nur eine Karte mit gleicher Farbe (d. h. Herz auf Herz, Karo auf Karo, usw.) ausgespielt werden kann, sofern im Blatt des Spielers noch eine vorhanden ist.
Partie: Eine Abfolge mehrerer Spiele. Diese endet, sobald die vereinbarte Anzahl der Zähler erreicht ist.
Rauben (Austauschen): Der unter dem Stapel liegende Trumpf kann, wenn der Spieler am Ausspielen ist, VOR dem Ausspielen mit dem Buben derselben Farbe ausgetauscht werden.
Rückschneider (Retourschneider, Schuster): Wenn ein Spieler in einer Partie bereits auf einen Zähler heruntergezählt hat, und der Gegner, obwohl er noch keinen Zähler vermerkt hat (also *auf Luft steht*) trotzdem noch gewinnt (indem er alle folgenden Partien für sich entscheidet), dann hat dieser einen Rückschneider geschafft. Dieser Fall tritt verständlicherweise nur sehr selten auf.
Scheiß-Blatt: Karten in der Hand eines Spielers, die jede Hoffnung auf Erfolg aussichtslos erscheinen lassen.

Schneider: Hat ein Spieler in einer Partie keinen einzigen Zähler gemacht, wenn der Gegner bei null angelangt ist, dann sagt man, der Verlierer ist Schneider (in Österreich: hat einen Schneider).

Schuster: Siehe Rückschneider

Spielende: Das Spiel ist dann zu Ende, wenn ein Spieler die für den Sieg ausreichende Augenzahl erreicht hat (66 Punkte) oder den letzten Stich macht, sofern keiner die erforderlichen 66 Augen erreicht hat.

Stich: Inbesitznahme der ausgespielten Karten durch den Spieler, der die Karte mit dem höchsten Wert ausgespielt hat (d. h. den Stich gemacht hat)

Stichzwang: Der zweite Spieler muss auf die Karte des Ausspielenden immer eine höhere Karte der Farbe gespielten draufgeben, bzw. (wenn er keine mehr hat) mit Trumpf stechen. Dies gilt erst dann, wenn kein Talon mehr übrig ist oder ein Spieler zugedreht hat.

Teiler (Geber): Spieler, der die Karten mischt und austeilt.

Talon: Kartenstapel, von dem nach jedem Ausspielen Karten aufgenommen werden. Dabei zieht zuerst der Spieler, der den Stich gemacht hat.

Trumpf (auch: Atout): Sticht jede andere Farbe, muss aber vor dem Spielbeginn deklariert werden. Untereinander gilt die normale Wertehierarchie.

Trumpfzwang (auch: Atoutzwang): Ein Spieler muss immer Trumpf zugeben, wenn er die ausgespielte Farbe nicht besitzt. Dies gilt beim Zweierschnapsen erst dann, wenn kein Talon mehr übrig (oder zugedreht) ist.

Zähler: Nicht zu verwechseln mit Augen, da dieser den Wert eines einzelnen Spiels angibt. Der Wert eines Spiels für den siegreichen Spieler ergibt sich aus der Anzahl der Augen, die die Stiche des unterlegenen Spielers wert sind:

- 0 Augen: 3 Zähler
- 32 oder weniger: 2
- 65 bis 33: 1 (wer 33 oder mehr hat, *ist draußen*)

Zudrehen (Zuadrahn): Dies kann nur der ausspielende Spieler machen, der dabei die unterste Karte des Talons (die den Trumpf definiert und offen unter dem Kartenstapel liegt) auf den Kartenstapel legt. Von nun an können keine Karten abgehoben werden und es gilt Trumpfzwang und Stichzwang. Der zudrehende Spieler muss nun 66 Augen (es dürfen auch mehr sein, aber wozu, wenn nicht zur Schmach des Gegners?) erreichen, um das Spiel für sich zu entscheiden. Für die Punkteberechnung werden die Augen des Gegners gezählt, die dieser vor dem Zudrehen hatte. Erreicht er nicht 66 Augen, so gewinnt der andere Spieler das Spiel und erhält die Zähler, die dem zudrehenden Spieler zugestanden wären, mindestens jedoch 2 („Zuadrahn nit versteeh, gengan zwee" – Wer das Zudrehen nicht versteht, beim andern zumindest zwei geht).

Quelle: www.stargames.at